中央大学社会科学研究所研究叢書……32

変容する地球社会と平和への課題

西海真樹
都留康子　編著

中央大学出版部

まえがき
——「積極的平和主義」の誤謬を超えて——

平和が論じにくい今

　20世紀は戦争の世紀だった。二つの世界大戦と，冷戦というヴァーチャルな戦争の下で実際に繰り広げられた地域紛争によって多くの無辜の人々が命を落とした。そして，21世紀の今，戦争と呼ばないだけで，激しい暴力の時代になっている。イスラム過激派組織「イスラム国」(IS)はテロ組織という範疇をはるかに越えた暴力をもってイラクからシリアへと勢力を拡大し，中東の撹乱要因になっている。他にも，ナイジェリアを本拠にするボコ・ハラムやアルカイダなど，テロの拡大に歯止めをかけるすべを国際社会はみいだせないでいる。放置すれば拡大し続けるシリアのISに対して，アメリカが主導する有志国は，2014年9月に大規模な空爆という道を選択した。しかしそれから1年余，事態は収束せず，難民の数は増え続けている。武力行使によって問題が解決できるわけではないことを如実に示している。しかし，それではどうすればよかったのであろうか。交渉の余地がない相手に対しては，なすがままにまかせ事態を座視するしかないのであろうか。これは今日平和学が抱える大きな問いではないだろうか。

　そもそもイスラム過激派をここまで拡大させたその要因を考えるところからはじめなければなるまい。アメリカは，2001年の同時多発テロ事件後のアフガニスタン戦争の余勢を駆って，イラクへと土足で踏み込んだ。今日多くの国が民主主義を標榜し，それが望ましい政治体制であることには異論はあるまい。しかし，だからといって，外から介入して独裁政権を倒し，民主化することが可能だと考えたこと自体に大国の傲慢さはなかったであろうか。結果的に国内は内戦状態に陥り，統治能力のない政権を生み出し，アメリカの駐留が長引くほどに，ISは日常生活に失望する市民を惹きつけ，領域性をもつにいたったのである。アフガニスタン，イラクでの戦後占領が，ドイツや日本がそ

うであったように，健全な民主主義国家を生み出すとの根拠のない確信は，テロ組織を育てただけであった。民主主義への移行はたやすいものではなく，人々に平和をもたらすばかりではないことは，「アラブの春」の後を見ても明らかであろう。

そして，イスラム過激派の拡大の結果がもたらしたものも，中東の混乱だけではない。外交などの共通化もはかり成熟した統合をなしとげたかのようなEUでは，増大する難民の受け入れをめぐって亀裂が走り，経済危機における相互の不信感に追い打ちをかけた。それぞれの国内ではイスラム教徒，移民に対する排斥が普通の市民によっても行われる。これも暴力の一つである。フランスの中で社会的弱者であるイスラム系移民が心のよりどころとする信仰対象を風刺画で冒瀆したことが，2015年の1月にパリでおきたシャルリ・エブド襲撃事件のきっかけであった。そして，それがまた更なるイスラム教徒の排斥を生むという負の連鎖。西欧の自由主義が培ってきた言論・表現の自由は，他者の文化への敬意と理解を示し，受け入れることへの責任を伴わなくてよいのだろうか。直接の暴力が許されざるものであるのは当然ながら，言論の自由が，社会の中で息をひそめて生きている他者を愚弄するとすれば，それは形を変えた暴力に他ならない。どこまでが許される言論の自由であって，どこからが行き過ぎた言論なのかの線引きは，言葉の暴力の矛先の向いた他者の心の問題であり，そもそも他者を理解しようとする寛容の社会が前提である。

そしてこのことは，ヨーロッパに限った問題ではない。グローバル化の中で途上国，先進国を問わず広がる国内での経済格差は，それぞれの形で閉塞感にもつながっている。IT技術の進歩はとどまるところをしらず，あたかもすべての事実が可視化できているかのごとき錯覚を与え，他者批判を容易にする。一つの何気ない発言が簡単にネット上で炎上したかと思えば，逆にナショナリスティックな発言が驚くほどもてはやされたりもする。真正面から平和が論じにくい社会になってはいないだろうか。

続く大国間の対立，そして日本に求められるもの

　ウクライナ紛争，ロシアによるクリミア併合をめぐって，米ロ関係もかつての冷戦時代を彷彿とさせるかのごとく対立が深まっている。ロシアに対する欧米諸国による経済制裁は依然として続いており，両者の溝はシリア空爆をめぐってさらに深まった。南シナ海では，中国の根拠が明白ではない領域主張と埋め立てなど一方的な行動にアメリカは第七艦隊を派遣し，つばぜりあいが続いている。国際法違反との非難を浴びながらもクリミアを併合したロシア，海洋進出を続ける中国に対して，欧米諸国も戦火を交えることを望んでいるわけではない。それほどに，経済的相互依存関係が密になっている中では，軍事力は決して有効ではない。

　そして，このようなロシア，中国との間に領土問題を抱えている日本は，どこへ向かおうとしているのであろうか。そして，戦後70年にあたる2015年は，後世にどのように記憶されるのであろうか。

　安倍首相の戦後70年談話は，「侵略」「植民地支配」「痛切な反省」「お詫び」という歴代の村山談話，小泉談話のキーワードを継承している。しかし，3人称の語り口はどこか空虚であった。また，「積極的平和主義」(proactive to peace) の立場から，同盟国であるアメリカをはじめとする関係国と連携しながら，地域および国際社会の平和と安全にこれまで以上に積極的に寄与しなければならないとした。この「積極的平和」は，これまで内外の平和学研究者たちが積み上げてきた積極的平和の概念とはおよそかけ離れている。そして，同年9月には，なりふりかまわない強引な国会運営で「安全保障法案」を成立させた。集団的自衛権の限定的行使を可能にすることがその目的であるが，その前提となる国家の存立危機についての定義はあいまいであり，拡大解釈の懸念は否定できない。集団的自衛権とは，同盟関係のある国が攻撃された場合にともに反撃を行うという行為であり，それ自体は国際法でも認められた権利である。しかし，その歯止めになっていた憲法9条を閣議決定のみで解釈変更し，それを安全保障法案にまで持ち込んだそのプロセスは，立憲主義への大いなる挑戦であり，今後の日本の行く道にいっそうの不安を抱かざるをえない。

確かに，イスラム過激派に起因する中東地域の混乱，中国の海洋進出と，日本をとりまく安全保障環境が大きく変化しているのは事実である。しかし，同盟関係を強化するだけで，すべての問題に対応できるとは思えない。潜在的脅威があるなら，脅威の芽を摘む努力が今求められているのではないだろうか。座して平和を待つ，あるいは，国際的な場面で平和に対する必要な行動をとらないということではない。弱者のおかれた状況を理解し，構造的暴力の原因を取り除く，過去を振り返り歴史を学び，潜在的脅威となる他者を理解し対話を継続する……青臭くも，今日の日本が必ずしも出来ていないことではないだろうか。

本書の構成

さて，ここまで編著者の現状認識を開陳してきたが，本書の目的は現状を憂うことではない。ここに集まった論文15篇は，今，"平和を考える"ことが必要であるというひとつの危機感を共有しつつ，平和の課題を明らかにするとともに，誰がどのように取り組むことができるのかを思考するものである。

序論の臼井論文は，ガルトゥングに依拠し，平和の概念の再確認を行っており，本書の共通基盤を提示している。「平和の三角形」に示されるのは，消極的平和，積極的平和，文化的平和であり，安倍政権が標榜する「積極的平和」が従来の意味と違うことはここに明らかである。さらに，平和学の起源と発展を跡付けるとともに，被爆国であること，平和憲法とその第9条を持つことによる日本の平和研究の特殊性を指摘している。「国際社会の平和的変更を創造的にデザインしなければならない」とする臼井の主張は，本書全体に共通するものでもある。

平和を創造するのは誰なのか。国家は言うに及ばず，国際機構，市民，NGO，多国籍企業，さまざまな主体が考えられよう。本書では第Ⅰ部で特に平和の担い手としての国際機構に着目している。内田論文では，ノーベル平和賞の変遷をたどり，国連やその他の国際機構との関係を考察している。特にこ四半世紀，国際機構やその事務総長，事務局長が受賞していることに着目

し，その平和への貢献度が以前より高まっていること，今後も平和の創造にむけて重要なアクターであることを指摘している。ノーベル平和賞について考察した論文はこれまで少なかったのではないだろうか。西海論文では，文化多様性概念が，UNESCO などを通してどのように主張され，国際法規範に取り入れられたかを考察している。現代社会において文化多様性が損なわれているケースが多いことから，逆に文化の視点から平和をとらえなおすことの重要性を説いている。望月論文では，国際刑事裁判所の被害者信託基金に着目し，公判から独立して不特定多数の被害者に対して行われる支援は，公判への影響などの課題があるものの，被害をうけた共同体や集団に対する長期的な視点にたった平和構築活動ともとらえられるのではないかと，その可能性を評価している。また，竹内論文は，国際機構による加盟国の除名・資格停止措置などのメンバーシップ制裁を検討し，国際機構のメンバーであることの意義，逆にいえば国際社会からの孤立を回避する象徴的な役割を国際機構にみいだしている。これらの論文は相互に関連しているものではないが，今後も国際機構が世界平和に果たす役割に着目するという点では，共通している。

　第Ⅱ部は，大国間関係が対立を深める中で，今こそ必要とされる外交に関連した論文をまとめた。ヒロシマ・ナガサキは戦争のあり方を大きく転換し，平和運動の裾野を広げたのは周知の事実である。核の問題を抜きにして平和を論じることはできないであろう。そこで，都留論文は，日本の外交が，唯一の被爆国であるという立場と安全保障上ではアメリカの核の傘下にあるという両義性をもつなかで，核不拡散（NPT）レジームにおいてどのように展開されているのかを批判的に検討している。また，溜論文はこの NPT レジーム外にあって核保有を行っているインドとアメリカの原子力協定締結とその影響について考察しているが，両国の合意が同じく非加盟国であるパキスタンにどのような影響を及ぼしたか，また北朝鮮の NPT 脱退にどのような影響を及ぼしたかについては特定できないとしている。日本が直面する外交問題として「中国問題」を論じているのが滝田論文である。冷戦後の東アジアの国際関係の変容をたどるとともに，中国の南シナ海での一方的な行動が危機的状況を生み出している

中で，現実的な解決の方途をさぐっている。同じ新興国との位置づけが可能なトルコの外交を人道的な側面から分析しているのが，今井論文である。そして，コソボ紛争におけるアメリカの議会分析と「反戦」を論じたのが西住論文である。こうした一国レヴェルの外交ではなく，国際組織 EU の外交に着目したのが上原論文である。EU の統合を平和という視点から論じなおし，共通安全保障外交政策の導入とその後の足跡をたどっている。厳しい現状認識とともに，現在直面するシリア難民への有効な解決がその試金石であると論じている。

　平和学が論じなければならない対象として，かつての戦争の問題から，核兵器の出現，植民地の独立による南北問題，さらにグローバル化から生じる諸問題に至るまで，さまざまな問題群が生まれている。第Ⅲ部は，グローバル化により顕在化した課題と対応を論じたものを集めている。星野論文は，世界的な水不足の現状と水をめぐる紛争事例を挙げた上で，水資源を統合的に管理する水ガバナンスの強化と「水に対する人権」を認めることによる平和的解決を示唆している。また毛利論文は，水資源を事例とするグローバル正義運動を取り上げ，民衆によるオルタ・グローバリゼーション運動の問題点と可能性を考察している。グローバル化は，人の移動が容易になり量的増大をもたらした現象でもあるが，これにともなう国境機能の変化に着目したのが川久保論文である。ボーダースタディーズという新しい研究領域に軸足を置きながら，「モバイルな」国境や国境の内部化，外部化といった新たな視点を提供している。鈴木論文はこうした国境を越えるテロの問題を，普遍主義との関係に揺れるフランスを事例に考察している。

　序論の臼井論文が平和の概念を整理しているように，平和はきわめて多義的である。消極的平和，積極的平和，文化的平和は，相互に連関し，グローバル化の中で取り組むべき問題はますます広がっている。もはや国家間ベースだけでは解決ができない状況の中で，我々は地球社会の中で生きる対応を求められている。本書が紙幅の都合上，貧困や発展，人権，地球温暖化に代表される環

第2章　文化多様性と平和

西海真樹

はじめに 73
1. 知的国際協力はどのように生まれ，展開してきたか 74
2. 文化多様性はどのように提唱され，発展してきたか 81
3. 国際社会において文化的諸価値はどのように実現されてきたか 88
おわりに 91

第3章　国際刑事裁判所（ICC）における被害者信託基金
――平和構築の予備的考察――

望月康恵

はじめに 101
1. 国際的な刑事裁判所と平和構築 104
2. 被害者に対する措置の要請 107
3. 信託基金の特徴と課題 118
おわりに 122

第4章　国際機構によるメンバーシップ制裁の進展と紛争解決

竹内雅俊

はじめに 127
1. 構成員の地位・資格にかかわる制裁とその意義 128
2. 普遍的機構――国際連盟および国際連合の除名・資格停止措置 130
3. 地域的機構――アフリカ連合と英連邦 142
おわりに――国際社会への参加と国際機構への加盟・国家承認 151

目　次

まえがき──「積極的平和主義」の誤謬を超えて

序　論　平和学の展開とグローバル化
──「平和」と「人権」をめぐって──
臼井久和

はじめに ··· 1
1．ディシプリンとしての平和学 ·· 2
2．平和学の起源と発展 ··· 8
3．平和学の対象領域──平和学の概念図 ······································ 23
4．「平和」と「人権」の不可分性──「平和への権利」(Right to Peace)
　　をめぐる国際的動き ·· 24
おわりに──平和を構築するトゥール ·· 29

第Ⅰ部　世界平和と国際機構

第1章　ノーベル平和賞と国際機構
内田孟男

はじめに ··· 39
1．ノーベル平和賞の誕生と略歴 ··· 40
2．国際連盟とノーベル平和賞 ··· 42
3．国連職員の受賞者とその業績 ··· 45
4．国連機関の受賞 ··· 51
5．国連と密接な関係を持つ受賞者と受賞機関 ······························· 58
6．ノーベル平和賞をいかに考えるか ·· 62
おわりに ··· 66

境問題，また日本をめぐる歴史認識の問題などを扱えなかったことは認めざるをえないが，そのことはこれらの問題の重要性を減じるものではない。本書を手に取った読者が，本書が取りこぼした問題も含めて，平和を論じることからはじめてくれれば幸いである。安保法制をめぐっては，集団的自衛権などこれまで我々の日常生活からは遠いと考えられていた問題での国民レヴェルの関心が高まり，抗議活動なども連日報道された。世論やメディアは移ろいやすいのが常であるが，今，一人ひとりが地球社会の中の日本と平和の問題について自覚的にこれをとらえ，議論を進めていくことこそが求められているのではないだろうか。

2015年11月9日

編著者　西海真樹
　　　　都留康子

第Ⅱ部　紛争解決への外交政策

第5章　核不拡散レジームと日本外交
——核の傘の下の被爆国——

都留康子

- はじめに ……………………………………………………………… 161
- 1．逡巡したNPT加盟 ………………………………………………… 163
- 2．NPT再検討会議と日本外交 ……………………………………… 167
- 3．フクシマ以後のNPT再検討会議と日本外交 …………………… 170
- おわりに ……………………………………………………………… 176

第6章　核不拡散レジームとインド
——印米原子力協力のその後——

溜　和敏

- はじめに ……………………………………………………………… 183
- 1．インドとアメリカの原子力協力 ………………………………… 186
- 2．他分野におけるインドとアメリカの関係 ……………………… 188
- 3．インドと他国の原子力協力の進展 ……………………………… 190
- 4．NPTレジームへの影響 …………………………………………… 192
- おわりに ……………………………………………………………… 193

第7章　東アジア国際関係の現状分析と展望
——「中国問題」の現実的解決に向けて——

滝田賢治

- はじめに ……………………………………………………………… 201
- 1．「冷戦後」東アジア国際関係の変容——1990年代 …………… 202
- 2．「ポスト冷戦後」東アジア国際関係の不安定化——2000年代以降
  　……………………………………………………………………… 205
- 3．「中国問題」……………………………………………………… 206

4．冷戦終結後アメリカの東アジア軍事戦略 210
　おわりに――「中国問題」の現実的解決に向けて 216

第8章　新興国の人道外交
――トルコの取り組みを事例として――
今井宏平

　はじめに 223
　1．トルコの人道外交の理論的枠組み 224
　2．トルコのシリア難民に対する対応 228
　3．グローバル化するトルコの援助政策 232
　おわりに 239

第9章　コソヴォ紛争に関する議会分析とアメリカの「反戦」
――言説分析と投票行動分析を中心に――
西住祐亮

　はじめに 245
　1．「反戦」に関する近年の言説の特徴 246
　2．「反戦」概念の暫定的定義と米国連邦議会 251
　3．コソヴォ紛争から見る米国の「反戦」勢力 256
　おわりに 267

第10章　ヨーロッパ統合と平和
――EU共通外交安全保障政策からの一考察――
上原史子

　はじめに 275
　1．平和のためのヨーロッパ統合――戦争をもう繰り返さない決意
　　表明としての欧州石炭鉄鋼共同体（ECSC） 277
　2．ヨーロッパ統合の進展――平和をめぐるヨーロッパ共通の価値
　　基盤構築の道のり 279

3．価値指向のヨーロッパ共通外交安全保障政策の構築と発展 ………… 281
　4．ヨーロッパの共通外交安全保障政策の行方 ……………………………… 289
　おわりに ……………………………………………………………………………………… 292

第Ⅲ部　新たな平和への挑戦と対応

第11章　水資源・紛争・平和

星野　智

　はじめに ……………………………………………………………………………………… 303
　1．世界の水資源の不足とその将来 ………………………………………… 304
　2．水資源をめぐる紛争 …………………………………………………………… 308
　3．水のガバナンス／レジームと水紛争の平和的解決 ……………… 317
　おわりに ……………………………………………………………………………………… 323

第12章　オルタ・グローバリゼーション運動のビジョン
　　　　──水正義運動の事例から──

毛利聡子

　はじめに ……………………………………………………………………………………… 329
　1．深刻化する水資源 ……………………………………………………………… 333
　2．水をめぐる正義の実現を目指すトランスナショナル・ネットワーク … 336
　3．水正義運動の事例 ……………………………………………………………… 338
　4．考察と課題 ………………………………………………………………………… 344
　おわりに ……………………………………………………………………………………… 347

第13章　「モバイルな」国境と領域秩序の変容
　　　　──国境機能の内部化と外部化を手がかりとして──

川久保文紀

　はじめに ……………………………………………………………………………………… 351
　1．ボーダースタディーズのパラダイム ………………………………… 352

2．国境空間のリスケーリングと国境機能の変容 ……………………… 355
　おわりに ……………………………………………………………………… 367

第14章　普遍主義に内在する格差醸成とテロ誘発作用への対応の必要性

鈴木　洋一

　はじめに ……………………………………………………………………… 373
　1．移民の受け入れと寛容な社会統合志向と移民層の近年における
　　　貧困の深化 ……………………………………………………………… 374
　2．普遍主義の下での多文化という矛盾的関係 ………………………… 379
　3．低経済成長とポピュリズムの台頭による寛容な社会統合政策の
　　　行き詰り ………………………………………………………………… 381
　4．ムスリムと同化主義 …………………………………………………… 384
　5．ライシテ原則の重層的変質 …………………………………………… 385
　6．相似形としてのテロとテロのハイブリッド化 ……………………… 387
　おわりに ……………………………………………………………………… 391

あとがき

序　論
平和学の展開とグローバル化
―― 「平和」と「人権」をめぐって ――

臼 井 久 和

は じ め に

　世界はグローバル化の時代である。国境を横断するグローバル空間は拡散し，紛争や協力の形は変容し，平和学の対象領域も拡大している。簡潔にいえばトランスナショナルな「国籍不明」の時代の到来である。そこでは国別の歴史は意味を持たず，世界にはグローバルな「歴史の共有」が求められる。それに伴い，暴力の概念は複雑化し，多様化している。世界の紛争，戦争や暴力のあり方は，伝統的な戦争や総力戦，核戦争，内戦やゲリラ戦，そしてさまざまな「テロリズム」，「新しい戦争」という形で論じられるようになっている。「日本を守ると連呼するが，現代の戦争はもはや国同士の戦いですらない。もっと複雑で汚くあざとい」（中村哲『東京新聞』2015年9月19日）。戦争や軍事化は人類にとって資源のロスである。また，新自由主義経済の世界大の浸透，経済のグローバル化は，地球環境の破壊，貧困と飢餓，格差の拡大をもたらしている。まさにこのような「地球的規模の問題群」によって，人々の日常生活の安全や人間の尊厳が踏みにじられている。平和学は，これらの問題に切り込む必要がある。

　例をあげると，世界の現状は，次のとおりである。「ピースレスネス（peacelessness）」（「平和ならざる状態」）が充満している。国連難民高等弁務官事務所（UNHCR）によると，シリア内戦や過激派組織「イスラム国」の勢力

拡大により，世界の難民は5950万人（2014年末）に達し，前年より830万人増加した。また所得格差が世界で拡大している。経済協力開発機構（OECD）は，2013年の加盟国34か国の所得格差に関する報告書を公表した（2015年）。人口の上位の10％の富裕層と下位10％の貧困層の所得を比べると，OECD平均では9.6倍に格差は広がり，格差は過去30年で最大になっている。日本は10.7倍である。さらにいえば，地球は危機的状況にあるといって差し支えない。地球温暖化も深刻である。洪水，ハリケーン，海面上昇，砂漠化が常態化し，米海洋大気局（NOAA）は，2015年7月の世界の平均温度が1880年以降最高となる16.61度に達したと発表した。その結果，異常気象が世界中に蔓延している。

このような現実を前にして，第二次大戦後「人類生存の科学（Science of Human Survival）」[1]として誕生し，「平和価値」を志向する平和学は，どうあるべきか，平和学の存在理由，研究とは何かについて考えることにしたい。筆者はかつて「平和研究は，紛争の原因を解明し，平和構築の諸条件を探求し，世界における価値の不平等分配や社会的不正を排除するために国際社会の平和的変革を創造的にデザインしなければならない」[2]と書いた。平和学にとって核心的なことは「非軍事的手段による平和への接近」[3]である。平和学は，この意味において「非戦の学」であるということができる。そして人権の時代の到来のなかで，後段に含意されている平和学の真意は「人間性実現の科学（Science of Human Fulfillment）」として位置づけられるようになった[4]。以下では，平和学の基本的な概念，展開，課題などについて順次，検討することにしたい。

1．ディシプリンとしての平和学

平和学は，英語ではPeace Studiesと表現するが，同じ意味で平和研究（Peace Research）あるいは平和科学（Peace Science）が使われることも多い。人類の歴史は，紛争とその解決の歴史にほかならない。著名な経済学者ボール

ディング（K. E. Boulding）によれば，「紛争とは競争のある状況であり，そこではいくつかの当事者が潜在的な将来の位置が両立しえないことを意識（aware）していて，しかも，各当事者がほかの当事者の欲求と両立できない一つの位置を占めようと欲求し（wish）ているような競争状況」[5]であり，平和学における紛争の概念は，簡単に言えば紛争当事者の利害，目標あるいは価値の「非両立性」（incompatibility）である。紛争はアクターの追求する目標の衝突から起こる。

平和学の泰斗ガルトゥング（J. Galtung）は，「世界は，顕在的もしくは潜在的な形における直接的暴力（direct violence）と，個人，集団，あるいは国家間の関係を規制する構造に組み込まれた間接的暴力（indirect violence）でいっぱいである」[6]と書いている。この意味において平和学は，あらゆるレベルにおける紛争を平和的に解決することを目指している。

まず初めに，平和とは何かについて考えることにしよう。太古の時代から多くの思想家が平和の条件について考え，平和の思想を探求し，平和の多義性を明らかにしてきた。石田雄は『平和の政治学』（1968年）を著し，「平和」ということばの意味論的スペクトルを解明し，平和観は歴史や文化によって異なることを論証した（表0-1）。そして平和憲法をもつ日本における平和の方策とし

表0-1 「平和」の意味論

焦点がおかれた意味　　文化	神意 正義	繁栄	秩序	心の静穏
古代ユダヤ教	shālōm シャーローム			
ギリシャ		eirene エイレーネ		
ローマ			pax パックス	
中国（日本）			和平，平和	
インド				śānti シャーンティ

（出所）石田雄『平和の政治学』（岩波新書，1968年）35頁

て非武装主義の政治的可能性を展望する[7]。

これまで平和は，伝統的に戦争と対置する形で論じられてきた。このような見方に対して，ガルトゥングは新たな平和の概念を提示し，平和とは「暴力の不在（absence of violence）」であり，暴力とは人間が持っている能力の開花を阻むものであると考え，平和の3つの定義を提起した。すなわち，

第1の定義「平和とは，あらゆる種類の暴力の不在または低減である」。

第2の定義「平和とは，平和的かつ創造的な紛争の転換である」。

第3の定義「平和とは，人間の基本的な必要がすべて満たされた社会の状態である」ということである[8]。

暴力には前記した直接的暴力（組織的暴力），間接的暴力（構造的暴力 structural violence），ともう一つの文化的暴力（cultural violence）の3つがあり，それらをわかりやすく図示したのが，図0-1である。3つの暴力は，相互に依存し，補完し合っているので，平和学はこの暴力の排除を学問の境界を超えて学際的（interdisciplinary）に研究する。この暴力の3つの形態に対して，平和にも3つの形態を考えることができる。「平和の3角形」（図0-2）である。

図0-1　いろいろな「暴力」

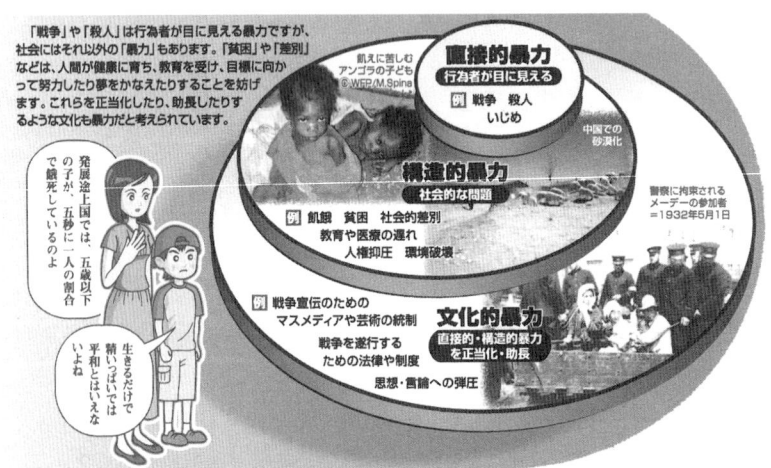

（出所）『東京新聞』2008年8月10日

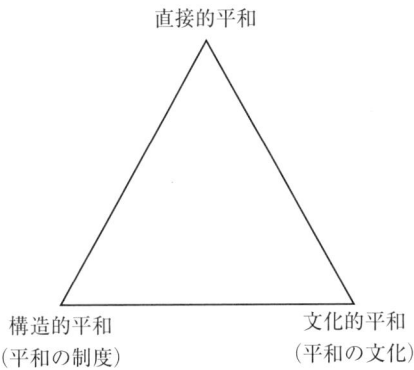

図 0-2　平和の三角形

（出所）ガルトゥング／藤田明央編著『ガルトゥング平和学入門』（法律文化社，2003 年）11 頁

「直接的平和」とは，直接的暴力の不在または低減を意味する。「消極的平和（negative violence）」ということが多い。「構造的平和」は，構造的暴力の不在または低減を意味し，別名「積極的平和（positive violence）」と良く呼ばれる。そして「文化的平和」とは，文化的暴力の不在または低減のことであり，「平和の文化」いうこともできる[9]。15 年戦争期の日本のアジア諸国の侵略は直接的暴力であるが，それを支えた「超国家主義」のイデオロギーは文化的暴力の典型である。この点に関し，武者小路公秀は，「文化暴力は，一般的には，社会全体を支配する文化が，その中に住んでいるこれと異なる文化の人々の生活を不安状態に陥れる暴力と定義することができる。とくに，グローバル化時代の文化状況の中でも，反テロ戦争というかたちで，覇権的暴力が文化的な形をおびるようになったことが注目される」[10]と書いている。

　日本において安倍首相は再び政権に復帰すると，2013 年国連総会演説で「積極的平和主義」を宣明し，日本が「集団的自衛権」を行使可能な国になることを誓い，問題の安保法制案を国会に提出した。この「積極的平和」は現代の平和学の概念の逸脱であり，誤用である。ガルトゥングは，この点に関連して，

次のように答えている[11]。

「積極的平和のことを，私は英語でPositive Peaceと呼んでいます。日本政府の積極的平和主義の英訳はProactive Contribution to Peace　です。言葉だけでなく，内容も全く異なります。積極的平和は平和を深めるもので，軍事同盟は必要とせず，専守防衛を旨とします。平和の概念が誤用されています」

「日本外交の問題は，米国一辺倒で政策が硬直していることです。創造性が全くありません。外務省は米国と歩調を合わせることばかり気にしています。……」

安倍政権の中枢にいる政治家や外務省には創造性が欠けている。集団的自衛権の行使の正当化を1959年の砂川判決や1972年の政府見解に求め，その上国際安保環境の激変を何の熟慮もなくあげている。冷戦最中のベトナム戦争をめぐる1970年代の国際安保環境の方がはるかに厳しかったのではないか。現在の中国の外交行動や軍事費の動向などは問題が多いが，国際情勢の認識や国際安保環境の悪化の論拠は曖昧であるといってよい。たとえば，2015年7月29日の参院特別委員会で安倍首相は「今年度，中国の国防費は日本の防衛予算の3.3倍に達し，軍事力を広範かつ急速に強化している」と答弁したが，その根拠とは何だろう。表0-2を見ると，単純には比較できないにしても，中国は，軍事費では日本の4.7倍であるが，守るべき国土の面積では日本の25倍を有し，人口は日本の約11倍に及んでいる。軍事依存の外交，つまり同盟の強化や軍事費の増強によってアジアの平和構築は可能なのだろうか，また世界のGDP上位米中日3ヶ国が戦争に突入することがあれば，世界は破滅するしか

表0-2　米・中・日の軍事費，人口，面積

	軍事費（2014）億ドル	人口（1000人）	面積（1000km^2）
①米国	6,100	320,051	9,629
②中国	2,160	1,385,567	9,597
⑨日本	458	127,144	378

（出所）軍事費は，ストックホルム国際平和研究所調べ
　　　　人口と面積は国連統計（1913年）による
　　　　〇の中の数字は世界の順位を表す

ない。そのような事態は現実的に想定し得るのだろうか。「平和の傘」を世界に差し掛けるためには「核の傘」に代わって，軍事志向ではなく非軍事的な冷静な外交（力）や対話の強化こそがいま求められているのである。

平和研究は，平和についての科学的研究，つまり平和価値を志向し，戦争の諸原因と平和の諸条件を客観的に究明する。後述する国際平和研究学会（IPRA）は，その目的を「平和の諸条件および戦争の諸原因に対する学際的な研究を促進する」ことであると規定している[12]。平和研究には広範囲の異学問間協力が不可欠なのである。ガルトゥングは，平和研究にはホリスティク・アプローチ（holistic approach）が必要で「平和学はたんに国際的なだけでなくトランスナショナルなアプローチを，そして学際的なだけでなく脱専門分野的なアプローチを用いるべきである」[13]と書いている。さらに関連して加えれば，武者小路公秀は「国際学習過程としての平和研究」のなかで，平和研究の新しいメタ・パラダイムは3つの原則，つまり平和研究が共同作業によって推進され，共同作業は価値・理論・実践の3つの領域と関連づけ，最後に共同作業を「草の根」レベル，国内地方レベル，全国レベル，地域レベル，地球レベルの各レベルにおける諸研究を関連づける必要性を説き，次のように書いている。「平和研究は，今日脚光を浴びているグローバリズムの立場から，世界の

図 0-3　平和研究の三レベルと三領域

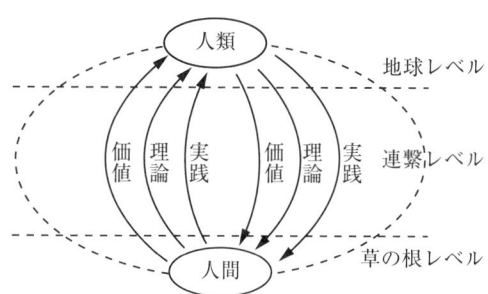

（出所）武者小路公秀「国際学習過程としての平和研究」
『国際政治』54号9頁

各レベルの問題を考える,という形で進められてはならないのであって,むしろ『草の根』レベルの価値や状態を十分に重視しなければならない。なぜなら,どのような価値観をもつにせよ,最終的に,『平和』の受益者であるはずの生身の人間は,グローバルな人類社会の中にではなしに,『草の根』レベルの共同社会の中で生活しているからである」[14)]。この指摘は平和学にとって重要である(図0-3)[15)]。このようなディシプリンとしての平和学の誕生にはどのような背景があるのだろうか。

2. 平和学の起源と発展

これまで平和学の基本的な概念について整理してきたので,本章では平和学の起源からの展開のプロセスを明らかにする。とはいっても平和学の起源をはっきり特定することは難事であるといわなければならないが,平和学誕生の背景をたどることはできる。

[平和思想の軌跡]
まず古来からの平和の構想,戦史の研究の系譜をたどると[16)],老子や孫子の思想やツキィディデスの戦史,アリストファネスの『女の平和』に行きつくこともできる。その後も非常に多数の平和論が展開されてきた。代表的な学者や思想家をあげるとモア(T. More,『ユートピア』1516年),エラスムス(D. Erasmus,『平和の訴え』1517年),ラス・カサス(Las Casas,『インディアスの破壊についての簡潔な報告』1542年),国際法の父グロティウス(H. Grotius,『戦争と平和の法』1625年),サン・ピエール(St. Pierre,『ヨーロッパ恒久平和』3巻,1713-17年),経済学の基礎を築き,軍拡の不経済を説いたスミス(A. Smith,『国富論』1776年),「人道」の名のもとに戦争法規の必要性を説いたルソー(J. J. Roussau,『永久平和論批判』1782年),常備軍の全廃を提案したカント(I. Kant,『永遠平和のために』1795年)[17)],など数限りない。

フランス革命期の動乱を経て,19世紀に入ると資本主義の発展とともに,

社会主義思想が勃興し，労働力以外なにも持たない大量の労働者が登場し，1864 年には平和・労働運動組織，国際労働者協会（第一インターナショナル）が創設された。創設宣言は，『共産党宣言』を書いたマルクス（K. Marx）が作成した。1891 年には国際平和ビュウロー（IPB）がスイスで設立され，平和に貢献し，1910 年にはノーベル賞が授与された。またヨーロッパやアメリカでは平和主義を唱道するクエーカー（フレンド会）は，平和協会を設立し平和運動を主導し，兵役を良心に従い忌避してきた[18]。

20 世紀は戦争と革命の世紀と呼ばれている。総力戦の時代に突入し，列強による軍拡が展開されるなか，ハーグ平和会議では軍備規制が検討され，第一次世界大戦後創設された国際連盟は集団安保体制を謳い，20 年代に入ると軍縮条約が結ばれたが，相対的安定期は長続きしなかった。このようななか 28 年には「不戦条約」（正式には「戦争放棄に関する条約」）が締結され，戦争違法化のレールが敷かれたが，大恐慌から始まる 30 年代は，世界は動乱の時代となり，第二次世界大戦に突入した。カー（E. H. Carr）は『危機の 20 年』（1939 年）を著し，学問としての「国際政治学」の揺籃を告げた。

第二次世界大戦は世界に莫大な損失を与えた。世界を変えたのは核兵器の出現（1945 年）であり，ヒロシマ，ナガサキへの投下である（日本は 54 年のビキニ環礁での被爆も）。核兵器は人類の「無条件生存の可能性」[19]の否定を意味した。その登場は「戦争のあり方」「防衛のあり方」を一変させることになった。核は使うことができない政治的兵器である。米ソの冷戦は，核の均衡と核開発競争に支えられ，「恐怖の均衡」と呼ばれた[20]。こうして世界の反戦平和運動は反核平和運動へと裾野を広げることになった。ユネスコ（UNESCO）は，48 年 7 月に 8 人の社会科学者による「平和のために社会科学者はかく訴える」声明を発表した。日本の有識者も，それに応え翌年『世界』3 月号に「戦争と平和に関する日本の科学者の声明」を掲載し，ユネスコの平和声明に「根本的な同意を表明する」と主張した。

冷戦の昂進は人類の危機意識を高め，核兵器に反対し，その廃絶を求める運動はグローバル化し，50 年には平和擁護世界大会で核兵器の無条件禁止を求

める「ストックホルム・アピール」が発表された。54年のビキニ被爆直後，東京杉並の主婦グループが始めた原水爆禁止署名は 3,000 万人の署名を集め，翌年広島で第一回原水爆禁止世界大会が開催された。

このようななかで平和学の形成に大きなインパクトを与えたのは，核と戦争の廃絶，紛争の平和的解決を訴える「ラッセル・アインシュタイン宣言」(55年)である。ラッセル（B. Russell）は，「一人の人間を殺すことが罪ならば，30億の人類を殺すことは，30億倍その罪が重い。その罪をおかす核装備が，政策として日に日に強化されつつある。その人類に対する不法が，法の名においてわれわれに強制されつつある。わたくしは，人類に対する叛逆罪を赦さない。わたくしは，人類に対する不法に服従することを拒否する。わたくしは，哲学者としてでなく，また英国人としてでもなく，一箇の人間として要求する─人類を滅ぼしてはならない！[21]」と書いている。

またも一人の当事者であるアインシュタイン（A. Einstein）は，「広島と長崎の破局の記憶が，定期的行事によって，あらゆる善意の人々の意識に永く生き残ることは，よいことです。……平和を軍事同盟によって固めようとする，あらゆる試みは，平和と安全保障にではなくて，戦争を経ての破壊に至るにちがいないということは，常に繰返し言及されなければなりません」[22]と書き残している。この二人の声明は，世界の人々の行動への誘因となった。「自分自身の良心」に従ってカナダのパグウォッシュ村に集まったトランスナショナルな科学者は，1957年7月に「パグウォッシュ会議」（Pugwash Confernce on Science and World Affairs）を組織し，核廃絶の途を追求し，現在も会議は継続している（第61回パグウォッシュ会議世界大会は，長崎で「被爆 70 年」をテーマに 2015 年 11 月に開催された）。

［平和学の先駆者］

次に学問研究の分野における軌跡を見ることにしよう。伝統的な平和研究は戦争の原因論であったといえよう。とりあえずリチャードソン（L. Richardson, 1881-1953），ソローキン（P. Sorokin, 1889-1968），ライト（Q.

Wright, 1890-1970) の3人をあげる。リチャードソンは，クエーカーでオクスフォード大学を優等生で卒業した数学者，気象学者で統計的手法を用いて戦争原因を究明しようと試みた。天気予報の方程式を作成したことでも有名で，最初の小冊子「戦争の数理心理学」を1919年に刊行した。軍備競争のモデルをはじめとする彼の多数の論文は1960年に息子のステファン（Stephen）により『武器をもつと不安だ』（*Arms and Insecurity*），『死闘の統計学』（*Statistics of Deadly Quarrels*）として発刊された。ロシアの社会学者ソローキンは，反共主義者で一時期ケレンスキー内閣の閣僚も務めたこともある。ソローキンはまた，戦争と革命を精査し，戦争の類型化を試み，『社会的・文化的動学』（*Social and Cultural Dynamics*, 1937）を刊行し，ハーヴァード大学の初代社会学部長を務めた。

　ライトは，アメリカの国際法・国際政治学者でシカゴ大学を中心に1926年から「戦争は避けることができる」という確信のもと「戦争研究」プロジェクトを開始した。その成果が，戦争の本質や類型を歴史的に客観的なデータをもとに分析した『戦争の研究』（*A Study of War*, 1942）である。この大著の拡大第2版は1965年に刊行されたが，著名な国際政治学者ドイッチ（K. Deutsch）は冒頭で「ライトの戦争研究への貢献」を書いている。そのなかで，ドイッチは，30年戦争期の1625年にグロティウスは名著『戦争と平和の法』を出版し，国際法学の基礎を確立したが，ライトは核時代を到来せしめた第二次世界大戦中の1942年に名著『戦争の研究』を公刊し，戦後世界に不可欠の平和研究の出発点を標した，と高く評価した。そしてドイッチは，1970年にアメリカ政治学会会長の名でノーベル委員会委員長にあててライトをノーベル平和賞候補者に推挙した。

　このような学問的軌跡を背景に，戦後の世界は米ソの対立が深刻化する一方であった。このような危機的状況のなかで平和研究の組織化，制度化が進行していた。学問的にも1955年は転換点といっても過言ではない。レンツ（T. Lentz）は，1955年に『平和の科学をめざして』（*Towards a Science of Peace*）を著し，核戦争の危機を前にして「戦争が確実に増大しているように，人類生

存のチャンスは確実に減少しつつある。もはや，戦争による人類の滅亡か人類による戦争の廃絶かだけが，考えられる唯一の選択肢のように思われる」と書き，世界的規模での学者の「平和研究アクション」こそがいま必要であると訴え，平和研究の組織化が世界平和にとって肝要であることを説いた。この本の出版を契機にして，危機感を抱く多くの研究者の直接行動が誘発されることになったといえよう。

［伝統的平和研究——消極的平和］

グローバルな核戦争がいつ勃発するかもしれない脅威に直面して，レンツのアピールにまず応えたのが，ミシガン大学のK・ボールディングを筆頭とするいわゆる「ミシガン・グループ」の学際的な学者である。このグループのなかには社会心理学者ケルマン（H. Kelman）とグラッドストーン（A. Gladstone），数学者・心理学者ラパポート（A. Rapoport），心理学者カッツ（D. Katz），社会学者エンジェル（R. Angell）などが含まれていた。これらの学者たちが中心になり，1957年にジャーナリズム学部の支援を得て『紛争解決雑誌』（*Journal of Conflict Resolution*, JCR）を公刊した。刊行に至るまでの経緯については，「文明対談，ガルブレイス・ボールディング」[23]が詳細に論じている。長いが引用する。ボールディングは「1954年から55年にかけて，私はできたばかりのスタンフォード大学の行動科学センターへ行ったがそこにはアナトール・ラパポート，ラルフ・ジェラルドとともに，バータランフィーがいた。そこで私たちは，のちに総合システム研究学会となる団体を作った。行動科学センターで過ごした一年は大変実りの多い年だった。総合システム学会もそれから生まれたし，紛争解決の研究も生まれた。それに平和の研究も，といえるかもしれない。……どうしたら戦争と平和に関する突っこんだ研究のために社会科学者を動員えきるのか，とね。それから私たちは研究雑誌の発刊をきめた。それを出せば，真空状態が生じて，そこに空気が入り込むように，いろんなアイデアが殺到するかをみようという考えだった。そこで私たちがミシガンに帰ったとき，この紛争解決の研究雑誌を出した。これが紛争解決センターへと発展した

し,このとき以来,私は平和の研究の仕事に,深く関わりあっている」と。
　このJCRの創刊号は,当時の平和研究の特質を象徴的に表していた。ボールディングは,発刊の辞で「われわれの時代の最大の課題—戦争の防止—を動かすために充分な力をもつ知的エンジンを工夫する」ことであると記し,国際紛争の防止・平和的解決の理論的研究を目指したのである。この意味において平和は「戦争の不在」を意味し,「消極的平和」であるといえる。この「消極的平和」ということばは,すでにライトの『戦争の研究』のなかで論究されている[24]。

　JCR出版後,平和研究は目覚ましく加速し,多くの国で平和研究を志向する研究所が設立され,制度化も進展していった[25]。ミシガン大学には59年に「紛争解決研究センター」(CRCR)が設立され,平和研究の拠点に成長した。同年にアメリカ留学から帰ったガルトゥングは「オスロ国際平和研究所」(PRIO)を創設,引き続き「カナダ平和研究所」(CPRI, 61),「世界秩序研究所」(WOI, 61, 現在「世界政策研究所」),「フロニンゲン大学戦争学研究所」(62),「ガンジー研究所」(62),「ストックホルム国際平和研究所」(SIPRI, 66)ほかが設立され,平和研究運動の国際的ネットワーク作りが進んだ。PRIOは,64年から *Journal of Peace Research* (JPR)を発刊した。その創刊号でガルトゥングは,「暴力の不在,戦争の不在が消極的平和であり—そして人間社会の統合が積極的平和である」と主張し,構造的暴力,中心＝周辺理論（C-P theory),新帝国主義理論など新しい概念を次々に提起してきた。翌年「国際平和研究学会」(IPRA)が設立された。IPRAには25のコミッションがある。歴代の事務局長,総会,コミッション一覧を表示する（表0-3)。

［批判的平和研究——積極的平和］
　1960年代は国際政治の動向を左右する回転軸は東西軸から南北軸に代わってきた。多くの新興国が独立したが,経済的に自立することはできず,「貧困」が発見されることになった。いわゆる「南北問題」の登場である[26]。この先進国と途上国の格差の拡大が,平和学の新たな争点と課題になるのである。

表 0-3-1　歴代 IPRA 事務局長

1964-1971	Bert V. A. Roling (The Netherlands)
1971-1975	Asbjorn Eide (Norway)
1975-1979	Raimo Vayrynen (Finland)
1979-1983	坂本義和（日本）
1983-1987	Chadwick Alger (USA)
1987-1989	Clovis Brigagao (Brazil)
1989-1991	Elise Bouding (USA)
1991-1994	Paul Smoker (USA)
1995-1997	Karlheinz Koppe (Germany)
1997-2000	Bjoern Moeller (Denmark)
2000-2004	児玉克哉（日本）
2004-2008	Luc Reychler (Belgium)
2008-2010	Kevin Clements (New Zealand)
2010-2012	Jake Lynch (Australia) & 児玉克哉（日本）
2012-	Nesrin Kenar (Turkey) & Ibrahim Shaw (Sierra Leone/UK)

表 0-3-2　IPRA 総会

1. Groningen, Netherlands (1965)	14. 京都，日本（1992）
2. Tallberg, Sweden (1967)	15. Valetta, Malta (1994)
3. Karlovy Vary, Czechoslovakia (1969)	16. Brisbane, Australia (1996)
4. Bled, Yugoslavia (1971)	17. Durban, South Africa (1998)
5. Varanasi, India (1974)	18. Tampere, Finland (2000)
6. Turku, Finland (1975)	19. Suwon, Korea (2002)
7. Oaxtepec, Mexico (1977)	20. Sopron, Hungary (2004)
8. Konigstein, FRG (1979)	21. Calgary, Canada (2006)
9. Orillia, Canada (1981)	22. Leuven, Belgium (2008)
10. Gyor, Hungary (1983)	23. Sydney, Australia (2010)
11. Sussex, England (1986)	24. 津，日本（2012）
12. Rio de Janeiro, Brazil (1988)	25. Istanbul, Turkey（2014）
13. Groningen, the Netherlands (1990)	

表0-3-3　IPRAコミッション

•Art and Peace Commission	•Peace Culture and Communications Commission
•Conflict Resolution and Peace-Building Commission	•Peace Education Commission
•Development and Peace Commission	•Peace History Commission
•Eastern Europe Commission	•Peace Journalism Commission
•Ecology and Peace Commission	•Peace Movements Commission
•Forced Migration Commission	•Peace Negotiations and Mediation Commission
•Gender and Peace Commission	•Peace Theories Commission
•Global Political Economy Commission	•Reconciliation and Transitional Justice Commission
•Indigenous Peoples' Rights Commission	•Religion and Peace Commission
•Internal Conflicts Commission	•Security and Disarmament Commission
•International Human Rights Commission	•Sport and Peace Commission
•Nonviolence Commission	•Youth and Peace Commission
	•Peace Tourism Commission

（出所）表0-3のすべては，IPRAのホームページをもとに作成

64年JPRが誕生したころ，日本でも平和研究の草創期を迎えていた。日本の平和学の発展に草創期から主導的役割を果たした川田侃は，次のように書いている。「1964年は，もう一つ，私が初めて『平和研究』とつながりをもった年としても忘れ得ない。この年，東京では『アメリカ・フレンズ奉仕団』によるイニシアチヴも働いて，極めてルーズな自然発生的な一つの研究グループ，すなわち『平和と軍縮の研究グループ』，俗称『東京平和研究グループ』なるものが生まれているが，それに私も参加することになり，これが翌年の『国際平和研究学会』（IPRA）の設立総会に，私が招かれて出席する一つの契機ともなった[27]」と回顧している。

65年のIPRAの設立総会は，著名な国際法学者ローリング（Bert V. A. Röling）事務局長のもとフロニンゲン大学で開催され，19の分野にわたる73名（アジア・アフリカ諸国5名，日本からは宗像巖，川田は理事就任）の学者が参加し，人類を危機に陥れる核戦争の可能性や平和の維持について論じ合ったが，

欧米志向が強く途上国が置かれている現実には目を閉じられたままであった。

　67年の第2回IPRA総会は，スウェーデンで開かれ，25か国から119名が参加した（日本からは川田，武者小路公秀）。今回のテーマは「貧困と平和」であり，全体会議冒頭学界の大御所アルヴァ・ミュルダール（A. Myrdal）が講演を行った。この総会で注目を浴びたのは，ガンジー研究所の所長ダスグプタ（S. Dasgupta）の報告「平和ならざる状態と不良開発——発展途上諸国民の平和研究の新しい課題」（Peacelessness and Maldevelopment: A New Theme for Peace Research in Developing Nations）であり，この新しい2つの概念は，戦争はないが，食するもがない周辺国の現実をどう考えるか，平和研究者に大きなインパクトを与えることになる。この報告は，伝統的平和概念に批判を迫るもので，ガルトゥングの理論の形成にも多大な影響を与えたといわれている。

　69年に平和研究は一つの転機を迎えた。IPRAの第3回総会（130名，日本からは田中靖政）では平和概念論争が展開された。スカンディナヴィアの若い研究者シュミット（H. Schmid）やデンシック（L. Denci）たちがK.ボールディングやガルトゥングに公然と批判の矢を向けた。この考え方は，批判的平和研究の流れということができる[28]。ルンド大学のシュミットは，従来の平和研究は「和解の技術」に過ぎないと論破し，途上国の貧困と飢餓，生まれてすぐ亡くなる子どもなど底辺の人々にとっての平和とは何かを問うたのである。こうしてこの総会を契機にしてIPRAは，「南北問題」を新しい平和学の課題とし取り込むことになる。平和学の理論的指導者であるガルトゥングは，この批判に対して，歴史的に有名な69年末のJPR（Vol.5, No.3）掲載論文「暴力，平和，平和研究」（Violence, Peace and Peace Research）のなかで「いま私は，ヘルマン・シュミットに完全に同意する……。私はいま『積極的平和』と『社会的正義』を同一であると見なしたい」と答え，社会正義や暴力の概念を一段と発展させ，自ら1964年に提示した平和と暴力の概念を修正・補強したのである（図0-4）。いわゆる「構造的暴力」という概念の導入であり，平和研究の新方向を示唆した里程標であるといえよう。この方向性は70年代には定着しているように見えると，74年のインドでの会議に参加した石田雄は書いてい

る[29]。

　平和研究は,（核）戦争をいかに回避するかだけでなく,広く平和を支配＝従属の問題,差別や疎外,社会正義や平等の問題と連接した。坂本義和は,この点に関連し,次のように書いている。「もう一つの性質のちがった問題が表面化してきた。南北問題である。……それは,世界大の構造的貧困の問題であって,『国際問題』というより『世界問題（ワールド・プロブレム）』と呼ぶにふさわしい。……この問題は,世界大の社会変革なしには解決できない」[30]と。

　70,80年代,南北関係が深刻化する一方,軍事化・軍事秩序の形成も進行していた。ヨーロッパで非核を求めて新しい反核平和運動が広く展開された[31]。この新しい平和運動の波は,従来と異なり草の根運動の形をとり,核

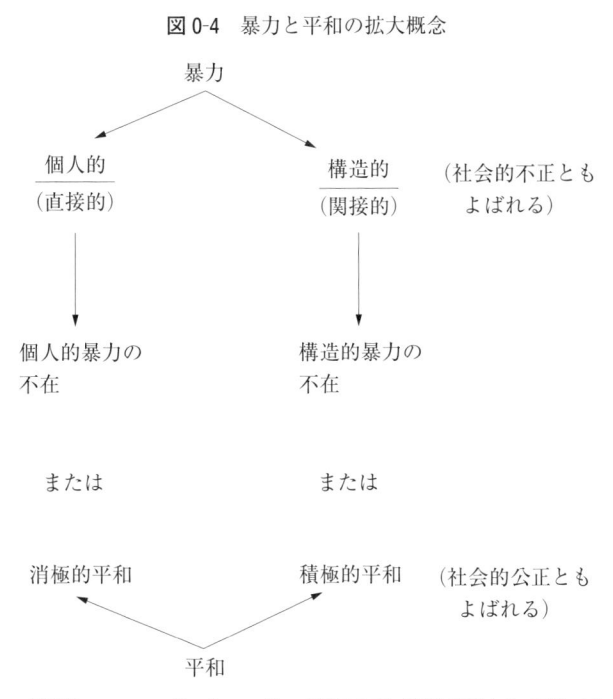

図 0-4　暴力と平和の拡大概念

```
              暴力
           ↙      ↘
      個人的         構造的      （社会的不正とも
     （直接的）      （関接的）      よばれる）
        ↓             ↓
     個人的暴力の    構造的暴力の
       不在          不在

       または         または

     消極的平和      積極的平和    （社会的公正とも
          ↘        ↙              よばれる）
              平和
```

（出所）ヨハン・ガルトゥング,高柳ほか訳『構造的暴力と平和』（中央大学出版部,1991年）45頁

廃絶にとどまらず，エコロジーやフェミニズムに射程を拡げていき，国際NGOの活躍に舞台を提供することになっていく[32]。72年のローマ・クラブの最初の報告書『成長の限界』の発刊や「国連人間環境会議」の開催は，環境と開発の問題，「持続可能な発展」が平和学の課題となってきたことを象徴しているが，数次にわたる「国連開発の10年」によっても南北格差の是正はなされなかった。それは，先進国従属型の開発への疑問の提示であり，「もう一つの発展（another development）」の模索する必要があることを示している。ここで重要な視点は，内発性を重視し，地球レベルでの「物の発展」ではなく「人間の発展」を表現するものでなければならない[33]。なぜなら平和研究は，前述したように人間の尊厳を土台に「人間性実現の科学」であるからである。冷戦の崩壊は新しい形の戦争を引き起こし，国連は92年にガリ報告「平和への課題」を提案し，94年に「人間の安全保障（human security）」という新しい考え方，つまり「私たちは，もう一度，考え方を根本的に変える必要がある－『核の安全保障』から『人間の安全保障』へと」という考え[34]を提起した。そして2001年6月に国連は「人間の安全保障」委員会を設置し[35]。その直後の「9.11」は世界に衝撃を与え，テロが新しい形の紛争・対立を顕現させることになった。平和学は新たな形でテロリズムという課題を背負い込むことになった。またこの間，デモクラティック・ピース論が展開され，戦争と民主主義の関連性が大きな争点となった[35a]。

　ガルトゥングは，20年前に自ら導入した「構造的暴力」のフォローアップとして「文化的暴力」という概念を90年にJPR（Vol.27, No.3）誌上で提示した。その冒頭でその意味するところは「直接的暴力あるいは構造的暴力を正当化ないし合法化するために用いられ得るような文化，すなわち，われわれの存在の象徴的領域の諸側面—宗教とイデオロギー，言葉と芸術，経験科学と形式科学（論理学，数学）—である」と定義した。国歌や国旗，軍事パレード，十字架や三日月，ポスターなどが代表的なものである。こうしてガルトゥングが展開した平和や暴力の概念は余りに拡大し，多義的であるが，平和学の共有財産になっているといって差し支えない。とはいえ，平和の概念があまりにも拡大

し，曖昧になったというボールディングの批判，さらに平和研究者に多様な考え方，多様な学派が存在することを忘れてはならない[36]。

[日本における平和研究]

日本の平和研究には特殊性が付きまとい，欧米に比べて立ち遅れていた。それは，世界で唯一の被爆国であり，多くの人々が抱いていた戦争体験である。すでに触れた草創期の日本の平和研究のリーダーである川田侃は「私が平和の問題の研究に関心をもつようになったのは，必ずしも学問研究の結果としてではない。ささやかなものであるが，陸軍二等兵として私が経験した若い頃の戦争体験に根ざしているところが大きい。……若い私に深い衝撃を与えたのは，中国の戦場での盗賊の一団のごとき日本軍の暴行であり，さすがにそれをまのあたりに見たとき，私はとめどなく落涙したことである」[37]と書いている。なお筆者は 5 歳で平塚大空襲（1945 年 7 月 16 日）を経験し，その夜は平塚の街はナイターの球場のようであった[38]。東京大空襲では投下爆弾は 38 万発であったのに対し，平塚に投下された爆弾は 44 万発であった。市のほぼ 8 割が焼け落ちたといわれている。空襲の目的は，平塚には海軍火薬廠と特攻機「桜花」製造工場（日本国際航空工業）があるからといわれてきたが，アメリカの公開文書によれば，アメリカは平塚あたりを本土上陸地点と考え，火薬廠を司令部設置予定地に想定していたのである。

それからもう一つの問題は，平和憲法と第 9 条である。日本国憲法の平和主義は，地球社会の市民と未来に希望を与えるものである。「平和的生存権」「平和への権利」が含意されているからである。いうまでもなく力によって平和は保障されえない。それは世界史が教えてくれる。この意味で平和憲法は，暴力の不在を表象している。関寛治は，『平和研究』創刊号（1976 年）の巻頭言で「とくに日本においては，広島・長崎の原爆体験や直接にその体験を規範的にくみいれたともいえる憲法第 9 条が，平和研究の価値の原点として強調されざるをえない」といみじくも指摘している。

アメリカでは 50 年代半ばから平和研究活動が積極的に展開されていたが，

日本ではディシプリンとしての平和学は未成熟であった。60年代に入ると国際的な研究活動はさらに活発になり，その波動は日本にも押し寄せてきた。日本の平和研究の発展に介在した会議や参加者を考えて見てみよう。

　まず世界で最も古い女性平和国際NGO「平和と自由のための国際婦人連盟」(Women's International League for Peace and Freedom, WILPF, 1915年創設，2015年現在の会長は秋林こずえ）の果たした役割である。同連盟の62年の国際会議に参加した日本支部の浮田久子は，会議の目的の一つが平和研究者の継続的国際会議の開催にあると考え，帰国後日本の平和研究の基礎作りを始めた。また63年にはカナダ平和研究所のフニアス（J. Funnius）は，ヨーロッパの平和研究状況の調査に派遣され，スイスのフレンド協会と連携し，同国のクラランスで平和研究の国際組織化を目指す国際会議「国際平和安全保障会議」(COROIPAS) を立ち上げ，事務総長にバートン（J. Burton）を選任した。この会議には著名な平和研究者が名を連ねた。ボールディング夫妻やローリングらである。日本からはWILPFの日本支部の磯野富士子が出席した。さらに重要なことはWILPFが『国際平和研究ニューズレター』(International Newsletter on Peace Research) を63年から発行していたことである。浮田・磯野両氏は，それを翻訳し，平和研究に関心をもつ学者に配布した。因みにこの編集の任にあたったのは，エリーズ・ボールディングであり，このニューズレターはその後，IPRAの正式機関誌 International Peace Research Newsletter になったのである。

　さらに欧米の平和研究者と日本の平和研究（者）と仲介役を果たしたのは，ウィルソン（N. Wilson, 東京のアメリカンフレンズ奉仕団の代表・クェーカー・インターナショナル・アフェアーズ東アジア代表）と63年から64年にかけて国際基督教大学の客員教授として滞日したボールディング夫妻（クェーカー教徒）である。ウィルソンは，「東京平和研究グループ」(The Tokyo Peace Research Group) の組織づくりの推進力になり，ボールディング夫妻は親日家で日本の平和研究の立ち上げに関わった。エリーズ・ボールディングは，「平和学の母」と呼ばれ，平和文化の研究に取り組み，事務局長時代にはIPRAはユネスコ平

和教育賞を授与された。

　IPRA の設立総会から帰国した川田侃は，日本の平和研究グループを自主的に再編し，66 年に「日本平和研究懇談会」(Japan Peace Research Group) に名称変更し，事務局を東大経済学部の川田研究室においた[39]。当初グループは 13 名で発足し，和文の『平和研究論集』，英文の *Peace research in Japan* を刊行し，日本の平和研究の知的エンジンの役割を果たし，国際的連携ネットワークづくりに尽力した。

　平和研究のアプローチは学際的と言われてきた。67 年『国際政治』第 54 号（日本国際政治学会編）と『年報社会心理学』第 8 号（日本社会心理学会編）がそれぞれ平和研究の特集号を編み，優れた論考をおさめている。

　69 年日本では日本平和研究懇談会ほか共催による国際会議が上智大学で開催され，アイザード（W. Isard, 63 年の「平和研究国際協会」(PRSI) の創始者）らが招かれた[40]。その折日本に平和学会創設の強い意見が出された一方，組織を作ることによって平和研究の本質が宙に浮き，戦略研究に堕する恐れありという懸念が最大の争点であったと言われている[41]。このような背景のもと日本の平和研究の立ち遅れを危惧した平和研究者が 70 年代に会合を重ね，73 年 9 月に日本平和学会（The Peace Studies Association of Japan, PSAJ）を設立し，初代会長は関寛治が務めた（同年，ブラッドフォード大学に世界初の平和学部が設置）[41a]。その設立趣意書には「日本平和学会はあくまで戦争被害者としての体験をすてることなく，将来日本が戦争加害者になるべきでないという価値にもとづいた科学的，客観的な平和研究を発展させようと考えている」と書き，そのような研究を発展させるために伝統的な歴史的あるいは哲学的な方法と同時に，行動科学的かつ計量的な研究方法を充分に育て，活用することを謳っている。こうして日本の平和研究も世界の平和研究の潮流に乗り合わせることになった。

　日本の初期の平和研究に関連する学術文献を探してみると，前記の『国際政治』や『年報社会心理学』所収論文や戦争・被爆体験（記）を除くと，その数

は少ない。なかでも注目すべきは，武者小路公秀（65）「日本における平和研究の課題」，同（66）「行動科学と平和－平和の科学的研究と科学研究の平和利用」であり[42]，前者は平和研究の3原則を説き，後者は行動科学の平和利用と国際的な共同平和研究体制の確立に論究している。また川田侃（67）「平和研究の最近の動向とその課題」，同（68）「社会科学と平和研究」がある[43]。いずれも世界と日本の平和学の性格と方法論を活写した先駆的な論文であるといえよう。

　こう考えて見ると，67年は日本の平和研究が離陸した年でもあるということができよう。平和学の学会不在のなか，日本国際政治学会が初めて平和研究部会を設置し，武者小路公秀「平和研究の方法と課題」，細谷千博「二つの戦争決定」の二つの報告が行われた。その後，68年日本で注目すべき書物が刊行された。それは，石田雄『平和の政治学』である。69年には，前記武者小路が『平和研究入門―国際政治の力学』を発表した。この本は，平和研究の理論的な成果を駆使して，アジアにおける平和工学について論じ，日本の平和研究の一里塚と称された。さらに同年に川田は『軍事経済と平和研究』を上梓した。その後，日本平和学会設立後には日本の平和研究は活性化し，多くの平和学関係研究書・論文が多数刊行されている[44]。その中核を担ったのが機関誌『平和研究』であり，2015年現在45号に及んでいる。その内容は多様で学際性に富んでいる。

　日本では IPRA の総会が2度開催された。92年の京都総会と2012年の津総会である。前者のテーマは，Challenges of a Changing Global Order であり，後者のテーマは Peace and Justice in a Globalized World である。いずれも世界から多数の参加者が参集した。ほかに総会ではないが，80年に IPRA 主催による「アジア平和研究国際会議」が，坂本義和事務局長のときに横浜でユネスコと神奈川県の後援をえて開催された。その成果は，坂本義和編（82）『暴力と平和』（朝日新聞社）に収録されているので，参照されたい。

3. 平和学の対象領域——平和学の概念図

　平和学はある意味で脱領域・脱境界であるといってよいかもしれない．地球社会の平和を考えると，これまで述べてきたように争点は多様である．本プロジェクトのメンバーの関心も多様であるが，論点は平和価値に収斂しなければならない．ここではノートルダム大学のロペス（G. A. Lopez）の2論文，つまり "Preface", in *The ANNALS*, July, 1989 (Special Issue, Peace Studies: Past and Future と "Conceptual Models for Peace Studies Programs", in D. C. Thomas and M. T. Klare (eds.), *Peace and World Order Studies: A Curriculum Guide*, Fifth Edition, Westview Press, 1989. を手がかりに表示すると，表0-4のようになる．それぞれの問題関心はどこかに当てはめることができ，そこから平和な社会を創造する．

　例えば，「攻撃性」をあげて説明することにしよう．国連の86年の「国際平和年」に合わせて，ユネスコがスペインのセビリアで開催した国際会議に5大陸の科学者20名が参集し，「戦争は人間の本能か」について議論し，暴力についての「セビリア声明」を発表した[45]．「攻撃性生得説」を否定する5つの命題を含む，この声明の最後のところに，次のような一節がある．「われわれの結論は，生物学は，戦争に対して人間性に罪があるとする根拠とはならず，人類は，生物学的悲観主義の束縛から解放され，この国際平和年以降の年に必要とされる変革の諸課題に自信をもって着手することができるようになる，ということである．……『戦争は人の心の中で生まれる』ように，平和もわれわれの心の中で生まれる．戦争を生み出した種は，平和を生み出すことが可能なのである．その責任はわれわれ一人ひとりにかかっている」[46]と．ユネスコは，89年の総会で，この「声明」の普及促進を決定した．

表 0-4　平和学の概念図

人間の相互作用のレベル	実質的焦点の領域		
	暴力紛争の原因と結果	暴力紛争の管理・縮小・解決のメカニック	平和構築のための価値・規範・制度の開発
個人	攻撃性 社会化 偏見 個人間暴力	コミュニケーション・スキル 交渉 仲介 教育	生き方としての非暴力 倫理的・宗教的アプローチ
社会集団 （国内集団）	経済的格差 抑圧 革命	仲裁 交渉 仲介 紛争解決ワークショップ	非暴力直接行動 社会運動 正義 自由
国際	戦争 軍備競争 兵器貿易 外国人差別 介入 核戦争	外交 国際平和維持 仲介 危機管理	国際法と国際組織 非攻撃的な防衛 グローバルな協力

（出所）本論中の G.A. ロペスの 2 論文から筆者作成

4．「平和」と「人権」の不可分性──「平和への権利」（Right to Peace）をめぐる国際的動き

　21 世紀は人権の世紀ということもできる。JPR の 50 周年の特集号（Vol.5, No.2）冒頭論文，H, Buhaug, J. S. Levy and H. Urdal (2014), "50 years of peace research: An introduction to the Journal of Peace Research anniversary special issue" のキーワードは，「人権」，「平和」，「平和研究」，「テロリズム」，「暴力」の 5 語であり，それは平和研究の軌跡を象徴的に表している。また同誌には N. P. Gleditsch, J. Nordkvell and H.Strand (2014), "Peace research ― Just the study of war?" が収録されている。そのなかに JPR と JCR に掲載されている「構造的暴力」「人権」についての論文数の比較が載っている（図 0-5）。それを見ると，アメリカとヨーロッパの平和研究の

特徴の違いが良く分かる一方，20世紀になると「人権」に関する論文が圧倒的に多くなっていることが分かる。

　国際連合は1945年に創設された。国連憲章の前文で「基本的人権と人間の尊厳及び価値」を確認し，その目的を「国際の平和及び安全を維持すること」と謳っている。そして「世界人権宣言」(1948年)では「人類社会のすべての構成員の固有の尊厳と平等で譲ることのできない権利とを承認することは，世界における自由，正義及び平和の基礎である」と宣明している。その精神を受け継ぐ法的拘束力をもつ「国際人権規約」は66年に締結され，「人権と平和の

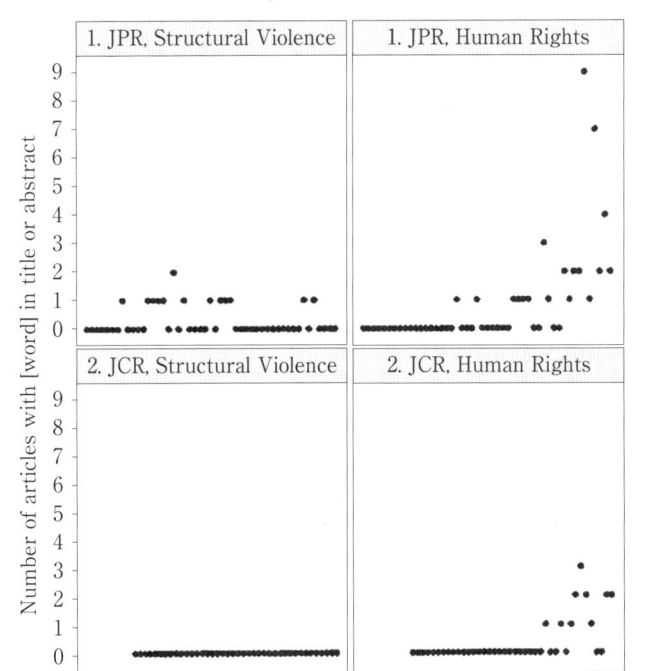

図0-5　JPRとJCRにおける構造的暴力 (Structural Violence) と人権 (Human Rights)

(出所) Gleditsch et al., JPR, Vol. 5, No. 2., p.153

不可分性」がいずれでも強調されてきた。こうした背景のもと，ユネスコの「人権と平和」部会長ヴァサク（K. Vasak）は，1977 年に世界人権宣言発布 30 年を振り返って「連帯の権利」としての第三世代の人権として「平和の権利」や「発展の権利」などの実現を主張した[47]。

「平和への権利」を法典化しようとする国連および国際的な動きを見ることにしよう。

1976 年	国連人権委員会「すべての人間が平和と国際の安全という状況の下で生きる権利がある」決議
1978 年	国連総会で「平和的生存のための社会的準備に関する宣言」決議
1984 年	国連総会で「人民の平和への権利」決議
2008 年〜	国連人権理事会で「平和への権利の国際法典化促進」決議
2012 年 7 月	国連人権理事会で国連宣言案を検討するための作業部会設置」決議
2013 年 2 月	作業部会第 1 会期
2014 年 7 月	作業部会第 2 会期
2015 年 4 月	作業部会第 3 会期，国連人権理事会 29 会期で平和への権利に関する決議採択，国連総会採択？

このような国際的動きは，スペインの NGO・スペイン国際人権法協会の運動から始まった。この運動は，イラク戦争を機に同協会が 2005 年に「平和への権利国際キャンペーン」を開始し，世界各地で国際 NGO 会議が開かれ，2010 年 12 月に世界の市民・NGO の意見を集約して，条文化したのが「サンチアゴ宣言」であり，それが 11 年国連に提出された。またこの宣言が，1999 年の国連総会で採択された「平和の文化に関する宣言と行動計画」の内容を継承していることも重要な視点である。法典化は，世界の市民・NGO →国連諮問委員会→人権理事会→国連総会のプロセスをとる。国連人権理事会第 20 会期（2012 年 6 月 18 日〜7 月 6 日）に提出された平和への権利に関する人権理事会諮問委員会の報告書「平和への権利宣言草案」の構成は，次のとおりであ

る[48]。

「序文」

第 1 条「平和に対する人権─諸原則」

第 2 条「人間の安全保障」

第 3 条「軍縮」

第 4 条「平和教育および訓練」

第 5 条「兵役の良心的拒否」

第 6 条「民間軍事・警備会社」

第 7 条「圧政に対する抵抗および反対」

第 8 条「平和維持」

第 9 条「発展」

第 10 条「環境」

第 11 条「被害者および傷つきやすい人々の権利

第 12 条「難民および移住者」

第 13 条「義務およびその履行」

第 14 条「最終条項」

　ガルトゥングは「平和とは暴力を減らし，暴力に抵抗する力をつくりだすこと」[49]であると説いている。そしてすでに言及したように「暴力」を 3 つ（直接的暴力，構造的暴力，文化的暴力）に整理している。これらの暴力をなくすための取り組みの行動内容を具体化したものが，上記「平和への権利」宣言の内容に他ならない。直接的暴力に関わる規定は，「発展」（9条）と「環境」（10条）以外のすべてに含まれている。消極的平和を実現させるための権利のなかには軍縮に関する権利，兵役の良心的拒否の権利，民間の軍事会車の規制などの権利が含まれ，積極的平和を実現させるためには多様な権利，つまり平和教育を受ける権利，貧困をなくす発展の権利，紛争からの難民らを保護する権利，人権被害者救済の権利が網羅・審議されている。文化的平和を実現させる権利については，「平和教育および訓練」（4条）が規定され，「第 1 条 6 項」には，こう書かれている。「すべての国家は，国際連合憲章に定める諸原則の尊重なら

びに，発展への権利および人民の自決権を含む，すべての人権および基本的自由の促進を基盤とした国際システムにおいて，国際平和の確立，維持および強化を促進しなければならない」と。また国際諮問委員会の委員を務めた坂元茂樹は，「平和への権利が目指しているのは，平和のために戦争に備えようというのではなくて，平和のために平和に備えるという考え方です。平和を単に戦争のない状態と考えるのではなくて，平和学者のヨハン・ガルトゥングがいう構造的暴力のない状態，あるいは『人間の安全保障』が確保されている公正かつ持続可能な平和の条件の存在を明らかにしようという考え方が基本にあるわけです」[50]と述べ，さらに「平和への権利は『見果てぬ夢（impossible dream）』かもしれないが，一番重要なのは，こうした壮大な試みの種子をつぶさないことである」と指摘しているが，傾聴に値する言及であるといわねばならない[51]。そのためには市民の役割と市民社会の成熟が不可欠であろう。

　国際社会の「平和への権利」法典化の動向は複雑である。このことに関する欧米諸国や日本の対応を簡潔にふれることにしよう。アメリカは一貫して反対してきたが，その大きな理由は「そもそも平和は人権ではない」いうものであり，「平和の問題は，人権理事会ではなく安全保障理事会で議論すべき」であるという主張を繰り返してきた。EU諸国の対応は一貫しているわけではなく，反対か棄権の立場をとっている。日本は，敗戦から生まれた平和憲法の前文で「われらは，平和を維持し，専制と隷従，圧迫と偏狭を地上から永久に除去しようと努めている国際社会において，名誉ある地位を占めたいと思う」と規定しているにもかかわらず，日本政府は，国民の立場に立つのではなく日米関係の観点から反対票を投じ続けている。日本の国連における投票行動はすべての点でアメリカのコピーである[52]。政策を検討するどころか，対米従属の選択肢しかない。現在首相や外務省は，事実としての歴史を否定ないし曖昧にし，共有しようとしていない。一国の首相がポツダム宣言を詳らかにしていないと国会で答弁するに至っては笑止である。日本の外交行動・外務省には知性と創造性が欠けている。世界の平和を創造的にデザインするために，21世紀のモデルとなりうる，「ソフト・パワー」としての日本国憲法の平和主義を基

本にして世界の変革をリードすることが肝要である。

おわりに——平和を構築するトゥール

　平和学は「国際社会の平和的変更を創造的にデザインしなければならない」とすでに書いた。それに答えることは，理論的には簡単である。グローバル化が浸透するなか「現実主義」の限界を踏まえ「バランス・オブ・パワー」と「備えあれば憂いなし」という2つの哲学の遺棄である。外交・対話・交流を求めて，力の信仰を捨てることである。グローバル化して世界は縮約している。そのなかで「国益」を拡げて「地球益」あるいは「人類益」を模索しつつ，さまざまな暴力を生み出している制度や規範を組み換えて，「平和保障」を求めることである。この点に関連して，川田侃は「『総合的平和保障』を国際的な平和を維持し確保するための，またさらに進んで平和を創出するための多様的で，多角的な諸手段を意味する概念として捉えたいが，その場合，人間の尊厳に基礎を置く平和で安定した世界の建設という，いわば普遍人類的な立場に立つとともに，そこへの接近の手段については，強調点を軍事力に代替しうる諸手段をいかに創出していくべきかという点に置くこととしたい」[53]と論究している。このなかで指摘されている「多様的で，多角的な諸手段」とは何かといえば，アルジャー（C. Alger）の論文[54]が参考になるので，図示する（図0-6）。このアルジャーの図は，19世紀以降の平和を実現するトゥールを分かりやすく跡づけたものである。

　また忘れるべきでないことは，平和教育[55]の問題であり，それは暴力の問題と深く関わっているからである。戦争・暴力を排して平和をどう築くか，という考え方を涵養することが課題となる。そのための発題・ヒントは日常生活のなかにあまた存在する。ガルトゥングは『平和的手段による紛争の転換』（*Conflict Transformation by Peaceful Means*）ほか[56]を著し，紛争のライフサイクルのなかで紛争当事者のものの考え方を歴史，文化の立場を理解し，「対話」から「和解」を模索することを提示する。平和研究は，地球市民を育成するこ

図 0-6　平和構築のトゥール

	19世紀	1919	1945	1950-1989	1990-	
消極的平和	外交(1) バランス・オブ・パワー(2) Ⅰ	国際連盟規約 集団的安全保障(3) 平和的解決(4) 軍縮／軍備管理(5) Ⅱ	国連憲章 集団的安全保障 平和的解決 軍縮／軍備管理	国連活動 集団的安全保障 平和維持(9) 平和的解決 軍縮／軍備管理	国連活動 集団的安全保障 平和維持 平和的解決 軍縮／軍備管理 人道的介入(15) 予防外交(16)	NGO/民衆運動 トラックⅡ外交(17) 転換(18) 防御的防衛(19) 非暴力(20)
積極的平和			機能主義(6) 民族自決(7) 人権(8) Ⅲ	機能主義 民族自決 人権 経済発展(10) 経済的公正(NIEO)(11) コミュニケーションの公正(12) 生態学的バランス(13) グローバル・コモンズのガバナンス(14) Ⅳ	機能主義 民族自決 人権 経済発展 経済的公正(NIEO) コミュニケーションの公正 生態学的バランス グローバル・コモンズのガバナンス Ⅴ	市民的防衛(21) 自力(22) フェミニストの視点(23) 平和教育(24) Ⅵ

(出所) C. Alger, "Peace studies as a transdisciplinary project", p.302

とでもあり，その核になるのがピース・ワーカーである。

　同じく「平和の文化」が問われている[57]。国連総会決議「平和の文化に関する宣言」(1999) の第1条の一項（a）は，次のように宣言している。「教育や対話，協力を通して生命を尊重し，暴力を終わらせ，非暴力を促進し，実践すること」と。このなかには平和研究・平和教育・平和運動の並行的発展が含意されている。これは平和学の課題に答える一考であろう。

(2015年9月17日，安保法案参院特別委強行採決の日)

＜付記＞
　本論の作成に当たり，資料収集に関して望月康恵関西学院大学教授と阿部松盛拓殖大学教授に大変お世話になりました。心から謝意を表します。ありがとうございました。

1) 川田侃（1978）「平和研究の課題と展望」『平和教育』8，153-54 頁。
2) 拙稿（1983）「紛争理論と紛争の解決」日本平和学会編集委員会編『平和学―理論と課題』早大出版部，所収，72 頁。
3) 川田侃（1985）「日本の平和と人類の生存」『平和研究』第 10 号，103 頁。
4) Galtung, J. (1975) *Peace: Research・Education・Action*, (Essays in Peace Research, Vol. 1) Christian Ejlers, p. 254.
5) ボールディング・K，内田・衛藤訳（1971）『紛争の一般理論』ダイヤモンド社，9 頁。
6) Galtung, J. (1971), "Peace Thinking", in Lepawsky, A. (ed.) *The Search for World Order,* A-C-C, p. 120.
7) 石田雄（1968）『平和の政治学』岩波新書，35 頁，および「五　非武装の政治的可能性」参照。なお，文化的な側面から平和学を論じた有益な著作として，次のものをあげることができる。Wolfgang Dietrich and others, eds. (2011) *The Palgrave International Handbook of Peace Studies: A Cultural Perspective*, Palgrave. このなかでは神道や仏教と平和についても論及されている。
8) ヨハン・ガルトゥング＋藤田明史編著（2003）『ガルトゥング平和学入門』法律文化社，8-9 頁。
9) 同上，6-7 頁。合わせヨハン・ガルトゥング，木戸ほか訳（2006）『ガルトゥングの平和理論―グローバル化と平和創造』法律文化社，第 10 章，参照。
10) 武者小路公秀（2004）「グローバル化時代における平和学の展望」藤原修・岡本三夫編『いま平和とは何か』法律文化社，所収，31 頁。
11) 『朝日新聞』2015 年 8 月 26 日。
12) 初期の IPRA については，鈴木沙雄（1976）「国際平和研究学会の動向と日本の平和研究」『平和研究』第 1 号，および岡本三夫（1978）「国際平和研究学会（資料）」『平和研究』第 3 号，を参照，また IPRA は国連経済社会理事会との協議資格を持っている。
13) ヨハン・ガルトゥング，高柳ほか訳（1989）『90 年代日本への提言』中央大学出版部，236 頁。
14) 武者小路公秀（1976）「国際学習過程としての平和研究」『国際政治』54 号，所収，8-9 頁。
15) 同上，9 頁。
16) Wilson, G. K. (1982) *A Global Peace*, Hausmans, の平和思想系図，および千葉眞編著〔2009〕『平和の政治思想史』おうふう，日本に関しては鶴見俊輔編集・解説（1968）『平和の思想』（戦後日本思想大系 4）筑摩書房，吉川勇一編（1995）

『反戦平和の思想と運動』(コメンタール戦後50年第4巻), 参照。
17) カントの邦訳は岩波文庫版, 集英社版など多数ある。最近の注目される, 次の論文を参照されたい。柄谷行人 (2015)「反復強迫としての平和」『世界』9月号, 所収。
18) ハワード・H・ブリントン, 高橋訳 (1961)『クェーカー三百年史』基督友会日本年会刊, 参照。
19) ボールディング (1971) 邦訳, 第4章, 参照。
20) この点に関しては, 次のものを参照。ラパポート, 関編訳 (1969)『現代の戦争と平和の理論』岩波新書, ラパポート, 坂本・関・湯浅訳 (1972)『戦略と良心』(上) 岩波書店, 久野収編集・解説 (1967)『核の傘に覆われた世界』(現代人の思想19) 平凡社, ラパポート, 鴨訳 (1975)「国際政治と平和研究」『世界』10月号。
21) ラッセル, 日高訳 (1962)『人類に未来があるか』理想社, 188頁。
22) オットー・ネーサン, ハインツ・ノーデン編, 金子訳 (1977)『アインシュタイン平和書簡』3, みすず書房, 685-6頁。
23) 『毎日新聞』1975年11月22日。および拙稿 (1976)「アメリカにおける平和研究」『国際政治』第54号, 所収, 参照。
24) Wright, Q. (1965) *A Study of War*, University of Chicago Press, Chapter xxx.
25) 平和研究の研究所, ジャーナル, 国際組織の拡大・制度化については, 次を見られたい。Kurtz, L. (2008) *Encyclopedia of Violence, Peace, & Conflict*, Vol. 2, Academic Press., pp. 1538-43.
26) 西川潤 (1974)「平和研究と南北問題」『国際問題』12月号, 武者小路公秀 (1977)「第三世界の政治学-とくに南北関係の国際政治学的認識を中心にして」『年報政治学』1976, 川田侃 (1997)『南北問題研究』(川田侃・国際学Ⅳ) 東京書籍, および Senghaas, D. "Peace Research and the Third World", *Proceedings of the International Peace Research Association Fifth Conference*, IPRA., 所収を参照。
27) 川田侃 (2001)『春風・秋露——一学者の回想』東京書籍, 86頁。また平和学について多くを学んだ, 同『平和研究』(川田侃・国際学Ⅲ) も参照。
28) この論争については, *Proceedings of International Peace Research Association Third Conference*, 所収の諸論文参照, 合わせ高柳先男 (1974)「『平和研究』の新展開」『国際問題』12月号, 岡本三夫 (1975)「北ヨーロッパにおける平和研究」『国際政治』第54号, Senghaas, D. (1973) "Conflict Formation in Contemporary International Society", *Journal of Peace Research*, No. 3. またゼングハースの邦訳 (高柳ほか訳 (1986)『軍事化の構造と平和』中央大学出版部) が参考になる。
29) 石田雄 (1974)「平和と変革について—平和研究国際会議からの報告 (上)」『朝日ジャーナル』2月8日号。
30) 坂本義和 (1976)『平和—その現実と認識』毎日新聞社, 51頁。
31) この問題に関する書物は多数に及ぶ。手元にあるものを挙げておく。トムス

ン，E. P., 河合訳（1983）『ゼロ・オプション―核なきヨーロッパをめざして』岩波書店，コーツ，K., 丸山訳（1984）『核廃絶の力学』勁草書房，トンプソン，E. P. / スミス，D., 丸山訳（1983）『世界の反核理論』，Sam Marullo and John Lofland, eds. (1990) *Peace Action in the Eighties: Social Science Perspectives*, Rutgers University Press, Carter, A. (1992) *Peace Movements: International Protest and World Politics since 1945*, Longman., また拙稿（2009）「『非核の世界』とトランスナショナル・ポリティクス」『法学新報』第 115 巻 9・10 号を合わせ参照。

32) 馬橋憲男（1999）『国連と NGO―市民参加の歴史と課題』有信堂，馬橋憲男・高柳彰夫編著（2007）『グローバル問題と NGO・市民社会』明石書店，毛利聡子（2011）『NGO から見る国際関係』法律文化社，『国際問題』2003 年 6 月号（「拡大する NGO の役割」を特集）などを参照。

33) 鶴見和子（1976）「国際関係と近代化・発展論」武者小路公秀・蠟山道雄編『国際学』東京大学出版会，鶴見和子・川田侃編（1989）『内発的発展論』東京大学出版会，参照。

34) 国連開発計画（UNDP）（1994）『人間開発報告書 1994』22 頁。

35) 人間の安全保障委員会（2003）『安全保障の今日的課題』朝日新聞社，武者小路公秀（2003）『人間の安全保障序説』国際書院，野林健・納家政嗣編（2015）『聞き書緒方貞子回顧録』岩波書店，参照。

35a) ラセット，鴨訳（1996）『パックス・デモクラティア』東京大学出版会, Bayer, R. (2010) "Peaceful transition and democracy", *Journal of Peace Research*, Vol. 47(5), Hegre, H. (2014) "Democracy and armed conflict", *Journal of Peace Research*, Vol. 51(2), を参照。

36) Boulding, K. (1974) "A Program for Justice Research", *Bulletin of Peace Proposals*, No.1., Boulding, K. (1977) "Twelve Friendly Quarrels with Johan Galtung", *Jounal of Peace Research*, Vol. 14(1), および拙稿（1978）「平和学の可能性」『獨協法学』第 11 号を参照。

37) 川田侃（1999）『川田侃 小論・随想・論壇時評・書評』その二，183 頁。

38) 平塚の空襲と戦災を記録する会編（2015）『市民が探る平塚空襲 通史 I 平塚空襲の実相』平塚市博物館，創価学会青年部反戦出版委員会（1977）『硝煙の街・平塚―空襲と海軍火薬廠』第三文明社。

39) 資料・座談会「東京平和研究グループ」（1964～65 年）について，『平和研究』第 3 号（1978），および拙稿（1999）「日本における平和研究」臼井久和・星野昭吉編『平和学』三嶺書房，所収を参照。

40) 武者小路公秀（1970）「日本の平和研究の課題」『読売新聞』5 月 11 日。

41) 平和研究と戦略研究については，武者小路公秀（1969）『平和研究入門』講談社現代新書，第一部を参照。

41a) 初代学部長にカール（A. Curle）ハーヴァード大教授を招聘した。A. Curle (1975) *The Scope and Dilemmas of Peace Studies*, Inaugural Lecture,

University of Bradford, University of Bradford (1983) *The School of Peace Studies*, University of Bradford, を参照。

42)「日本における平和研究の課題」(『自由』65 年 7 月号) は，現在『国際政治と日本』(ＵＰ選書，67 年) の「Ⅲ　平和の探求と社会科学」に，「行動科学と平和」(『思想』(66 年 11 月号) は，現在『行動科学と国際政治』(東京大学出版会，72 年) に収録されている。

43)「平和研究の最近の動向とその課題」(年報社会心理学　第 8 号)，大塚久雄教授還暦記念論文集寄稿の「社会科学と平和研究」は，いずれも『川田侃・国際学Ⅳ平和研究』に収録されている。

44) 平和学に関わる優れた単著をいくつか挙げるにとどめる。久野収 (1972)『平和の論理と戦争の論理』岩波書店，坂本義和 (1988)『新版軍縮の政治学』，同 (2015)『平和研究の未来責任』岩波書店，岡本三夫 (1999)『平和学』法律文化社，武者小路公秀 (2003)『人間安全保障論序説』国際書院，星野昭吉 (2005)『グローバル社会の平和学』同文舘出版，吉川元 (2015)『国際平和とは何か』中央公論新社。なお日本国際政治学会編の『国際政治』の第 61・62 号は「戦後日本の国際政治学」の特集で，そのなかに「Ⅳ　平和研究」があり，高柳先男，臼井久和，佐藤幸男，森利一が担当している。また日本平和学会は，「日本における平和研究の方向とその展望」と題するシンポジウム (パネリスト：川田侃，石田雄，関寛治，豊田利幸，西川潤，武者小路公秀) を開催した。それは，『世界』の 1974 年 3 月号に収録されている。

45) デービッド・アダムズ編集・解説，中川訳 (1996)『暴力についてのセビリア声明』平和文化，参照。

46) 平和のための心理学者懇談会編 (1990)『平和心理学のいぶき』京都・法政出版，157 頁。

47) Vasak, K. (1977) "A 30-year struggle", *UNESCO Courier*, Nov., pp. 29-32., 武者小路公秀 (2011)「『平和への権利』が提起する新しい人間観」『国際人権のひろば』NO. 99. を参照。日本の憲法学者の平和への権利に関する論考も多い。いくつか挙げておく。高柳信一 (1967)「人権としての平和」『法律時報』47 巻 12 号，辻村みよ子 (2012)「『人権としての平和』と生存権」『GEMC journal』NO. 7.，山内敏弘 (1992)『平和憲法の理論』日本評論社。

48) 飯島滋明 (2013)「『平和への権利』について」『名古屋学院大学論集』人文・自然科学篇　第 50 巻第 2 号，平和への権利国際キャンペーン日本実行委員会 (2014)『いまこそ知りたい平和への権利 48 の Q & A』合同出版，参照。

49) ガルトゥング，高柳ほか訳 (1991)『構造的暴力と平和』中央大学出版部, iii, 3 頁。

50) 関西学院大学主催国際シンポジウム (2013)『平和への権利』報告書, 8 頁。

51) 坂元茂樹 (2014)「「平和に対する権利宣言案」の作業が示す諮問委員会の課題」『国際人権』第 25 号, 88 頁。

52) 河辺一郎 (2004)『国連と日本』岩波新書，参照。

53) 川田侃（1980）「総合的平和保障の構想」『平和研究』第5号，13頁。
54) Alger, C. (2007) "Peace studies as transdisciplinary project", in Webel, C. and J. Galtung, eds., *Handbook of Peace and Conflict Studies*, Routledge. を参照。
55) IPRA で平和教育のコミションが設置されたのは第4回総会である。浮田久子（1978）「IPRA の平和教育分科会に出席して」『平和研究』第3号，所収，このなかで言及されている conscientization（意識化もしくは意識開発）に関しては，Freire, P. (1972) *Pedagogy of the Oppressed*, Penguin Books. を参照。次の論文が有益である。Haavelsrud, M. (1976) "Principles of Peace Education", in Haavelsrud, ed., *Education for Peace*, IPC Science and Technology Press., Cabezudo, A and M.Haavelsrud (2007) "Rethinking peace education", 前掲 Webel and Galtung,eds., に所収，を参照。さらに村上登司文（2004）「平和教育―平和を創る人を育てる」前掲藤原修・岡本三夫編，所収，ベティ・リアドン／アリシア・カベスード，藤田・淺川監訳（2005）『戦争をなくすための平和教育―「暴力の文化」から「平和の文化」へ』明石書店，を参照。
56) Galtung, J. (1996), *Peace by Peaceful Means*, PRIO., Galtung, J. (207) "Introduction: peace by peaceful conflict transformation-the TRANSCEND approach", 前掲 Webel and Galtung eds. 所収論文，ヨハン・ガルトゥング，藤田・奥本監訳（2014）『ガルトゥング紛争解決学入門』法律文化社，ヨハン・ガルトゥング，伊藤編集，奥本訳（2000）『平和手段による紛争の転換‐超越法』平和文化，ヨハン・ガルトゥング，京都YWCAほーぽのぽの会訳（2003）『平和を創る発想術―紛争から和解へ』岩波ブックレットNO. 603参照。
57) 平和の文化をきずく会編（2000）『暴力の文化から平和の文化へ―21世紀への国連・ユネスコ提言』平和文化，同（2006）『平和の文化8つのキーワード』平和文化。内田孟男（2006）「地球市民社会と文化の多様性」「地球市民社会の研究」プロジェクト編『地球市民社会の研究』中央大学出版部，Featherstone, M. (1990) *Global Culture: Nationalism, Globalization and Modernity*, Sage. を参照。

第Ⅰ部　世界平和と国際機構

第 1 章
ノーベル平和賞と国際機構

内 田 孟 男

はじめに

　世界に数ある平和に関する賞のなかで，ノーベル平和賞ほど最も権威があり，広く受け入れられている賞は他にはないといえよう[1]。その理由の，一つとして，設立以来100年以上を超える歴史と高額な賞金がある。また，いくつかの例外はあるものの，受賞者の功績が世界的に高く評価され，支持を得ていることにあるといえる。

　本章では，ノーベル平和賞の持つ意味を，国連というアクターを通して考察し，変遷する「平和」の概念そのものを再検討したい。最初にノーベル平和賞の誕生を概観し，国連の前身である国際連盟とノーベル平和賞との関係を明らかにする。次に，国連システムで勤務した個人と機関の受賞を検討し，それぞれの功績と平和への意識を検証する。続いて，国連と密接な関係を有する国際機関および個人の受賞についても考察する。結びとしてノーベル平和賞が持つ意義を，国連その他の国際機構との関係について考慮する。ちなみにノーベル平和賞に関する学術的な文献は少なく，ノーベル平和賞と国際機構との関係を検証した論文もあまりないといえる。本論がその空白を少しでも埋めることが出来ればと考えている。

1. ノーベル平和賞の誕生と略歴

スウェーデンの科学者であり実業家である，アルフレッド・ノーベル（Alfred Nobel）の1895年の遺書に基づいて，物理学，化学，生理学・医学，文学，及び平和賞が設立された。最初の4賞はスウェーデンの科学アカデミー，カロリンスカ研究所，及びストックホルム・アカデミーによって選出されるが，平和賞のみはノルウェー議会によって指名される5名の委員によって決定される。平和賞がノルウェーに委託された背景には，19世紀末の北欧の政治的背景，特にノルウェーがより平和的外交を推し進めていたと考えられていた事実がある。また，スウェーデンのみに賞の決定を独占させないという配慮があったと考えられているが，確かなことは分かっていない[2]。平和賞そのものの設立には，ノーベルに強い影響を与えたと考えられるベルタ・フォン・サットナー男爵夫人（Bertha von Suttner）の助言があった[3]。

ノーベル賞の基金となった彼の遺産総額は，19世紀末には当時の9百万ドルで相当な額であった[4]。ノーベルは授賞対象者として，嘱望される人に財政的制約がなく「完全な独立性」をもって仕事に全力を投入できるようにするために，賞金を授与することを考えていた。「彼の望みは成し遂げられた仕事に報酬を与えるのではなく，また約束を証明した才能にではなく，実りある発展のための機会を与えることであった[5]。」しかし彼の遺書にはその点が明記されていない。どの業績が授賞対象となるべきかについて決定するのさえ極めて困難であるのに，誰が嘱望される研究者であるかを判断することはほぼ不可能であり，もしその点について遺書に明記されていたならば，スウェーデンの諸機関は遺書の執行を引き受けなかったのではないかと考えられていた[6]。

遺書には単に「基金の利息は前年度に人類に最も重要な恩恵を与えた者に，賞金のかたちで毎年分配される」とし，平和賞については「諸国家間の友愛，常備軍の廃止ないし縮小，平和会議の開催と振興のための最善の活動」をした者に与えられると明記された。

最初の平和賞は 1901 年 12 月 10 日，ノーベルの死去した日を記念して，アンリ・デュナン（Jean Henry Dunant）とフレデリック・パッシー（Frédéric Passy）に授与され，以来 114 年間に 95 回の平和賞が授与され，103 名の個人と 25 の機構が授賞対象となっている。平和賞が授与されなかった年は合計 18 年あり，第 1 次世界大戦，第 2 次世界大戦を挟む期間と，第 2 次大戦後も 5 回授賞なしの年があった。1968 年から現在に至るまでの 46 年間は毎年授与されている。

　平和賞を扱うノルウェー・ノーベル委員会はその特別規則において，機関・協会への授与を明確に規定しており，また賞は 3 名に分割して与えることが出来るとしている。前述のように，この委員会はノルウェー議会によって選出された 5 名の委員から成り，総てノルウェー市民である。国際的メンバーにするべきとの意見もあったが，選出の困難さが予想され，同国市民による委員会として活動を続けている。メンバーの任期は 6 年だが再選も可能である。最も長期にわたって委員であったのはハンス・ジャコブ・ホルスト（Hans Jakob Horst）で，1901 年から彼の逝去する 1931 年まで委員であった[7]。委員会は 1904 年に，ノルウェー・ノーベル研究所を設立し，国際関係の動向と平和的解決について助言を受けている。

　受賞者の選出手続きは受賞年の 2 月 1 日までに指名されたものの中から委員会によって決定される。指名資格のあるものは次のいずれかの条件を満たしている者である[8]。
1．委員会の過去および現在の委員とそのアドバイザー
2．国会と政府および列国議会連盟のメンバー
3．ハーグの国際仲裁裁判所と国際司法裁判所の判事
4．ジュネーブにある常設国際平和事務局の委員会メンバー
5．国際法研究所のメンバー
6．政治学，法律，歴史，哲学の大学教授
7．平和賞の過去の受賞者

　それでは，ノーベル平和賞と国連との関係を考察する前に，国連の前身であ

る国際連盟とノーベル賞との関係を概観してみよう。

2. 国際連盟とノーベル平和賞

　国際連盟は史上初の普遍的かつ一般的な国際機構として誕生し，国家間の戦争を勢力均衡ではなく，集団安全保障体制によって防止することを目的とした。連盟規約第16条は，締約国は「戦争ニ訴エザルノ義務ヲ受諾シ」平和的紛争解決，仲裁裁判，司法裁判および連盟理事会の調停努力を無視して「戦争ニ訴エタル連盟国ハ当然他ノ全テノ連盟国ニ対シテ戦争行為ヲ為シタルモノト見做ス」と規定している。第１次世界大戦を経験したヨーロッパにとって連盟に対する期待は大きく，連盟設立の功労者達にノーベル平和賞が授与されている。ここで検討する，ウイルソン，ブルジョワ，ナンセンのみならず，戦後処理に功績のあったチャールズ・ドウズ（Charles Gates Dawes），オーステン・チェンバレン（Austen Chamberlain），アリスチド・ブリアン（Aristide Briand），グスタフ・ストレーゼマン（Gustav Stresemann）が1925年と1926年に受賞している。ただ，彼らの活動は連盟と関係はあるものの，より独立した政治家としての受賞であるといえる。また，両大戦間では受賞者なしの年は1923, 24, 28, 39年があり，第２次大戦中は1940, 41, 42, 43年にも該当者はなかった。

(1) ウドロー・ウイルソン

　ウドロー・ウイルソン（Thomas Woodrow Wilson）は主として国際連盟設立の功績によって1919年に平和賞を授与されている。米国大統領として第１次世界大戦を勝利に導き，戦後処理にあったてはベルサイユ条約の一環として国際連盟規約の作成に尽力した。周知のように，米国上院は連盟規約の批准を拒否し，米国の連盟参加は果たせなかった。しかしながら，歴史上初の真に一般的かつ普遍的国際機構の創設に最も貢献したのはウイルソンであることには異論はないであろう。実際の受賞式は1920年に行われ，ウイルソンは米国公使

によって代読された受諾声明において次の様に述べている。

　「もしこの賞が唯一のものであり，または最後のものであるならば，私はむろんこの賞を受けることは出来ないだろう。なぜなら人類は言語に絶する戦争の恐怖を克服していないからである。私は，私たちの世代は大きな苦痛にもかかわらず，顕著な進歩を遂げたと確信している。私たちの仕事は始まったばかりである。（中略）平和の根拠と真実の根拠は同根である。科学を愛し物理学，化学に生涯を捧げる人たち，文学において新しくより高い理想を創造する人々がいる。だが，平和を愛する人たちには限界がない。過去にどのようなことが達成されたとしても未来の約束に比べれば，それは小さなことである。」[9]

(2)　レオン・ブルジョワ

1920年にはレオン・ブルジョワ（Léon Victor Auguste Bourgeois）が国際連盟規約作成委員会のフランス代表として参加し，連盟の「精神的父」と評価されて平和賞を授与されている。彼は1899年と1907年のハーグ平和会議に仏代表団の団長として参加し，国際仲裁の拡大に寄与し，連盟理事会の初代議長も務めている。授賞式には健康上の理由で出席できず，長文の「国際連盟のための根拠」と題する，ノーベル講演録を送っている。彼は第1次世界大戦での勝利が法と秩序，そして文明の勝利であるとし，その防御のために文明国は協力しなければならないと強調する。国家間の闘争と個人間の闘争とがあり，個人間の闘争を制御できなければ国家間の闘争も制御できないことを学んだという。人間には理性と感受性があり，理性が優越して初めて法に基づく「社会国家」（social state）が可能になるとする。理性の誕生をギリシャ哲学の源流にさかのぼり，キリスト教，中世のキリスト教の展開，フランス革命宣言へと発展強化されてきたと述べる。連盟についてはその基礎原則を次のようにまとめている。

　「提案された国際機構は，最終的には，各国の漠とした主権だけではなく，強靭さ，脆弱性そして相対的規模に関らず，すべての国家の権利の平

等性にも基づかなければならない。法と秩序が樹立されるのは適正に構築された国家間においてのみである。」[10]

　この指摘は，イマヌエル・カント（Immanuel Kant）の世界平和実現に向けて，共和制国家とその平和連合を主張した『永遠平和のために』（1795）を想起させる。さらに，ブルジョワは国際機構の必要条件として，思想，感情などについて共有できる共同体があること，各国は合意によってのみ参加すること，そして，問題が発生した場合には裁判所がその公正性と専門性によって解決する手段であることを強調している[11]。彼はこのような文脈から，連盟の国際知的協力委員会の設立に大きな望みをかけていた。この委員会が後のユネスコの源流となることを考えると，ブルジョワの功績は偉大であったといえる。

(3)　フリチョフ・ナンセン

　1922年にはフリチョフ・ナンセン（Fridtjof Nansen）が平和賞を授与されている。ノーベル委員会はナンセンの受賞を：①戦争捕虜の交換と帰還，②難民の保護と連盟の難民高等弁務官としての活動，③ロシアにおける飢饉対策，そして④ギリシャとトルコとの戦争による難民保護を挙げている[12]。ナンセンはノーベル講演において，ヨーロッパの状況をギリシャ彫刻の「瀕死のゴール人」に譬えて，その解決に対して政治家や外交官には期待できない旨を強調している。彼らは「権力闘争」のみを志向していると非難し，次のように続ける。

　「確かに，私たちの統治されたヨーロッパに，誤って蔓延する窮乏を直に見た者，また実際に終わりない苦痛を経験した者は，世界がもはや万能薬，書類，言葉に頼ることは出来ないと認識しなければならない。問題は我々の行動，辛抱強い労働による努力によって，解決されなければならない。そしてそれは世界を再構築するために底辺から始められなくてはならない。」[13]

　ナンセンは発足したばかりの連盟については，短い期間に国家間の紛争解決に成果を上げたことを例に挙げ，また戦争捕虜の帰還や難民保護，疫病対策に

おいても確実にその有効性を実証したと指摘している。

付言すれば，ノルウェー・ノーベル委員会は，連盟はノーベル平和賞を受賞しなかったものの，少なくとも8名の受賞者は連盟と明白な関係を有していたと指摘している[14]。

3．国連職員の受賞者とその業績

1945年10月に設立された国連は，2015年にその創設70周年を迎えた。その間に，国連職員のノーベル賞受賞者は下記の5名を数える。すなわち，
1）1949年，ボイド・オアー卿（Lord Boyd Orr）（英）国連農業食糧機関（FAO）事務局長
2）1950年，ラルフ・バンチ（Ralph J. Bunche）（米）パレスチナの国連調停官
3）1961年，ダッグ・ハマーショルド（Dag Hammarskjold（スウェーデン）国連事務総長（死後受賞）
4）1974年 ショーン・マックブライド（Seán MacBride）（アイルランド）国連事務次長（国連ナミビア弁務官　1973〜77年）
5）2001年，コフィー・アナン（Kofi Annan）（ガーナ）国連事務総長

国連職員ではないが，国連の設立に功績のあった，米国務長官，コーデル・ハル（Cordell Hull）（1945年授賞），ILO設立の功労者で長年理事を務めた仏人，レオン・ジュオ（Leon Jouhaux）（1951年授賞）を挙げることが出来る[15]。また，広く国連と密接な関係を持った受賞者を含めると受賞者総数は15名を超えると考えられる[16]。ただし，本論では国連職員の受賞者に限定し，そのうち，バンチ，ハマーショルド，とアナン3名について検証する。

（1）ラルフ・バンチ

ラルフ・バンチ（Ralph J. Bunche）は，1950年に前年のパレスチナ紛争解決のために国連の調停官として活躍し，その功績が評価されてノーベル平和賞を

受賞している。バンチの祖父は奴隷であり，幼少時には生活のために新聞配達などをして家計を助けた。高校で優秀な成績を収め，カルフォルニア大学（ロスアンジェルス）から，ハーヴァード大学に進み，1934年に政治学博士号を獲得している。同大学で教えた後，国務省に入り，政策局長代理を務めるなど，黒人として初めての政府高官となる。トリグブ・リー（Trygve Lie）国連事務総長の依頼で信託統治部門の局長を務め，1948年にパレスチナで紛争が勃発すると，フォルク・ベルナドッテ（Folke Bernadotte）伯爵を補佐して問題解決に尽力する。伯爵がユダヤ人のテロリストに暗殺されると，バンチは伯爵の後任として調停を成功裡に導く。1950年9月22日，バンチは受賞の知らせを受けると，国連は賞のために活動をしているのではないとの理由で辞退の手紙を書くが，リー事務総長は国連事務局への賛辞であり，国連にとって良いことだから受諾するよう説得する。同夜にはハリー・トルーマン（Harry Truman）大統領からも祝福の電話を受け，ノーベル平和賞を受けることにする[17]。

　ノーベル委員会議長のグンナー・ヤーン（Gunnar Jahn）のバンチ紹介のスピーチでは，彼の幼少時から受賞に至るまでの略歴が詳細に述べられており，パレスチナ紛争の調停は非常に困難であったこと，そのなかでバンチの粘り強い説得と忍耐が不可欠であったことが指摘されている[18]。

　バンチは「我々の時代における平和についての内省」と題する受賞受諾講演において，自由，民主主義，人権，道徳，平和そのものも，異なった人にとって異なったものであることを指摘する。彼は全ての国家と国民は，平和のために行動していると主張しているが，平和はかってないほど常に危険にさらされていると述べて，戦争への危険について警告している。国連が設立されてわずか5年しか経ていない時に，朝鮮戦争が勃発し，大規模な軍事作戦が遂行されており，「冷戦」による大国間の対立が激しさを増している情勢に危惧を表明している。そして国連の可能性と限界について分析し，国連と平和とは不可分であり，「国連が平和を確保することが出来なければ，平和はあり得ない」とまで断言する。人間はその意志さえあれば，平和，自由，善隣を享受できるのに，指導者や政府に唆されて不必要な戦争へと駆り立てられてしまう。その結

果は最悪の場合には彼らを滅亡させ，良くても，彼らを再び野蛮へと貶めてしまうだろう，と述懐している。

　バンチは続けて，国連は世界の国民の交差点であり，世界を覆う人間関係を悩ます典型的な恐怖，疑心，そして偏見を反映していると分析する。国連は大国が調和的により良い世界秩序へ向けて協働するとの前提ではなくとも，そのような希望のもとに設立されたが，「冷戦」による大国間の不信はその希望を危うくしていると指摘し，朝鮮半島，カシミール，パレスチナ問題を列挙している。同時に，国連は柔軟性を発揮して仲介と調停を有効にしていると述べ，ベルナドッテ伯爵のパレスチナにおける調停努力を高く評価している。数百人に上る「国連"平和"軍」の派遣実現にも触れている。これは平和維持活動の最初の例である国連休戦監視機構（UNTSO）で，1948年6月に展開され現在に至るまで活動を続けている平和維持活動である。バンチは国連が平和を維持するためには，加盟国全体の確固たる誓約に基づく軍事力を持つことが必要であると主張している。

　バンチは自らの生い立ちと経験から，平和な時でも戦争の時でも，いつも苦しんでいる人々にとって平和に意味があるとするには，それが自由と人間の尊厳と共に，確実により良い人生のための「パン，米，住居，健康，教育」に実現される必要があると考察している。西洋帝国主義を批判して「植民地主義の廃止の加速がなければならない」と信託統治局長としての抱負も披歴している。また，「国連は現状維持にいかなる既得利益を有しない」と述べて，全ての人々，人民の平等の権利のもとに国連が「世界の多様性のなかで画一化ではなく団結を求めている」と講演を締めくくっている[19]。

　バンチの講演は国連設立間もない当時の世界情勢と，初代事務総長トリグブ・リーが直面した困難を明確に浮き彫りにしている。同時に彼の講演は，彼の哲学的そして社会科学者としての人間関係と国際関係の理解がいかに非凡であったかを証明している。

(2) ダグ・ハマーショルド

　第2代国連事務総長ハマーショルドは，ノーベル平和賞を死後授与された唯一の受賞者である。リー事務総長の後を引き継いだハマーショルドは，スウェーデンの名家の出身で，父親は首相を務め，科学アカデミーの会員であり，ノーベル委員会委員長も歴任している。ハマーショルドはストックホルム大学から1934年に経済学博士号を修得している。スウェーデン銀行理事会の議長も務め，財務大臣をも歴任し，外交分野では1951年に外務次官でもあった。マーシャル・プランと，欧州経済協力機構（OEEC）の議論にも携わっている。国連総会にはスウェーデン代表部の一員として5回ほど参加している。1953年彼が47歳の時に国連事務総長就任依頼が届き，受理している。当時，リー事務総長はソ連と対立して機能不全に陥っていた。ハマーショルドがニューヨークに到着した際に，リーがハマーショルドに国連事務総長の仕事は「世界で最も不可能な仕事」であると告げたという有名なエピソードがある。

　ハマーショルドは，当時67ヵ国から5千人を超える人員を擁していた国連事務局，より基本的には国際公務員制度，の改善と強化に取り組んだ。リー事務総長はマッカーシー旋風下の米国の圧力に屈して，国連に勤務する米国籍の職員が「非米活動」の疑いで連邦調査局（FBI）の尋問を受けるのを許し，その結果数名が解雇されるという事態に至っていた。ハマーショルドは国際公務員として，不偏，独立，客観性の必要性を痛感していたといえる。彼の1961年5月のオックスフォード大学での講演「法と事実における国際公務員」[20] は直前のソ連との対立を念頭に置いたものであったが，事務総長就任以来の信念でもあったといえる。

　冷戦さなかの国連事務総長は，米ソに受け入れられることが求められ，ハマーショルドはその経歴から，加盟国の指示を履行する静かな公務員になるであろうことが期待されていたといえる。しかしながらハマーショルドは単に指示に従う公務員ではなく，より独立した積極的なアクターとして活動を始める。その最初の例は「北京フォーミュラ」と呼ばれるようになる，朝鮮戦争で

中国に捕虜となった米人パイロットの釈放をめぐるハマーショルドと周恩来の直接交渉である。国連総会の議決からは独立した国連事務局の長としての独自の活動によってパイロットの釈放に成功している。彼の政治的役割で最も著名な例は，1960年のコンゴ危機にあたって，憲章第99条の下にコンゴ情勢が「国際の平和及び安全の維持を脅威する」と認め，緊急安全保障理事会を開催したことであろう。安保理は同年7月に国連コンゴ活動（United Nations Operation in the Congo）を決定し，64年6月まで5年間に渡って展開された。国連のコンゴにおける活動は，冷戦構造の中で次第に米ソの対立を反映するようになり，ソ連のフルシチョフ首相は国連総会において，ハマーショルドは中立ではなく西洋帝国主義者の代弁者となっていると非難し辞任を要求した。ハマーショルドは加盟国の大多数が自分を支持する限り辞任はしないと反論する。前出のオックスフォード大学における講演はこのような背景においてなされた。ソ連の提案した，事務総長を西欧諸国，東欧諸国，中立諸国からそれぞれ1名を選出し，計3名の事務総長による「トロイカ」制度は，国連を単なる会議の事務局にしてしまうと危惧を表明し，多くの加盟国の支持を得た。しかしながら彼は1961年9月17日コンゴへのミッション中に飛行機事故に遭い死亡する。国連とスウェーデン政府による事故調査でも，単なる事故かサボタージュによるものかは明らかにならなかった[21]。

　ノーベル平和賞はハマーショルドのために，スウェーデンの駐ノルウェー大使が受け取り，講演をしている。ロルフ・エドバーグ（Rolf Edberg）大使は，個人が家族を，家族が部族や村を，そして国民国家を形成しているが，ハマーショルドは国家がそのような発展の終局ではなく，国連憲章の中に「組織された国際共同体」と呼べるようなものへとなる道標を見出していたと，述べている[22]。ハマーショルドはイデオロギー，人種そして国家の枠を超えて，人々が人間として向かい合うことができるような，見えない橋があることを信じていたという。平和賞の賞金は，彼の名前を冠した基金を創設することになると述べている[23]。

(3) コフィー・アナン

　2001 年は 1901 年に最初のノーベル平和賞が授与されてからちょうど 100 年の節目であった。ノルウェー・ノーベル委員会はこの記念すべき年の受賞者に国連と事務総長であるコフィー・アナンを選択した。授賞の理由として，非植民地化，開発，規範作り，特に世界人権宣言の採択等を列挙している。そのうえで，「より組織され，より平和的な世界への希望」を体現している国連こそ，ふさわしい受賞者であると強調している。ガーナ出身の国連キャリアー官僚であり，外交官として長年国連で勤務した経験を持つアナンは，1977 年 1 月に事務総長に就任する。ノーベル委員会は，彼が「外部的な威信と事務局内部の士気」を高めたと称賛している。特に人権の振興と，国家主権の責任を追及した点を高く評価している[24]。アナンは 1999 年の演説で，国家主権に対して個人主権があり，国家による大規模な人権侵害は国内問題ではなく，国際問題であると指摘している。2000 年の国連総会に提出された「我ら人民：21 世紀における国連の役割」は，国連の長期的ビジョンを表明し，ミレニアム開発目標，2005 年の「成果文書」の礎となった。

　アナンは受諾講演において，21 世紀においては「平和は国家や国民にのみ属するのではなく，これらの共同体の各自，全ての成員に属する」という理解から開始しなくてはならないと述べている。彼は続けて「国家主権は人権の大量侵害を覆い隠す盾として使われてはならない」と強調している。より具体的には，国連の主要な優先課題は「貧困の撲滅」，「紛争の予防」，「民主主義の振興」の 3 点を挙げている。アナンは事務総長としての任期中，全ての活動において，人権をその中核に位置づけるよう探求してきたとその抱負を強調している。国連は加盟国の平等の原則によって設立されている，との通説に対して，彼は国連が「全ての人間の平等の価値の原則」のうえに設立されているとし，国家から個人主権への傾斜を主張している[25]。

　アナンの伝記を書いたジェームス・トラウブ (James Traub) は，アナンが国連を世界問題の周辺から中心に持ってきた確固たる証拠がある」と述べ，さら

に彼は国家の特権に相反してさえ，各個人の平和と基本的人間の権利を強調していた，とその功績を認めている[26]。アナンが平和賞と同時に授与された約50万米ドルは，国連の文民で職務中に殉職した職員の子供たちの教育のための基金として提供された[27]。

4．国連機関の受賞

国連システム全体としては，ノーベル平和賞を5機関が，計6回授与されている。年代順に受賞機関を概観し，その意味を考察したい。

(1) 国連難民高等弁務官事務所（UNHCR）

UNHCRは1954年と1981年と2度にわたって平和賞を受賞しており，国際赤十字委員会が3回の受賞をしているのに並ぶ栄誉といえる。「難民の地位に関する条約」が国連で採択されたのが1951年であり，発効したのが1954年4月であることを考慮すると，極めて短時間の活動に対しての平和賞の授与であることが分かる。またそれは第2次大戦後の難民問題が，いかに深刻であったかを傍証するものでもあるといえる。ノーベル委員会はその授賞理由として高等弁務官事務所の仕事を評し，不幸な外国人は我々の一人であり，国境を超えて人間に平等を拡大する連帯は，永続的平和の基礎そのものを構築することを我々に理解させてくれるものであり，「世界の用心深い良心」であると述べている[28]。初代の難民高等弁務官のヴァン・ヒューヴン・ゴダート（Gerrit Jan van Heuven Goedhart）は，当時弁務官事務所の管轄下にあった難民は220万であり，そのうち半数はヨーロッパに居り，その他は中東や極東，特に中国にあったことを指摘している。彼は難民の解決には「自発的帰還」，「再定住」，および「統合」があり，その選択は難民自身にあり，国連は影響力を持たないという。「帰還」は難民の1％にしかなくそれ程重要ではないが，「再定住」は困難で20％の難民が再定住の地を見出していない点を指摘している。「統合」も「同化」とは異なり，国連は難民に地位，再定住の機会，そして家と仕事と

いったより基本的な条件に対しての援助に終始せざるを得ないという。当時の年間予算は65万米ドルを超えることはなく，職員数は123名という少人数で活動を余儀なくされていたことを強調している。弁務官の仕事が資金集めに割かれでいることにも嘆きを表明している[29]。

非植民地化と独立闘争は1960年代に入って，新たな難民問題を発生させ，国連は，1960年を「世界難民の年」とし，難民が世界的な問題であることを認識したといえる。さらに国連は「難民の地位に関する議定書」を1966年に採択した。UNHCRは1962年には，国内の暴力からモロッコやチュニジアに逃れていたアルジェリア人25万の難民を帰還させ，1972年にはバングラデシュの独立による難民1千万人をインドへ帰還させるなど，活動の範囲を広げていた。1981年末までにUNHCRは，40万の「ボート・ピープル」を含む70万の難民を再定住させていた。高等弁務官のポール・ハートリング（Poul Hartling）は，1985年に辞任したが，その時の職員数は1,600人を数え，予算も5億米ドルと拡大していた[30]。

2015年現在で，世界の難民問題は，そして国連の取り組みはどのようなものであろうか？ 1981年と比較しても難民問題は解決どころか，より深刻となっているといえる。2013年当初で1千万人を超える難民が居り，国内避難民は2012年の時点で3千万人近くであった。難民高等弁務官事務所の職員数は123カ国に9,300人が勤務し，2015年の年間予算は68億米ドルを要している[31]。過去数年のシリヤ内戦，「イスラム国」による紛争によって，国内避難民と難民の数は急増していると考えられ，難民高等弁務官事務所の役割は増える一方であるといえる。人間の安全保障を最も必要とする人々への国際援助はますます重要となっているのは明らかである。

(2) 国連児童基金（UNICEF）

国連児童基金，ユニセフは1965年にノーベル平和賞を授与されている。第2次大戦直後の1946年に国連によって設置された子どものための「基金」で，財源はすべて任意拠出と民間からの寄付によって賄われている。1950年代に

はヨーロッパの子供たちのための食糧，衣類，医療に活動の焦点が置かれていたが，ヨーロッパにおける緊急事態が収束するにしたがって，途上国の子供たちへの援助へと活動を転換し拡大していった。国連は1959年に「子供の権利宣言」を採択し，母親の保護，健康，充分な食糧，住居と教育への権利を強調した。授賞の理由としてノーベル委員会は，ユニセフの功績は途上国における貧困問題に苦しむ数億人の子供たちに援助の手をさしのべることによって，諸国間の友好を促進したことを指摘している。疾病，栄養不良，文盲に対し，国連機関の世界保健機関，食糧機関，ユネスコなどと協力して大きな成果を挙げた点を評価している[32)]。

　ユニセフを代表してノーベル講演を行ったのは，ユニセフの執行委員会の議長であったアブラハム・ハーマン（Abraham Harman）で，彼女はユニセフの歴史を振り返りながら，戦後「緊急」基金として設置された機関が，1953年の国連総会決議によって恒久的機関へと変身したこと，機関の執行委員会と事務局の役割について解説している。特に，初代事務局長であったモーリス・ペイト（Maurice Pate）の指導力に敬意を表明している。ユニセフの供給する物品には助産師用品，ジープ，可動式X線器具，自転車，薬品，農薬，教育資材，ミシン，粉ミルク，石鹸と多岐にわたっている。5億人の子供が飢餓，栄養不良などに悩み，状況は悪化していると指摘している。121の政府は毎年ユニセフの予算に貢献し，任意団体や個人は，1964年には6万米ドルをユニセフのために集金したが，軍事費と比較すると，微々たる額にとどまっている。ポラリス型原子力潜水艦は1隻2億ドルであると述べ，軍縮会議が失敗した際の罰則として，軍事費の一部をユニセフに寄贈するよう世界の国々が合意するべきであると提案しているのが注目される[33)]。

　ユニセフが平和賞を受賞してから，2015年は丁度50年である。世界の子供の状況はどうであろうか？どのくらい改善したのであろうか？この期間の中間点である1989年に国連総会は「児童の権利に関する条約」を採択し，翌年発効している。『世界子供白書：2015年』は，この四半世紀において，子供の生存，教育，きれいな水へのアクセスについては，何億人もの子供が恩恵を受け

てきているが，同時にあまりにも多くの子供たちがその必要を満たされず，権利が実現されず，彼らの潜在力が妨げられていると指摘している。特に親の経済的格差は子共に直接の影響を与えている事例を列挙している。例えば，世界で5歳以下の子供で，最も裕福な子供の78％は出生を登録されているが，最も貧しい子供は49％しか登録されていない[34]。また，ユニセフの統計によると，毎日1万7千人の子供が予防ないし治療可能な病気によって死亡し，世界の2億3千万人の子供（世界子供人口の3人に1人）は出生を登録されておらず，名前と国籍の権利を喪失しているとのことである[35]。

(3) 国際労働機関（ILO）

ILOは国際連盟と同時にベルサイユ条約によって1919年に設立された。1946年に国連の専門機関となり，国連システムのなかでは国連よりも歴史のある国際機関である。受賞年の1969年はILOの設立50周年記念の年であり，半世紀に渡る労働条件の改善のための努力に対しての評価が授賞理由である。ILOは国連機関のなかでも特色のある機関で，政府代表，労働者代表，雇用者代表の3部構成によって政策が決定されている。ノーベル委員会議長の式典演説でも，ILOの3者構成が憲章の掲げる「社会正義」の実現のために不可欠な要因であることを認め，それが第1次大戦で多くの犠牲者を出した労働者階級の勢力拡大と，ロシア革命の影響のもとに初めて可能であったことを指摘している。ただ，60年代に入って新興独立国には自由な労働組合や雇用者団体が不在か弱体で，ILOの大きな課題であると述べている。50年のILOの歴史において，128の条約と132の勧告を採択し，その執行のための監視や苦情の受付などを通して，労働条件の改善に大きな貢献を成し遂げたことを高く評価している。途上国における失業問題が深刻化する中，「世界雇用計画」の実施に期待を寄せている[36]。

1948年からILO事務局長を務めていたデイビド・モース（David A. Morse）はノーベル講演においてILO憲章の前文にある「世界の永続する平和は，社会正義を基礎としてのみ確立することができる」を引用し，社会正義の根底に

ある労働者の権利と平和との関連性を強調している。彼によると，過去半世紀のILOの活動は「平和の下部構造」の形成に貢献してきたと述べている。ILOの3者構成，加盟国の普遍性を維持することによって，政府，雇用者，労働者の「共通の基盤」を可能にしてきたとする。第1の任務は国際労働基準を設定し，その遵守のメカニズムを運用すること，第2には途上国への技術援助を強化拡大することだと指摘し，特に世界雇用計画を通して，増加する途上国の若者に雇用の機会を与えることの重要性について考察している。問題は先進国にもあり，依然として残る貧困者の窮状に加え，若者が社会から疎外されていると感じている点を指摘している。無味乾燥な技術文明に対する欲求不満がその根底にあり，工業化社会をより人間的にする必要について言及している。「産業対話」とも呼ぶべき方式によって，国内の社会正義を実現し，世界平和への構築に向けてILOの次の半世紀を展望している[37]。

　ILO事務局は1920年には少人数であったが，第2次大戦後には500名となり，1980年代に入ると1,800名と世界各地に800名の技術援助の専門家が活躍している[38]。2015年現在では，加盟国は185カ国を数え，事務局はジュネーブの本部と世界の40の現地事務所に2,700名のスタッフを抱え，そのうち約900名は技術協力プログラムに従事している[39]。活動の中心概念は「ディーセント・ワーク」すなわち「働きがいのある人間らしい仕事」の創設を前進させ，永続する平和を構築することにあるという[40]。

(4) 国連平和維持軍

　1988年の平和賞は国連平和維持軍（United Nations Peacekeeping Forces）に授与された。ノーベル委員会の議長は，「軍」を含む組織に平和賞を授与することは矛盾ではないかと自問自答し，国連の平和維持軍は平和賞の精神に一致していることは普遍的に認められていると述べ，より正確には「国連平和維持活動」（United Nations Peacekeeping Operation）と呼ぶべきかもしれないと指摘している。1956年に展開された国連緊急軍（UNEF）の背景とノーベル平和賞を受賞したハマーショルドとレスター・ピアソン（Lester Pearson）の功績を振り

返っている。1988年当時で13の平和維持活動に5万人の要員が展開され，737名の若者が国連平和維持軍での活動中に犠牲となった点を指摘し，その功績を讃えて将来の期待を若者に見出している[41]。

ハビエール・ペレス・デクエヤール（Javier Pérez de Cuéllar）国連事務総長はノーベル講演において「国連平和維持活動」に対しての授賞に感謝を表明し，「軍」との用語は避けている。1988年は冷戦末期であったが，国連に対する期待が設立当時と比較して大きく後退していることを正直に認めている。40年に及ぶイデオロギー抗争，激動によって「憲章への熱気はほとんど蒸発してしまった」と述べている。ただし，近年のソ連の国連政策の転換は，国連の立場を強化し，平和維持活動をより有効な平和的解決の手段としていると歓迎している。国連は地域紛争が東西の武力衝突へと拡大するのを防ぐのに重要な役割を果たしてきたことを指摘した。彼は国連が憲章第7章の強制措置ではなく，紛争の平和的解決手段である合意形成，調停，仲介，外交的圧力，非軍事的協力的平和維持に努力を集中してきたと述懐している。国内の警察は市民の安全と公共秩序を維持するのに必要だが，導入当初は強い反発を受けたことを想起しながら，平和維持活動は国際の安全と秩序を維持するのに不可欠であることが理解されているのではないかと述べ，その展望に期待を表明している[42]。

国連平和維持活動が平和賞を授与された翌1989年には冷戦が終結し，90年代初頭は世界平和への期待が高まったことは，現在ではそのこと自体が歴史の一部となったといえよう。1992年6月にはブトロス・ブトロス　ガリ（Boutros Boutros Ghali）事務総長が『平和への課題』を公表し，予防外交，平和創造，平和維持，および平和構築の4局面における国連の活動を総括している。しかし国連の平和強制を含む積極的活動は，ソマリアと旧ユーゴスラビアを巡る紛争を経験し，軌道修正を余儀なくされた。ガリは『平和への課題の補遺』（1995年1月）において，伝統的な平和維持活動の3原則（当事者間の合意，公平性，武力の不行使）の重要性を再確認せざるを得なかった。彼は「平和維持と自衛以外の武力行使とは，別の手段として見なされるべきであり，一方から他方へ容易に移れる連続性の隣接点として見られるべきではない」と述べてい

る[43]｡ 平和維持活動については 2000 年のいわゆるブラヒミ報告『国連平和活動』や，2007 年のキャップストーン・ドクトリンによって平和創造，維持，構築の統合が進み，より包括的な国連の活動が展開されてきた。2015 年 3 月時点で，16 の平和維持活動が展開中であり，軍人と文民要員は 12 万 5 千人を超えている。年間予算も 84 億 7 千万米ドルと国連の通常予算の 2 倍以上となっている。平和維持活動で死亡した者は 3 千 3 百人を凌駕し，活動の危険性も増大している[44]｡

ノーベル平和賞を受賞した UNHCR とユニセフは，もともと暫定的なプログラムとして発足し，その重要性とともに，ますます深刻化する難民問題や子供の福祉や健康問題に対処するために，恒久的機関としての変貌を遂げてきている。国連平和維持活動も本来国連憲章には明文化された規定がなく，憲章の第 6 章と第 7 章の間に位置する「6 章半」の活動であるとの説明がなされたこともあった。ILO のみが国連の専門機関としての地位を有していたが，その設立は連盟時代であり，国連の樹立以前からの機関である。このような点を考慮すると，国連設立時考えられていた国連の活動分野が，世界の諸問題に対処するには，極めて限定的であったことが分かる。同時に，国連は状況の変化に適応して，組織改革を行い，柔軟に問題に対処してきたことも明らかになっている。

(5) 国　連

2001 年には国連自体が機構として，アナン事務総長と共に平和賞を授与されている。授賞理由は，事務総長と国連は「より良く組織され，より安全な世界」構築に貢献したことであるとされた。とりわけ，非植民地化過程の加速，開発への貢献，そして人権分野での活動が列挙されている[45]｡

国連を代表して，当時の総会議長であった韓国の韓昇洙 (Han Seung-soo) が平和賞を受けとっているが，彼は 2001 年 11 月 10 日の総会の一般討論の開会挨拶のなかで平和賞が国連とアナン事務総長に授与されることを歓迎し，「受

賞は過去の業績の認知であるとともに，将来においてより多くの努力をするようにとの要求」であると21世紀の国連の役割について所信を披歴している。

5．国連と密接な関係を持つ受賞者と受賞機関

　国連職員と国連機関のみならず，国連と緊密な関係を有し，活動を続けた個人や組織に対してもノーベル平和賞は授与されている。前述のように，国連創設に大きく貢献した，コーデル・ハル（Cordell Hull）は1945年に受賞し，国連農業食糧機関創設に尽力したレオン・ジュホ（Léon Jouhaux）は1951年に受賞している。2007年に受賞した気候変動に関する政府間パネル（IPPC）は国連気候枠組み条約に基づいて設置された機関で，世界気象機関（WMO）と国連環境計画（UNEP）にその事務局をおいている。本節では，カナダのレスター・ピアソンとフィンランドのマルッティ・アハティサーリを個人の事例として，関連機関としては，国際原子力機関と化学兵器禁止機構の業績を概観してみたい。

(1)　レスター・ピアソン

　レスター・ピアソン（Lester Bowles Pearson）はカナダの外交官として国連の設立にも関与し，特に安保理における大国の拒否権に反対し，小国の利益を反映することに努力をした。1948年から1957年まで外務大臣であり，後に1963年から5年間首相の地位にあった。1957年のノーベル平和賞授与は，前年の国連緊急軍（UNEF）の設立に最も貢献し，中東の平和に寄与した点が高く評価されたからであった。1956年にイスラエルと英仏がスエズ運河を軍事占領し，両国の安保理における拒否権によって解決が不可能になった際に，彼は問題を総会に移し，積極的な交渉と調停をもって，総会決議によって武力を有する国連軍の派遣を可能にした。ノーベル委員会は1956年10月から11月にかけて危機的状況にあったスエズ問題を解決するにあたって，国連の勝利に最も貢献した者はピアソンであると，その授賞理由を述べている。同じ時期にハン

ガリーの革命と政治危機に関しても，ピアソンは国連の権威の下の解決策を模索したが，成果は上がらなかった[46]。

ピアソンは「平和の4つの顔」と題するノーベル講演において，平和が持続するためには，経済的繁栄と格差の解消，安全保障が集団安全保障ないし集団的自衛権によって確保されること，そのために国家政策と外交交渉，そして人々がお互いに理解し尊重し合うことの重要性を説いている。現実主義者として彼は，「我々は戦争には早熟な巨人のごとく準備し，平和へは未発達なピグミーのように備えている」と世界の大国の政策を批判している。また，「人々は平和よりも戦争のために団結しがち」でると指摘し，人々が自由に生きられる環境が平和には不可欠であることを主張している。国連緊急軍の設置は真に国際的な警察力であり，紛争解決のための有効な手段であることを評価し，その功績は国連事務総長と彼の補佐官たちにあると述べ，自らの功績を謙遜している[47]。

(2) マルッティ・アハティサーリ

2008年のノーベル平和賞はマルッティ・アハティサーリ（Martti Ahtisari）に授与された。彼は国連の行政担当の事務次長を1987年から1991年まで務め，1994年から2000年までフィンランドの大統領であった。授賞理由は彼の30年に及ぶ紛争解決のための調停官としての業績に対してであった。1990年のナミビアの独立に関する調停官を国連の権限のもとにおこない，インドネシアのアチェの紛争については国連ではなく，「危機管理イニシャティブ」（Crisis Management Initiative）のもとで行った。また，コソボ紛争に関しては国連事務総長の特別使節として2005年から解決に努力する。そのほかにも北アイルランド，中央アジア，アフリカの角での紛争解決に功績があった。ノーベル委員会は調停官として，アハティサーリを，セオドア・ルーズベルト，コフィ・アナン，ジミー・カーターと並ぶ功績があったと，彼の平和への貢献を讃えている[48]。

アハティサーリは受諾講演において，調停官の役割は紛争当事者から信頼を

得て，問題解決への支援をすることであり，決して決定権を持つ者ではないことを強調している。彼は，調停官が紛争を選択するのではく，紛争当事者が調停官を選択するのだと指摘している。「平和は意志の問題」であり，全ての紛争は解決できるとの信念を披歴している。彼は，国連が国際平和努力と地球的規模の問題の解決のための正しい枠組みを提供していると述べ，さらに，紛争は経済的その他の不平等から生まれると指摘して，格差の是正が不可欠であると強調している[49]。

(3) 国際原子力機関（IAEA）とモハメッド・エルバラダイ

国際原子力機関は国連の機関ではないが，1957年に国連総会の決議によって設立され，活動報告書を国連総会，安保理，経済社会理事会等に提出することが機関の規約に明記されている。目的は原子力の平和利用の促進と，核非拡散条約の発効に伴いその遵守の監視を行うことである。ノーベル委員会は授賞の理由として，IAEAは核兵器の拡散を防止するために幾つかの挫折も味わってきたが，特別査察を行うことによってその効果を実証してきたと述べ，事務局長のエルバラダイ（Mohamed ElBardei）はIAEAとその事務局長の地位を更に強化することに成功したと評価している。2005年は広島と長崎に原子爆弾が投下されて60年の節目にあり，IAEAの理事会議長の天野之弥がIAEAのために平和賞を受け取ることは非常に適切であると指摘している[50]。

エルバララダイ事務局長はノーベル講演の中で，原子力分野には3つの挑戦があり，それらは ①原子物質と装備の広範囲な闇市の出現，②原子力兵器と技術の拡散，及び③核軍縮の沈滞，である。対処方法として3つの手段が緊急に必要であるとし，①過激集団に原子力と放射線物質が渡らないようにする，②原子力物質の生産に厳しい管理，そして③軍縮を加速させる，である。2005年当時のスタッフ数は2,300名で世界90カ国以上から勤務しているとのことである[51]。

IAEAの原子力の平和利用に関してはチェルノブイリ事故の例がエルバラダイによって引用されて，国際基準の厳格化が指摘されているが，2011年3月

の福島第1原子力発電所の深刻な事故以来，原子力の安全性に関しても疑問が呈され，ドイツのように原子力発電を国策としては放棄した国もある。日本政府は従来の原子力政策を変更せずに，将来に向けて原子力発電の多少の比重を下げる程度に止めている。たまたま偶然にも，現在 IAEA 事務局長には，理事会議長を務めた天野が 2009 年 12 月より就任している。2015 年に国連本部で「核兵器の不拡散に関する条約」の 5 年毎のレビュー会議が開催されたが，中東をめぐる核問題に関する国際会議の是非について対立が解消せず，合意文書の採択に至っていない。エルバラダイが指摘した核軍縮の進展が危ぶまれている。

(4) 化学兵器禁止機関 （OPCW）

1997 年に発効した条約によって設立された国際機関で，国連とは独立しているが密接な協力関係にある。2013 年ノーベル平和賞を授与された理由は，1997 年に発効した化学兵器禁止条約の施行機関として化学兵器の撤廃のために国際査察によって，約 80％の宣告された化学兵器を破壊してきた業績を挙げている。内戦化のシリヤにおける化学兵器の破壊作業は危険をともなう試練であった点も指摘している。当時 190 カ国が加盟する本条約に 6 カ国がまだ未加盟であり，アメリカとロシアが残る 20％の化学兵器を有しており，未だ破棄していない点をこれからの課題であると述べている。平和のためには個人や理想家だけではなく，世界を前進させる実際的な制度，特に国連のように地球規模の機関も必要であると述べて，化学兵器禁止機関の功績を讃えている[52]。

化学兵器禁止機関の事務局長であるアフメット・ウズムジュ（Ahmet Uzümcu）はノーベル講演において，化学兵器禁止条約が多国間協調の成果であることを強調し，その条約の調停者と守護者として OPCW は活動を続けてきたことを述べている。化学は兵器として悪用されることもあるが，人類に有益な薬品や商品を生産する手段でもあるので，産業界との協力も不可欠であると指摘している。IAEA は 80 カ国以上に 2,500 人もの査察官を配置し，条約の違反がないかを現地調査をしているという。国際機関との統合も強化してお

り，国連はこの点で中核的存在であるとしている[53]。

6．ノーベル平和賞をいかに考えるか

　アルフレド・ノーベルの遺書によるノーベル平和賞が，最初に授与された1901年から115年が経過し，多くの個人と組織がその栄誉に輝いてきた。本章では国際連盟，国連機関と個人，そして国連関連機関の受賞に焦点を絞って，誰が，いかなる理由で授賞されてきたかを検証してきた。また，受賞者自身の言葉によって，彼らが受賞にについてどのような意義を認めているのかについても検証してきた。従って，本章の研究範囲は約1世紀にわたるノーベル平和賞と国際機構との関係といえる。その結論として，ノーベル賞が貢献してきたと考えられる平和の概念の拡大と深化，および平和賞が国際組織に授与されてきた意義を考察したい。最後に，平和賞と現実政治との関係についても考えてみたい。

(1) 広範囲にわたる授賞と平和の概念

　ノーベルが授賞理由と述べた，諸国間の友愛，軍縮，国際平和会議の振興は広義に解釈されて人道支援，国際理解，人権，福祉，国際法，国際仲裁，さらに「平和」の意味そのものの考察にまでわたっているといえる[54]。ノーベル平和賞の受賞者の講演から，平和の概念がノーベルの遺書に明記された国家間の平和の概念を超えた，より人間中心の平和へと意味が進化しているのが明確になる。しかも第1次大戦終結後にはその傾向が強まり，冷戦末期まで継続している。冷戦終結後になって，国連平和維持活動，パグウォッシュ会議，国連，国際原子力機関，化学兵器禁止機関といった，国家間の紛争防止を主眼とする機関の受賞が目立つようになる。ただし，国連とIAEAに対する授賞はそれぞれの組織のトップである事務総長と事務局長に対してもその功績を表彰していることは重要である。なぜなら，アナンもエルバラダイも，単なる国際機構の長であるのみならず，個人の主権や貧困と不平等が紛争の原因であると

強調するなど，国家の枠組みを超えた個人の尊厳と地球規模の問題に強い関心とリーダーシップを発揮してきたからである。

「国際の平和及び安全を維持すること」は国連憲章の基本理念である。その重要性は不変であるが，冷戦が終結した1990年代から，国連の平和維持活動が活発化し，21世紀に入って平和構築委員会や人権理事会が創設されたように，内戦や地域紛争による被害者救済へと活動を傾斜させてきたといえる。思想的にも「保護する責任」や「人間の安全保障」が議論され，認知されてきたように，国際機構も非国家アクターとの協力を強化する方向に向かってきている点を留意すべきかもしれない。アナンが提唱した国連グローバル・コンパクトは企業が国際的基準に基づいて活動することを推奨するものである。エルバラダイも原子力の平和利用には産業界との連携が不可欠であることを強調している。また，国連と｜民間組織｜（NGO）との連携も進化し，経済社会理事会と協議的地位を有するNGOの数は急速に増加している。アナンはビジネスと市民社会を国連の「新たらしい地球的支持基盤」と呼んでその重要性を指摘している[55]。

しかし個人の安全や福祉と平和とを結び付けて考えることは21世紀に入って一定の認知を受けていると考えられるが，その起源はノーベル平和賞の最初からあったといえる。既に言及してきたように，1901年の最初のノーベル平和賞はパッシーとデュナンに授与されたが，デュナンは戦争で傷ついた兵士の保護と看護のための赤十字社の創設者としての功績が評価されている。国家間の平和というよりも，人間の尊厳と人権に対する先駆的な運動であったといえる。1950年に授賞されたバンチも，平和が意味を持つのは自由と人間の尊厳とが経済的，社会的条件によって担保されるときである，と述べて，現在の人間の安全保障に近い考え方を披歴している。

(2) 国際的組織や協会に対するノーベル平和賞の授与

アーウィン・エイブラムス（Irwin Abrams）は1901年から1987年までを4つの期間に分けて，国際的組織がどの期間に受賞したかを図表化している。筆

表 1-1　国際組織の受賞

第1期 (1901〜1918)	国際法研究所（IIL）(1904) 常設国際平和ビュロー（IPIPB）(1910) 国際赤十字委員会（ICRC）(1917)	3団体
第2期 (1919〜1939)	ナンセン難民国際事務所（NIOFR），(1938)	1団体
第3期 (1940〜1959)	国際赤十字委員会（ICRC），(1944) フレンズ・サービス・カウンシル（英） アメリカン・フレンズ・サービス・コミティー（米）(1947) 国連難民高等弁務官事務所（UNHCR）(1954)	4団体
第4期 (1960〜1987)	国際赤十字委員会/赤十字社連盟（ICRC/League of Red Cross Society）(1963)* ユニセフ（UNICEF）(1965) 国際労働機関（ILO）(1969) アムネスティ・インターナショナル（AI）(1977) UNHCR (1981) 核戦争防止のための国際医師団（1985）	7団体
第5期** (1988〜2014)	国連平和維持軍 (1988) パグワシ会議とジョセフ・ロートブラット事務局長（1995） 地雷禁止国際キャンペーンとジョデイ・ウイリアムス (1997) 国境なき医師団（1999） 国連とコフィー・アナン (2001) 国際原子力機関とモハメッド・エルバラダイ (2005) ムハメッド・ユヌスとグラミン銀行（2006） 気候変動に関する政府間パネルとアル・ゴアー（2007） 欧州連合（2012） 化学兵器禁止機関 (2013)	10団体
	合計	25団体

註　＊は原文では第3期に記されているが，訂正して第4期へ移動。
　　＊＊第5期は筆者の作成による。
　　（イタリック体の団体と個人は本論文の研究対象）

者の作成した第5期を含めて，受賞団体を見てみよう（表1-1）。

　第5期の特徴は26年の間に10の国際的組織が受賞していることと，その組織の事務総長ないし事務局長が賞を分かち合っていることである。第1期から第4期間での88年間に15の団体が受賞したことと比較すると，平和への貢献に国際的機関が以前よりもより高く評価されている点が注目される。同時に，

その機関の指導者をも個人的に評価する傾向が強まったことが分かる。

(3) 選考過程と政治性

20世紀初頭の国際関係を概観すれば，受賞者は欧米の個人と機関とに限定されていたことは否めないし，ある程度合理的判断であったことは理解できる。選考はノルウェーの議会が選出する5名のノルウェー人によってのみ行われ，国際的委員会が決定するわけではない以上，北欧独特の人道主義的平和概念によって平和賞は授与され続けてきた。しかしながら，いくつかの例外を除いて，受賞者に対して反対や異論が続出していないことを考えると，世界の世論の大方の支持を得ていたと思われる。最も異論の多かった決定は，1973年に，米国国務長官のヘンリー・キッシンジャー (Henry A. Kissinger) と北ベトナムの首席交渉官であった，ル・デュック・トー (Le Duc Tho) への授賞決定であろう。委員会は1973年1月のベトナム戦争の停戦合意を評価して決定しているが，委員会の2名が反対して辞任し，ベトナムのトーは受賞を拒否している[56]。その他，多数の政治家が受賞しており，平和運動，人道的支援，国際法，人権などのカテゴリーでの受賞よりも多く，その傾向は第1次世界大戦以降顕著になっている[57]。世界平和を語るとき，現役または元政治家への受賞はある程度自然の流れであることは理解できる。しかしながら，平和への実績よりも，ノーベル委員会の期待と激励が主要理由で決定されるケースもある。その期待が裏切られた場合には授賞の意義そのものも疑問視されても仕方がないであろう。近年では2009年のバラク・オバマ (Barak H. Obama) 大統領への授賞は必ずしも広い支持を得たとは言い難いのではないか。

米国が第1次世界大戦前後から国際政治の場で大国であり国際秩序の構築と維持に大きく貢献してきたことは衆目の一致するする処であろう。セオドア・ルーズベルト (Theodore Roosevelt) (1906)，エリウ・ルート (Elihu Root) (1912)，ウイルソン (1919)，コーデル・ハル (Cordell Hull) (1945)，ジョージ・マーシャル (George Catlett Marshall) (1953)，キッシンジャー (1973)，ジミー・カーター (Jimmy Carter) (2002)，オバマ (2009) と8名の米国政治家が受賞してい

るのはノーベル平和賞が大国間の現状維持に強い傾斜をしているのではないかと考えられる。欧米以外の政治家も確かに受賞はしているものの、極く少数であり、ソ連邦の政治家ではミカイル・ゴルバチョフ（Mikhail Sergeyevich Gorbachev）(1990）のみである。ちなみに1974年に佐藤栄作首相がショーン・マクブライド（Seán MacBride）と共に受賞している。

ノーベル財団の資料は1901年から2001年の100年間に平和賞が国際機関および地域別に与えられた分布を示している。同期間内に109の平和賞が授与され、以下のごとくである[58]。（表1-2、2002～2014年の受賞については筆者が追加した。）

表1-2 地域別・国際機関の受賞

分類	受賞合計 (1901～2001)	受賞回数 (2002～2014)	受賞回数 (1901～2014)
国際機関	20	5	25
西欧	44	1	45
東欧	3	0	3
北米	19	3	22
ラ米	5	0	5
アジア	12	6	18
アフリカ	6	4	10
合計	109	19	128

西欧と北米の受賞者合計は70で、全体の約58％と、約6割を占めている。次いで国際機関は25で、約20％の受賞率である。東欧、ラ米、アフリカの受賞が二桁に届いていないのが注目される。

おわりに

ノルウェー・ノーベル研究所所長のゲイヤー・ランデスタッド（Geir Lundestad）は、ノーベル平和賞の100年を振り返って、どのような発展があったかを4点にまとめている。それらは、①平和の概念は公式には定義されてい

ないが，人道的活動から軍縮を含む広義の理解を進めてきた，②1970年代以降は受賞者の対象が全世界的になった，③女性の受賞者が増加している，そして，④平和賞は功績に対してだけではなく，さらなる活動への激励をも目的としてきた，などである[59]。

　グローバル化の時代におけるノーベル平和賞の選考と決定には，さらなる世界の地域文化と伝統も視野に入れた新たな基準造りが求められていよう。大量破壊兵器は依然として人類存続への危機として残るが，国家間及び国内の経済的格差の増大，貧困，疾病といった人間の安全保障問題は，国際的テロリズムの蔓延と地球温暖化などの解決が緊急性を帯びている。そのような挑戦に対処するには，個人の創造的リーダーシップと共に，刷新的な制度と組織の役割が不可欠であろう。地球的規模で，あらゆる分野で活動を続ける国連システムを中心とする多様な国際機構やグループは，これからのグローバル・ガバナンスにおいても重要なアクターであり続けなければならない。そのような期待に応えることが出来れば，ノーベル平和賞と国際機構との関係は将来より更に緊密になるかも知れないし，そうあって欲しいと期待できるのではないかと考える。

1) ノルウェー・ノーベル研究所所長のゲイヤー・ランデスタッド（Geir Lundestad）によると，世界には300以上の平和賞があるが，最も著名で高く評価されている平和賞はノーベル平和賞であることを『20世紀世界歴史オックスフォード辞典』を引用して強調している。Agneta Wallin Levinovits & Nils Ringertz, *Nobel Prize: The First 100 Years*, Imperial College Press & World Scientific, 2001, p163。また，ウィキペデアで「平和賞」を検索すると既に廃止されたレーニン賞（スターリン賞）を含め34の平和賞がリストアップされている。ユネスコ教育平和賞は国連システムが授賞する平和賞であるが，国家や民間団体が設けた平和賞も多い。ラモン・マグサイサイ賞（フィリピン），ソウル平和賞（韓国），シドニー平和賞（オーストラリア）などがあり，民間団体の賞としては庭野平和賞（庭野平和財団）が2014年には第31回目の授賞をおこなっている。
2) Øyvind Tonnesson, The Norwegian Nobel Committee
 <http://www.nobelprize.org/nobel_prizes/themes/peace/committee/>
3) サットナー夫人自身，1905年に平和運動のリーダーとしての功績によって，

ノーベル平和賞を授与されている。
4) Irwin Abrams, *The Nobel Peace Prize Laureates: An Illustrated Biographical History, 1901-0987*, G.K. Hall & Co., 1988. p. 7. 各賞の受賞金額は投資等によって増加し，1986年には約27万米ドルであった。2014年には8百万スウェーデン・クローナで，約94万米ドル強であった。ノーベル財団の"Facts on the Nobel Peace Prize" より。<http://www.nobelprize.org/nobel_prizes/facts/peace/>
5) Abrams, op.cit. p. 8.
6) Ibid. p. 8.
7) Ibid. p. 13.
8) Ibid. p. 15.
9) "Woodrow Wilson-Acceptance Speech", nobelprize.org.Nobel Media AB2014. we. 8Aapril 2015. ttp//www.nobelprize.org/nobel_prizes/peace/laureates/1919/Wilson-acceptance.html.
10) "Léon Bourgeios-Nobel Lecture: the Reason for the League of Nations", nobelprize.org. Nobel Media AB 2014. Web. 8 April 2015.<http://www.nobelprize.org/nobel_prize/peace/laureates/1920/bourgeois -lecture.html>
11) Ibid.
12) Fredrik Stang, ノーベル委員会委員長の受賞記念演説。"The Nobel Peace Prize 1922-Presentation Speech", Nobelprize.org. Nobel Media AB 2014. Web. 8 Apr 2015. <http://www.nobelprize.org/nobel_prizes/peace/laureates/1922/press.html>
13) "Fridtjof Nansen-Nobel Lecture: The Suffering People of Europe". Nobelprize.org. Nobel Media AB2014. Web. 9Apr. 2015. <http://www.nobelprize.org/nobel_prizes/peace/laureates/1922/nansenn-lecture.html>
14) Presentation speech by Gunnar Berge, Chairman of the Norwegian Nobel committee, Oslo, December 10, 2001. <http://www.nobelprize.org/nobel_prizes/peace/laureates/2001/presentation-speech.html>
15) 国際連合広報局『国際連合の基礎知識』(改訂版) 関西学院大学出版会，2012年，67頁。
16) Geir Lundstad, "The Nobel Peace Prize," in Levinovitz & Ringertz, eds., op.cit., pp. 170-174. 彼は，1945～1966年の間に20の受賞のうち9賞が国連と関連があり，1967～1986年のあいだの受賞のうち4賞は国連活動と関係があると述べている。1990年以降の国連関係者の授賞は4回あると筆者は考える。判断基準にもよるが総計では17回となる。
17) Brian Urquhart, *Ralph Bunche: An American Life*, W.W. Norton & Company, 1993, pp. 230-232.
18) "The Nobel Peace Prize 1950 -Presentation Speech". nobelprize.org. Nobel Media AB 2014. Web 11 Feb 2015. <http//www.nobelprize.org/nobel_prizes/peace/lauretes/1950/press.html>

第 1 章　ノーベル平和賞と国際機構　69

　　　"Ralph J. Bunche-Nobel Lecture: Some Reflections on Peace in Our Time". Nobelprize.org. Nobel Media AB 2014. Web 11 Feb 2015. <http//www.nobel_prize.org/nobel_prizes/peace/lauretes/1950/bunche-lecture.html>
19）"Ralph J. Bunche-Nobel Lecture: Some Reflections on Peace in Our Time". Nobelprize.org. Nobel Media AB 2014. Web 11 Feb 2015.<http//www.nobel_prize.org/nobel_prizes/peace/lauretes/1950/bunche-lecture.html>
20）Dag Hammarskjold, "The International Civil Servant in Law and in Fact,"
21）Cf. Presentation Speech by Gunnar Jahn, Chairman of the Nobel Committee on December 10, 1961, "The Nobel Peace Prize 1961-Presentation Speech". Noeblprize.org. Nobel Media AB 2014. Web.10 Mar 2015. <http//www/.nobelprize.org/nobel_prizes/peace/lauretes/1961/press.html>
22）ハマーショルドは彼の最後となった年次報告書の序章において，国連憲章は「組織された国際共同体」の方向への第 1 歩を踏み出したと述べている。Dag Hammarskjold, *Introduction to the Annual report of the Secretary-General on the Work of the Organization*: 16 June 1960 -15 June 1961, Supplement No. 1A (A/4800/Add.1) 17 August 1961.（ハマーショルドは事故死のちょうど 1 カ月前にこの報告書の序論を書いている。）なおハマーショルドの死について新たな情報が提供されたとして，総会決議（69/246）に基づき，専門家の独立パネルが事務総長によって任命され，その報告書は 2015 年 7 月 2 日に公表された（A/70/132）。報告書はハマーショルドの死について最終的に結論するには更なる調査が必要であると認めている。
23）"Dag Hammarskjold-Acceptance Speech". nobelprize.org. Nobel Media AB 2014. Web.13 Mar 2015. <http//www.nobelprize.org/nobel_prices/peace/lauretes/1961/hammarsjoklod-acceptance,html>
24）<http://www.nobelprize.org/nobel_prizes/peace/laureates/2001/presentation-speech.html>
25）<http://www.nobelprize.org/nobel_prizes/peace/laureates/2001/annan-lecture.html>
26）James Traub, *The Best Intentions: Kofi Annan and the UN in the Era of American World Power*, Farrar and Giroux, 2006, pp. 165-66.
27）Lucia Mouat, *The United Nations' Top Job: A Close Look at the Work of Eight Secretaries-General*, CreateSpace Independent Publishing Platform, South Carolina, 2014, p. 348.
28）Abrams, op.cit., pp. 163-64.
29）<http://www.nobelprize.org/nobel_prizes?peace/laureates/1954/refugees-lecture.html>
30）Ibid., p. 232.
31）UNHCR Website (4 May 2015).
32）Presentation speech by Mrs. Aase Lionaes, member of the Nobel Committee,

<http://www.nobelprize.org/nobel_peace/laureates/1965/press.html>
33) <http://www.nobelprize.org/nobel_prizes/peace/laureates/1965/unicef-lecture.html>
34) http://www.unicef.org/report (part-2)
35) http://www.unicef/statistics
36) <http://www.nobelprize.org/nobel_prizes/peace/laureates/1969/presss.html>
37) <http://www.nobelprize.org/nobel_Prizes/peace/laurete/1969/labour-lecture.html>
38) Abrams, op.cit., p. 197.
39) ILO website "International Labour Office" http://www.ilo.org/global/about-the-ilo/who-we-are/international-labour-office-en/index.htm.
40) ILO 駐日事務所 website. http://ilo.org/Tokyo/lamg-ja/inde.htm.
41) http://www.nobelprize.org/nobel_prizes/peace/laureates/1988/presentation-speech.html>
42) <http://www.nobelprize.org/nobel_prizes/peace/laureates/1988/un-lecture.html>
43) ブトロス・ブトロス　ガリ『平和への課題：追補』2005 年，36 節。
44) http://www.un.org (UN Peacekeeping Operations Fact Sheet, 31 March 2015.)
45) <http://www.nobelprize.org/nobel_prizes/peace/laureates/2001/presentation-speech.html>
46) <http://www.nobelprize.org/nobel_prizes/peace/laureates/1957/pre.html>
47) <http://www.nobelprize.org/nobel_prizes/peace/laureates/1957/pearson-lecture.html>
48) <http://www.nobelprize.org/nobel_prizes/peace/laureates/2008/presentation-speech.html>
49) <http://www.nobelprize.org/nobel_prizes/peace/laureates/2008/ahtisari-lecture_en.html>
50) <http://www.nobelprize.org/nobel_prizes/peace/laureates/2005/presentation-speech.html>
51) <http://www.nobelprize.org/nobel_prizes/peacce/laureates/2005/elbaradie-lecturee-en.html>
52) <http://www.nobelprize.org/nobel_prizes/peace/laureates/2013/presentation-spech.html>
53) <http://www.nobelprize.org/nobel_prizes/peace/laureates/2013/opcw-anthologu, UNESCO Publishing, 200lecture-en.html>
54) Cf. Marek Thee, ed., *Peace! By the Nobel Peace Laureates: An Anthology*, UNESCO Publishing, 1995.

55) Kofi Annan, *The Report of the Secretary-General on the Work of the Organization 2006* (A/61/1).
56) Abrams, op.cit., pp203-207.
57) Ibid., Appendix A Table 1. Prizewinners by Category.
58) <http://www.nobelprize.org/nobel_prizes/facts/peace/>
59) Lundestad, op.cit., pp. 184-185.

第 2 章
文化多様性と平和

西 海 真 樹

はじめに

　イスラム国（IS）支配領域におけるはなはだしい人権侵害，パリやコペンハーゲンなど欧州において生起する襲撃事件，ヘイトスピーチや歴史認識をめぐる日本と周辺国との対立—。これらの事態は，世界のそこかしこで人間集団が分断され，相互に対立する情景を映し出している[1]。新自由主義的な経済システムの世界規模での浸透は，人間存在の多様なありかたを否認し，ひたすら効率性・合理性・収益性を追求する顔の見えない「経済人間」へと，人々を否応もなく駆り立てている[2]。このような現代世界において，ガルトゥングのいう積極的平和，消極的平和のいずれもが危機に瀕している[3]。このような状況は，平和を政治的，軍事的，経済的観点からのみ構想するのでは不十分であり，平和の文化的側面を考慮し，それを平和構築にとりこんでいくことが求められていることを示している。

　文化の普及と正義・自由・平和のための教育は，人間の尊厳と世界の平和にとって不可欠である。このような考え方は，国際連盟期に提唱され，戦後のUNESCOの活動に継承されていく。他方で，グローバル化は，地球規模で文化を普及・流通させてきた。しかしながら，文化のグローバル化はそのときどきの支配的な文化や国に有利な形で進むことが多く，その結果，特定文化の世界支配とその反作用としての文化的孤立をもたらしかねない。

文化・知的交流による平和の文化の実現と，文化のグローバル化をめぐる対立について，国際機構はどのようにかかわっており，そこにどのような意義がみいだされるか。国際社会は，平和と文化の関係および文化の多様性の問題を，どのように位置づけてきたのか。本章では，このような問題関心から，まず，国際社会における平和の意味内容を，戦間期の国際知的協力機関の活動およびUNESCOの成立経緯にさかのぼって確認する。ついで「文化的多様性」という概念が，どのように主張され，国際法規範にとりいれられるに至ったかをたどる[4]。

1．知的国際協力はどのように生まれ，展開してきたか

(1) 国際連盟と国際知的協力委員会

1) 国際知的協力委員会

国際連盟創設のさいに知的交流を提議したのは，連盟規約検討委員会で活躍したベルギーのイーマンスだった。彼はパリ講和会議で「国際知的関係」を提案したが，列国代表の賛同を得ることができなかった。しかしその後，第1回の連盟総会においてベルギーのラフォンテーヌが発議した結果，連盟が国境を越えて学問や文化の知的交流を促進するという決議案が可決された[5]。さらに1921年にレオン・ブルジョワは，国際連盟の知的活動を強化するために「知的協力と教育に関する委員会」を設置することを連盟理事会に提案した。彼は「加盟国間に相互的な知的活動の精神がなければ，いかなる国家連合も存続を期待できない」と述べ，「連盟はできるだけ早い機会に，連盟の政治的理念が，国家を結びつける知的生活のあらゆる側面といかに密接に連関しているかを証する手段をとるべきである」と理事会に勧告した。理事会は彼の提案を承認し，連盟総会もこれを受け入れた。こうして1922年に国際知的協力委員会（以下，国際委員会）が暫定委員会として設置された。それは理事会が任命する12名を超えない委員から成り，理事会の諮問機関として活動するものとされた。1925

年に国際委員会は常設委員会になった[6]。

　連盟の知的協力を討議した第5委員会の報告者を務めたフランスのバルドゥは，委員会は全会一致で知的協力と道徳的解釈の平和的影響を確信したと述べ，同時に，国際協力においては各国の独自性を尊重し，同化も浸食もしてはならないと警告している。そして，外国の文明に触れることは洗練された心を高めるのに最善の方法ではあるが，それがあまりに深く刻印されると人の心は均衡を失してしまう。したがって，国際知的協力の範囲が限られていることを認識しつつ活動を行うことが重要である，と論じている[7]。

　知的協力の組織としては，国際委員会の他にも国際大学情報局や加盟国内の知的協力国内委員会（以下，国内委員会）があり，国際委員会はこれらの組織と協力することが想定されていた。その具体的活動として国別調査の公表，大学に関する情報収集，科学情報の交換，出版物の交換，図書館間協力などが提案された[8]。

　設立時の国際委員会委員には，ギリシア古典学のギルバート・マレー，哲学のアンリー・ベルグソン，物理学のマリー・キュリー，アルベルト・アインシュタインなど，当時の世界的知識人が就任した。他にも医学，生物学，歴史学，法学の分野の知識人が参加した[9]。各委員の本国は，フランス，インド，アメリカ合衆国（以下，アメリカ），ブラジル，ドイツ，イギリス，スイス，イタリア，スペインであり，欧米出身者が大半を占めていた。中国代表が，西洋人は東洋のインテレクチュアリズムを看過すべきではなく，知的協力はすべてのインテレクチュアリズムを網羅しなければならない，と述べているのが興味深い[10]。

　国際委員会は，文献収集，大学間協力，知的所有権保護の3分科会体制をとって活動し，国内委員会は国際委員会を支援した。1929年7月にジュネーブで開かれた国内委員会会合には，25の国内委員会が参加した。1931年時点で，国内委員会は37カ国で設置されている。地理的配分は，欧米29カ国，中米・ラ米6カ国，アジア1カ国（日本），中東1カ国である[11]。

　フランス政府の資金援助により，1926年，パリに国際知的協力機関（以下，

国際機関。これが現 UNESCO の前身となる。）が創設された。国際機関は制度的には連盟から独立していたが，そのメンバーは国際委員会委員だった。国際機関には同年すでに 20 カ国以上が代表を派遣している。国際機関は，庶務，大学関係，学術関係，法律，図書館，芸術，情報などの部局に分かれて活動を始めた。フランス政府だけでなくロックフェラー財団なども同機関に資金を援助したが，財政問題は常に同機関の活動を制約し続けた[12]。

1930 年に国際委員会内に設けられた調査部会は，国際知的協力の定義，活動分野，方法などについて報告書を作成した。それによれば，連盟の枠内での知的協力の目的は「平和を維持する手段としての国際理解の精神を奨励するために，知的努力のすべての分野において国家間協力を促進すること」であり，その活動分野として，理念の交換を通じた個人間の接触，知的性格を有する組織の間の協力の奨励，異なる国の文芸・芸術・科学知識の普及，国際問題についての共同研究の実施，知的権利の国際的な保護と支援，教育手段を通じた国際連盟の原則の周知，の 6 つが挙げられている[13]。

1925 年に常設委員会になって以来，国際委員会は東欧・中欧における知的生活への脅威に関心を寄せ，この地域における知的生活の救済を自らの任務とするようになった。さらに 1920 年代末までの国際委員会の主要任務は，知的職業に就いている人々に施設を提供し，それらの人々の権利を守り，それらの人々に奉仕することであった。1930 年代に入ると，日本，ドイツ，イタリアが連盟から脱退し，1939 年にはソ連が連盟から除名される。その結果，連盟加盟国の地理的普遍性は損なわれた。軍国主義，ナチズム，ファシズム，共産主義のイデオロギーと政策は，共通して非寛容なものであったため，それらは国際知的協力とは相いれなかった。カンデルは，国際知的協力の限界を次のように指摘している。「各国の伝統的な教育プログラムの精神や中身を何も変えないまま，連盟の目標や事業に関する新しい課程が付加された。平和の示威運動，模擬国際会議，善意の日，人形・書物・図画の交換などのプログラムが組まれたが，それらは学校の正規の課業の外にあるものであり，何かしら外部的なもの，または縁遠いものとみられていた。」このようにカンデルは，平和，

国際理解，知的協力への意思がまず各国国民の中にあることを重視し，そのような意思が欠如している場合に国際活動が成果を上げることを疑問視し，国際活動が行われる際の国内的基盤確立の重要性を強調している[14]。

1920年代から1930年代において，知的協力や文化交流は，国際関係における国家政策において軽視され，狭隘な国家利益追求の手段となっていたことは否定できない。しかし同時に，入江昭が指摘するように「連盟が政治的分野でその無力を露呈しつつあったときに，国際委員会はその活動を断念することなくむしろ強化していった」側面があることもまた事実である。軍国主義，全体主義，共産主義が諸国民の自由な知的交流を阻害する時代にあっても，知的協力と文化の国際主義は死滅せず，底流として存続し，それは第2次世界大戦後の国際連合とUNESCO設立の思想的支柱となったのである[15]。

2）歴史教育と広報活動

歴史教育：知的協力体制を制度的に整備する作業に加えて，諸国民に平和，政治，歴史をどう教えるかについて，国際委員会は設立当初から討議をしている。たとえば，1923年に開かれた国際委員会会合では，大学は諸国間の理解を深めるために，いたずらに敵愾心を煽るようなことがらを教えるべきではないという趣旨の決議が採択された。

国際関係を教える大学や組織の交流を深めるべきだという主張もなされ，8つの国内委員会と4つの国際組織が集まって1928年にベルリンで，1929年にロンドンで会議が開催され，情報や人的交流をどう促進するか，各国で異なる教育レベルをどう査定するか，学生の留学にはどんな措置がとられるべきか，といった問題が議論された[16]。

連盟の仕事や精神を青少年に教育することも重要視された。1923年，連盟総会は「各国政府は連盟の存在，目的，規約の精神を児童や青少年に周知させるべきである」との決議を採択し，「教育による平和」という試みが連盟参加の下に行われることになった。この問題は国際委員会に持ち込まれ，1927年，同委員会はいくつかの政策を提示した。その中の1つは，教育に関する連盟情報センターをジュネーブとパリに設置することだった。教育についての情報の

共有のために，1928 年の連盟総会において『教育サーヴェイ』誌の発刊が決定され，『連盟の目的と組織』と題された教員向け小冊子が作成された[17]。

他方，国際委員会は，連盟が目指す国際協調と各国の個別事情との調整の問題も論じていた。青少年が新時代の世界史を学び平和を尊重する際に各国の伝統や精神と齟齬をきたさないようにするにはどうしたらいいか。これはカンデルが指摘した通り，国家主権に関わる極めてデリケートな問題であり，国際委員会はこのことをよく認識していた[18]。

広報活動：連盟の活動開始とともに，連盟事務局内に設けられた情報部も宣伝活動を開始した。連盟は，発足当初から，一般国民への情報伝達を重視していた。1919 年 5 月から 7 月にかけて，情報部で基本方針が策定され，その中の覚書には，「講和条約により連盟には明確な責任と義務とが課されていることが人々の意識に入って行けば，連盟がハーグ平和会議等とは異なるものであることがわかるだろう」と記されている[19]。

情報部には，連盟を解説するパンフレットやスライドを，民間団体ではなく連盟自身が公式に作成すべきであるという声が寄せられ，情報部はこれらを作成した。これらは仏英両言語で作られ，各国の連盟協会が各国語に翻訳した。たとえば，ドイツ領から自由都市になったダンツィヒ問題について，ドイツ語で複数のパンフレットがあるのにポーランド語のものがないのは不適切であるという議論もなされていた。1920 年代半ばには，国際委員会と連携して連盟全体の活動を解説する書籍や小冊子が作成されるようになる[20]。

連盟情報部や連盟理事会には，各国の中高等学校代表から成る国際団体や国際関係を専門とするアメリカの教授団など，多くの民間団体が訪問している。連盟と民間団体との接触は，連盟の活動や理念を各国国民に浸透させる上で必要なチャンネルだった[21]。

(2) UNESCO の誕生と活動

1）UNESCO の誕生

第 2 次世界大戦中の 1942 年，ロンドンに亡命していたヨーロッパ諸国政府

の文部大臣が連合国文相会議を開催し，戦争の破壊と荒廃からの教育の復興の問題を審議した。連合国文相会議は，その後毎年ロンドンで開催され，教育復興のための国際機関に「文化」を入れることをはじめ，恒久的な教育文化機関の設立を準備していく。1945 年 11 月，「教育文化機関設立のための国連会議」がロンドンで開かれ，国連加盟国 44 カ国の代表が集まった。各国代表は，この年の 8 月に広島・長崎に核兵器が使われた悲劇を想い起こし，教育と文化に加え科学が平和のために生かされなければならないと決意して，UNESCO 憲章を採択した。

　UNESCO は，この UNESCO 憲章にもとづいて翌 1946 年に発足した国連専門機関である。本部はパリにある。その目的は「正義，法の支配，人権及び基本的自由に対する普遍的な尊重を助長するために教育，科学及び文化を通じて諸国民の間の協力を促進することによって，平和及び安全に貢献すること」（UNESCO 憲章 1 条 1）である。「戦争は人の心の中で生まれるものであるから，人の心の中に平和のとりでを築かなければならない。相互の風習と生活を知らないことは，人類の歴史を通じて世界の諸人民の間に疑惑と不信をおこした共通の原因であり，この疑惑と不信のために，諸人民の不一致があまりにもしばしば戦争となった」という UNESCO 憲章前文の文章は，UNESCO の理念を語るものとして有名である。同じく前文には，文化の広い普及と正義・自由・平和のための教育が人間の尊厳にとって不可欠なこと，政治的・経済的取極だけでなく人類の知的・精神的連帯に依拠してはじめて永続的平和が確保できることが，それぞれ宣言されている。これらは連盟期の国際知的協力委員会の思想を継承するものである。

　2）UNESCO の活動

　組織面から見ると，国連加盟国は UNESCO に加盟する権利をもち，国連非加盟国でも UNESCO 総会で認められれば加盟できる。主要機関として総会，執行委員会，事務局がある。総会はこの機構の最高意思決定機関であり，2 年に 1 回開かれ，この機関の政策と事業の主要な方針を決定する。執行委員会は，58 の執行委員国から構成され，年 2 回開催される。日本はユネスコに加

盟して以来，継続して執行委員国になっている。執行委員会は，総会が採択した計画の実施に責任を負い，事務局長が計画を実施するために必要な措置を執る。事務局は4年任期の事務局長の下，約2400名の職員から構成される。事務局長は，事業・予算案や活動計画案を作成する。事業分野別の5つの局（教育，自然科学，人文・社会科学，文化，情報・コミュニケーション）が管理担当部局と協力してUNESCOの事業を実施している[22]。

UNESCOは国際機関としてどのような事業を行っているのだろうか。その名前が示すとおり，UNESCOは教育，科学，文化の分野で様々な活動を地球規模で展開している。

教育分野は教育局が担当している。教育局の事業として，①万人のための教育（Education for All, EFA）の調整・企画（EFAの国際調整とモニタリング，EFA達成のための政策・企画・評価），②万人のための基礎教育の達成（基礎教育の普及，識字率イニシアチブと国連識字の10年，教員教育），③質の高い教育の促進（共生教育，エイズ予防教育），④義務教育後の支援（中等教育および技術・職業教育，知的社会のための高等教育）があげられる。

科学分野は自然科学局と人文・社会科学局が担当している。自然科学局の事業として，①科学・環境・持続可能な開発（水の相互作用：危機に瀕するシステムと社会的挑戦，持続可能な開発のための環境および地球科学），②持続可能な開発のための科学技術分野における能力開発（基礎科学および工学，再生可能なエネルギー開発と災害の軽減，持続可能な開発のための科学技術政策）があげられる。他方，人文・社会科学局の事業として，①科学倫理および哲学（科学倫理，先見，哲学，人文科学，民主主義，人間の安全保障），②人権および社会変容（人権の促進，社会変容）があげられる。

文化分野は，文化局および情報・コミュニケーション局が担当している。文化局の事業として，①世界文化遺産の保護（世界遺産保護のための能力開発の強化，無形文化遺産の認定と保護，②文化遺産の保護と修復，文化的財産の保護），③文化政策・文化産業・文化間対話の強化（文化政策の開発，文化間対話の促進，文化産業と工芸の奨励）があげられる[23]。他方，情報・コミュニケーション局の事

業として，①表現の自由に重点を置いた情報と知識のアクセスを通じた人々の能力強化（表現の自由とユニバーサルアクセスの促進のための環境の創造，コミュニティアクセスとコンテンツの多様性の促進），②コミュニケーションの開発及び教育，科学，文化のための情報コミュニケーション技術（ICT）の促進（メディア開発の促進，教育・科学・文化におけるITC利用の促進）があげられる。

　文化分野においてUNESCOはこれまでに世界遺産条約（1972年），水中遺産条約（2001年），文化多様性世界宣言（2001年），無形遺産条約（2003年），多言語主義の促進に関する勧告（2003年），文化多様性条約（2005年）などの重要な条約，勧告を採択してきた。

2．文化多様性はどのように提唱され，発展してきたか

(1)　文化のグローバル化

　グローバリゼーションの拡大・深化は，人，物，資本，情報の国境を越えた自由な移動とともに，地球規模での文化の普及，流通を促進してきた。これが文化のグローバル化である。今日，私たちは日本にいながら，世界のさまざまな地域の書物，音楽，美術，演劇，映画，サブカルチャーに接することができる。それらが私たちの知的生活を豊かにしてくれていることは明らかである。しかし他方で，文化のグローバル化はそのときどきの支配的な文化に有利な形で進むことが多く，その結果，特定文化の世界支配，文化の均一化，それへの反作用としての少数文化の文化的孤立をもたらしかねない[24]。文化のグローバル化がはらむ問題は，このように複雑かつ多面的であって，単純に一括りにすることはできない。

　文化のグローバル化研究の第一人者であるヒュー・マッカイは，文化のグローバル化の認識枠組みについて，次のような類型化を示している。それによれば，文化のグローバル化の認識枠組みは，積極論（楽観論）と消極論（悲観論）とに大別される。積極論は，文化のグローバル化を総じて歓迎すべきもの

ととらえる。そこには，インターネットの発達により国家のコントロールを受けない公共圏が作られ，そこで市民が自由に政治を論じ，新たな民主主義の発達が期待できるという「地球村論」や，メディアの規制緩和により自由市場が形成され，そこで消費者たる市民が多様な放送を自由に選択できるようになり，それは公共利益に沿った文化環境を生むという「自由主義論」がある。

　これにたいして消極論は，総じてグローバル化が諸国間・諸国民間の不平等を拡大再生産し，グローバル化されたメディア企業や文化産業が広く構造化されてグローバル経済の構成要素になり，それらは諸領域にまたがる独占的企業体を形成する，という認識にたつ。消極論の典型である文化帝国主義論によれば，文化のグローバル化とは，欧米の支配的文化が少数文化の多様性を圧倒し均質化するプロセスであり，欧米諸国の経済的利益にかなう戦略である。

　ヒュー・マッカイは，これらの積極論・消極論以外にも，ナショナルなメディアの強い持続力とローカル・ナショナルな文化の生産・消費の根強さを重視する伝統論，グローバルな文化の流れの複雑さに注目し文化帝国主義論に批判的な変容論などを紹介している[25]。これらの諸論は，グローバル化された文化状況の具体的な各部分をよく捉えている。これらが説明する各状況の総和が，現代世界の文化状況の総体であろう。

　文化のグローバル化から生じるこれらの状況は，文化についての2つの対照的な態度を生みだしてきた。1つは，文化の自由な交流は私たちの生活を豊かにしてくれるから，それは他の物やサービスと同様，市場と資本の論理に従って自由に行われることが望ましいという態度である。これを本章では自由論と呼ぶことにしよう。もう1つは，市場と資本の論理のみに従った文化の交流は特定文化の世界支配を生じさせ，それは結果的に地球上の文化を画一的で貧困なものにしてしまう。それを回避するためには文化の交流に何らかの規制を加えるべきだという態度である。これを本章では規制論と呼ぶことにしよう。これら2つの態度は，各国の文化政策や，関税貿易一般協定（GATT），世界貿易機関（WTO），国連教育科学文化機関（UNESCO）における文化に関するルール・制度の形成に大きな影響を及ぼしてきた。

(2) 貿易と文化――GATT，WTO，UNESCO における議論

　自由論と規制論の対立は，文化的アイデンティティをめぐる対立にとどまらず，各国の文化産業間の競争をめぐる経済的対立でもあった。第1次世界大戦後，アメリカ映画が急速に発展し，それは世界の映画市場の大半を占めるに至った。これに対してヨーロッパ諸国は，アメリカ映画が上映時間を独占することで自国の映画上映による利益が減少し，その結果自国の映画産業が衰退するのではないか，自国の理想や個性がアメリカ映画の浸透により損なわれるのではないか，という懸念を抱いた。その結果，これらの諸国は，自国の映画産業を守るため，種々の割当（クオータ）を導入した。当然のことながら，アメリカ映画産業はこれに不満を抱いた。アメリカ映画産業は政府の支持を仰ぎ，これを受けたアメリカ国務省は，ヨーロッパ諸国と相次いで交渉し，アメリカが外国映画の輸入制限を行っていないことを挙げつつ，映画産業への投資リスクを減じるためには映画における自由貿易が必要であることを強調した[26]。自由論による巻き返しの試みだった。

1）関税貿易一般協定（GATT）

　第2次世界大戦後，国際貿易機構（ITO）の設立を目的に作成されたものの未発効に終わったハバナ憲章は，その19条において，一定の条件のもとで映画の映写時間割当を認めた。映写時間割当が条件つきで維持されたのは，映画は外国との競争から保護されるべき性質をもつことが認められたからである。ハバナ会議に参加した各国は，この措置を「文化的考慮」により正当化し，国内文化政策を尊重するこの例外をGATTにも盛り込むよう求めた。GATT起草者は，既存の上映割当の維持を容認し，その結果，GATTも4条において，外国映画への数量規制（映写時間割当）を内国民待遇の例外として認めるに至った[27]。ここには，明らかに規制論が反映している。

　1989年にEECは「国境なきテレビ指令」を採択した。この指令の4条1項は，ニュースやスポーツに割り当てられた時間を除く放送時間の過半を「欧州作品」のために確保することをEEC加盟国に求めるものだった（ローカル・コ

ンテント要求)[28]。アメリカはこれを GATT の最恵国待遇，内国民待遇，数量制限禁止に違反すると主張し，他方 EEC は，テレビ番組はサービスであって GATT の対象外であり，そもそもローカルコンテント要求には法的拘束力がないと反論した。その後，EEC とアメリカとの間で GATT 22 条に基づく協議が行われたが，不調に終わった[29]。

　ほぼ同時期に，自由派と規制派は，GATT のウルグアイ・ラウンドの中で，サービス貿易協定（GATS）交渉においてオーディオ・ビジュアル分野をどう扱うかをめぐり激しく対立した[30]。アメリカは，文化的アイデンティティは客観的に定義できずオーディオ・ビジュアル分野は他分野と同様自由化の対象とすべきだと主張した。これに対して EU やカナダは，文化的例外論に依拠し，これらは文化的アイデンティティに関わるが故に自由化の対象にすべきでなく，アメリカの主張は貿易自由化の名の下に各国固有の文化的表現や言語的多様性に挑戦するものだと主張した[31]。この対立の妥協の産物が GATS である。GATS 14 条は，GATT 20 条に相当する「一般的例外」を定めているが，そこに文化的例外事由は挙げられていない。他方で GATS 2，16，17 条は，最恵国待遇，市場アクセス，内国民待遇を加盟国に課しているが，同時にいずれの義務をも免れ得る手続き（最恵国待遇についてはネガティブ・リスト方式，市場アクセスおよび内国民待遇の約束についてはポジティブ・リスト方式）を用意している。文化的例外論は GATS 上公認されなかったものの，諸国は上述の手続きによりオーディオ・ビジュアル分野を自由化の対象から外すことが可能となった。自由論は名をとり，規制論は実をとったと言えよう[32]。

　2) 世界貿易機関（WTO）

　このような GATS は，オーディオ・ビジュアル分野の自由化について一時的な休止状態を作り出した[33]。最恵国待遇については，EU，カナダ，オーストラリアなど文化的例外を支持する諸国が最恵国待遇免除の手続きをとったのに対して，韓国，日本，香港などはそのような手続きをとらなかった。市場アクセスと内国民待遇については，ウルグアイ・ラウンド合意の時点で 19 カ国，その後 5 カ国，計 24 カ国がさまざまな制限を付した約束をしたにとどまって

いる。これらの国にアメリカ，インド，香港，日本，韓国が含まれる。これに対して EU，カナダ，オーストラリアは，予想された通り約束を行わなかった。2000 年 1 月，WTO 加盟国は GATS 19 条に基づきサービス貿易のさらなる自由化のための交渉を開始した。その際に日本，アメリカ，ブラジル，スイス，カナダが，文化政策とくにオーディオ・ビジュアル政策と GATS との関係についてコメントしている[34]。その後 2003 年 9 月にカンクンで開催された閣僚会議は，ドーハ・ラウンドの枠組み合意を形成するに至らず決裂した。GATS については，サービス自由化交渉を継続する義務が確認されたが，他分野と同様，交渉の実質的進展がないまま今日に至っている。

他方，WTO 紛争解決機関は貿易と文化に関する紛争をこれまで 2 件扱っている。1 つは「雑誌に関する措置事件」である。この事件ではカナダ政府が国内出版産業保護を目的として導入した措置が問題になった。それらは，①スプリット・ラン雑誌および 5％以上のカナダ向け広告を含む外国雑誌の輸入禁止，②スプリット・ラン雑誌に掲載された広告料への 80％の物品税課税，③輸入雑誌郵送料より低額の国内雑誌郵送料などの措置である。アメリカの申立てにより設置されたパネルは，①は GATT 20 条（d）に非該当で 11 条 1 項（数量制限の一般的禁止）に違反する，②は 3 条 2 項 1 文（内国課税に関する同種産品への内国民待遇）に違反する，③は同条 4 項（販売輸送に関する同種産品への内国民待遇）に違反すると判断した。カナダは上訴し，上級委員会は，解釈に一部違いがあるものの，この物品税課税は 3 条 2 項 1 文違反であるとの結論を導いた。カナダは，これらの措置の目的が自国文化の保護にあり，それは保護貿易主義とは無縁の公的な政策目的であると一貫して主張したが，パネルも上級委員会も同政府の意図を争点としてとりあげず，その結果，この紛争の核心である「貿易と文化の関係をいかに調整するか」という問題は判断対象から除かれてしまった[35]。この結末は現行 WTO 体制下ではやむを得ないものの，WTO 体制の限界を示すものでもある。

もう 1 つは「出版物およびオーディオ・ビジュアル製品の貿易権・流通サービスに関する措置」事件である。中国が，出版物およびオーディオ・ビジュア

ル製品の輸入と流通を制限していることに対して，アメリカはそれらが中国の GATS, GATT, WTO 加盟に伴う自由化約束に違反するとしてパネルに申立てた。パネルは，出版物の輸入と流通については，中国規則が中国企業に比して外資系企業を不利に扱っているので GATS 17 条に違反すると認定した。他方，オーディオ・ビジュアル製品の輸入と流通については，中国企業との合弁における外資割合を 49％以下に制限する中国規則が GATS 16 条 2（f）に違反する，外国当事者が「支配的地位」を占める合弁に対してオーディオ・ビジュアル製品の流通を禁じる中国規則が中国企業に同じ制限を課していないので GATS 17 条に違反する，音声記録物の電子流通を外資系企業だけに禁じている中国規則が GATS 17 条に違反する，とそれぞれ認定した[36]。上述の「雑誌に関する措置事件」の場合と同様，この事件においても，文化保護の必要性やそのための政策の正当性について，パネルも上級委員会も，これらを正面から取り上げることはなかった。

3）国連教育科学文化機関（UNESCO）

上で見た GATS の最恵国待遇，内国民待遇による処理は，一見，自国の文化政策への十分な保証になっているかのようだが，それは形式論理にすぎない。WTO の基本は自由化・規制緩和であり，ラウンドはそのための交渉の場である。セーフガードや補助金は撤廃の方向に向かいこそすれ，それらが促進されることはない。GATS の処理は一時的な休止状態であって，今後，文化的例外が定着していくことは，WTO の下では考えられない。文化産品を他の物と同様に自由化の対象とすることを望まない規制論者は，このような現状認識に基づいて，文化産品を自由化の例外と位置づける防衛的論理から文化の特殊性を強調する積極的論理へと文化擁護論の転換を図る。そして，WTO から文化を直接扱う国連専門機関である UNESCO に場を移し，そこで文化的例外にとって代わるものとして文化的多様性を提唱していくことになる[37]。

文化的例外から文化的多様性への論理転換の観点からは，これらの条約・勧告のうち，特に文化的多様性世界宣言と文化的多様性条約が重要である。

文化的多様性世界宣言[38] 採択の背景には，ウルグアイ・ラウンドで顕在化

したオーディオ・ヴィジュアル製品を文化例外（exception culturelle）として認めるか否かをめぐるカナダ・フランス対アメリカの対立[39]。サミュエル・ハンチントンの言う『文明の衝突』，それに9.11同時多発テロが諸国の関心を集めていたという事情がある[40]。同宣言は前文と全12条から成る。それによれば，生物多様性が自然にとって必要であるように，文化多様性は交流，革新，創造の源として人類に必要なものであり，その意味で人類の共通遺産である（1条）。文化多様性を実現可能なものにするのは文化的多元主義であり，それは文化交流や創造的能力の開花に貢献し，民主主義の基盤になる（2条）。文化多様性の保護には人権と基本的自由の尊重，特に少数民族や先住民の権利の尊重が含まれる（4条）。このような内容をもつ同宣言は，文化多様性に関する加盟国の倫理的約束として重要な意義を有し，4年後の文化的多様性条約採択に向けての大きな推進力になったということができる[41]。

　文化的多様性条約[42]（2007年発効，日本は未批准）において，文化多様性とは「集団および社会の文化が表現を見出す方法の多様性」を意味し（4条1），発展，人権，平和，民主主義，思想の自由な流通，文化財・文化サービスの国内的・国際的普及，持続可能な開発，人類の共同遺産などと結びつけられることで（前文および2条1，5，6，7，8），開かれた動的な概念になっている。国際法の観点からは，文化的表現の多様性を保護・促進するための措置・政策をとるという国の主権的権利が承認されたことが重要である（1条hおよび2条2）。他方，文化的多様性世界宣言に入っていた文化的多元主義の文言は，この条約からは抜け落ちており，多文化主義政策を通じて一国内の民族・エスニック集団の伝統文化，言語，生活習慣を中央政府が積極的に保護しこれらの集団の社会参加を促すことは，国に義務づけられていない。それゆえ，そのような義務を伴うことなく国が文化的表現の多様性を保護・促進する主権的権利をもつことを明言するこの条約には，国家間主義的性格がみてとれる。そこには，主権的権利の名の下に一国内の少数者の文化を中央政府が抑圧するという危険がある[43]。

　それでも，今後，国がこの条約を援用して自国の文化政策を正当化することは大いにあり得る。実際に「出版物およびオーディオ・ビジュアル製品の貿易

権・流通サービスに関する措置」事件（3(2)を参照）において，中国政府はこの条約を援用しつつ，オーディオ・ビジュアル製品は文化財であって中国政府はそれらを保護する主権的権利をもつと述べている[44]。そのような援用を通じて，この条約と将来作成される条約との間の実質的な調整が図られるかもしれない。主権的権利については上述の懸念が残るが，文化のグローバル化の負の側面（＝文化のグローバル化が支配的な文化に有利な形で進み，その結果，特定文化の世界支配，文化の均一化，またはそれへの反作用としての文化的孤立をもたらしかねないこと）に対しては，この条約が少なくとも国家間レベルにおいて一定の歯止めになることが期待できよう。

3．国際社会において文化的諸価値はどのように実現されてきたか

(1) 持続可能な開発と文化

このような文化多様性は「持続可能な開発」の文化的側面としても捉えることができる[45]。「持続可能な開発」は，1987年の「環境と開発に関する世界委員会」の報告書『われら共通の未来』の中で提唱されて以来，急速に国際社会に広まった概念である。同報告書によれば，それは「将来世代がその必要を満たす能力を損なうことなく，現在世代の必要を満たすような開発」を意味する[46]。その構成要素として統合原則，天然資源の持続可能な使用と保全，世代間・世代内衡平，共通だが差異ある責任，よい統治，予防原則などがある[47]。

このような持続可能な開発は，当初は何よりも環境保護と経済開発とを両立させる構想と捉えられていた。しかし，国連における開発概念の拡大に伴い，そこに社会的側面が含められるようになった。統合原則，よい統治などが持続可能な開発の構成要素とみなされたことは，この概念の拡大をよく示している。このように，持続可能な開発が包括的なものになりつつあるとすれば，そ

こに文化的側面が含められることは自然のなりゆきだろう。人間は何らかの社会集団のなかで生活し，社会集団はそれぞれに固有の精神的，物質的，知的，感情的特徴，つまり文化を有している。人間生活が必ず伴っているこの文化的側面を考慮に入れずに，人間社会の持続可能性を論じることはそもそもできないはずである。

　このような考え方を UNESCO は早くからとっていた。1982 年に UNESCO がメキシコシティで開催した文化政策に関する世界会議は，文化政策に関するメキシコシティ宣言を採択した。その中の「開発の文化的側面」と題された項は，文化は開発過程の基本的部分を構成し，国の独立，アイデンティティの強化に資するものである。均衡のとれた開発は開発戦略の中に文化的要素が統合されることによってのみ実現可能となる。社会の歴史的，社会的，文化的文脈に照らして開発戦略の見直しを行わなければならない，と述べている[48]。

　文化多様性世界宣言は，文化多様性は開発の源泉の１つであり，開発は経済開発の観点からのみ理解されるべきではなく，より充実した知的，情緒的，道徳的，精神的生活を達成するための手段として理解されなければならない，と述べている（3 条）。また，文化多様性条約は，文化的多様性が持続可能な開発の主動力となること（前文），途上国にとって文化と開発との関連が重要であること（1 条 f），文化が開発の基本的推進力の１つであって開発の文化的側面はその経済的側面と同様重要であること（2 条 5 項），文化多様性の保護・促進・維持が持続可能な開発にとって不可欠の要件であること（2 条 6 項）を明言しており，文化的多様性が持続可能な開発の文化的側面として意義を有することを承認している。

(2) 多文化主義と文化権

　文化多様性に密接にかかわる概念として多文化主義と文化権がある。多文化主義とは民族，移民集団，被差別集団，宗教的少数者などにより担われる多様な文化の存在を前提として，一国の政府が，対内的・対外的に複数の文化を恒常的に公認することを許容し擁護する態度を言う。それは自由を実現可能にす

る基盤としての文化の重要性，集団的アイデンティティの適切な承認の必要性，政治的統合を可能にするための同胞意識の必要性という3つの基本的前提の一部または全部を有している[49]。カナダ，オーストラリア，スウェーデンは移民，国民的少数者，先住民に対してきめ細かく多文化主義政策を実施している。この多文化主義は，文化的多元主義という言葉で文化多様性宣言に入っていた（同宣言2条）。しかしそれは文化多様性条約からは抜け落ち，そこでは一国内の民族・エスニック集団の伝統文化，言語，生活習慣を中央政府が積極的に保護しこれらの集団の社会参加を促すことは国に義務づけられていない。そのような義務を伴うことなく国が文化的表現の多様性を保護・促進する主権的権利をもつと明言するこの条約には，上述したように，国家間主義的性格が現れており，主権的権利の名の下に一国内の少数者の文化を中央政府が抑圧するという危険が払拭されていない。持続可能な開発の文化的側面としての文化的多様性が，国の対外政策として唱えられるにとどまらず国内的にも十全に実施されるためには，政府が多文化主義政策を採ることが求められる。

　文化権とは文化領域に関する個人の権利の総体であり，文化を享受する権利，文化を創造する権利，文化活動に参加する権利から成る。そこには自由権的側面と社会権的側面がある。自由権的側面とは，文化が宗教，思想，学問と並んで人間の内面に関わる営為であって，国家権力の介入・統制が行われてはならない領域であることを意味する。社会権的側面とは，文化遺産を保護・継承することやすべての人に文化を享受させることは，個人の自発性や民間の投資によっては達成することのできない国家の責務であることを意味する[50]。文化多様性宣言5条は「文化多様性を実現する環境としての文化権」を次のように規定している。「文化権は人権の構成部分であり，普遍的で不可分で相互依存的である。創造的多様性を開花させるためには世界人権宣言27条，社会権規約13条・15条に規定された文化権の完全実施が必要である。それ故にすべての人は，自ら選択した言語特に母語により，自己を表現し自己の作品を創造し普及させる権利を有し，自らの文化的同一性を十分に尊重する質の高い教育と訓練を受ける権利を有し，人権と基本的自由を尊重しつつ自ら選択する文

化的生活に参加し自らに固有の文化的慣習に従って行動する権利を有する。」この文化権により，文化多様性を国家内部の集団の視点から捉えることが可能になる。文化は本来国家という枠組で括り切れるものではない。一方で一国の中に複数の文化があり，他方で文化圏が国境を越えて広がっている。けれども，国際法は原則として国家間の合意に基づくため，この事実が常に考慮されるとは限らない。文化権は，このような国際法の内在的限界を矯正する機能を果たし得る。文化権が認められることによって，国家の主権的権利にとどまっている国家間主義的な文化多様性が多文化主義に転化し得るのである。

お わ り に

　本章では，国際連盟期の文化的協力委員会の組織構造と諸活動を取り上げてその意義を確認し，自由論と規制論の交錯という観点から GATT, WTO, OECD において文化に関する議論がどのように行われ，それがどのようなルール・制度を生じさせた（生じるのを阻止した）のかをたどり，UNESCO の文化的多様性に関する活動を整理・紹介した。

　文化・知的国際協力において国際機構はどのような意義を有しているのだろうか。そこにどのような限界がみてとれるのだろうか。この点について内田孟男は，国際機構が知的協力を推進する意義を，国際公共財の提供，国際機構の普遍性と代表制，西欧知識体系が知的国際協力に及ぼすインパクトの是正，知的協力における国際機構の実績，という4つの観点から捉えている。それを要約すると以下のようになる[51]。

　第1の国際公共財の提供という観点から見ると，世界平和は国際公共財であり，世界平和を実現する手段としての知的国際協力は国際公共財またはその中間財として理解することができる。そのような公共財・中間財の提供は，国内公共財・中間財であれ国際公共財・中間財であれ，基本的には市場以外のアクターである公的機関が担うことになる。国際公共財または中間財としての知的国際協力の提供は，多国間協力による以外になく，国連諸機関や UNESCO な

どの国際機構によって担われることになる。

　第2の国際機構の普遍性と代表制という観点から見ると，UNESCO や国連システムの活動は加盟国の普遍性と代表制の下に行われ，世界各地域の文化的歴史的背景を反映し，活動の優先順位を地域的差異に十分配慮して決定するメカニズムが備わっている。そのような国際機構は，知的国際協力の分野において，ともすれば先進国偏重になりがちな国家レベルでの協力，国際市場や民間のイニシアチブに対して，途上国がその関心事を提唱する機会を与え，それを支援する役割を果たしている。

　第3の西欧知識体系が知的国際協力に及ぼすインパクトの是正という観点から見ると，知的国際協力における西欧知識体系の優位性は圧倒的ながらも，西欧の開発理論が必ずしも普遍的に妥当するとは限らないことが1960年代の途上国の経験から明らかになった。その結果，西欧起源の社会科学概念と理論はよりグローバルな視点から批判，評価，適用されるようになり，かつてのナイーブな西欧型普遍主義は修正された。このような西欧普遍主義の相対化に国際機構は重要な貢献をしているということができる。

　第4の知的国際協力における国際機構の実績という観点から見ると，UNESCO その他の知的協力分野の機構は，国，地域機構，市民社会，学術団体，NGO，草の根運動などと密接に連携し，ネットワークを発展させ，カタリストとして人材と資金を動員する能力を有し，世界の世論形成に明確なインパクトを与えてきた。創設以来のUNESCOの活動の歴史は，教育，文化，科学，コミュニケーション分野で共通の認識を生み出し，条約や勧告を通じて国際的指標を提供するという役割を果たしてきている。

　このような内田の分析は依然として有効である。グローバリゼーションと文化をめぐる規制論と自由論との対立の場がWTOからUNESCOに移ったことは，とりわけ規制論を支持する人々や政府が，これらの4つの意義を承認したことの表われであると言えよう。

　他方，文化・知的国際協力における国際機構の限界として，内田は，国際知的協力のための国内基盤，国際機構が利用可能な資金および人材，国連システ

ムにおいて知的協力に携わる機関の調整・協調の3つを挙げている[52]。上記の意義と同様，これらの限界のいずれも，基本的に今日でも妥当する国際機構の限界であろう。より一般化して言えば，これは国際機構の活動・権限と各加盟国の主権（留保分野）との間の緊張関係に他ならない。このような緊張関係は，主権的権利としての文化的多様性についてまさに妥当し，多文化主義と文化的権利を認めることの意義がそこから引き出される。グローバリゼーションの拡大深化に伴い，政府以外のさまざまなアクターが国際的・国内的意思決定にそれぞれ参加するようになった。その結果，国家主権の壁がかつてに比べて相対化されたことは事実である。しかしながらそれはなお厳然と存在し，国際機構の活動や国際規範を制約している。他の分野と同様に文化・知的国際協力の分野でも，国際機構は加盟国の国家主権との対抗関係の中で活動を展開し，新たな規範・ルール・制度を形成しているのである。

　本章では，知的交流の展開と文化的価値実現の過程を，文化のグローバル化をめぐる自由論と規制論の交錯を念頭に置きつつ，検討した。国際的知的交流，文化的多様性，多文化主義，文化権などが提唱され，さまざまな議論を経てそれらが制度化され，国際法規範にとりこまれてきた。平和は戦争の不在を意味するにとどまらず，構造的暴力の克服を希求するものである。この世に生まれた人々，将来生まれ出る人々が，等しく人間としての自己実現の可能性が保障されなければならない。そのような平和を実現するためには，政治的，経済的，軍事的諸条件とともに，文化的条件も考慮に入れなければならない。上述したように，人間は何らかの社会集団のなかで生活し，社会集団はそれぞれに固有の精神的，物質的，知的，感情的特徴，つまり文化を有している。人間生活が必ずともなうところの，この文化的側面を考慮に入れずに，平和の問題や人間社会の持続可能性を論じることはできない。現在，国連総会やUNESCOにおいて，「平和の文化」や「文化多様性と人権の関係」が議論されているのも，このような文脈においてである[53]。文化の観点から平和を捉え直すこと，それは，現代（国際）社会においてさまざま意味で平和が損なわれ危うくなっているがゆえに，いっそう重要な課題になっていると言えよう。

1）2015年1月にフランスで生じたシャルリ・エブド襲撃事件，および，日本人が犠牲になったイスラム国人質事件の思想的意味について，次を参照。『シャルリ・エブド事件を考える』（『ふらんす』特別編集，2015年），『シャルリ・エブド襲撃／イスラム国人質事件の衝撃』（『現代思想』43巻5号，2015年）。
2）新自由主義が世界中に広がり，人間関係のありかたを競争一辺倒にしたことの歴史的意義を考察するものとして，次を参照。クリスチャン・ラヴァル（菊地昌実訳）『経済人間　ネオリベラリズムの根底』（新評論，2015年）。
3）ガルトゥングの平和概念については，さしあたり次を参照。ヨハン・ガルトゥング（高柳他訳）『構造的暴力と平和』（中央大学出版部，1991年）。
4）文化は多様かつ多義的な概念であるが，本稿では「それぞれの国民，民族，エスニシティーにおいて歴史的に形成されてきた生活様式・思考様式の総体」を意味している。本章は，西海真樹「文化多様性と国際社会の現在」（『法律時報』87巻12号，2015年）に加筆・修正をほどこしたものである。本章と同様の問題関心を有するものとして，次を参照。内田孟男「地球市民社会と文化の多様性」（臼井久和編著『地球市民社会の研究』（中央大学出版部，2006年）。
5）篠原初枝『国際連盟』（中公新書，2010年），136頁。
6）内田孟男「国際機構と知的協力」（日本国際法学会編『日本と国際法の100年　第8巻　国際機構と国際協力』，三省堂，2001年），199-200頁。
7）同上。
8）同上。
9）篠原，前掲。
10）内田，前掲，201頁。
11）同上。
12）篠原，前掲，136-137頁。内田，前掲，201頁。
13）内田，同上，201-202頁。
14）内田，同上，202-203頁。
15）内田，同上。
16）篠原，前掲，137-138頁。
17）同上。
18）同上，138-139頁。
19）同上，139-140頁。
20）同上，140-141頁。
21）同上。
22）松浦晃一郎は，第9代事務局長として，1999年から2期，事務局長を務めた。
23）UNESCO総会が1972年に採択した世界遺産条約は，文化遺産や自然遺産の重要性を考慮し，これらの保護を国際社会全体の任務としている。締約国には，普遍的価値を持つ自然・文化遺産を認定・保護・整備し，それらを将来世代に継承することが義務づけている。同条約にもとづいて世界遺産リストが作成され，遺産の保護・支援を行う世界遺産委員会が設置され，さらに，締約国からの拠出金

による世界遺産基金が設立された。

　世界遺産リストへの登録は，遺産価値の国際的承認を意味するため，世間の大きな関心事になる。そのため，遺産所在国や所在地自治体などは熱心な登録キャンペーンを行うことが多い。世界遺産リストの登録プロセスは次のとおりである。まず各国が世界遺産候補を示す暫定リストを作成し，そのうち登録資格要件を満たすと判断する候補につき推薦書を作成する。推薦された候補のうち，文化遺産については「記念物及び遺跡に関する国際会議（ICOMOS）」が，自然遺産については「自然及び天然資源の保全に関する国際同盟（IUCN）」が，それぞれ専門的観点から審査する。最後に，21人の委員から成る世界遺産委員会が，上記の審査結果にもとづいて候補を「登録」「情報紹介」「記載延期」「不記載」のいずれかに属するものと決定する。

　世界遺産リストに登録された日本の遺産は，2015年7月の時点で，法隆寺，姫路城，京都文化財，白川郷・五箇山の合掌造り集落，原爆ドーム，厳島神社，奈良文化財，日光社寺，琉球遺産，紀伊山地の霊場・参詣道，石見銀山遺跡，平泉の建築・庭園・遺跡，富士山，富岡製糸場，明治日本の産業革命遺産（以上文化遺産，計15件），屋久島，白神山地，知床，小笠原諸島（以上自然遺産，計4件）である。この世界遺産とは別に，UNESCOは世界記憶遺産（Memory of the World）にも取り組んでいる。これは手書き原稿，書籍，ポスター，図画，地図，音楽，写真，映画等の記録遺産のうち世界的重要性を有する物件をユネスコが認定・登録する事業である。その目的は，世界的に重要な記憶遺産の保存を最もふさわしい技術を用いて促進し，重要な記憶遺産へのアクセスを可能にし，加盟国における記憶遺産の存在と重要性の認識を高めることにある。これまでに登録された記憶遺産の中には「フランス人権宣言」や「アンネの日記」などがあり，わが国からは，山本作兵衛炭坑記録画・記録文書，御堂関白記，慶長遣欧使節関係資料の3点が登録されている。2015年10月，中国が申請した「南京大虐殺文書」が記憶遺産として登録された。これに対して日本政府は，同文書が客観的事実に基づいていないとの理由で中国およびUNESCOに抗議している。

24）このような文化のグローバル化の負の側面として，言語の問題がある。言語は文化，集団的記憶および価値の媒体であり，私たちのアイデンティティの主要な要素である。また，言語の多様性は文化の多様性の重要な構成要素であり，それは持続可能な人間社会の構築に不可欠である。言語学者クリストファー・モーズレーが監修したUNESCOの刊行物『危機に瀕している世界の諸言語』によれば，UNESCOがリストアップした2473の言語のうち，178の言語が10人〜50人だけで話され，146の言語が10人以下で話され，577の言語が消滅の危機にあり，230の言語が1950年以降すでに消滅した。適切な保護措置を講じなければ，現在地球上で話されている6000以上の言語の約半数が，今世紀末には消滅するという（Christpher Moseley ed., *Atlas of the World's Languages in Danger*, UNESCO Publishing, 2010）。そこでは，アイヌ語や琉球語も消滅の危機にある言語リストに含められている。

言語権とは，すべての人が自ら選択する言語，特に母語によって自己を表現する権利である。それは，UNESCOが1960年に採択した教育差別禁止条約の5条，同じくUNESCOが2001年に採択した文化多様性世界宣言の5条，国連が1966年に採択した市民的・政治的権利に関する国際規約の27条に述べられている。宗教，歴史と並んで言語もまた政治的同一性と密接に結びつく。そのため，諸国政府は，言語権を認めることが国内少数民族の分離独立につながることを恐れ，これをなかなか認めようとしない。ひとつの言語が消滅することは，ひとつの自然環境と共生する社会形態の消滅を意味することが多い。したがって，言語権の保護を欠いたまま，文化の多様性を含む持続可能な人間社会の実現はあり得ない。なお，ヨーロッパでは，欧州評議会が1992年に欧州地域言語・少数言語憲章を，1995年に民族的少数者保護枠組条約を採択し，言語権の擁護に取り組んでいる。

25) David Held, ed., *A Grobalizing World ? : Culture, Economics, Politics* (London and Nex York, Rutledge, 2000), Chapter1 and 2. 邦訳はデヴィッド・ヘルド編『グローバルとは何か：文化・経済・政治』（中谷義和監訳，法律文化社，2002年）.

26) 河野俊行「文化多様性と国際法（一）」（『民商法雑誌』135巻1号，2006年），61頁.

27) 同上，64-67頁.

28) Council Directive 89/552/EEC, OJ 1989, L 298/23 ; Directive 97/36/EC of the European Parliament and of the Council, OJ 1997, L 202/60.

29) 河野，前掲，69-70頁.

30) これに関連する規定としてGATT4条があるが，同条の適用範囲について見解の一致がみられなかったことから，同条はオーディオ・ビジュアル分野を規律する条項としては適当でないというコンセンサスが成立していた。サービス貿易交渉グループ内にオーディオ・ビジュアル分野にかんする作業部会が置かれることにより，以後，オーディオ・ビジュアル分野はサービス貿易交渉の枠内で扱われることになる（河野，同上，72-74頁）．

31) 須網隆夫「貿易と文化—市民的・社会的価値と経済的価値との調整」（小寺彰編著『転換期のWTO　非貿易的関心事項の分析』，東洋経済新報社，2003年），235頁.

32) 同上，72-74頁．ウルグアイ・ラウンドにおける文化例外をめぐる対立全体については次を参照．三浦信孝「GATTウルグアイ・ラウンドにおけるAV『文化特例』をめぐる攻防」（日本EC学会編『EUの社会政策』日本EC学会年報16号，1996年）；河野俊行「文化多様性と国際法（一）」（『民商法雑誌』，135巻1号，2006年）；鈴木秀美「文化と自由貿易—ユネスコ文化多様性条約の採択」（塩川伸明・中谷和弘編『法の再構築Ⅱ　国際化と法』東京大学出版会，2007年）．鈴木淳一「『文化的表現の多様性の保護及び促進に関する条約（文化多様性条約）』の採択と意義」（『独協法学』77号，2008年）．

33）河野，前掲，81 頁。
34）日本はオーディオ・ビジュアル分野の自由化を達成することが各加盟国市民のさまざまな文化・情報への自由なアクセス権を尊重するうえで重要であると述べ，新たな GATS 交渉が最恵国待遇，市場アクセス，内国民待遇の問題を扱うことを示唆した。アメリカは，市場アクセス，内国民待遇につき諸国がより多くの約束を行うよう促すとともに，国の文化的アイデンティティは促進するに値するという注目すべき主張も行っている。これはオーディオ・ビジュアル分野において補助金をある程度認めることで交渉の進展を意図したものと思われる。他方，カナダは，文化多様性を保護・促進する国家の権利を擁護する新たな条約の作成に期待する旨を述べ，EU は，文化多様性を促進するためにオーディオ・ビジュアルを含む文化政策を策定・実施する可能性を保持すると述べる（河野，「文化多様性と国際法（二）」『民商法雑誌』135 巻 2 号，2006 年，289-291 頁）。
35) Panel Report, Canada-Certain Measures Concerning Periodicals, WT/DS31/R, 14 March 1997 ; Appellate Body Report, Canada-Certain Measures Concerning Periodicals, AB-1997-2, WT/DS31/AB/R, 30 June 1997 ; 須網，前掲，236-237 頁。
36) China- Measures affecting trading rights and distribution services for certain publications and audiovisual entertainment products, WT/DS363/R, 12 August 2009 ; China-Measures affecting trading rights and distribution services for certain publications and audiovisual entertainment products, WT/DS363/AB/R, 21 December 2009 ; 滝川敏明『WTO 法 実務・ケース・政策（第 2 版）』（三省堂，2010 年），182-183 頁。
37) *Ibid*., pp. 97-99 ; Hélène RUIZ FABRI, « Jeux dans la fragmentation: la convention sur la promotion et la protection de la diversité des expressions culturelles », *RGDIP*, 2007-1, pp. 48-51；西海真樹「UNESCO 文化多様性条約の意義―Hélène RUIZ FABRI 論文に即して」（横田洋三・宮野洋一編著『グローバルガバナンスと国連の将来』，中央大学出版部，2008 年），279-297 頁。
38) UNESCO, Universal Declaration on Cultural Diversity, adopted by the 31st Session of General Conference (November 2, 2001), Records of the General Conference, 31st Session Paris, 15 October to 3 November 2001, Volume 1, Resolutions, Paris : UNESCO, 2002, pp. 62-63 (http://unesdoc.unesco.org/images/0012/001246/124687e. pdf).
39）註 26 を参照。
40）寺倉憲一「持続可能な社会を支える文化多様性―国際的動向を中心に」（国立国会図書館調査及び立法考査局『持続可能な社会の構築』，2010 年）232 頁。当時 UNESCO 事務局長だった松浦晃一郎は，各国の文化大臣は同宣言の採択を受け入れる姿勢を示したものの，文化多様性の具体的な守り方については意見の一致が得られなかった。9.11 直後の総会開催には延期論もあったが，自分は強硬に開催に踏み切った，と言う。次を参照。松浦晃一郎『世界遺産 ユネスコ事務局長

は訴える』（講談社，2008 年），38-44 頁。
41) 鈴木淳一「『文化的表現の多様性の保護及び促進に関する条約（文化多様性条約）』の採択と意義」（『独協法学』77 号，2008 年），65-67 頁。
42) 文化的表現多様性条約については，さしあたり次を参照。鈴木淳一，同上；同「グローバリゼーションと文化—ユネスコ文化多様性条約の発効とその課題—」（星野昭吉編著『グローバル社会における政治・法・経済・地域・環境』亜細亜大学購買部ブックセンター，2011 年）；佐藤禎一，前掲（註38）；折田正樹「ユネスコ『文化多様性条約』をめぐる法的論点についての考察—複数の条約の適用調整を中心に」（『ジュリスト』1321 号，2006 年）；西海真樹，前掲（註37）；エレーヌ・リュイーズ＝ファブリ（西海真樹・稲木徹訳）「法と文化—文化多様性条約の射程」（『比較法雑誌』44 巻 1 号，2010 年）。
43) 条約交渉時に，交渉国政府以外の NGO 等がオブザーバー参加することが認められなかった点にも，国家間主義的傾向がうかがわれる。もっとも「すべての文化の平等な尊厳および尊重の原則」と題された 2 条 3 項は，文化的表現の多様性を保護・促進することはすべての文化（少数者および先住民族に属する人々の文化を含む）の平等な尊厳および尊重の承認を前提とする，と述べているから，文化の多元性（多文化主義）的要素がこの条約にまったく欠けているわけではない。
44) 註 30 を参照。
45) 西海真樹「持続可能な開発の文化的側面—国連システムにおけるその展開と日本の課題」（『国連研究』13 号，2012 年）。23-52 頁。
46) The World Commission on Environment and Development, *Our Common Future*, Oxford, 1987, p. 43.（邦訳）環境と開発に関する世界委員会（人来佐武郎監訳）『地球の未来を守るために』福武書店，1987 年。
47) 西海真樹「持続可能な開発の法的意義」（『法学新報 109 巻 5・6 号，2003 年』），248-252 頁。
48) Mexico City Declaration on Cultural Policies, World Conference on Cultural Policies, Mexico City, 6 August 1982 (http://portal.unesco.org/culture/en/files/12762 /11295421661mexico_en.pdf/mexico_en.pdf), paras. 10, 16.
49) 次を参照。石山文彦「人権と多文化主義」（『ジュリスト』1244 号，2003 年），45 頁；同「多文化主義の規範的理論」（『法哲学年報 1996』，1996 年），46 頁。
50) 小林真理『文化権の確立に向けて』（勁草書房，2004 年），41-51 頁。
51) 内田，前掲（註4），217-219 頁。
52) 同上，219-220 頁。
53) 平和の文化にかんしては，さしあたり，次を参照。http://www.un.org/en/ga/search/view_doc.asp?symbol=A/RES/53/243 ; David Adams, "Towards a Global Movement for a Culture of Peace", Journal of Peace Psychology, 6(3), pp. 259–266, 2000 (http://web.pdx.edu/~abyron/peace_ed/Wk4/culture4.pdf)；平和の文化をきずく会編『暴力の文化から平和の文化へ—21 世紀への国連・ユネスコ提言』

(平和文化，2000 年）；伊藤武彦「平和の文化国際年について」藤田秀雄「平和の文化と日本の暴力文化」杉田明宏「子ども・青年の暴力文化を平和の文化へ」草野滋之「平和の文化と日本の文化運動」（『日本の科学者　特集　平和の文化　西暦2000年平和の文化国際年に向けて』1999 年 11 月号）；ベティ・リアドン，アリシア・カベスード『戦争をなくすための平和教育：「暴力の文化」から「平和の文化」へ』（明石書店，2005 年）。

第 3 章
国際刑事裁判所（ICC）における被害者信託基金
―― 平和構築の予備的考察 ――

望 月 康 恵

は じ め に

　紛争中や軍事独裁政権下で行われた人権侵害を，紛争終結後や政権の変革後に特定し，また行為者を訴追したり処罰したりする正義の追及と平和との関係は，移行期正義の文脈において争点となってきた。過去の人権侵害行為の事実を明らかにし行為者の責任を追及することが，平和な社会の構築に資するのかについては，理論上あるいは実践上も様々な議論がなされてきた。一方では，ラテンアメリカにおいて見られたように，軍事独裁政権から民主的な政権への移行が平和裏に行われることが重要視され，それゆえに刑事司法による犯罪行為の特定化や行為者の訴追等の正義の追及は行われない国もあった。この背景としては，安定した社会を構築する上では，人権侵害行為に関わったとされる指導者との協力が，移行後の社会においても必要であると見なされたことがある。現在では，以下の理由により，重大な犯罪行為者の訴追や処罰を行うことによって平和な社会が構築されると考えられている。

　第一に，多くの内戦が生じる状況で，大規模かつ重大な人権侵害行為を見過ごすことができず，行為者を訴追し処罰すべきであるという認識が国際社会に普及してきた。国際刑事裁判所（ICC）をはじめとする国際的な刑事裁判所は，国際法に基づいて犯罪行為者の訴追と処罰を行ってきた。また移行期の社会において国際法の役割が評価されてきた。国内において法に対する理解が変

わる移行期に，国際法は法として持続し，国内における法の理解を仲介する役割を担う[1]。あらゆる状況において適用される国際法は，それを援用する社会における安定性を確保する機能を有することが指摘された。

第二の理由は，経験に基づくものである[2]。国際的な刑事裁判は，いかなる地位にある者も国際法に基づいて訴追されることを示してきた。また人権侵害の行為者が政治的な地位から排除されることにより，新たな指導者の下で新しい国家制度の構築が可能となった。

このように，重大犯罪行為者の訴追と処罰による正義の追及が，平和の達成すなわち民主的な国家の建設にも資すると考えられ，平和構築における刑事司法の役割として位置付けられる。紛争後の社会においては，紛争を再発させないために平和を創ること，つまり民主的な国家制度の構築が促され，そのためには司法機関による処罰と訴追による正義の追及が必要であると考えられてきた。

ところで刑事司法は，法を侵害した加害者を対象としており，被害者に対しては必ずしも十分な措置が取られてこなかった。国際的な刑事裁判所では，人権侵害行為の被害者は証人としての機能を担うに過ぎない。被害者の損害に対しては，侵害された法との関連において言及されるのみで，刑事司法は直接に救済する機能を持たない。

2002年にICCに被害者信託基金が設立され，被害者に対する賠償と支援の制度が創られた。本章の目的は，この被害者信託基金の機能の中でも支援活動に着目し，被害者を対象とした支援が平和構築に資するのかについて，予備的な検討を行うことである。この問題を扱う理由は次の通りである。

第一に，国際的な刑事裁判所が対象とする重大犯罪行為の背後には，被害を受けた多数の人々が存在する。被害者に対する措置なくしては，社会において平和を創ることは困難であろう。被害者信託基金の設立の背景には被害者に対する視点が見られるのだが，それは1980年代からの国際法諸原則の確立など国際社会における取組みの延長にあると言える。被害者信託基金による被害者に対する支援は，重大犯罪行為に対する国際社会の取組みの変遷——人権侵害の

被害者である個人に関する国際法諸原則の実現—を探る上で意義があると考えられる。

　第二に，被害者信託基金の機能を検討する必要性である。ICCと被害者信託基金はいずれも，ICCの締約国会議の下部に属する別の組織である。被害者信託基金は，一方ではICCの裁判手続と関連して被害者に賠償を行い，他方で独自の活動として被害者に対して支援を行う。特に後者の，支援という機能の特徴と課題を探ることは，信託基金の可能性を考察することにも結びつく。

　さらに，この問題設定には次の背景もある。国際社会における刑事司法は，第二次世界大戦後のニュルンベルク裁判，東京裁判に遡る。冷戦後に旧ユーゴスラビア国際刑事裁判所（ICTY）やルワンダ国際刑事裁判所（ICTR），またシエラレオネ特別裁判所やカンボジア特別裁判部など国内の裁判機関において，犯罪行為者の訴追および処罰が行われてきた。これら司法機関の主な目的は犯罪行為者の責任の追及であり，被害者に対する措置は十分に取られてこなかった。国際的な刑事裁判所が平和構築に資するのであれば[3]，侵害行為の被害者に対する措置も求められる。ICCの被害者信託基金の運用が，広義の意味で法の支配の文化の強化につながるという一般的な指摘がなされ[4]，また紛争後の社会では平和の達成と正義の追及の双方が目指される状況において，被害者信託基金の役割と課題を検討することは，両者の達成を考える上でも意義がある。

　本章ではまず，平和構築における刑事司法機関の意義と制約を探る。次に国際法諸原則から国際社会における被害者の位置付け，被害者に対する措置の要請を確認する。さらにICCにおける被害者信託基金の機能について確認し，基金による被害者に対する支援が，平和構築においてどのような役割を有するのか，また支援の課題について論じる。

　ICCにおける被害者救済に関しては，様々な研究がなされているが，その多くはICCへの被害者の訴訟参加制度や被害者に対する賠償制度に着目する[5]。国際刑事司法における被害者救済に着目したものとしては，太による研

究がある[6]。太は，被害者について歴史的な検討を踏まえながら，国際法諸原則の被害者について論じ，司法機関に加えて非司法的機関における被害者の処遇を検討し，ICCにおける被害者の損害回復について分析を行う。被害者に焦点を当てる太の研究は，ICCにおける被害者救済への政治的な要請の結果としての制度とその運用実態を検討しながら，司法的要請と政治的要請の二つの間に生じるジレンマを，ICCがどのように克服しようとしているのか論じるものである。

本章は，従来の研究を踏まえながら，被害者に対する措置が，どのような意味で平和構築に資するのかを念頭に置きながら，国際的な刑事司法機関による被害者の支援の特徴，また重大な人権侵害が生じた，紛争中あるいは紛争後の社会における信託基金による支援活動の意義と課題について探る。

1. 国際的な刑事裁判所と平和構築

平和構築を，恒久的な平和を創るための不断の取組みでありプロセスと位置付けた場合に，ICCを含む国際的な刑事裁判所の役割は，次の通り説明される[7]。

第一に，刑事裁判所は，過去の犯罪を明らかにし，犯罪行為者を特定し，訴追および処罰により同様の犯罪行為の再発を防ぐ。犯罪行為者の訴追や処罰が当該地域を不安定にすることから彼らを訴追すべきではなく宥和的な政策を取るべきという主張は，現在では説得力を持たない。実際に，リベリアのテイラー元大統領のシエラレオネ特別裁判所における訴追は，西アフリカ諸国の状況を不安定にはしなかった。むしろテイラーの事件は，いかなる地位にある者も違法な行為について責任を負うことを明らかにした。ウガンダ政府によるICCへの自己付託についても，一時は，北部ウガンダに住むアチョリの人々からの訴追取り下げの要請が検察局に行われ，またウガンダ政府と反政府勢力との最終的な和平合意は締結されない状況ではあるものの，一連の措置によりウガンダの状況が悪化しているとは必ずしも言えないであろう。ウガンダ政府

によるICCへの自己付託が示す通り，ICCにおける訴追は，国際法に依拠した犯罪行為の特定化により，重大な国際犯罪の行為者を政治的な立場から追放し，これにより紛争の再発が防止されるとも考えられている。

第二に，重大犯罪行為者の訴追と処罰は，個人の責任を問うことにより，犯罪行為が個人に帰属することを確認する。したがって，犯罪の責任は特定の民族や集団が負うものではなく，法違反行為者であることが明確になる。これは，紛争の原因の一つと考えられている，集団間の対立によって引き起こされる犯罪行為の連鎖を阻止することにも繋がると捉えられている。

第三に，国際的な刑事裁判所の公判は司法機関の独立性を示す。紛争後の社会においては民主的な政府の構築が目指されており，司法機関の設立が含まれる。補完性の原則に基づくICCは，管轄権を有する国によって事件が捜査され訴追されている場合には，事件を受理しない。ただしICCが，独立した機関として公判を行うことは，本来あるべき司法機関を，現地社会に示すことになる。さらに，ICTYやICTRが任務の終了を迎えるに当たり，その経験が現地の裁判所に引き継がれることにより国内司法機関の能力構築に資すると考えられた。ICCが扱う状況に関しても，ICCの関与が国内の司法機関の改善に役立つ兆候を見ることができるとの調査もある[8]。

このように，国際的な刑事裁判所は，紛争の再発，個人の責任の追及，独立した司法機関としての機能という側面において，平和構築に資すると考えられている。

その一方で，刑事司法機関は，国際社会における個人の犯罪行為の責任追及の限界をも示してきた。第一に，犯罪行為者の訴追と処罰が，紛争の再発を防ぐとされているものの，管轄権を有する国家の協力なくして国際的な刑事裁判所は，被疑者を逮捕できず裁判も刑の執行も行えない。たとえばスーダンのバシール大統領に逮捕状が発せられながらも身柄を拘束できず，バシールは大統領職にとどまり，諸国を訪問する。2012年には，ケニアにおける2007年の大統領選後の暴力行為についてICCの裁判部に付託されたが，ケニア政府や証言者からの協力が得られないことを理由として，ICCの検察官はケニヤッタ

大統領に対する告訴を取り下げた。検察官は，告訴の取り下げは事件の終了ではなく，またケニヤッタの無罪を確定するものではないと述べるものの[9]，主権国家の協力なくしては，ICCは機能できないことを改めて示した。

　第二に，国際的な刑事司法は犯罪行為の個人への帰結を明らかにするが，被害者に対する措置は，原則上，各国において処遇されてきた。ICTYは，被害者や証人の保護については，手続証拠規則において定める（ICTY規程第22条）。ICTYの手続証拠規則において，国家は被害者または証人への危害や脅迫を予防する全ての措置を取ることが求められ（手続証拠規則第40条），また被害者の補償に関しては，ICTYの書記局が国家当局に対して判断を伝え，被害者は関連する国家の法律に従い，補償を得るために国家の裁判所または権限ある機関に行動を取ることが定められる（第106条）。つまり被害者は，ICTYにおいて証人としての役割が求められるに過ぎない。判決に伴う補償は国内で行われ，また被害者が自ら国内において措置を取ることが定められている。

　第三に，ICTYやICTRでは，裁判所の管轄権や機能の観点から被害者への補償は困難であると考えられていた。ICTRでは，1985年に国連において採択された基本原則宣言（後述）に基づいた被害者の特定は困難であること，また実際に人権侵害行為の被害を受けた者は多数に上るものの，実際に賠償を受理できる者は限られること，さらに賠償を行う際の手続は煩雑であり被害者の不満を高めることなどから[10]，被害者に対する措置の必要性は確認されながらも被害者に対する賠償は実現されなかった。

　ICCにおいても，重大犯罪に対する効果的な訴追は国内的な措置を取ること，また国際的な犯罪について責任を有する者に対して刑事裁判権を行使することは全ての国家の責務であることが想起されている（ICC規程前文）。そうであるにせよ，国際的な刑事裁判所で訴追され処罰される重大な犯罪行為の背後には，犠牲となった多くの被害者がおり，彼ら/彼女らに対する措置が必要であることは確認されている。

2．被害者に対する措置の要請

(1) 国際法上の諸原則

1）被害者および被害者に対する措置の位置づけ

国際法上の人権侵害の被害者については，世界人権宣言を始め人権諸条約に規定されている。ICC において，被害者に関わる条文は次の通りである（手続証拠規則第85条 被害者の定義）。

ローマ規程および手続証拠規則の目的のため
(a) 被害者とは，裁判所の管轄権内のあらゆる犯罪行為の結果として害を被った自然人である。
(b) 被害者は，宗教，教育，芸術または科学もしくは慈善の目的で，あるいは歴史的記念物，病院あるいは他の場所または人道目的とされた自らの所有物に直接の害を受けた組織や制度を含む。

この ICC の被害者の規定は，2005年に国連で採択された，「国際人権法の重大な違反および国際人道法の深刻な違反の被害者の救済と賠償の権利に関する基本原則および指針」[11]（2005年基本原則）が影響を及ぼしている[12]。

2005年基本原則では，被害者について，次の通り定める。

8．……被害者とは，国際人権法の重大な違反あるいは国際人道法上の深刻な違反を構成する，作為または不作為を通じて，身体的または精神的な傷害，感情の苦しみ，経済的損失または基本的な権利の実質的な害を含み，個人または集団として害を被った人である。適切な場合，および国内法に従い，「被害者」という用語は，直接の被害者の直接の家族または配偶者および困っている被害者を支援しまた被害者となることを防止するこ

とにより害を被った人をも含む。

9．人は，犯罪行為者が特定されたり，逮捕されたり，訴追されたり有罪とされたか否かに関わらず，また犯罪行為者と被害者の特有の関係の有無にかかわらず被害者とみなされる。

2005年基本原則における被害者は，1985年に国連総会で採択された「犯罪および権力の乱用の被害者への司法の基本原則に関する国連宣言」[13]（1985年基本原則宣言）における被害者の考えに基づいている[14]。被害者に関して，両原則の文言はほぼ同一であり，個別および集団としての被害者を含む。1985年基本原則宣言において被害者は，加盟国の刑法違反である作為または不作為を通じて，害を被った人と位置付けられているが，2005年基本原則における被害者は，国際人権法および国際人道法の深刻な違反を構成する作為または不作為を通じて，害を被った個人または集団と定義される。被害者には，直接の被害者や家族に加えて被害者を支援する者も含まれる。国際人権法の重大な違反および国際人道法の深刻な違反の被害者は，十分かつ効果的な賠償を提供されなければならず，原状回復，補償，リハビリテーション（医療および身体的ケアと法的および社会的サービスを含む），精神的満足および再発防止の保証が定められている。被害者への補償は実質的かつ象徴的な様々な手段を表し，国際法委員会による国家責任条文に基づいて作成されている[15]。

2005年基本原則の前文は，ICCローマ規程にも言及する。ローマ規程が「被害者に対するまたは被害者に係る（原状回復，補償およびリハビリテーションの提供を含む）賠償に関する原則」を確立すること，締約国会議に対して，裁判所の管轄権内での犯罪の被害者および被害者の家族の便益のために，信託基金を設立することを要請し，またICCに対して，「被害者の安全，身体的および精神的福祉，尊厳とプライバシーを保護」し，被害者に「裁判所により適切と決定される手続の全ての段階への参加を認める」権限をICCに与えることに留意している。

この二つの原則からも明らかなように，国際社会において確認されてきた被害者とは，国内法上の規定の存在にかかわらず，重大な国際法違反や深刻な国際人道法違反による直接的または間接的な被害を受けた者を含む。さらに原則の援用については，次の二点が前提とされている。

　第一に，二つの原則において，国家は，国際法違反の結果として生じる侵害行為について，被害者の権利としての「救済」と「補償」を回復することが想定されている。つまりはそれを実施できる主権国家の政府の存在，機能する統治機構さらには救済や補償が制度として構築されることを前提とする。すなわち1985年基本原則宣言も2005年基本原則も，被害を受けた個人が司法にアクセスしまた救済を受ける権利があることを確認した上で，その権利が尊重されること，したがって主権国家が，人権侵害行為の被害者に対して，救済または補償の措置を取ることを促している。2005年基本原則に定められている国家による義務とは，侵害行為を予防する義務，犯罪行為者を捜査し訴追しまた処罰する義務，被害を受けたとされる個人の司法への効果的なアクセスを提供する義務，さらに被害者への十分な補償を行う義務，の四つである。これら義務の履行には，①国内法の規定，②国内の裁判制度，③被害者に対して補償を行う組織または制度の存在が前提とされる。

　第二に，国際法諸原則は，主権国家体制を前提とする。国家に対して，国内法が国際法上の義務と合致することを確実とし（2005年基本原則2），国際法違反を構成する国家による作為または不作為に対しては賠償を被害者に提供することを義務付ける（原則16）。国家に帰属しない違反行為については責任ある当事者が被害者に賠償を行うが，そのような責任を有する当事者が被害者に賠償を行うことができないかまたは意思がない場合には，国家が被害者またはその家族に賠償を行うように努力しなければならない。国家はまた被害者への賠償のための国家基金を設立しあるいは基金を補うために必要となる他の資源を探さなければならない（原則18）。

　以上の通り，基本原則は，人権侵害について，政府が措置を取りまた措置を取ることが可能であるという前提に基づく。したがって，これら文書は，政府

が十分に機能しない状況や政府の存在が危ぶまれる状況での救済や補償においては，事実上援用できないであろう。重大な国際人権法違反や深刻な国際人道法違反が生じる場合には，政府がその役割を果たしえない状況であることが多い。そのような場合には，個人の権利が十分に守られないことはもとより，犯罪行為が生じたとしても行為の特定が困難である場合や指導者が犯罪行為に関わる場合には，国家による義務履行，救済や補償の措置は実施できない。

2）被害者を対象とした措置としての基金

上記の原則からも明らかなように，重大な人権侵害行為の被害者に対しては当該国家による措置の履行が前提となる。他方で，国際法違反行為の被害者に対しては，国際社会において補償委員会，基金，裁判制度などのメカニズムが用いられてきた[16]。本章との関連で検討すべきは，人権侵害行為の被害者に対する措置としての基金の役割である。そこで，これまで設立されてきた，拷問，現代的形態の奴隷，人身売買に関する基金について概観する。

① 拷問被害者のための国連自発的基金（UN Voluntary Fund for Victims of Torture）

拷問被害者のための国連自発的基金は，チリに対する国連信託基金の職務権限を拡大したものでる。この国連信託基金は，チリにおける拘禁などによって人権が侵害された個人に対して支援を提供する目的で設立された後，重大かつ著しい人権侵害が様々な国で生じたこと，また被害者の窮状に対処するために，拷問被害者基金となった。同基金においても，全ての政府が，様々な国際的な文書の責任において行動し，人権を保護しまた促進する義務を有することが留意されている[17]。

基金の目的は，拷問の被害者と家族に対する身体的精神的影響を癒し，社会における彼らの尊厳と役割を回復することである。被害者に対しては，人道的，医療，精神的，法的，財政的な直接の支援が行われる。同基金は被害者中心かつ多面的な利害関係者アプローチを取る[18]。

拷問等禁止条約は，拷問行為の被害者に対する締約国の義務を定める。救済と賠償については次の通り規定される（第14条）。「1．締約国は，拷問に当たる行為の被害者が救済を受けること及び公正かつ適正な賠償を受ける強制執行可能な権利を有すること（できる限り十分なリハビリテーションに必要な手段が与えられることを含む。）を自国の法制において確保する。被害者が拷問に当たる行為の結果死亡した場合には，その被扶養者が賠償を受ける権利を有する。2．1の規定は，賠償に係る権利であって被害者その他の者が国内法令に基づいて有することのあるものに影響を及ぼすものではない」。

同条文に規定されている被害者の賠償および効果的な救済の提供が，国家の条約上の義務であることは，基金においても確認されている[19]。

② 現代的形態の奴隷の被害者のための国連自発的信託基金（UN Voluntary Trust Fund for Victims of Contemporary Forms of Slavery）

現代的形態の奴隷の被害者のための国連自発的信託基金は，現代的形態の奴隷の被害者の人権の保護を進展させることを目指して設立された。基金の目的は，第一に，現代的形態の奴隷に関与する，様々な地域の非政府組織（NGO）の代表を支援すること，第二に，現代的形態の奴隷の結果として人権が著しく侵害されている個人に対して，確立している方法により，人道的，法的および財政的な支援を行うことである。

基金の便益者は，現代的形態の奴隷問題を扱うNGOの代表である。NGOの活動を通じて現代的形態の奴隷の結果として人権が著しく侵害された個人にサービスが提供されることが目指されている[20]。

③ 人身売買の被害者のための国連自発的基金（UN Voluntary Fund for Victims of Human Trafficking）

人身取引の被害者，特に女性と子どもの被害者のための国連自発的信託基金は，人身売買と闘う国連グローバル行動計画の一環である。同行動計画では，人身売買の予防，人身売買の被害者の保護と支援，人身売買の犯罪行為の訴

追，人身売買に対抗するパートナーシップの強化が確認されている。基金は，政府，政府間機構，NGO などを通じて，人身売買の被害者に，人道的，法的，財政的支援など実際かつ具体的な措置を行うことを目的とする[21]。

人身売買に関しては，2000 年に，国際的な組織犯罪の防止に関する国連条約を補足する人（特に女性および子ども）の取引を防止し，抑止しおよび処罰するための議定書（国際組織犯罪防止条約人身取引議定書）が採択された。同議定書は人身取引について包括的な定義を行った初の国際的な文書である[22]。同議定書は締約国における立法その他の措置による犯罪化（第5条）と，被害者に対する援助と保護の提供について定める。より具体的には，締約国は，適当な場合には国内法において可能な範囲内で人身取引の被害者の私生活と身元関係事項を保護し，また NGO や市民社会と協力して，被害者の身体的，心理的，社会的な回復のために措置を取ること，特に適当な住居，カウンセリング，医学的，心理的，物質的援助，雇用，教育および訓練の機会などの提供という措置を取ることを考慮する（第6条）。

議定書は，締約国に対して，一方では人身取引の犯罪化のための立法措置を義務付け，他方では被害者に対する保護と予防の措置を求める。後者の被害者に対する保護や支援の規定は，国家に対する要請である。被害者に対する保護と支援を国家に義務化することについても議論されたものの，途上国に対する負担が懸念され，締約国に裁量を与える条文が定められた[23]。

④　人権侵害の被害者に対する基金の特徴

以上の通り，人権諸条約において締約国に対して行為の犯罪化のための立法措置や被害者に対する措置が求められる一方で，基金は被害者にリハビリテーション，救済，能力向上などの支援を目指す。

人権諸条約においては特定の人権侵害行為が違法とされ，締約国に対して立法等の措置が求められる。それらは主に加害行為に対する措置の義務化である。拷問等禁止条約では，加盟国に対して拷問に当たる全ての行為を自国の刑法上の犯罪とすることの確保（第4条）と裁判権の設定（第5条）が義務化さ

れた。奴隷制度，奴隷取引並びに奴隷制度に類似する制度及び慣行の廃止に関する補足条約（1956年）においては，締約国は奴隷制度に類似する制度および慣行を廃止するための立法措置等を取ること（第1条），奴隷取引を阻止するための全ての効果的な措置を取ること（第2条）が求められる。人身売買及び他人の売春からの搾取の禁止に関する条約（1949年）においても加害者の処罰（第1条～第4条）または犯罪人引渡（第8条）が定められる。

　他方で，条約においては被害者に対する具体的な措置は定められず，規定されていたとしても努力義務である。拷問等禁止条約においては，被害者の範囲について直接および間接の被害者が含まれてはいるものの，締約国には被害者に対する措置としての救済および賠償を確保することが求められている（第14条）に過ぎない。奴隷制度，奴隷取引並びに奴隷制度に類似する制度及び慣行の廃止に関する補足条約　においても，奴隷制に関連する制度や慣行を禁止とするなどの措置を取ることは定められているが，直接または間接の被害者に対する措置についての規定はない。人身売買及び他人の売春からの搾取の禁止に関する条約において締約国は，被害者の更生および社会的補導のための措置を取り，または奨励すること（第16条），また被害者の送還と保護について規定する（第19条）ものの，被害者に対する具体的な措置は定められてはいない。

　国際組織犯罪防止条約人身取引議定書においては，締約国の義務は行為の犯罪化（第5条）である。被害者に関しては，締約国による被害者に対する援助と保護の提供（第6条），受入国における人身取引の被害者の地位（第7条），人身取引の被害者の送還（第8条）が定められている。

　このように，条約では締約国による被害者に対する直接の支援措置は義務付けられてはこなかった。国際法上の違法行為については，国家責任の枠組みで論じられており，国家の違法な行為を阻止しまた回復することが主な目的である。個人が被害を被ったとしてもその回復は個人の国籍国によって行われ，直接の被害を受けた個人に対するその後の対応は，主権国家の裁量による。特に人権侵害行為が主権国家の国内管轄事項と位置付けられてきた状況において，国際社会による個人に対する法的な措置は想定されてこなかった。

また人権条約においては，自由権と社会権の区別がすでに規約策定時から論じられ，自由権の保護および促進が社会権よりも優先される傾向があること，人権侵害行為の多数の被害者に対処する給付的な措置が権利の回復の手段として人権の枠組みに位置付けることは十分になされていないことも指摘される。上記の基金の根拠となる人権諸条約からも明らかなとおり，人権侵害の被害者に対しては，救済や賠償などの措置は締約国において求められているが，それらは国家の自発的な取組みを促す内容となっている。

このように考えると，太が指摘するように，国際法分野における被害者救済は，国家による被害者救済制度を前提としながらもそれを補完する形で行われてきたこと，また，国内の被害者救済の不備を前提にして，直接的に被害者を認識し救済への対応を行ってきたことは，国際社会における被害者救済の多様化という状況を背景として指摘できるであろう[24]。つまりは，紛争後に国家の統治機構が十分に機能せず，多数の被害者を具体的に救済する必要性と緊急性が確認される中で，被害者信託基金による被害者支援の取組みが行われていると言えるのである。

(2) ICC の被害者信託基金（TFV）

上述の通り，人権侵害行為に関しては，一方では条約に基づき人権侵害行為の国内での犯罪化など加害行為に関する立法措置が求められてきた。被害者に対する国内の措置は義務化されず国の裁量に基づいて行われ，国際社会では限定的ではありながらも基金を通じての支援も行われてきた。

ICC の被害者信託基金（TFV）は，ICC の管轄権内の犯罪の被害者とその家族のために，ICC の締約国会議により，2002 年に設立された（ICC 規程第 79 条 1 項）[25]。2014 年末までに 11 万人以上に支援が行われている[26]。被害者信託基金は，ICC 締約国会議の下にあり，ICC とは別組織である。信託基金は信託基金規則により運営され，信託基金を通じての支援は同基金の意思決定機関である理事会によって決定されるが，支援を行うに当たり，理事会は，ICC に対して事前に活動を行う旨を通知し，ICC から事前の承認を得る（後述，信

託基金規則第50条）。

　信託基金の機能は，被害者に対する賠償と支援の二つである。被害者に対する賠償は，次の通り規定される。「裁判所は，被害者に対する又は被害者に係る賠償（原状回復，補償及びリハビリテーションの提供を含む。）に関する原則を確立する。その確立された原則に基づき，裁判所は，その判決において，請求により又は例外的な状況においては職権により，被害者に対する又は被害者に係る損害，損失及び傷害の範囲及び程度を決定することができるものとし，自己の行動に関する原則を説明する」（ICC規程第75条1項）。また「裁判所は，有罪の判決を受けた者に対し，被害者に対する又は被害者に係る適切な賠償（原状回復，補償及びリハビリテーションの提供を含む。）を特定した命令を直接発することができる。裁判所は，適当な場合には，第79条に規定する信託基金を通じて賠償の裁定額の支払を命ずることができる」（第75条2項）。つまり賠償の原則をICCが策定し，同原則に基づいて公判において賠償について決定がなされる。その場合に信託基金による賠償の支払いを裁判所は命じることができ，信託基金はその命令に従い賠償を行う。

　なおここでの被害者とは，前述の通り，(a) 裁判所の管轄権内のあらゆる犯罪行為の結果として害を被った自然人，(b) 宗教，教育，芸術または科学もしくは慈善の目的で，あるいは歴史的記念物，病院あるいは他の場所または人道目的とされた自らの所有物に直接の害を受けた組織や制度も含む（手続証拠規則第85条）。

　ICCによる賠償に関する裁定は，有罪確定者に対してなされる。仮に，有罪確定者が裁定を被害者に対して実行できない場合には，賠償の裁定は信託基金を通じて行われる。

　被害者信託基金のもう一つの機能が被害者に対する支援である。被害者に対する賠償の資源と，それ以外とは区別されており，賠償以外の他の資源は被害者の利益のために用いられる（手続証拠規則第98条5項）。ここでの「信託基金の他の資源」とは，信託基金規則第47条によれば，賠償，罰金および没収の裁定により集められた資源以外を指す。信託基金の他の資源は締約国による自

発的拠出金が大部分を占める。この資源は，手続証拠規則第85条に定められている犯罪の被害者の利益のために用いられなければならず，自然人に関してはそれら犯罪の結果，身体的，精神的およびまたは物質的な損害で被害を受けた家族に用いられる（手続証拠規則第48条）。つまりは裁判所の裁定に基づく被害者に対する賠償と，それ以外の，すなわち支援措置とは，資源の出所も資源の用いられ方の決定も区別されている。

　信託基金による，賠償以外つまり支援活動への資源の利用については，次の場合に用いられることが考慮される（信託基金規則第50条）。

　　(a)　(i) 理事会が，犠牲者およびその家族の便益のために，身体的または精神的なリハビリテーションあるいは物質的な支援を提供することが必要と考えた場合，または，
　　(ii) 理事会がICCに対して，(i)に基づいて特定の活動を行うとの結論を通知し，ICCの関連裁判部が，そのような通知を受けて45日以内に，それがICCにより決定されるあらゆる問題（管轄権問題，受理許容性，無罪の推定，または被告の権利や公平な裁判などが含まれる）を事前に定めないことを書面により理事会に伝えた場合。
　　(iii) 裁判部から何の応答もない場合また裁判によって更なる時間が必要とされる場合には，延長に関して同意するための協議が理事会となされる。そのような合意がない場合には，延長は，(a)(ii)に規定されている期限の失効から30日以内とする。期限の失効，また裁判所が，(a)(ii)における基準に反する指示を与えない限り，理事会は特定の活動を実施できる。
　　(b)　裁判所が，有罪確定者に対して賠償を命じ，また手続証拠規則の規則98条2から4項に従い，裁定が信託基金に託されあるいは信託基金を通じてなされると命じた場合。

　すなわち信託基金を用いた活動やプロジェクトの開始前には，理事会は

ICC に通知を行い，ICC の承認を得なければならない[27]。

被害者信託基金による支援の特徴としては，第一に，支援が広義の被害者に対して実施されることである。支援の対象は ICC の管轄権内の犯罪行為について直接に被害を受けた個人に限られず，共同体にも及ぶ。ルバンガ事件において確認された通り，被害者信託基金の職務は ICC の公判上の被害者や手続に参加した被害者に制限されない[28]。支援の対象者の厳密な特定が問われるよりも，被害を受けた共同体に支援がなされることが優先される。つまり「被害者信託基金による支援は，国際法上最悪な犯罪によって苦しむ被害者と共同体にとって，緊急の必要性への即座の対応」[29] なのである。

第二に，ICC の公判から独立して被害者信託基金の支援が行われる。被害者支援は個人の責任追及を前提条件としない。したがって犯罪行為者の身柄の拘束，公判手続，判決の内容はこの支援活動には影響を及ぼさない。また被害者および家族は，ICC の司法判断に先立ち支援を受けることが可能となる[30]。これによって，被害者信託基金は司法プロセスとは別に，より時宜にかなった方法において，また ICC において処遇されている特定の犯罪によって被害を受けたか否かに関わらず，さらには司法プロセスに直接に参加できない人々にも支援がなされる[31]。このように被害者信託基金は，ICC の司法手続における厳格な地理的，時間的な範囲に制限されず別個に機能する[32]。

信託基金の利用については，被害者とその家族の利益にとって支援を提供することが必要であると理事会が見なし，ICC に対して特別な行動を取ることを正式に通知した場合に用いられる[33]。裁判からの支援活動の独立は，手続上も実体上も確保されている。

信託基金は 2007 年よりコンゴ民主共和国（DRC）とウガンダに支援を行っている[34]。2015 年現在，コンゴ民主共和国に対しては 5 のプロジェクトが，また北部ウガンダでは 2 のプロジェクトが ICC のパートナーである NGO により行われている[35]。信託基金によって実施される活動の種類は，身体的リハビリテーション，精神的リハビリテーション，物質的支援である。

3. 信託基金の特徴と課題

(1) ICC による刑事司法制度を補う

　ICC の信託基金による被害者に対する支援は，概観した通り，国際法上の諸原則に基づいて実施されてきた。信託基金は，公判においては十分に対応できなかった不特定の被害者に対する具体的な支援となる。信託基金による被害者支援はこれまでの国際的な刑事裁判所での取組みを補完しまたその限界を教訓とする。信託基金による初めての支援活動を DRC で開始する際に，理事会は，国際刑事司法の訴追のみでは被害者のニーズに対処できず，ローマ規程は懲罰的および修復的正義が一致するシステムを確立した，と指摘した[36]。

　被害者信託基金による活動に対する外部評価によれば，評価される事項として，被害者に対する即座の様々な支援との間のバランスあるアプローチ，包括的なアプローチ，共同体の人々と協働した現地のオーナーシップの促進，能力開発と制度強化が挙げられている[37]。

　支援活動については，次の特徴を指摘できる。第一に，被害者が広く捉えられていることである。支援活動が，個人の被害者に加えて被害を受けた被害者集団や共同体に対して行われること，この活動は ICC における公判とは別であり，裁判に影響を与えるものではなく，また被害者の裁判への参加にも予断を与えないことが確認され，被害者に対する支援と，裁判への被害者への参加および賠償との区別が明確にされる[38]。これにより，多数の被害者への支援が実現される。

　第二に，被害者信託基金の活動は，プロジェクトとして，NGO や国連諸機関によって実施される。プロジェクトを選ぶに当たり，理事会は，その申請段階から，ワークショップの実施などにより，申請機関の能力を向上させる措置を取る。支援活動の申請の段階から組織の能力向上を目指す取組みは，支援機関を含めた被害者への包括的な取組みである[39]。

ICC による公判手続が長引く中で，公判からは独立して被害者に対する支援が行われる。被害者に対処する支援は，被害を受けた共同体や集団に対する長期的な視点に立った平和構築活動とも捉えられる。実際に，信託基金における支援と賠償の職務権限の実施を促す戦略的目標（2009-2012年）として挙げられている事項の中には，被害者に届くように資源とパートナーを動員し被害者が生活と共同体を立て直せるように支援することや，犯罪の再発を防ぐために，被害を受けた家族，共同体，国内での尊厳ある和解を啓蒙し促進することが含まれる[40]。

またこの戦略的目標は，被害者に対する支援であると同時に，被害者を取り巻く社会に対する支援という側面も持つ。2014年以降の被害者信託基金戦略計画においては，被害者に着目した修復的正義（reparative justice）から変革の正義（transformative justice）へと移行することが戦略として定められている。それによれば，変革の正義とは，被害者信託基金の計画が，修復的な機能を超えて，紛争中の平和に資するような措置を確保することであり，ICC の管轄権内の犯罪の文脈においては，修復的な正義のみならず，不平等や暴力，排除といった社会的状況を克服する機会となることとされている[41]。被害者信託基金の報告書で記されている変革の正義については，これ以上の具体的な説明はなく，報告書では構造を変革するアプローチと，被害者信託基金による賠償と支援とを結び付けることの重要性が指摘されているにとどまるが，この提案は，被害者信託基金による支援が，紛争後の社会の変革に向けてより積極的かつ戦略的な活動として位置付けられていることを示している。

(2) 被害者信託基金の課題

被害者信託基金の課題として，以下の点が挙げられる。

第一に，被害者信託基金の権限に関してである。被害者信託基金により，どのような支援がどの状況に対して行われるのか，という具体的な選別については，支援を受ける地域や人々の安全上の理由から開示されてはいない。一般的な基準として，必要な「生活」評価（livelihood assessment）が行われ，ICC の

管轄権内の犯罪被害者への，身体的，精神的リハビリテーションと，物質的支援のニーズが特定化される。これは，被害者のニーズを特定化するために，また被害への影響に対処する適切な介入を策定するために必要と考えられている。この「生活」とは，現地での人的な能力（教育，技能，健康，精神的な適応），具体的および抽象的な資源へのアクセス，経済活動の存在，という三つの具体的な特徴を表す。これらの相互作用を基に，理事会は被害者に対する支援の優先づけを確定する[42]。

また信託基金による支援は，付託された状況における犯罪に着目し，したがって特定の個人によって行われた犯罪ではないことを確認する。理事会は，個別の被害者ではなく被害者の集団が利益を得ることを指摘する。さらにICCの管轄権内のあらゆる犯罪の被害者を社会復帰させまたは支援を行うことから，被害者は裁判所に出頭する者に限られず，状況の全ての被害者が対象となる[43]。

加えて被害者信託基金による支援は，ICCの管轄権内の状況について行われる。支援が不特定多数の被害者集団を対象としており，戦略上は社会の強化を目指すものであったとしても，その戦略はICCの管轄権内で実施される。つまりは被害者信託基金の支援は，人道支援や慈善事業と混同されてはならないのである[44]。他方でICCの管轄権に基づいた支援が，現地の人々が必要としている，また理事会が特定化した支援と合致するのかということについては，さらなる検討が求められる。現段階においては，ICCの管轄権の問題は支援活動の開始時期を決定する際に用いられているが，支援活動の終了については管轄権あるいは公判の終了と関係するのかということについては，今後の課題である。

第二に，被害者信託基金の活動が，ICCの公判に及ぼす影響についてである。被害者信託基金による支援はICCの公判からは独立して行われること，ICCの管轄権との関連において支援は状況における犯罪に着目しており，特定の個人により行われた犯罪でないことが指摘されている[45]。他方で，ICCの公判以前に不特定多数の被害者に対して支援が行われる現状は，裁判所によ

る決定に予断を与え，また無罪の推定を損なう可能性を持つ[46]。たしかに被害者信託基金はICCの下部機関ではないものの，ICCで扱われる状況に基いて被害者が特定されることは，信託基金と公判との関連性を想定させる。独立したかつ中立の立場にある司法機関の役割について認識を深めてもらうことが，紛争後の社会における司法機関の活動の一つであれば，被害者信託基金とICCのそれぞれ独立した機能と両者の機能上の関係性について十二分な理解を深めてもらう工夫がさらに求められる。

　第三に，主権国家との関連である。信託基金による支援活動についても国家の同意が求められ，理事会が国家の同意なく支援活動を行うことはできない。これまで支援が決定されたDRC，ウガンダと中央アフリカ共和国は，いずれも自らICCに状況を自己付託した。今後，検察官による捜査や国連の安全保障理事会の決定に基づいてICCに付託される状況に対して，信託基金による支援活動が果たして実行可能となるのかについては，検討の対象となろう。たとえ信託基金による活動が特定多数の被害者に対する支援であり，またICCの公判とは別の機能を有するとしても，信託基金による支援を国家が受け入れることは，当該国家が，国際法上の人権侵害行為の存在を事実上認めることになる。そうであれば，ICCへの状況付託を認めない国において，被害者信託基金による支援活動の実現可能性は低い。

　最後に，被害者信託基金の資源上の問題である。被害者信託基金の支援の多くは加盟国の自発的拠出金に基づいている。被害者に対する支援は，賠償に用いられる基金とは別勘定である。支援の規模やその継続性は締約国からの資金援助に依存するが，基金をいかに維持しまた発展させていくのかが課題となる。たとえ被害者の権利が，国際法上確認されているとしても，具体的な措置には十分な資源が必要であり，その理解を国際社会において深めていくことがさらに求められる[47]。

おわりに

　刑事司法における被害者の救済を考えた場合には，公判における被害者の参加や賠償は司法機関の機能の観点から制約がある。その様な中で被害者信託基金による活動は，公判の手続やプロセスからは直接の影響を受けずに，多数の被害者を対象とする点からも，また人権侵害により被害を受けた人々へのリハビリテーションや物質的な支援を行う点からも，国際的な刑事司法が抱える限界を補う役割を担っていると言える。人権侵害の直接の被害者に加えてその家族や共同体を含む広義の被害者に対する支援を行うことは，被害者の生活状況を含む社会全体を立て直す包括的な取組みとして平和に資する。

　他方で，被害者信託基金による支援活動が公判に及ぼす影響については，今後も注視される。特定の多数に支援を行う被害者信託基金の独立した機能と，司法機関としてのICCの独立性は，刑事司法について正しい理解を深める上でも重要な点である。今後，ICCが扱う状況が増えることが想定され，それに伴い不特定多数の被害者に対する支援もますます必要とされる中で，信託基金の職務権限と支援活動に対するさらなる理解が求められる。

　被害者信託基金による支援は，被害者に対する直接の支援として，刑事司法機能と並行して行われうる興味深い支援活動である。その上で，被害者支援が，ICCとの関連においてある種の制約を有すること，また不特定多数を対象とする支援がICCでの公判に及ぼしうる影響は，今後も注意される。さらにこの被害者の支援が，平和構築活動としてより具体的にいかなる意義を持つのかについては，今後の検討が求められよう。

1) Ruti G. *Teitel, Transitional Justice*, Oxford University Press, 2002, pp. 20-21.
2) 重大な人権侵害行為の責任を追及する意義については，たとえばHuman Rights Watch, "Selling Justice Short: Why Accountability Matters for Peace", July 2009 を参照のこと。

3）城山英明，石田勇治，遠藤乾『紛争現場からの平和構築 国際刑事司法の役割と課題』東信堂，2007年。
4）篠田英朗『平和構築入門―その思想と方法を問いなおす』ちくま新書，2013年，第4章，169-170頁。
5）東澤靖「ICCにおける被害者の地位―実現された制度と課題―」村瀬信也・洪恵子共編『国際刑事裁判所―最も重大な国際犯罪を裁く』東信堂，2008年，227-264頁；Christine Evans, *The Right to Reparation in International Law for Victims of Armed Conflict*, Cambridge University Press, 2012; Conor McCarthy, *Reparations and Victim Support in the International Criminal Court*, Cambridge University Press, 2012.
6）太清伸「国際刑事司法における被害者救済：国際刑事裁判所の被害者救済を事例として」広島大学大学院国際協力研究科博士論文，2014年3月。
7）篠田英朗『平和構築と法の支配―国際平和活動の理論的・機能的分析』創文社，2003年，第6章。
8）Human Rights Watch, *op.cit.*, pp. 93-105.
9）ICC Press Release, "Statement of the Prosecutor of the International Criminal Court, Fatou Bensouda, on the withdrawal of charges against Mr. Uhuru Muigai Kenyatta", 5 December 2014.
10）S/2000/1198, 15 December 2000, Annex.
11）Basic Principles and Guidelines on the Right to a Remedy and Reparation for Victims of Gross Violations of International Human Rights Law and Serious Violations of International Humanitarian Law, A/RES/60/147, 16 December 2005.
12）Theo van Boven, "Victims' Rights to a Remedy and Reparation; The New United Nations Principles and Guidelines", Carla Ferstman, Mariana Goetz, Alan Stephens (eds.), *Reparations for Victims of Genocide, War Crimes and Crimes against Humanity: systems in Place and Systems in the Making*, Martinus Nijhoff Publishers, 2009, p. 31; Theo van Boven, "The United Nations Basic Principles and Guidelines on the Right to a Remedy and Reparation for Victims of Gross Violations of International Human Rights Law and Serious Violations of International Humanitarian Law", cited from United Nations Audiovisual Library of International Law, 2010, p. 5; Lucia Catani, "Victims at the International Criminal Court: Some Lessons Learned from the *Lubanga* Case", *Journal of International Criminal Justice,* Vol.10, 2012, p. 907.
13）The United Nations Declaration on Basic Principles of Justice for Victims of Crime and Abuse of Power, A/RES/40/34, Annex, 29 November 1985.
14）van Boven, *op.cit*, 2010, p. 3.
15）*Ibid.*, pp. 4-5.
16）太，前掲論文，65-70頁；Shuichi Furuya, "Procedural Standards for Repara-

tion Mechanisms", International Law Association, Sofia Conference (2012), Reparation for Victims of Armed Conflict.
17) A/RES/36/151, 16 December 1981.
18) http://www.ohchr.org/EN/Issues/Torture/UNVFT/Pages/WhattheFundis.aspx (accessed 18 August 2015).
19) Mission Statement, Adopted by the Board of Trustees of the UN Voluntary Fund for Victims of Torture, March 2014. 拷問等禁止条約委員会は，ジェネラルコメントにおいて，国際法上の十分な救済の要素として，2005年の基本原則に言及する。CAT/C/GC/3, 13 December 2012. 自発的基金はプロジェクト支援に用いられ，イラクやセネガル，シリア，マリ，カンボジアで実施されてきた。http://www.ohchr.org/EN/Issues/Torture/UNVFT/Pages/StoriesfromprojectssupportedbytheFund.aspx (accessed 18 August 2015).
20) A/RES/46/122, 17 December 1991.
21) A/RES/64/293, 12 August 2010, p. 9.
22) Kelly E. Hyland, "The Impact of the Protocol to Prevent, Suppress and Punish Trafficking in Persons, Especially Women and Children", *Human Rights Brief*, Vol.8, Issue 2, Article 12, 2001, pp. 30-31, 38.
23) *Ibid.*, p. 31.
24) 太，前掲論文，68-69頁。
25) ICC Resolution ICC-ASP/1/Res.6, 2 September 2002.
26) The Trust Fund for Victims, "Report of the Board of Directors of the Trust Fund for Victims", Thirteenth Session of the Assembly of States Parties, New York, 8-17 December 2014, p. 3.
27) McCarthy, *op.cit.*, pp. 286-293.
28) ICC, Situation in Uganda, Notification of the Board of Directors of the Trust Fund for Victims in accordance with Regulation 50 of the Regulations of the Trust Fund for Victims, Case No. ICC-02/04, 25 January 2008, para. 35.
29) The Trust Fund for Victims, Programme Progress Report November 2009, pp. 6-7. http://www.trustfundforvictims.org/sites/default/files/imce/TFV%20Programme%20Report%20November%202009.pdf (accessed 12 August 2015).
30) McCarthy, *op.cit.*, p. 91.
31) The Trust Fund for Victims, *op.cit, note 29*, p. 4.
32) The Trust Fund for Victims, TFV Strategic Plan 2014-2107[sic]: Approved by the TFV Board of Directors, The Hague, August 2014, p. 42.
33) Regulations of the TFV, 50 (a)(i)(ii).
34) 2010年からは中央アフリカ共和国において支援活動が実施されていたが，現地の治安の悪化から活動が中止された。
35) http://www.trustfundforvictims.org/programmes (accessed 20 August 2015).
36) ICC, Situation Democratic Republic of the Congo, Notification of the Board

of Directors of the Trust Fund for Victims in accordance with Regulation 50 of the Regulations of the Trust Fund for Victims with Confidential Annex, ICC-01/04-439, 24 January 2008, paras. 5-6.
37) Jennifer McCleary-Sills & Stella Mukasa, *External Evaluation of the Trust Fund for Victims Programmes in Northern Uganda and the Democratic Republic of Congo: Toward a Perspective for Upcoming Interventions*, International Center for Research on Women (ICRW), 2013, p. 47.
38) ICC, *op.cit, note 36,* paras. 31 and 52.
39) ICC Pre-Trial Chamber, Situation in the Central African Republic, Notification by the Board of Directors in accordance with Regulation 50 a) of the Regulations of the Trust Fund for Victims to undertake activities in the Central African Republic, ICC-01/05-39, 11 October 2012.
40) The Trust Fund for Victims, *op.cit., note 32*, p. 6.
41) *Ibid.*, p 25.
42) ICC, *op.cit., note 36*, paras. 22-23.
43) *Ibid.*, paras. 29, 34-35.
44) McCarthy, *op.cit.*, p. 91.
45) ICC, *op.cit., note 36*, para. 29.
46) McCarthy, *op.cit.*, p. 292.
47) The Trust Fund for Victims, *op.cit., note 32*, p. 34.

第 4 章
国際機構によるメンバーシップ制裁の進展と紛争解決

竹 内 雅 俊

はじめに

　平和学の目指すところが，ヨハン・ガルトゥングのいう消極的平和のみならず積極的平和の実現，すなわち力による抑圧が極小である状態の到達という規範的な命題にあるとするならば，当然のことながら，それは国家間の平和ばかりでなく各国国内における平和状態をも国際社会の関心事として取り上げることになるだろう。すなわち，戦時ではない状況にあって国内の基本的人権の実現，法の支配，民主的な政治体制，善き統治の実現を追及することは，主権事項，国内事項をとりあげることでもあり，現代国際法のなかでは自決権，不干渉原則などに抵触する可能性から消極的にならざるを得なかった。しかしながら，冷戦体制の崩壊以降，英連邦やアフリカ連合など一部国際機構では，国内の「あるべき」政治体制・政策にまで言及するものが登場するに至った。さらに，機構の価値原則から逸脱した国家に変容を促すための手段・手続も実行されるようになりつつある。

　こうした問題意識は，国際法のなかでは国際コントロール論や人道的介入論（保護する責任論），国際政治ではグローバルガバナンス論や平和構築などに一部みることができる[1]。しかし国際政治学，国際法は，分析枠組みとして国家間紛争を中心に構築されており，上述した平和学のプロジェクトの関心となる，1．各国国内の状況であり，かつ 2．「継続が国際の平和及び安全の維持

を危うくする虞」のすくない事態が含まれない場合もある。例えば，国連憲章における紛争解決方式では，第33条1項の平和的解決義務は，安保理への付託義務と連動していることから第2条3項のそれと比して範囲が狭い。それはすべての国際紛争を第7章まですすめるのではなく，国際社会の平和の維持を危うくする場合を対象とする意味で限定的である。こうした議論から導き出されることは，国連のシステム内においても，あらゆる紛争が解決されなければならないということではなく，杉原高嶺は「どの国も対外的紛争を抱えていない国はない。幾年となく未解決のまま抱え込んでいるのが常態であろう」としている[2]。こうした議論は，国家間紛争ばかりでなく，国内の「事態」においても同じことがいえる。しかし，一般的な国際法教科書は第33条にある紛争観念を念頭に説明を進め，未解決の紛争や事態に対して国際機構が何をなすかについてはあまり触れない。

本章は，いくつかの国際機構の実行を通じて，国連安保理の俎上まであがらない事態に対する措置を中心にみていくことにする。

1. 構成員の地位・資格にかかわる制裁とその意義

本節が対象とするのは，「国際社会」の表象としての国際機構が設立文書や組織として一般的に共有される価値・原則に加盟国の国内の実態が沿わない場合に行う措置を対象とする。すなわち，「国際社会からの孤立」を作り出し，「不参加のコスト」[3]を高めることにより，外圧として違法行為や国内状況を是正することを目的とする措置・制裁である。このような措置の類型をチェイス夫妻は，構成員の地位に関する制裁（Membership sanctions 以降メンバーシップ制裁）と呼び，条約に基づく制裁（Treaty-based sanctions）と一方的な制裁（Unilateral sanctions）とともに，国際法の遵守を促す国際社会の道具として重視している[4]。メンバーシップ制裁は，主として加盟国の国内問題に対する政治的反応として行使され，基本条約における規範の遵守を強制する手段として活用されることは少ない。また，軍事・経済制裁が中心となりやすく，強制力

が重視される国際法や国際政治学のなかで，あまり注目を浴びてこなかったといえる。

　一般に，機構側がこのような加盟国に対してとりうる措置には，以下のようなものが挙げられる。

(a) （主として財政的義務の不履行に伴う）投票権の資格停止（FAO憲章第3条4項，WHO憲章第7条，シカゴ条約第62条，IAEA憲章第19条Aなど）
(b) 加盟国が受けうる役務の停止（IMF協定第23条2項，IAEA憲章第19条Bなど）
(c) 代表権の資格停止（国連憲章第19条，OAS憲章第9条，欧州評議会規程第9条，AU憲章23条1項など）
(d) 加盟国としての権利および特権の停止（国連憲章第5条，アフリカ連合設立規約第30条，世界観光機関憲章第34条など）
(e) 機構からの除名（国際連盟規約第16条4項，国連憲章第6条など）
(f) 機構による非軍事的措置（国連憲章第41条など）
(g) 機構による軍事的措置（国連憲章第42条など）

　本稿は主として(d)(e)を対象とする。これら措置は，設立条約に文言上の根拠があるばかりでなく，行使する側の制約が少なく，非常に柔軟であるのが特徴である。これら措置は，単独でも組み合わせても運用される。例えば，一般的なテキストは，国連の加盟システム（第2章），紛争解決システム（第6章）と安全保障システム（第7章）を区別して論じるが，実際には第7章の手続きに入る前に，事態に対して調査，不承認や勧告の決議があると考える。いま一つ考えなければならないのは地域的機構と国連の関係である。冷戦以降の実行をみても，1994年のハイチや1997年のシエラレオネでの軍事クーデターの事例では，国連の制裁に先立ってOAS，ECOWASなど地域機構が不承認，経済制裁を行っている[5]。つまり，地域機構と国連の措置が協調的な紛争処理

へと導いていると考えることができる。より広い視点から見た紛争処理の一連の流れの中で，(b)(c)(d) は，より本格的な制裁措置または紛争処理の舞台を国連へと移る前の前段階として位置づけられる。こうしたことを念頭におくならば，国連憲章第7章まで手続がおよぶのは，紛争あるいは国内状況の危機が不幸にも地域機構やその他機構で解決されなかった場合であり，裏を返せば，多くの問題は地域や専門的機構にて処理されているとも考えられる。

2．普遍的機構——国際連盟および国際連合の除名・資格停止措置

本節では，メンバーシップ制裁を国際機構の制度的枠組のなかで具体的に検討する。この種の制裁としては，前節でみたように除名と加盟資格の停止および加盟国としての権利および特権の停止があげられる。ここでは国際機構ひいては国際社会からの撤退を促すという目的を共有する点で性質を類似のものとみなし，除名をひとつの極として，他の措置を同じ平面にあると考える。また，とりあげる機構としては，まず国連（とその前身としての国際連盟），続けて次節において地域機構としてアフリカ連合と英連邦をとりあげる。

(1) 国際連盟における除名規定

史上はじめての普遍的機構である国際連盟は，規約第16条において制裁を定め，4項において除名の規定がみられるが，これは万国郵便連合など国際行政連合などの機構にはみられない種類の規定である。

連盟規約　第16条【制裁】
4 聯盟の約束に違反したる（violated <u>any covenant</u> of the League）聯盟国については，聯盟理事会に代表せらるる他の一切の聯盟国代表者の聯盟理事会における一致の表決を以って，聯盟より之を除名する（to be <u>no longer a Member of the League</u>）旨を声明することを得。（下線は，筆者）

起草段階において，メンバーシップ制裁の考えは，やや唐突に登場したと評価される。また邦訳においては，「除名」と訳されてはいるが，英文においては起草段階より「もはや連盟の加盟国ではない to be no longer a Member of the League」という表現になっている。当該規定に関してはイタリア案のみが「国際社会からの排除」を連盟がとりうる制裁として記している[6]。1919年4月の起草委員会において，この観念は第17条Aとして挿入され，後に第16条の下に規定が置かれた。起草者の1人であるデビッド・ミラーは，この配置替えの理由を明らかにしていないが，交渉にかかわった英国代表団の記述では同項は，「規約の違反国が理事会もしくは総会において依然として投票権を主張」し，連盟の活動に支障をきたすような事態に対応するために設けられたとしている[7]。また，もう1つの解釈としては，パリ講和会議の本会議においてウィルソン米大統領は，16条の最終段落が「特定の非常事態において連盟から除名」するためにあると説明した[8]。すなわち，1項および2項は，規約第12条，第3条または第15条の違反，すなわち他の連盟国に対し戦争に訴えた国にだけ適用された。ゆえに4項の射程は，これらより広くかつ機能もいくつかに分けられると考えられる。

第16条4項の3つの機能をルイス・ソーンは，以下のようにまとめている。
1．1項および2項の措置をすすめるうえで拒否権の濫用を回避するための予備的措置
2．第16条の他の項にある制裁の代替としてもしくはこれら制裁が効果を奏さない場合での最終手段
3．1項，2項などに含まれない規約違反に対する措置

ここまで見いだせることは，1．連盟規約の起草者が基本的に本条を加盟・脱退などの文脈とは異なり，制裁という文脈でとらえていたこと，2．また戦争のみならず広範な連盟の義務違反を対象としていることである。では，具体的にどのような義務違反が第16条4項の対象となるのか。この問いに関して

は，例えば1921年に規約改正委員会の下部委員会において分担金の支払義務違反が第16条4項に該当するかが初めて問題となった。先に挙げた制裁措置(a)に結びつくこの義務は，程度のなかでは最も軽いものであり，4項を適用するという構成はあくまで理論にとどまった。

ハンス・ケルゼンおよびジャン・レイは除名に結びつく可能性のある規約違反に以下のようなものを挙げている[9]。

1．外部からの侵略に対し，連盟の加盟国の領土の一体性および既存の政治的独立を尊重・保全する義務
2．すべての国際条約および国際約束を事務局に登録する義務
3．規約と合致しない条約を締結しない義務ならびに加盟する以前に締結した条約で規約と合致しないものを解消する義務

ケルゼンは，性質に関する疑問として他に，4項の対象とする義務が規約上のものに限定されるかを挙げた[10]。ケルゼン自身は，結論として規約上の義務を4項は対象とするとしたが，連盟の実行を検討するならば，違反の性質は法的（刑事法のいう「故意」が求められる）というよりも政治的なものをも含むと考えられる。また，政治的機関である（司法的機関ではない）理事会が決定するので義務違反があったとしても必ずしも除名手続がとられるわけではなく，違反の性質というよりも程度が機構の裁量を左右すると考える。しかし，メンバーシップ制裁のなかでも除名という最終手段は，機構側としても普遍性が損なわれることになるのでコストが高く，ソ連に対してのみ行使されているに過ぎない[11]。以下，連盟の実行のなかで注目されるべき事例として英国によるリベリア除名の試みを検討する。

1）英国によるリベリア除名の試み

1929年6月，ヘンリー・スティムソン米国務省長官は，リベリアの人権状況に関して奴隷制を広く認めていると非難した[12]。これにより，リベリアは連盟の下で設立されたクリスティ委員会に国内を調査させることを余儀なくさ

れ，翌年12月15日に提出された報告書は，リベリアで奴隷制および強制労働が広くみられ，内陸部に居住するクル族が無知と貧困におかれているとした。リベリアは，国際連盟が打ち出した是正勧告を受け，これを拒否するとともに部族の労働輸出および強制労働を廃止する国内法を制定した。しかしながら，1932年2月6日に理事会に提出された報告書に対して，リベリア政府は改善を約束したが英国の認識では状況は変わっていなかった[13]。

こうした文脈のなかで1934年4月2日，英国貴族院においてフレドリック・ルガード男爵とロバート・セシル子爵は，リベリアが「土着住民に対し，公正なる待遇を確保する」連盟規約の義務に違反したと主張し，第16条がリベリアを除名する権限を連盟に与えているとした。彼らは，英国が「リベリアが連盟の加盟国としてとどまるべきか否か」そして必要ならば第16条に基づきリベリアを除名する投票をすべきかを質問し，貴族院もリベリアが規約第23条(イ)(ロ)(ヘ)の義務に違反した結論付け，除名が可能であるとした[14]。

これを受けて1934年5月18日，イーデン英国代表は，英国政府の立場を理事会に表明し，結果として連盟は，第16条4項に基づき，除名することが可能であり，さらに連盟の支援も打ち切られるべきであるとした。しかしながら，理事会自体は除名とまでいかない程度の制裁，すなわち支援事業の撤回を検討していたのである[15]。コンスタンティノス・マグリヴェラスの評価では，除名は均衡性の基準に適わなかったと考える。すなわち，除名は制裁としてはあまりにも重く，連盟の利益にならないうえに，支援事業の撤回という有効な手段があるのにこれを活用しないのは不合理であると判断されたという解釈である[16]。これに対し，リベリア側は「除名を回避するための状況改善のための取組を行う」[17]とし，帰結として，理事会は制裁を支援事業の打ち切りにとどめ，あとは状況の改善をリベリア政府に任せることとした。

イタリアのエチオピア侵攻時においても第16条4項とリベリアの事例は言及された。1935年10月5日，イタリア代表のアロイシは，総会において元々エチオピアは，連盟の加盟資格を有していないと議論し，(状況がエチオピアに比べて深刻度がより軽微な) リベリアの事例において英国が適用を主張したの

に,「領域を実効支配する政府がなく,領域が確定されておらず,征服された人民に衡平な処遇を与えることができず,これら人民を搾取し,奴隷制の対象とし,破壊する」[18]エチオピアに除名規定が適用されない理由を問うた。この問いかけが応じることはなく,後にイタリアに対する経済制裁が決定されたものの,功を奏さず,イタリアはエチオピアを征服した。

　2）ソヴィエト連邦の除名

　制裁の最終手段としての第16条4項が唯一活用されたのが,1939年のソ連によるポーランド侵攻である。ソ連は,1939年11月29日にフィンランド侵攻のち,傀儡政権を承認した。12月14日に採択された総会決議によれば,「その行為によって,ソ連は自らを国際連盟から除外した」[19]。この表現の法的な意味内容は,連盟規約に見いだせない曖昧なものである。マグリヴェラスの考えでは,ソ連の行為は連盟規約および国際法に度重なって違反したのだから,その地位は連盟の枠組外にあるというのが総会の論理である[20]。すなわち,連盟によって対外関係に影響が出ることを望まないならば,第1条3項に従って脱退すべきであったという勧告である[21]。理事会は,この総会の勧告に従ったことになる。第16条4項および総会・理事会決議が「除名」という明確な表現ではなく,「もはや連盟の加盟国ではない」という曖昧な表現を使用する意図は,理事会が連盟の諸原則に違反した国（ソ連）を除名するのではなく,もはや連盟加盟国ではないという国家意思を認めるという形式をとることにある[22]。つまり,第16条4項の対象国は,永遠に除名されたままではなく,政策または政府交代があったらならば,連盟に復権する可能性があることを示唆するために,連盟との関係が断ち切られる,強い表現である「除名」ではなく,「（一時的に）連盟の外にある」という表現形式を採用したともいえるのである。無論,除名決議がソ連に大きく影響したとは言い難いが,こうしたメンバーシップ制裁の問題意識は,戦後の普遍的機構である国際連合へと引き継がれることになる。

(2) 国際連合における除名・資格停止規定

　国際連盟と異なり，国際連合には加盟国の権利および特権の停止（第5条）と除名（第6条）についてそれぞれ規定している。しかしながら，それぞれ援用された実績は皆無に等しい[23]。ここでは，以下に記された第5条を中心に議論を展開する。

第5条
安全保障理事会の防止行動または強制行動の対象となった国際連合加盟国に対しては，総会が，安全保障理事会の勧告に基づいて，加盟国としての権利及び特権の行使を停止することができる。これらの権利及び特権の行使は，安全保障理事会が回復することができる。

　ここで第5条が適用された場合，被制裁国が失う権利とは，国連機関すべてにおける投票権，それらへの参加権，また審議権，各種の理事会等の機関の構成国の選挙権，被選挙権，国連からのサービスを享受する権利，ICJの裁判権の選挙権（規程第4条），裁判所規程の改正手続きに参加する権利（規程第69条）である。特権とは，常任理事国としての地位，憲章第93条2項の条件にかかわりなく裁判所規程の当事国になること，さらには，非加盟国の場合には適用されると同じ手続きをふまず，専門機関の当事国となることができることが含まれる[24]。

　同条項が挿入された経緯として，サンフランシスコ会議の段階では，英米が資格停止の制裁を盛り込むことに積極的であった。除名とまでしなくても，国連の原則に反する国を孤立させることを，これら諸国は望んだ。ダンバートン・オークス提案の文言は，採択された憲章とほとんど異なっていないが，除名規定に反対する諸国は，サンフランシスコにおいて，「重大かつ執拗に国連憲章の諸原則を侵犯する」国家に対して停止の場合を拡大することを提案した。しかし第6条が結局採択されたので，第5条も原案どおり採択され，今日の条

文となっているとアラン・プレなどの国連憲章のコメンタリーはしている[25]。その意味で憲章第5条は，第2章（加盟国の地位）にありながら，内容としては連盟時代の規約第16条と同様に，資格停止を紛争解決もしくは制裁の文脈においてとらえられている。これは連盟理事会が安保理と異なり，憲章第41条，第42条などの措置をとる権限を有していなかったことを理由とする説明がされる。ほかに，第5条が特徴的であるのは，資格停止が自動的制裁ではないことと第7章下の強制行動の追加的制裁として捉えられていることである。すなわち，他の制裁措置がとられていることと安保理の勧告が必要であり，こうした条件が整うことは困難であるといわざるを得ない。

　こうした経緯および冷戦という歴史的文脈から国連のメンバーシップ制裁は，早々に除名・資格停止から「加盟国の権利の部分的または全体の停止という代替的制裁」へと移ってきている。ここでいう代替的制裁とは，憲章第19条（分担金の支払遅滞と総会での投票権の停止），委任状の否認や集団的不承認の活用があたる。これらの共通点は，第5条や第6条に比べて，手続きが簡易であり，政治的に利用しやすいことである。

1）集団的不承認

　国際法上，承認とは抗議や宣言などと同じように，国家の一方的行為であり，新しく成立しつつある政治実体に国際法人格を認めることである。国内社会とは異なり，統一的な認定機関が存在しない国際社会において国際法人格の有無は，各国が個別に新国家を承認することで決定されてきた。こうした国際関係の慣習は，承認行為が国際法人格を創設するという創設的効果説と，新国家の成立に承認は不可欠ではなく，成立を確認する効果しか有さないという宣言的効果説がある。1960年代以来，後者が有力説となっているが，国連などの集団的不承認政策はその例外として指摘される[26]。

　国際機構への加盟と国家承認は，原則として別の制度である。同じ国際機構や多国間条約に加盟しているという事実は，国家承認行為（黙示の承認）とはならないとされてきた。しかしながら，この二つの制度が交錯する場面が存在する。これが国際機構による集団的不承認政策である。憲章上の規定というよ

りは「違法から権利は生じない ex injuria jus non oritur」原則を法的根拠として，総会および安保理は，ともに特定の事態に対し，加盟国に不承認を要請することがある[27]。これが第5条，第6条と同じように「国際社会からの孤立」を促すメンバーシップ制裁としての側面を有すると考える。

議論の混乱を避けるため，留意しなければならないのは，「何」を不承認するかという問題である。満州国建国に端を発する国際連盟時代から，不承認主義は，傀儡国の設立や違法な領域取得にかかわるものであり，新しく成立した（と主張される）政治実体の国家性自体を否定するタイプの承認を指す。しかし，冷戦終焉以降の国連安全保障理事会や他の国際機構の決定機関の実行をみるに国家性の認定とは直接の関連性のない事態の不承認（領土的現状の変更，人権侵害，民主的選挙の不履行など）も見出せるようになっている。こうした場合，不承認の対象が 1. 国家性の存在自体までも否定する不承認と 2. 国家性は否定しないものの，一般国際法違反とされる事態の不承認が存在する。後者は，国内の人権や政治状況に対するものなので，状況が是正されれば「国際社会への復帰」が約束される。不承認の効果は，（前者のタイプの不承認の場合には）国家の名称がカッコ付になることや国にではなく地域として記述される，というものからより実体的には経済，外交関係や他の加盟国との条約締結という場面において支障をきたすと考えられる。これらのなかで最も深刻なケースとしては，他の政治実体を国際社会が正当政府と認めてしまう場合であろう。このような場合，不承認国は，国際法上，非常に脆弱な立場にあることになる[28]。

安保理は，政治的機関であるので，安保理内のポリティクスや他に安全保障上の懸念がある場合には，必ずしもすべての国内問題が取り上げられるわけではない。しかし，その決議は法的拘束力を伴うのでメンバーシップ制裁としての効果は大きいと評価できる。

　ここまで国際連盟，国際連合の制度といくつかの事例を検討してきたが，いずれにおいても資格停止・除名に関しては消極的な姿勢が目立つ。ルイス・ソーンは，国際連盟における除名の有効性が損なわれた理由について，米国など一部主要国が機構において不在であったこと，すなわち真の意味での普遍性

表4-1 安保理による主な不承認の事例

年	事例 （決議番号）	不承認の理由
1965	南ローデシアの一方的独立に対する安保理決議（216号, 217号）	自決権違反
1967	イスラエルのパレスチナ占領に対する安保理決議（242号）	自決権および武力行使禁止原則違反の領域取得
1970	ナミビア事件（276号）ICJ勧告的意見（1971年）	自決権違反
1976	南アフリカのトランスカイ共和国創設に対する安保理の不承認決定（392号）	自決権違反（アパルトヘイト）
1983	北部キプロス共和国に対する安保理の不承認（541号）	自決権違反
1990	イラクによるクウェート侵攻・併合（661号）	武力行使禁止原則違反の領域取得
1992	新ユーゴに対する国連議席承継拒否（777号）	人権侵害
1994	ハイチの軍事クーデター政権に対する制裁（940号）	民主主義的選挙によって選出された政府に対する軍事クーデター
1997	シエラレオネの軍事クーデターに対する制裁（1132号）	民主主義的選挙によって選出された政府に対する軍事クーデター

（筆者作成）

が確保できなかったことを挙げている[29]。すなわち，ドイツや日本などいくつかの国家は政治的な理由で脱退したが，他の諸国は，財政的な事情や機構の活動への関心がなくなったからであろうという推察である[30]。こうした国家は，非加盟国や元加盟国が設立した類似の機構もしくは新機構の設立に参加する可能性があるから効果は薄れてしまうと考える。連盟時代のソ連の除名に関しても，「除名」という明確な表現ではなく，「もはや連盟の加盟国ではない」という一見弱腰とも思える曖昧な表現を使用する意図は，理事会が連盟の普遍性・一体性を考慮した結果であると考える。こうしたことは，一方でメンバーシップ制裁の条件が普遍性の確保でありながら，実際に除名などの強硬な措置を採ってしまうと，制度自体が揺らいでしまう可能性がある。しかし，もう一方で，メンバーシップ制裁の意義を除名・資格停止などの制裁の目的が懲罰に

あるのではなく，違法行為や国際機構内の秩序の回復さらには被制裁国内における不正義の是正にあることでこの緊張関係を克服する解釈も可能である。上述のジレンマを指摘したジェルジー・マカルチックの講演・論文の論評として横田洋三は国内刑法の教育刑か懲罰刑かという論点に通じるとしている[31]。仮にメンバーシップ制裁の意図が懲罰よりも教育ないし加盟国に変革を促す外圧となることにあるとするならば，これと当該加盟国を機構の輪の中に残しながら行う（普遍性の確保）バランスが論点となろう。

また，メンバーシップ制裁は，「国際社会からの孤立」を作り出すことが効果をもたらす条件であるが，国際社会を体現する唯一かつ包括的な国際機構は存在しない。現在では，こうした機能は，様々な専門機関や地域機構にも分散しており，国連は中でも最重要なものであるが，国連のみから排除されても，それは必ずしも「国際社会からの孤立」を意味するとは限らない。では，抽象的なレベルで語られる「国際社会からの孤立」を実務では，どのように達成しうるか。ここでは，1960年代の南アフリカへのメンバーシップ制裁にモデルを求める。

2）メンバーシップ制裁の複合的モデルとしての南アフリカ

これまで，国際連盟と国際連合の制度を説明してきたが，ここでは実際にメンバーシップ制裁が成功した事例として南アフリカのアパルトヘイト政策の放棄をとりあげる。南アフリカが採用していたアパルトヘイト政策は，国際社会の非難を受けていたが，1960年3月21日のシャープビル虐殺事件をきっかけとして一歩進んだ制裁が課された。同事件では，抗議デモに参加していた非武装の69名が南アフリカ警察により殺害された。1963年10月，南アフリカ政府がアフリカ民族会議（ANC）および東中南部汎アフリカ自由運動（PAC）を非合法化し，黒人活動家の指導者たちに国家反逆罪を適用する一連の裁判を開始し，最終的にネルソン・マンデラが他のANC指導者とともに刑務所に投獄された。これらにより，南アフリカとアパルトヘイト政策は国連および国際社会のなかで高い優先順位を維持し続けた。

さらに1963年のアフリカ統一機構（OAU）の設立は，国連においてアフリ

カ諸国に団結と方向性を与えた。これらアフリカグループは，欧米諸国の反対にもかかわらず，目標として南アフリカにおけるアパルトヘイトと白人支配の廃止を目指した。その手段は，経済制裁とメンバーシップ制裁であった。その特徴は，憲章第5条や第6条にある規定を援用し国連から直接追放するのではなく，専門機関や関係機関から追放することにより，その積み重ねが結果として国際社会から孤立するという複合的な戦略にある。1963年を転機として南アフリカは，次の国連機関からメンバーシップ制裁を受けていた：国際労働機関（ILO），国際電気通信連合（ITU），世界保健機関（WHO），国連食糧農業機関（FAO），国連経済社会理事会（ECOSOC），国連教育科学文化機関（UNESCO），国連アフリカ経済委員会（ECA），万国郵便連合（UPU），国際民間航空機関（ICAO），国際原子力機関（IAEA），世界気象機関（WMO）。こうした機関の中には63年当時，資格停止・除名規定がそもそもなかったもの（ILO, WHO, FAO, UPU, ICAO）や60年代まで任務の性質上，政治的な対立とは無縁のものも少なくない。こうしたことは，欧米諸国や南アフリカから非難された点でもあった[32]。しかしながら，それでもアフリカ諸国は，国際機構において普遍性よりも正当性を優先させる空気を作り出すことに成功したといえる。アフリカ諸国は，会議からの集団的な退席や自らの脱退をほのめかすことで，これらの主張を逆転させた。例えば，1963年当時，ILO総会の議長は，ジョセフ・ジョンソン（ナイジェリア労働担当大臣（当時））であり，南アフリカの脱退を勧告する総会決議を採択させた。南アフリカ代表を登壇させない作戦が失敗すると，ジョンソンは議長を辞任し，アフリカ32カ国の代表が会合を退席した[33]。ITUの事例では，1964年にアフリカ諸国が南アフリカ代表団にビザを発行しなかったことから，同組織のアフリカ支部はジュネーヴで会合を持つことを余儀なくされた。同支部は，南アフリカ代表を除名することを票決した。南アフリカ代表は，退席を拒否したため，アフリカ諸国の代表が会議から退席することとなった。これに続いて欧米諸国の代表団，事務局もが退席した[34]。こうした戦略の結果，除名が予見される事態に南アフリカが先んじて脱退した例も散見される（ILO, FAO）。いずれにせよ，これらの累積的な効果

は劇的であった。対して，国連自体の動きは比較的鈍く，1976年6月16日のソウェト蜂起まで安保理は憲章第41条を行使しなかったし，その後も制裁としては武器禁輸を課したにとどまった。但し，総会に国連反アパルトヘイト特別委員会（United Nations Special Committee against Apartheid）を設置していたし，1970年から1974年にかけて，総会は通常総会に対する南アフリカの委任状を拒否した。この禁止によって，南アフリカは1994年まで総会の審議に参加できなかった。こうしたことから，正式な手続きである第5条，第6条ではなく，より柔軟な手続きを求めて別ルートのメンバーシップ制裁を模索していたとも評価できる。

　この事例においてメンバーシップ制裁の効果について評価が定まっていない。しかし，こうした制裁の積み重ねが結果，現象として国際社会からの孤立を可能にしたともいえる。見解によっては，孤立した状態が政治変動の基盤となり，1991年の複数政党制を樹立させる交渉から移行期を経て，さらに1994年の選挙へとつながったとみる[35]。その意味で冷戦期におけるメンバーシップ制裁の成功例であると評価できるが，南アフリカの事例は容易に一般化できるものではない。なぜならば，「アパルトヘイトに対するほぼ全世界的な非難という，なかなか起きない事柄を反映しているからである[36]。」これでは，本稿が対象とする「継続が国際の平和及び安全の維持を危うくする虞」のすくない事態に範とすることは困難であるかもしれない。しかしながら，より射程を広げるならば，南アフリカは同時期，英連邦やアフリカ統一機構にも参加できないでいた。すなわち，メンバーシップ制裁は，普遍的機構の平面だけでなく，地域機構においても展開されていた。また，これらの相乗効果がアパルトヘイト政策の放棄であるとするならば，その転換点は，すべての国際機構あるいは国連からの資格停止・除名ではなく，その手前（いくつかの重要な機構からの脱退や資格停止）にあるのではないだろうか。この基準を客観的に示すことは困難であるが，メンバーシップ制裁の複合的モデルとして南アフリカの事例の意義は大きいと考える。

　以上のモデルを念頭に次節では，アフリカ連合と英連邦における制度と実行

を検討する。これら地域機構は，冷戦の終焉以降に構造変革を経て，加盟国の国内状況に対してメンバーシップ制裁（資格停止）を課すことについて積極的な立場を示してきた。

3．地域的機構——アフリカ連合と英連邦

(1) アフリカ連合——OAUからAUへの転換の経緯と変容

アフリカ連合の前身である，アフリカ統一機構（OAU）は，1963年に設立され，その目的としてはOAU憲章第2条1項に掲げられているようにアフリカ諸国の統一および団結の促進，主権，領土保全および独立の防衛，植民地主義の根絶，国際協力の促進などであった。同機構は，（アパルトヘイトの例を除き）後に検討する英連邦と同じように国内問題に基本的に干渉しない方針が強かったので各国国内の人権侵害や独裁政治に関する成果は乏しいと評価される[37]。冷戦の終焉を受けて，ほぼ旧植民地が独立したことにより，OAUは新たな目的と任務を得てAUへと発展的解消をおこなった。

AUはEUをモデルとして構想された。1998年の第34回OAU元首首長会議において，マンデラ南アフリカ大統領は，「不正義を止めさせるためには内政干渉も正当化されるべき」と発言[38]し，ここから1999年9月9日のシルト宣言（Sirte Declaration）のなかにアフリカ連合の設立が提起された[39]。この提起は，第36回OAU元首首長会議において現実のものとされ，ロメ（トーゴ）においてアフリカ連合制定規約が採択されることとなった。同規約では，第3条においてOAU憲章の目的の大部分を引き継いでいるものの，政治的および社会経済的な統合とともに民主主義の推進や人権の保護などが謳われている。

AUのメンバーシップ制裁の特徴は，憲法に違反する形での政府交代に特に重点を置いていることであろう。1981年人および人民の権利に関するアフリカ憲章（バンジュール憲章）に規定された原則を基に，OAUの元首首長会議は，1999年第35会期において残会一致で「憲法に違反する形式での政府交代

を許容されない，時代錯誤の行為とし，民主主義の原則とその条件を促進するという誓約と相いれない」とした[40]。これを受け，翌年の第36会期（ロメ開催）では，前年の決定を具体化するために，前述のAU制定規約とともにロメ宣言（「憲法に違反する手段による政府の変更に対するOAUの対応の枠組みに関する宣言」[41]）の2文書が採択された。同宣言は，憲法に違反する形の政府交代を非難し，このような国内状況にある加盟国に対し制裁措置を実施するメカニズムの必要性を訴えた。こうした宣言の背景には，アフリカ諸国において軍事クーデターが多発していたことがある。AU制定規約第30条は，「憲法に違反する手段により政権を掌握した政府は，連合の活動へ参加することを許されない」とするのみである。

1）メンバーシップ制裁のメカニズム

ロメ宣言は，民主的統治に関する包括的な価値原則を述べ，「憲法に違反する手段により政権を掌握した政府」の事例を一覧している。

・民主的に選出された政府に対する軍事クーデター
・民主的に選出された政府を交替させることを目的とした傭兵の介入
・反政府武装勢力および反政府団体による民主的に選出された政府の交代
・自由，公正，普通選挙の当選者に権力の移譲を現政権が拒否した場合

以上に，2007年AU第8回通常総会で『民主主義，選挙及びガバナンスに関するアフリカ憲章』では，5つ目の事例として「民主的な政府交代の原則を侵害する，いかなる憲法改正および法律文書」が第23条5項に加えられた[42]。

OAU時代に採択されたロメ宣言は，違反国に対する制裁メカニズムについて以下のように述べている。

（違憲な手段による政府交代があったならば）現OAU議長および事務総長は，……このような変更を即時的かつ公に非難し，合憲的秩序への迅速な回復を促す義務を有する。また，現議長と事務総長は，明確かつ明白な注意喚起を違憲

な政府交代を行った国家に対し，いかなる状況下においても違法行為が許容されることはないことを伝える義務がある[43]。

ロメ宣言では，メンバーシップ制裁に関して2段階のアプローチが採用された。第1の段階として，違憲な政権交代があった加盟国には憲法による秩序が回復するまで6カ月の期間が与えられる。その間，当該加盟国政府は，OAUの活動に参加することはできない。この期間内に事務総長は，「違憲な政府交代に関連する事実について調査」し，「合憲な体制への回復に関し当該加盟国との交渉窓口をみつけ」，他のOAU加盟国首脳と協働して当該加盟国に外圧をかけるよう模索する。他にこれらを実施するために制裁下部委員会の設置が求められた。

以上のアプローチはAUにおいても引き継がれ，実施機関として1．2002年「平和・安全保障理事会設置するための議定書」第7条（g）では平和・安全保障理事会，2．アフリカ連合総会手続規定のなかで「違憲な政府交代に対する制裁」と題された第37規定5パラグラフでは総会などが挙げられている。現在では，主として平和・安全保障理事会がその任を引き受けている。

アフリカ連合は，不承認主義も活用している。OAU時代には軍事クーデターによる政権をいくつか不承認しようとした試み[44]があったのみだが，冷戦後の1997年5月25日のシエラレオネのクーデターの事例を転換点として，集団的不承認を行うようになっている。この事例では，内戦後の平和構築のなか，民主的選挙で選ばれたアフメド・テジャン・カバー大統領政権がジョニー・ポール・コロマ少佐の軍事クーデターによって交代させられた。1997年5月28日から31日までハラレで開催されたOAU元首首長会議では，憲法秩序の回復とECOWASに必要な措置をとるよう勧告した[45]。加えて同会合では，アフリカ諸国と国際共同体に（正統でない）新政権を承認しないよう求めた。こうした不承認は，2008年のモーリタリアの事例にも見出せる[46]。本章では，メンバーシップ制裁の類型として除名，資格停止，不承認は別個の制度としているが，実務においては，効果の程度や手続きの違いはあったとして

も，等しく活用しているように思われる。

2）メンバーシップ制裁の実行

国連やその専門機関とは異なり，AUおよび次節に検討する英連邦は，メンバーシップ制裁の対象が機構の原則や価値という抽象的理念の段階にとどまらず，「違憲な政府交代」すなわち軍事クーデターという具体的な対象を念頭においている。表4-2の事例にあるように[47]，OAU時代には，だいたいにおいて機能していなかったメンバーシップ制裁であるが，前述の制度改革とともに，実行がみられるようになってきた。AUが認定した「違憲な政府交代」には，これまで非難決議とともに資格の停止が実行される事例が散見される。また2008年ギニアの事例以降，AUは後の民政移管のプロセスにおいて違憲な

表4-2 近年の資格停止の事例

加盟国	資格停止期間	制裁の発端
トーゴ	2005年2月25日～2月26日	大統領死去に伴う軍事クーデター（2005年2月）
モーリタリア	2008年8月8日～2009年7月1日	軍事クーデターによる政府交代（2008年8月6日）
ギニア	2008年12月29日～2010年12月	軍事クーデターによる政府交代（2008年12月23日）
マダガスカル	2009年3月20日～2014日1月27日	軍事クーデターによる政府交代（2009年3月17日）
ニジェール	2010年2月19日～2011年3月	軍事クーデターによる政府交代（2010年2月18日）
マリ	2012年3月23日～2012年10月24日	軍事クーデターによる政府交代（2012年3月21日）
ギニアビサウ	2012年4月17日～2014年6月17日	軍事クーデターによる政府交代（2012年4月12日）
エジプト	2013年7月5日～2014年6月17日	軍事クーデターによる政府交代（2013年7月3日）
中央アフリカ共和国	2013年3月25日～	反政府勢力による政府交代（2013年3月）
ブルキナ・ファソ	2015年9月19日～	軍事クーデターによる政府交代（2015年7月3日）

（筆者作成）

政府要人が選挙に参加できない方式を促したことは注目に値する。加えて，トーゴやニジェールなど比較的短期間で終了した資格停止においては，他の地域機構や国連との連携が注目される。

(2) 英 連 邦

1990年代の構造改革までの経緯

そもそも大英帝国を前身とする英連邦が国際機構としての性格を有しているかについては，a. 設立文書（条約）がなく，b. 事務局が1965年まで設立されず，権限も弱かったことから，従来から議論があった[48]。このことから一般的には独自（sui generis）な機関と形容され，国際関係や国際法の対象から離れる（Inter-se 理論）という見解が強かった[49]。もともと大英帝国との歴史や言語のつながりによる連帯があったが，現在ではモザンビークやルワンダのように英国が旧宗主国ではない加盟国もでており，普遍的な性格も有していると考えられる。英連邦が現在の組織構造とメンバーシップ制裁体制を整えるまでは，いくつかの転換点があったとされる。

最初の転換点は，1947年にインド，パキスタン，セイロンが独立した時期であろう。このことにより帝国体制から別の機構体制へと性質を変容させ，非公式な国家の連帯と国際協調への実利的なアプローチを旨とした。その意味で，相互の国内問題には立ち入らない。加盟国同士の紛争を国際法上の紛争解決メカニズムに則って処理しない，お互いの国内問題には立ち入らないというコンセンサスがあったがゆえに冷戦期も乗り越えることができたというものもある[50]。1971年シンガポール宣言は，英連邦を「民族の共通の利益の中で，また国際的な理解と世界平和の促進の中で，協議し，協力する，自由意思による独立の主権国の組織である」と位置付けた[51]。シンガポール宣言は英連邦のなかに個人の自由や法の下の平等（para5-8）を国際的な文脈から，その中心的価値に据えた。しかし，冷戦のなかでは，国際機構としての性格を有さないほうが各国にとって都合がよかったとされる。

冷戦後の1991年ハラレ宣言では，さらに具体的に取り組む中心的な価値お

よび原則を示した[52]。以下は、第9段落に例示されたなかから加盟国の国内状況に関するものの抜粋である。

・コモンウェルスの根本的な政治的価値の保護および促進
・民主主義　各国国内状況を反映し、法の下の平等、司法の独立、公正かつ誠実な政府を反映する民主的手続および民主的制度
・基本的人権　とくにすべての国民が人種、肌の色、宗教、政治的信念にかかわらず同じ権利および機会が与えられること
・男女平等　女性が完全かつ平等な権利を行使できること

　これらの基本的価値は、現在では、2013年英連邦憲章において「民主主義、人権、国際平和および安全、寛容性、尊重および理解、表現の自由、権力分立、法の支配、善き統治、持続可能な開発、環境保全、保健、教育、食糧、住居へのアクセス、男女平等、次世代の養成、小国支援の必要性、脆弱国家支援の必要性、市民社会の役割」など16項目にまとめられている[53]。

　ハラレ宣言の内容を具体化するために、1995年オークランド首脳国会議（CHOGM）は、ミルブルック行動計画（制裁にかかわる手続などを規定）し、監視委員会としてコモンウェルス閣僚会議運営委員会（CMAG）を設立した。続く1997年エジンバラCHOGMでは、軍事政権や違憲な政府交代ばかりでなく、ハラレ原則に反する加盟国に拡大されるべきであると議論された[54]。これまでアジェンダに挙げられなかった人権や民主制などが首脳国会議（CHOGM）においてとりあげられるようになった背景には、冷戦後における西側諸国の楽観主義と期待があったと議論される[55]。

１）加盟資格

　政治的自由、人権、民主主義の基本的価値が英連邦の中心に据えられたことは加盟資格からもわかる。大英帝国を起源にもつ連合としては、こうした話題は冷戦期にはあまり取り上げられなかったといえる。モザンビーク（1995年加盟）とルワンダ（2009年加盟）を除き、英連邦構成国は、過去に大英帝国の直

接ないし間接的な統治を経験しており，こうした歴史性が他の英連邦諸国とのつながりともなっていた。1997年のエジンバラでのサミットにおいて各国首脳は，英連邦の加盟資格について討議し，そのためのグループも設置した。その成果は2013年に見直しがなされ，以下の条件が合意された。

a) 加盟申請国は，例外的な状況を除き，原則として既存のコモンウェルス加盟国との歴史的・憲法的なつながりがなければならない。
b) 例外的な状況において加盟申請国は，個別に検討される。
c) 加盟申請国は，1971年コモンウェルス原則宣言と続く諸宣言に示されたコモンウェルスの基本的価値，原則，優先事項を受け入れなければならない。
d) 加盟申請国は，次のものへの深く関与していることを示さなければならない。自由かつ公正な投票，代表議会制などを含む民主主義および民主的プロセス，法の支配および司法の独立，十分な訓練を受けた公職および透明性の高い公会計を含む善き統治，表現の自由，機会の平等など人権の保障
e) 加盟申請国は，英語を共通言語とすること，エリザベス二世女王をコモンウェルスの元首として認めること，などコモンウェルスの規範および慣行を受け入れること
f) 新規加盟国は，コモンウェルス基金への参加が望まれ，自国の市民社会および企業団体を積極的な参加を促進することが望まれ，市民社会との日常的な協議を通じて直接民主主義を助長することが望まれる[56)]。

こうしたことからわかるように，英連邦は，90年代より国際機構としての制度を整え，国内の人権，政治体制などについて介入する仕組みを手に入れたと言える。

2) メンバーシップ制裁のメカニズム

ミルブルック行動計画には，基本的価値から逸脱（とりわけ憲法に違反する手段により政権を掌握した場合）した国家の積極的支援と制裁措置が記載されている。ここでの積極的支援とは，事務局による助言，訓練，技術的支援などを指

す[57]）。第3段落は，基本的価値から逸脱した国家に対し英連邦は加盟国の懸念を示すために手続をとして以下のものを挙げている。

1．事務総長がハラレ原則の侵害について集団的な不承認の表明
2．事務総長が事実上の政府と迅速な民主制への復帰へ向けてのお交渉を開始する
3．加盟国（とりわけ地域の有力国）による二国間交渉を促す
4．民主制復帰までの期限を2年とし，選挙を行うまでの猶予期間を6ヶ月とする

そして本章の関心である制裁が挙げられる。制裁措置には英連邦会合（および技術支援，他の支援プログラム）への参加停止と英連邦自体の加盟停止の2種類がある。さらに，政府間交渉の制限や貿易取引の制限など加盟国による二国間，または多国間の制裁も違反が長引けば検討される。これら自体は，逸脱した国家（errant state）に必ずしも大きな影響を与えないかもしれないが，各国の制裁や他の機関との連携によって国内事項とされた人権や国内政治体制に変容を促すと考える。

3）メンバーシップ制裁の実行

資格停止制度が最初に試された事例として挙げられるのが1995年のナイジェリアである。1983年以来，ナイジェリアは軍事政権下にあったが大統領選が1993年6月12日に行われた。（選挙結果を政府は，後に無効と判断した）1995年10月1日に軍事政権のサニ・アバチャ将軍は，文民政権の復帰するための3年計画を公表したが，その曖昧性を各国は批判していた。そのなかでオゴニ部族の9名が前年4月に同部族のリーダー4名が殺害された事件について起訴され，1995年10月31日に死刑判決が下される。そして同年11月10日，オークランドサミットの初日にナイジェリア軍事政権は，作家ケン・サロ＝ウィワを含む人権活動家を処刑した[58]）。この処刑を「ハラレ原則の重大な違反」とした各国首脳（ガンビアを除く）は，迅速に同国の加盟資格を停止する

決定をした。さらに、ハラレ原則からの逸脱が長引く場合には除名も検討されることも決定した。このなかで CMAG は、ナイジェリアの民主制の復帰に関する進捗と同じく軍事政権下にあったガンビアとシエラレオネに監視の目を行き届かせることが委任された。

ナイジェリアとこれに続く事例は、最終的に秩序が復帰し、メンバーシップ制裁も解除された。しかし、ナイジェリアの場合は、ミルブルック行動計画が復帰までの猶予として 2 年間を挙げているのに即時的に制裁を行使したことと、そもそもミルブルック行動計画が採択されたのが CHOGM によって資格停止が決定された後だったので当時のナイジェリア外務大臣は「不公平かつ不正義」な処分であると批判した[59]。しかしながら、その後、実際にメンバーシップ制裁が実行されていることと民主制に復帰している加盟国もあることから、ナイジェリアは制度が移行する最中に発生し、後続の試金石となったと評価できる。

他の事例についても違憲な形での政府交代や軍事クーデターに関するものが多く、ナイジェリアとミルブルック計画書のパターンをたどっている。ただ

表 4-3　90 年代以降の主な資格停止

加盟国	資格停止期間	制裁の発端
ナイジェリア	1995 年 11 月 11 日〜1999 年 5 月 29 日	軍事政府による作家ケン・サロ＝ウィワを含む人権活動家の処刑。
パキスタン（1 回目）	1999 年 10 月 18 日〜2004 年 5 月 22 日	軍事クーデターによる政府交代
フィジー（1 回目）	2000 年 6 月 6 日〜2001 年 12 月 20 日	軍事クーデターによる政府交代
ジンバブエ	2002 年 3 月 19 日〜2003 年 12 月 7 日（脱退）	選挙時の政治的意図に基づく暴力（不公正な選挙）
フィジー（2 回目）	2006 年 12 月 8 日〜2014 年 9 月 26 日	軍事クーデターによる政府交代
パキスタン（2 回目）	2007 年 11 月 22 日〜2008 年 5 月 22 日	軍事政権による人権の抑圧

（筆者作成）

し，これら事例における民政復帰がメンバーシップ制裁の結果であったかを実証的に検証することは困難である。

おわりに——国際社会への参加と国際機構への加盟・国家承認

　本章は，問題意識を述べたのち，前半において普遍的機構である国際連盟・国際連合などのメンバーシップ制裁の制度と実行をみることで，有効性の条件である普遍性の確保と現実の実行に一種の緊張関係があることを指摘し，これを克服するうえで1960年代の南アフリカの事例が新たなモデルとして再解釈できるのではないかと指摘した。後半では，ポスト冷戦以降に発達した地域機構としてアフリカ連合と英連邦の制度・実行を検討した。これらのなかで，次のことが指摘できる。1つ目は，メンバーシップ制裁が普遍的機構よりも冷戦後のエトスによって構造改革を経た地域機構や専門機関においてのほうが使い勝手がよいことが挙げられる[60]。無論，これら地域機構の実行が十分であるとは考えにくい。実行には各機構が置かれた文脈に基づく一貫性の欠如がみられる。こうした例えば，アフリカ連合による実行の恣意性を象徴する例としては，2008年にモーリタリアの軍事クーデタの4日後にカメルーン議会は大統領の憲法上の再選制限規定を廃止し，ポール・ビヤ大統領の3期目を可能にした。同年11月11日には，アルジェリアのアブデルアジズ・ブーテフリカ大統領も自らの3期目を可能とする憲法改正を議会に促した[61]。いずれの場合においてもアフリカ連合は，何の対処もしなかった。こうした一貫性の欠如の背後には，機構内のポリティクスも大いに関しているとみられる。制裁手段を過度に政治化・濫用する危険性は常にあるといえよう。しかしながら，地域機構での取り組みがたとえ，現段階で不十分であったとしても，後に国連安保理や他の地域機構，専門的機構において改めて取り上げられることも指摘すべきであろう。

　2つ目は，メンバーシップ制裁が単独でみるべきではなく，経済制裁や他の

制裁と組み合わせられて活用されるという点である。このため，純粋にメンバーシップ制裁が被制裁国の政策決定に影響したかを実証的に検討するのは難しい。最後に指摘されるのは，これら措置が実際に与える実害よりも，象徴的な側面が強いということである。すなわち，繰り返し本稿でもアナロジーとして提示したように，国際機構からの除名・資格停止・脱退・不承認などは，「国際社会からの孤立」というように表現される。

　教科書類では19世紀末より拡張したとされる「国際社会」であるが[62]，観念的に理解することは可能であっても，実務のレベルにおいて国際社会から排除・孤立するという状況は何を意味するのか？こうした議論は，かつて国際法では承認論において盛んになされていた。創設的効果説が有力であった時代にあって，主たる欧州国際法のテキストは，国家を「文明の程度」に応じて文明国・野蛮国・未開国の3カテゴリーに範疇化し，国際法の対象たる「国際社会の構成員」を文明国に制限していた。そのなかで野蛮国（その例としてはオスマントルコや日本，清中国などが挙げられる）が様々な文明の基準（欧州の人権概念や国内法体制，国際法遵守などが含まれる）に基づく国内体制変革を経て文明国へと昇格し，「国際社会へ参加する」というフィクショナルな部分を国家承認論は担っていたといえる[63]。芹田健太郎は，承認国−被承認国という二国間の行為であるはずの承認が「あたかも対世的な一般的効果をもたらすかのように，論じられている」ことに疑問を呈している。

　　……現実をヨーロッパに引きつけて説明するためになされた理論の一般化，抽象化であり，そのための承認論の一人歩きという色彩が濃厚であり，今日承認論を論じる場合には，その潤色は削ぎとらなければならない。……なぜなら，「いわゆる国際社会への加入」は，すでに言われているように，純粋に歴史的・政治的な現象であって国際人格とは何ら関係のないことであり，また理論の抽象化の過程で，ヨーロッパ諸国との権利義務の相互性の可能性やこれら諸国との共通の価値意識など，ヨーロッパの価値が強く押し出されたからである[64]。

同じような擬制がメンバーシップ制裁全体になされることが多い。すなわち国際機構からの除名・資格停止・不承認は「国際社会からの孤立」を意味するという説明のされ方である。しかし実務家にとって，こうした象徴的な戦略は，たいして意味を持たない。ゆえに英連邦など地域的機構のメンバーシップ制裁は，（実質的な損害が軽微なこともあり）注目されてこなかった。本稿は，「国際社会＝国際機構」，「国際機構からの孤立＝国際社会での孤立」という擬制について慎重に扱わなければならないと考える。しかし19世紀において欧州各国が時代の要請として「文明の基準」論をつくりだしたように，現代でも積み重ねられた国際機構からのメンバーシップ制裁が「結果として国際社会からの孤立」に等しいという象徴的な戦略を国際機構側が意図的に採用することが可能ではないかと筆者は主張する。こうした戦略および「結果としての国際社会からの孤立」が成立するための詳細条件は，平和学において今後の研究課題となりうると考える。

冷戦後の楽観主義の空気が未だ残る1995年にチェイス等は，伝統的な主権が変容し，新たな主権の形が成立しつつあることを以下のように説明している。

> 主権とは，結局のところ，地位のことである。すなわち国際社会の正当な構成員として国家が存在しているという主張である。こんにちの状況において，多くの国家が自らの主権を実現し，示すことができる唯一の方法は，国際システムを規制し，秩序化する様々なレジームに参加することである。広汎かつ豊かな国際システムの文脈から離れ，孤立することは国家が持っている経済的成長および政治的影響力の可能性が実現しないことを意味する。つまり，規制型の国際協定への遵守を説明するうえで，具体的な利益よりも外の世界とのつながりおよび世界のアクターとなる政治的能力の方が重要なのである[65]。

同書が出版されてから，各国の民族紛争や内戦，テロとの戦いなどを経験した学界にこうした楽観主義自体は見いだせなくなっている。しかし，チェイスの認識や主張，またメンバーシップ制裁の有効性がすべて無効となるとは考えにくい。むしろ，積極的平和を実現するための象徴戦略として，どのようにメンバーシップ制裁を活用するかというような議論が必要であろうかと考える。

1) 国際コントロール論は特定の条約規定の遵守に重きを置いており，人道的介入論は重大な人権侵害や人道危機などの事件の存在を前提としている。本稿が主として注目する国内の状況とは，1．詳細な規定が定められているわけではなく，2．国連安保理が紛争のなかでも国際社会の脅威とみなさないものや事態である。
2) 杉原高嶺『国際法学講義（初版）』有斐閣 2008 年 547 頁。
3) 例えば ICAO の枠外で民間航空業を運営することや，WHO に参加しないで最新の保健衛生に通じることが難しいことからわかるように，国際機構への参加は単に「国際社会への参加」という抽象的な事柄以上に重大な意義を有している。協力の国際法の基盤である国際機構に参加しないことは国家に大きな影響を与えると考えられ，フリードマンは，これを不参加の制裁（sanction of non-participation）と呼んでいる。Friedmann, Wolfgang, *The Changing Structure of International Law*. London: Stevens & Sons, 1964 at 88-90.
4) Chayes, Abram and Antonia Chayes, The New Sovereignty. Cambridge, MA: Harvard Univ. Press, 1995. とりわけ第 3 章がメンバーシップ制裁の考察と事例を論じている。
5) 王志安『国際法における承認』東信堂 1999 年，第 8 章参照。
6) Sohn, Louis "Expulsion or Forced Withdrawal from an International Organization" *Harvard Law Review*. 77 (1964): 1381- at. 1382.
7) Miller, David, *The Drafting of the Covenant*. New York: G. F. gutam's sons, 1928, 415, 417. 規約の英国の公式コメンタリーでも，16 条が規約違反をなした国家が，なお総会および理事会において地位を維持しようとする場合を想定していることを記している。The Covenant of the League of Nations with a Commentary Thereon, CMD. No. 151, at p. 17 (1919).
8) Miller, ibid. p. 700.
9) Kelsin, Hans, *Legal Technique in International Law: A Textual Critique of the League Covenant*. 67, 76, 145-46, 150(1939); Ray, Jean, *Commentaire du Pacte de la Societe des Nations*. (1930) 535.
10) Kelsin, Contribution a l'etude de la revision juridico-technique du Statu de la Societe des Nations, 44 *Revue Generale de Droit International Public*. 625, 649-50. (1937).

11) 日本の満州国建国やドイツのポーランド侵攻の場合は，これら違反国が先立って脱退したので適用されなかった。
12) Sundiata, I.K., *Black scandal, America and the Liberian labor crisis*, 1929-1936, Institute for the Study of Human Issues, 1980 参照。
13) 1934 *League of Nations Official Journal* 568, 572.
14) Per Lord Lugard *British Parliamentary Debates* 1933/34, Vol. 91, col. 735.
15) Doc. C.202.1934.VII, 1394 *League of Nations Official Journal*, 509.
16) Magliveras, Konstantinos, *Exclusion from Participation in International Organizations*. Hague: Kluwer, 1999, at p. 21.
17) Sohn, ibid., p. 1386.
18) *League of Nations Official Journal*, 16th Ass., Special Supp. No. 138, at 104 (1935).
19) League of Nations, Assembly Records, 1939, Plenary, p. 53.
20) Magliveras, ibid. at p. 24.
21) 日本やドイツの事案ではこのような方式へと事態が推移した。
22) Magliveras, ibid. p. 25.
23) 例外は，1970年にメキシコは，他の諸国とともに南アに対する停止をこの条文に基づいて要請した事例と1975年にメキシコが反フランコ派5名を処刑したスペインに対して要請した事例だが両方とも実現していない。第25回国連総会公式記録，1970/9/15-12/11の特別政治委員会15頁およびこれに続く討議。
Official Records of the Twentieth-Fifth Session of the United Nations General Assembly A/8028(Supp). メキシコの書簡は，S/11831, S/11835, S/11836 参照。
24) Goodrich, Leland and Evard Hambro, *Charter of the United Nations: Commentary and Documents*. London: Stevens & Sons, 1949. at p. 138-9; Simma, Bruno (ed) *The Charter of the United Nations: A Commentary* (2nd ed.) Part I. Oxford: Oxford Univ. Press, 2002 at 201-3.
25) アラン・プレ，ジャン＝ピエール・コット編『コマンテール国際連合憲章』東京書籍1993年263頁。
26) 例えば小寺彰は，不承認の効果を「逆向きの創設的効果」と評している。小寺彰「国家の定立―国家承認の意義（パラダイム国際法第7回）」『法学教室』253号（2001）128-133. at 129頁。
27) このなかで安保理決議は，憲章第25条に基づき，法的拘束力を有するので，本稿は，安保理決議のみをとりあげることとする。
28) Fabry, Mikulas, *Recognizing States*. Oxford: Oxford Univ. Press, 2010 at p. 7.
29) Sohn, ibid. at p. 1397.
30) Sohn, ibid.
31) 横田洋三「国際機構における権利停止および除名の法的基礎：マカルチック論文の紹介と論評」『社会科学ジャーナル』22.2（1985）：105-131. 127頁。
32) 例えば，WHOの事例において1964年に南アフリカの投票権を停止させる決議

を通したが，翌年の事務局長の年次報告において「非医学分野への有害な介入」と「訓練，能力，経験のいずれも持ち合わせていないというのに，事態が政治化する危険性」に警告を発している。"Seventeenth World Health Assembly Meets in Geneva," *UN Review*, Apr. 1964, pp. 23-24.

33) "ILO Parley Head Quits in Boycott," *New York Times*, June 16, 1963, p. 9, col. 3.

34) *Report on the Activities of the International Telecommunication Union in 1964*, Section 6.1, Geneva: ITU, 1965.

35) O.A. Ozgur, *Apartheid: The United Nations and Peaceful Change in South Africa* Dobbs Ferry, N.Y.: Transnational Publishers, 1982.

36) Chayes, ibid., at p. 75.

37) OAU憲章第3条では，加盟国が同意すべき原則として主権平等および不干渉が優先的に挙げられている。

38) 34th Ordinary Session of the OAU Assembly, Ouagadougou, Burkina Faso, 8-10 June 1998.

39) EAHG/Draft/Decl. (IV) Rev.1 http://www.au2002.gov.za/docs/key_oau/sirte.pdf (accessed 17 Oct. 2015).

40) 35th Ordinary Session of the OAU Assembly, 12-14 July 1999, AHG/Dec. 141 (XXXV).

41) "Lomé Declaration for an OAU Response to Unconstitutional Changes of Government," July 2000, AHG/Decl.5 (XXXVI).

42) *African Charter on Democracy, Elections and Governance*. Assembly/AU/Dec.147(VIII). Addis Ababa: African Union, Art. 23(5).

43) "Lomé Declaration for an OAU Response to Unconstitutional Changes of Government," ibid.

44) 事例としては，ガーナ (1966)，ウガンダ (1971)，リビア (1980)，チャド (1982) などが挙げられる。Omorogbe, Eki Yemisi, "A Club of Incumbents? The African Union and Coups D'état" *Vanderbilt Journal of Transnational Law*, 44 (2011): 123- at p. 126.

45) Omorogbe, ibid. p. 127.

46) AU PSC Commuique of the 151st Meeting Doc. No. PSC/MIN/Comm.2 (CLI) (Sept. 22, 2008) as quoted in Omorogbe, ibid. p. 144.

47) 各事例の詳細な分析については，Omorogbe, ibid. pp. 137-153 参照。

48) この点について例えば Dale, William, "Is the Commonwealth an International Organization?" *International and Comparative Law Quarterly*. 31 (1982): 451-473 参照。

49) 1971 Singapore Declaration of Commonwealth Principles. para. 1. http://thecommonwealth.org/sites/default/files/history-items/documents/Singapore%20Declaration.pdf (accessed 17 Oct. 2015).

50) 例えば英連邦諸国にみられるコモンウェルス留保などは，この典型例であるといえる。Sims, Nicholas, "The Commonwealth and the International Court of Justice," *The Round Table*. 354 (2000): 205-230 参照。
51) 1971 Singapore Declaration of Commonwealth Principles. para. 1.
52) シンガポール宣言とハラレ宣言の比較については Srinivasan, K. "A force for democracy, human rights and the rule of law?" *The Round Table*, 344 (1994): 513-6 at 513 参照。
53) 2013 Charter of the Commonwealth. http://thecommonwealth.org/sites/default/files/page/documents/CharteroftheCommonwealth.pdf (accessed 17 Oct. 2015).
54) Chau,Chi-kan Lawrence "'Malice to None, Goodwill to All?': The Legitimacy of Commonwealth Enforcement" *Japanese Journal of Political Science*. 6.2 (2005): 259-279. at pp. 266-7.
55) Chau, ibid., p. 266.
56) "Commonwealth Heads of Government review recommendations of the Committee on Commonwealth Membership" Commonwealth Secretariat website http://thecommonwealth.org/history-of-the-commonwealth/commonwealth-heads-government-review-recommendations-committee#sthash.bGGGVTEo.dpuf; http://thecommonwealth.org/history-of-the-commonwealth/commonwealth-heads-government-review-recommendations-committee (accessed 17 Oct. 2015).
57) 1995 Millbrook Commonwealth Action Programme on the Harare Declaration. http://thecommonwealth.org/sites/default/files/history-items/documents/millbrook%20declaration.pdf (accessed 17 Oct. 2015) para. 2.
58) Magliveras, ibid., p. 188.
59) "Commonwealth Heads of Government Meeting, Auckland, New Zealand, 10-13 November, 1995" *The Round Table*. 85. 337 (1996): 131-135.
60) ソーンは，1964年の段階で既に普遍的機構よりも地域機構のほうが「加盟国の共通目的に関心を有する可能性が高い。その結果として，地域機構の設立条約のほうが，地域機構の共有化された特定の基準を遵守しない加盟国に対処するメカニズムが存在する可能性が高い」ことを指摘している。Sohn, ibid. at p. 1416.
61) この点の指摘は，Engel, Ulf, "Unconstitutional Changes of Government-New AU Policies in Defense of Democracy," Working Paper Series No.9. Leipzig Univ. 2010 at p. 10.
62) こうした見解についてはさしあたって Bull, Hedley and Adam Watson (eds.) *The Expansion of the International Society*, Oxford: Oxford Univ. Press, 1984 参照。
63) 例えば，1823年に大英帝国がブラジルを承認する条件として奴隷制度の廃止を挙げていた。当時は，国際社会の名において大国がこうした文明の基準を推進し

ていった。他の例としては，ベルリン会議でのバルカン諸国が承認の条件として宗教少数者の保護を保証させられた事例などが挙げられる。Fabry, Mikulas, *Recognizing States*. Oxford: Oxford Univ. Press, 2010. at p. 66 and 99. 文明の基準概念については，Gong, Gerrit, *The Standard of 'Civilization' and International Society*. Oxford: Oxford Univ. Press, 1984 参照。

64）芹田健太郎「承認制度の今日的意義」『神戸法学』36.4（1987）: 711-729. 716頁。

65）Chayes, ibid., at p. 27.

第Ⅱ部　紛争解決への外交政策

第 5 章
核不拡散レジームと日本外交
──核の傘の下の被爆国──

都 留 康 子

はじめに

「唯一核兵器を使用した国家として道義的責任がある。明確な信念をもって，核のない平和で安全な世界を追求する先頭に立つ」[1]と，アメリカオバマ大統領が2009年4月にプラハで行った演説は，核軍縮へと向けた大きな歴史的な転換点になるかと思われた。実際，同年6月にはこれまで停滞していたカットオフ条約（＝核兵器用核分裂物資生産禁止条約）の交渉開始が合意され，翌2010年には，オバマ大統領が主導する形でワシントンにおいて核テロ問題をとりあげる第1回核セキュリティサミットが開催され，核拡散防止条約（以後，NPT）再検討会議の最終合意文書も成立した。しかし，「核なき世界」への期待が失望へとかわるのに時間はかからなかった。カットオフ条約の交渉はいまだ開始にいたらず[2]，5年ごとに開催される2015年のNPT再検討会議は最終合意文書を採択できず，シリア問題などでは米ロ関係は悪化し，国際社会の核軍縮へと向けた動きは停滞しているように思われる。

そして，日本ではヒロシマ・ナガサキの被爆者たちが高齢化し，語り継ぎが難しくなる一方，2011年の3.11東日本大震災とその後のフクシマ第一原発事故でさえ，その記憶が風化しつつある。フクシマを契機として原発導入の歴史が改めて語られたが，被爆国である日本が「平和利用」の下，原子力を積極的に受け入れてきたことは周知の事実である。また，日本では原子力という言葉

を「平和利用」と重ねる傾向があるが，実際には原子力には，軍事的側面と平和利用の側面の両方があること，技術的に言えば両者の関係の敷居が低いこともフクシマを通して日本の国民が再認識した点である[3]。

　ヒロシマ・ナガサキという2度の被爆国でありながら，アメリカの核の傘に依存するという日本の姿は，これまで何度も指摘され，また市民運動などからは常に批判にさらされてきた政策矛盾でもある。しかし，核アレルギーとも呼ばれる核兵器に対する忌避感，根強い反核運動がある中で，実際に日本政府がどのような外交を国際場裡で展開しているのかについては，意外と知られていないのではないだろうか。とりわけ，フクシマで被曝をも経験した後，日本の核をめぐる外交政策に変化はあったのであろうか。被爆国であるというこれまでの強い主張とともに，被曝の現実はどれだけ反映されているのだろうか。こうした疑問をいだきつつ，本章では，NPTレジームを中心とした日本政府の外交政策を検討する。まず，第1節では，NPTの制度的構造を明らかにするとともに，日本の署名，批准が遅れたのはなぜか。その際にどのような議論が政府レヴェルであったのかを考察する。そして第2節では，NPTの無期限延長が決定された後のNPT運用検討会議における日本政府の対応について考察する。1995年の無期限延長を経て2000年の運用検討会議では合意文書が成立したが，2005年は合意文書を採択できずに会議は決裂し，次の2010年には合意文書の採択に成功している。このような会議自体の変遷を追うとともに，そこに日本がどのような役割を果たしているのか，否，果たしていないのかを概観する。そして，第3節では，フクシマ後，2015年のNPT再検討会議とそれまでの準備委員会での日本の外交を概観するとともに，NPTレジームで2つのジレンマを抱える今後の日本の課題を考察する。

1．逡巡した NPT 加盟

(1) NPT の基本構造

　NPT（正式名称，核兵器の不拡散に関する条約）は，冷戦下の 1967 年に採択され 1970 年に発効したもので，2015 年 10 月現在 191 カ国が加盟している。NPT に特徴的なことは，国連憲章に次ぐ普遍性の高さとともに，その内容の不平等性にある。NPT の第 9 条では，1967 年 1 月 1 日に核兵器その他の核爆発装置を製造しかつ爆発させた国を核兵器国と定義し，アメリカ，ソ連（当時），イギリス，フランス，中国の核兵器保有を実質的に認めている。そして，第 1 条で核兵器国の他国に対する核の不拡散義務を規定し，その一方で，第 2 条でその他の非核兵器国に対しては，将来的に可能性のある核兵器保有というオプションを放棄させ，第 3 条では第 2 条の不拡散義務を担保する IAEA（国際原子力機関）の保障措置をも規定している。そして，第 4 条では原子力の平和利用を認め国際協力を謳い，第 6 条は締約国が核軍縮について誠実に交渉を行う約束を規定している。この第 6 条は，条約で認められた核保有国を念頭においたものである。こうして，この条約の目的は，①核兵器の拡散防止，②核軍縮の促進，③原子力の平和利用の権利の保護の 3 つが柱となっている。しかしここで，軍事利用と平和利用の間の技術的敷居がないに等しいことを考えれば，前二者①②と③原子力の平和利用は矛盾することになる。これが，上記 5 カ国が，核兵器国という地位を得る代わりに，核軍縮への取り組みと平和利用の促進という「グランド・バーゲン」を非核兵器国との間で行った結果である[4]。実際には，核兵器の拡散を防止することこそが NPT の含目であり，今でこそイランや北朝鮮など発展途上国への拡散が懸念されているが，1960 年代に問題とされたのは，原子炉の運用が軌道にのるなど平和利用が拡大する中で，戦後復興から経済発展へと進む西ドイツ，日本への拡散であった。

(2) NPT 加盟へのプロセス

　日本の外務省など官公庁のホームページ，またマスメディアの報道をみると，日本が積極的に NPT の再検討会議にかかわり，会議をリードしているかのような印象を受けるかもしれない。しかし，NPT の最終合意は 1968 年 6 月の国連総会であり[5]，日本はその草案などが検討されていた，18 カ国軍縮会議の加盟国ではなかったことから，草案作成からかかわっていたわけではない[6]。また，日本が NPT に署名したのは，署名に開放された 1968 年 7 月から 1 年 7 カ月が経過し条約の発効が翌月に迫った 1970 年 2 月であり，正式の批准までには，さらに 6 年の歳月を要している。日本が署名，批准に時間を要したことは，国際社会に日本の核武装の懸念を抱かせた[7]。なぜここまで批准が遅れたのであろうか。

　戦後，日本でも原子力は新時代を担う新しいエネルギー源であると考えられた。敗戦の原因を資源・エネルギー不足に求める考えが広まる中，新エネルギーへの期待が高まる一方，科学者の中には，軍事利用へと研究が進むことへの懐疑論も根深かった。そして，実際に，日本の原子力の平和利用についての研究を解禁されたのは，占領終了後のことである。

　その後，日本が目覚しい経済発展をとげるなかで，その主導権をにぎっていた電力会社や原子炉メーカーにとっては，NPT の第 5 条に規定される保障措置を担う IAEA が産業スパイにうつったとされる[8]。ここにも民生利用と軍事利用を区別して考える日本の姿勢が垣間見られる。そもそも，日本の原子力政策が，アメリカが中心となって展開される多国間の国際制度とアメリカとの 2 国間関係による二元構造の中で展開されたことも影響している。

　アメリカは当初，核兵器開発の制限・禁止を一体的な国際機関の下で実現することを目指していた。1953 年 12 月の国連総会におけるアイゼンハワーの「平和のための原子力」(Atoms for Peace) の演説も，表面的には，原発と核兵器の相方に利用可能なウランを国際的に管理することによって各国に提供し，原子力の平和利用を広めようというもので，民生利用のみを管理する IAEA が

その中心機関となることが予定された。しかし，実際には戦後に顕在化していた米ソ対立によって国際管理の可能性はすでに失われており，ソ連はIAEAについても慎重な姿勢を示した[9]。そのため，アメリカは「平和のための原子力」キャンペーンを進めながらも，1954年に議会で可決された新しい原子力法に基づき，2国間ベースでのウランを提供する原子力協定を締結することによって，相手国の開発を自らチェックする体制を作り，核拡散を防止する政策を展開した[10]。日本との間でも，1955年に『日米原子力研究協定』[11]を締結している。同協定は，戦後の日本の原子力の研究・開発がアメリカとの関係を機軸に展開される契機となったのである[12]。

しかし，ここで注意する必要があるのは，日本の原子力に関する外交政策が常にアメリカに盲目的に追従するものであったかというと決してそうではない点である。日本は，アメリカが当初主導権を握り，その後，米ソの協力関係のもと整備されてきたNPTレジームに対し大局的には協調的姿勢を示す一方で，自国の原子力の民生利用の拡大にはきわめて精力的に取り組み，アメリカとの軋轢が生じることさえあった[13]。そして，民生利用の拡大路線の背景には，核武装の潜在的能力を高めたいという思いがあったことは疑いがないところである。NPTの加盟に際し，核保有の選択肢を条約に残す方策を西ドイツと協議していたことも現在では知られている[14]。

とりわけ，1964年に中国が核実験に成功してからは，日本の政府内では，安全保障のための核保有の可能性についての多角的な検討がなされていた。その1つである内閣調査室がまとめた『日本の核政策に関する基礎的研究 その二』（1970年，その一は1968年）は，日本がNPTに加わるべきかどうかのインテリジェンスを当時の佐藤栄作政権にあたえることを目的としていた[15]。同報告書は「日本の安全保障が核武装によって高まるという結論はでてこない」とした上で，「技術的，戦略的，外交的，政治的拘束によって核兵器をもつことはできない」と結論付けている[16]。これらの要因とは，そもそも核保有の目的である抑止が失敗した場合に，国土が狭く人口密度が高い日本はあまりにも脆弱であり，それ故にそもそも抑止力としての機能は低く，逆に中国にいっ

そうの警戒心を抱かせ，ソ連やアメリカの猜疑心を強め，外交的孤立を深めることが懸念された。また憲法第9条と1967年に佐藤首相自らが国会で表明した非核三原則に反する政策は，国内世論の反発を当然招くものと考えられた。

結局，佐藤政権は，さまざまな情報から原発と核保有は容易に結びつくものではないことを理解し，NPTレジームの下で自らは非核兵器国としてアメリカの核の傘にとどまりつつ，「平和利用」によって核兵器開発のポテンシャルのみを高める方針をとったのである[17]。核保有が現実的オプションではないとしても，原子力技術を高めることによって可能性があるふりをする，すなわちポテンシャルをもつことは，結局のところ抑止につながると考えていた[18]。こうして，1970年の2月にNPTに署名を行った。

しかし，国内の同意をえる国会での条約批准にはさらに時間を要した。与党や産業界は，NPTの根幹でもある核兵器国と非核兵器国というカテゴリー分けの不平等構造によって日本が非核兵器国として二等国にならざるをえないという危惧や，平和利用に関連したIAEAの保障措置の差別的な待遇によって，日本が経済的にも不利になるのではないかとの慎重論や反対論が続いた。技術開発に関しては，あくまでも他国の干渉を受けないフリーハンドは保持したいという考えであった[19]。また，当時はアメリカの対日圧力も低いと認識されていたことから[20]，佐藤政権に続く田中角栄政権も，国会での批准を引き伸ばした。

一方で，1971年には東海再処理工場建設が着工され，天然ウランを大量に輸入し国産の濃縮ウランを作る計画が進んでいた。日本の場合は，建設ラッシュを迎えつつあった原子炉が運転を開始した時に出される大量のウランを処理することが目的の平和利用であったが，NPTに加盟しない状態であり続けることへの国際社会の目は厳しいものになっていた。なぜなら，NPTに日本と同様に加盟していないインドが，加盟国なら課されるはずの厳しい査察をうけることなく，1974年に「平和利用」という名目で地下核実験を成功させたからである。

そして，政府がNPT加盟への慎重論を押さえるためにもっとも力点を置い

たのが，平和利用のための保障措置協定における査察の実質的平等性の確保であった[21]。日本が1975年2月に欧州原子力共同体（EURATOM）並みの保障措置の適用を確保する「保障措置協定」をIAEAとの間で仮調印すると，ようやくNPT批准への道がひらかれた。結局のところ，日本はIAEAから保障措置に関連して最大限の譲歩を得る一方で，1999年には強化された形の「IAEA保障措置追加議定書」も締結し，査察を積極的に受け入れている[22]。IAEAの優等生といわれるゆえんである。

その後の核をめぐる日米関係は紆余曲折があるものの[23]，日本政府の原子力の軍事利用と民生利用のリンケージ問題に対する姿勢は，1970年代以降現在に至るまで，IAEAの保障措置制度の運用に自らが協力的な姿勢をとり続けるだけでなく，国際的な保障制度の整備にも貢献するという点で一貫している[24]。

2．NPT再検討会議と日本外交

本節と次節では，実際のNPTレジームがどのように展開されてきたのか，その中で日本がどのような外交を行っているかを概観する。

(1) 2000年のNPT再検討会議と「明確な約束」

核兵器国と非核兵器国という不平等構造を前提として成立，運用されてきたNPTが大きな転機を迎えたのが，発効から25年になる1995年に開催されたNPT再検討・延長会議である。冷戦終焉後，平和の配当としての核軍縮への期待が高まる一方，イランや北朝鮮への核拡散問題が顕在化していた。非核兵器国にはNPTの無期限延長により不平等構造が固定化されることへの強い懸念もあったが，地域の大国が核保有を行うことへの歯止めとしてNPTに負うところも大きかった。そして，「再検討プロセスの強化」と「核不拡散及び核軍縮のための原則と目標」という2つの決定と「中東に関する決議」をあわせてNPTの無期限延長がコンセンサスで採択された。その結果，5年ごとの再

検討会議とその前の 3 年間に準備委員会を組織することが制度化された。これは非核兵器国にとって新たな「グランド・バーゲン」ともいえる妥協であった[25]。地域での核拡散を防ぐには次善の手立てとしてであれ，NPT レジームの維持は不可欠であった。

　しかし，非核兵器国の信頼が裏切られるまでに時間はかからなかった。NPT に認められた核兵器国であるフランスが，「包括的核実験禁止条約」採択前の 1996 年にムルロア環礁で核実験を行い，1998 年には NPT の未加盟国であるインド，パキスタンが続けて核実験を行った。こうした厳しい現実の中で迎えたのが 2000 年の NPT 再検討会議であった。

　同会議では，核兵器国による核兵器廃絶に向けた「明確な約束」(unequivocal undertaking) を含む核軍縮に関する 13 項目からなる最終合意文書を採択することに成功している[26]。当時の河野外務大臣は，合意文書採択をめざしたすべての参加国に強い意志があったとした上で，日本が核兵器国および非同盟諸国を含む関係国政府，バーリ議長に対して積極的な働きかけを行ってきたこと，また将来の措置に関する 8 項目提案を行うなど合意形成への基盤を提供し，会議の成功に大いに貢献したと自画自賛している[27]。しかし，実際に事前の 8 項目に含まれていた文面は，「核兵器国による一方的核削減のための更なる努力，適当な時点における核兵器国による核軍縮交渉の開始」(下線筆者) であった。合意文書が妥結できるかどうかの最終的な文言のかけひきは，"明確な約束"を主張する新アジェンダ連合と呼ばれる 8 カ国と核兵器国 5 カ国との間で行われており[28]，日本は蚊帳の外であった。

　それどころか，日本政府代表は「明確な約束」とは相入れない発言を行っている。まず，「唯一の被爆国である」とした上で，核軍縮・不拡散を求め，NPT が安全保障政策における重要な基礎をなすものであるとする。そして，従来国連総会に日本が提案してきた「究極的核廃絶決議」に言及し，「究極的に廃絶されるべきもの」「一歩一歩核廃絶へむけて着実に前進する」とした[29]。「究極的」(ultimate) は，時限設定をしない実現する意思が問われない表現であり，核兵器国が主張しているものであった。

(2) イラク戦争からの負の連鎖と 2005 年の再検討会議

　核兵器国からの「明確な約束」を取り付けた 5 年後の 2005 年の NPT 再検討会議は，2001 年の 9.11 同時多発テロ事件の発生によって，テロリストに対する核拡散も問題となり，北朝鮮，イランの核開発の問題が深刻さを増す状況の中での開催であったが，最終文書を採択することができなかった[30]。前年の準備委員会で議題が設定されていなかったことや，これまでの NPT 会議同様にコンセンサス方式での最終文書を合意しなければならないという手続き上の問題もあったが，それ以上に NPT に根源的な不平等構造が露になった結果であった。すなわち，イラク戦争での単独主義の行動，そして失敗が明らかであったアメリカは，核拡散のみを問題とし，核軍縮問題に触れることを拒否し続け，非核兵器国，中でも実質的核保有国であるイスラエルを地域に抱える中東諸国の反発を招いた。エジプトは，1995 年の無期限延長との引き換えに採択された「中東に関する決議」や 2000 年の最終文章の確認を求めるなど，会議の決裂へと負の連鎖が生じた[31]。

　日本は，議事運営をめぐってはアメリカに譲歩を引き出したほか[32]，「21 世紀のための 21 の措置」など核軍縮で評価の高い提案も行ったとされるが，アメリカやイランのいずれもの妨害に対抗する戦略や政治意思をもって会議のけん引役を果たすことはできなかった[33]。日本が非核兵器国の中で唯一，青森県六ヶ所村にウラン濃縮や再処理が認められている特別扱いが「平和のためのウラン濃縮」というイランの主張を断念させる説得力を弱めたとの指摘[34]は，的を射ている。

(3) 「核なき世界」と 2010 年の NPT 再検討会議

　オバマ大統領が「核なき世界」を呼びかけたプラハ演説の翌年に開催された 2010 年の再検討会議は期待をもって迎えられ，一定の成果が求められた会議でもあった。そのため，2000 年の最終合意文書における核兵器国による核廃絶への「明確な約束」を確認した他，核兵器のいかなる使用も破滅的な人道的

結果をもたらすことに憂慮し，いかなる時も国際人道法を含む適用可能な国際法を遵守する必要性を確認する，といったこれまでにはない新たな人道的アプローチにも言及し，64項目にわたる行動計画をコンセンサスで採択した[35]。オバマ大統領が2009年にはロシアと新しい核削減条約を締結するなど，核兵器国による核軍縮は数の上では進んでおり，非核兵器国の間でも原子力の平和利用についての権利をこのまま確保・維持することは重要で，前回に続いて会議を決裂されることはできないという点での認識が共有されていた。核開発の疑惑のあるイランが強硬姿勢を崩さず会議決裂の危機もあったが，最終的には，非同盟諸国を代表するエジプトが仲介をし，さらにアメリカも最終文書でイランの名指しの非難をしないということで歩み寄り，かろうじて合意へといたった[36]。当初の草案で盛り込まれていた核軍縮の期限設定は削除されたほか，具体的な道筋が示されていないが故にアメリカは反対を表明せず，オバマ大統領も一定の前進との評価を行いえたことになる[37]。従って多くの参加国が「成功」「前進」という評価を行っているのは[38]，合意なき状況よりはましという相対的なものにすぎない。

　この会議結果に対する日本政府の評価は，被爆者の核廃絶への思いを鑑みると満足のいく結果ではないとしつつ，2005年の会議と比べた場合，大きな成功であったとした[39]。また，核軍縮・拡散についてオーストラリアと共同提案を行った他，IAEA保障措置の強化，技術協力，軍縮・不拡散教育に関する4本の作業文書を提出し，多くの国から支持と評価を得ながら交渉に対して有益な材料を提供したとし，さらに，核兵器国や非同盟諸国等の関係国との調整を行うなど，最終文書の合意に向けて貢献があったとしている[40]。

3. フクシマ以後のNPT再検討会議と日本外交

　核の平和利用はNPTの1つの柱である。2011年3月11日の東日本大震災，そしてフクシマ第一原発事故は，これまで核開発能力はありながらも核を作らず，しかし，「平和利用」にはまい進してきた日本のNPT政策に何らかの影

響を与えたのであろうか。ここでは，フクシマ原発事故翌年の2012年に開催された2015年に向けたNPT運用検討会議第1回準備委員会からの日本政府の対応を見ていくことにする。

(1) 暗雲が立ち込めていた3回の準備委員会

日本は1994年以来，毎年国連総会に核軍縮決議案を提出しているが，2010年は，アメリカを含む過去最多の90カ国を共同提案国として「核兵器の全面的廃絶に向けた団結した行動」が，賛成多数で採択された[41]。すでに概観した2010年のNPT再検討会議の最終合意文書をうけてのもので，包括的で「核兵器のない世界」に向けた具体的な行動を求める内容との外務省評価[42]とは異なり，内容的にはほとんどこれまでと変化はない。一方，「核兵器禁止条約」交渉の早期開始を求めるマレーシアの提案[43]に対しては，日本は棄権票を投じている。その理由として，核兵器国の排除につながるとの懸念があったといわれる。そして，2011年の10月にも，再度，日本は前年同様の決議案を国連総会に提出し，採択を得ている[44]。

そして，2012年の5月のNPT運用検討会議第1回準備委員会は，2015年会議への出発点として成功裏に終わったとされる[45]。日本は，オーストラリアとともに中心になって立ち上げた軍縮・不拡散イニシアティブ（以後，NPDI）[46]として，2010年のNPT合意文書にも言及されていた「核戦力の透明性」（情報開示）について，核兵器国の提示すべき報告標準様式案を含んだ作業文書を提出した他，軍縮不拡散教育についてなど計4本の作業文書を提出した。また，フクシマを受けて，原子力の安全については国際的に強化すべきこと，2011年に採択された「原子力の安全に関するIAEAの行動計画」の確固たる実現が重要であるとの発言がなされている[47]。一方，オーストリア，チリ，コスタリカなど16カ国が核軍縮の人道的側面に関する共同声明を出し，ヒロシマ・ナガサキに言及した上で核兵器のいかなる使用も壊滅的な人道的結末をもたらすこと，国際人道法のすべての規則は核兵器に対して完全に適用可能であることなどを確認した[48]。こうした共同声明に対し，日本は共同提案

国になることはなかったし，消極的であったとされる[49]。

　2013年の第2回準備委員会は，2010年の再検討会議で約束されていた中東非核地帯構想の会議が実現されていないことから，そのことを不満とするエジプトが発言後に退席するなどの波乱もあったが，全体を通して議事は淡々と進められたと評される[50]。前年に続き日本はNPDI諸国との共同提案国として，包括的核実験禁止条約，核兵器の役割低減などについての作業文書を提出している。

　この会議で着目されたのは，「核兵器使用のもたらす壊滅的な人道的結果について深く懸念する」とする共同声明が，最終的に80カ国の賛同を得る形で，南アフリカ代表によって表明されたことである[51]。ただし，核兵器国や，NATO加盟国，オーストラリア，日本，韓国などは賛同していない。日本は，他のいかなる国よりも核兵器使用の非人道的結果を理解しており，核兵器の人道的影響に関する基本的考え方に賛同するとしつつも，日本をとりまく安全保障環境を念頭に，同声明の性格と整合性を検討したが，賛同するまでの協議結果が得られなかったとしている。ただし，将来的には同じテーマでの声明に対して，賛同する可能性を真剣に検討するつもりであると表明した[52]。

　なお，2013年の10月21日の第68回国連総会第一委員会では，117カ国を代表してニュージーランドが行った「核兵器の人道的結末」に関する共同ステートメントに日本も加わっている。日本の安全保障政策や核軍縮アプローチとも整合的な内容に修正されたことが初参加の理由とされた。さらに，核兵器が，人類の生存，環境，社会・経済的な発展，経済，将来世代の健康に深く影響すること，核兵器による壊滅的な結末への意識が，核軍縮に向けた全てのアプローチ及び努力を支えなければならないと堅く信じるとし，この考えを，唯一の被爆国であり，核兵器使用の悲惨さを最もよく知る日本として支持するとしている[53]。共同声明には，「いかなる状況においても核兵器が二度と使用されないことが人類の生存そのものにとって利益がある」との文言がはいっていることについては，「すべての核軍縮に向けたアプローチ」が言及されていることも勘案して，日本の現実的かつ漸進的な核軍縮にむけてのアプローチ，安全

保障政策との整合性があるとした。すなわち，日本の核軍縮アプローチが理解されたとの立場である[54]。

そして，NPT 再検討会議前年の 2014 年の第 3 回準備委員会は，議題や手続き規則は合意されたが，2015 年会議への勧告案については合意ができなかった[55]。同委員会では，岸田外務大臣が直前に広島で開催された第 8 回 NPDI 外相会議の議長国として，「広島宣言」の内容を紹介するとともに，NPDI としての新たに 7 つの作業文書を提出している[56]。NPT 再検討会議プロセスに積極的に貢献すること，多様な立場を橋渡しする建設的かつ能動的な役割を果たすとしているが，核兵器国に対しては，核兵器の役割低減を求めるのにとどまっている。

オバマ大統領の「核なき世界」からは 5 年が経過し，期待はすでに萎んでいた。

(2) 岐路に立つ NPT レジーム

2015 年に開催された NPT 再検討会議は，最後の段階で議長が提示した合意文書案に，事実上イスラエルを念頭においた中東非核兵器地帯に関する国際会議を 2016 年 3 月までに開催することが盛り込まれていた。そのため，アメリカは恣意的な期限の設定に反対を表明し，非現実的で実行不可能な条件を出してきたエジプトを批判した[57]。続いてイギリスも，一歩ずつの核軍縮へ向けた取り組みが唯一の選択肢であるとし，中東非核兵器地帯への言及が採択にあたっての問題であるとした[58]。この時点で，NPT 再検討会合としては 10 年ぶり，ヒロシマ・ナガサキから 70 年という節目に，最終合意文書をコンセンサス採択することはもはや無理であることが明らかになった[59]。

エジプトは，アメリカの反対を NPT 会議におけるコンセンサス方式の濫用であるとし，その責任を追及した[60]。コンセンサス採択まで後一歩のところで，それをはばんだのが非加盟国のイスラエルの問題だったことは[61]，現在の NPT が抱える矛盾を端的に示したものといえよう。イスラエルの核保有は周知の事実だが，イスラエル自身は肯定も否定もしないことによって周辺国に

対する抑止効果を高めてきた。しかも，NPT には未加盟でありながら，NPT 上の核保有国であるアメリカがその肩をもつことに，NPT の不拡散義務を遵守してきた非核兵器国が条約に埋め込まれた不平等構造を不服とするのは当然であり，これまでの再検討会議でも幾度となく火種になってきた問題である[62]。5年前の再検討会議ではそうした対立があっても，それを上回る「核なき世界」という理念と 2005 年に続いて最終合意文書が採択されなければ，NPT 自体が形骸化してしまうという危機感が，各国を妥協の方向へと導いた。しかし，今回，2010 年とは NPT をとりまく国際情勢も全く異なっていた。ウクライナ，クリミア問題で米ロ関係は悪化しており，核兵器国が一様にこの数年における核弾頭の削減を謳っているものの，不要になった核を廃棄しているにすぎない。現状で世界の 90％以上の核を保有する米ロが会議冒頭から非難の応酬をしていた[63)64]。

　NPT が合意文章を採択できなかったことに対して，杉山外務審議官は，非常に残念であるとしながらも，日本の今後の NPT レジームへの関与を減じるものではなく，引き続き核軍縮，核不拡散，平和利用について主導国であり続けるとの決意を表明している[65]。また，岸田外務大臣も，ただ１つ中東問題を除いて最終文書に合意が得られていたこと，そして，その中では，日本が提案した５つの項目を概ね盛り込むことができたこと，とりわけ世界の政治指導者の被爆地訪問について，今回はじめて，各国の指導者を含むより多くの人が被爆者や被爆地とやりとりをし，その経験を直接共有することによって，核兵器の非人道的影響への認識を高めて核軍縮の推進に資するべきであるとの趣旨を盛り込むことができたことを，一歩前進であると評価した[66]。実は，当初５月８日にだされた最終文書の素案では，日本の提案が盛り込まれる形で「世界の政治指導者や若者にヒロシマ・ナガサキの訪問を呼びかける」という内容であった[67]。ところが，中国が「日本は戦争の被害者としての立場を強調している」と大きく反発し，結果的に，ヒロシマ・ナガサキは５月22日の最終文書案には入らなかった[68]。

　おりしも会議中盤には，フランスやアメリカが，核兵器の非人道性に関する

記述を最終文書から削除あるいは見直しするよう主張し，逆に非核兵器国からは不十分との指摘がなされ，両者の対立が浮き彫りになっていた。核兵器の非人道性については，2010年のNPT再検討会議の最終文書に盛り込まれ，その後，オーストリアやメキシコが中心となり，「核兵器の人道的影響に関する国際会議」を3回開催してきた経緯がある[69]。また，「核なき世界」を体現する法規範としての「核兵器禁止条約」についても言及するかどうかで核兵器国と非核兵器国との間で議論の応酬がなされていた。歴史認識の問題をNPTにまで持ち込んだ中国への批判がある一方，岸田外相が会議当初表明していた「橋渡し役」からかけ離れた議論に日本が拘泥していたことは否定できない[70]。

結局，最終文書草案からは「核兵器禁止条約」の例示は削除されたほか，「いかなる状況においても核兵器を二度と使わないことが人類の共通利益である」とされた所の「いかなる状況においても」の文言は削除された。2015年の再検討会議は，最終文書が採択されなかったという事実ではなく，紙一重で採択されたかもしれない文書がほとんど骨抜きであったことのほうを重く受け止める必要があろう[71]。

本節では，フクシマ以後のNPTに関連する交渉舞台を概観してきたが，日本の外交姿勢としては，NPTに加盟国になって以来，大きな変化はなく，どんなに唯一の被爆国としての立場，ヒロシマ・ナガサキを前面に出しても，核の傘をさしかけるアメリカに近い立場をとってきた事実は，再度確認されてよいであろう。アメリカをはじめとする核兵器国は，2010年以来の再検討会議における核兵器の「非人道性」についての議論の広がりに警戒感を強めているが，逆にいえば，一枚岩ではありえない非核兵器国が共有できる唯一の議論ともいえる。そこに日本の外交が無策であることは，外交上の看板に掲げるほどにヒロシマ・ナガサキの思いを受け止めていないことになろう。

また，平和利用に関連して，日本からフクシマが言及されることはなかった。先進国における脱原発の動きとは裏腹に原発新設を計画する途上国が多い中で，被曝国としての経験が語られないことは，何を意味しているのであろうか。

おわりに

　現在の米ロ，米中の対立の増大は，今後，核兵器国間で協働して核軍縮を進めていくことを困難にし，中東を中心とした混沌とした状況は非核兵器国に改めて核を持たないことへの不安を駆りたてるものとなっている。つまり，NPT 体制の根幹である，核軍縮も核拡散防止もままならないのである。核拡散が進めば，平和利用が転じて核開発になることも十分予想され，NPT レジームの根幹が大きく揺らいでいる現状に，日本は被爆・被曝の経験という特異な立場からどのように貢献できるかを今一度考えてみる必要があろう。

　これまでの日本は，被爆国でありながら核の傘に守られているという状況の中で核兵器国に追従する NPT 外交を展開してきた。また，NPT 加盟以前から，核の軍事利用と民生利用を政策的に明確に分け，原子力の平和利用こそが，市民の核アレルギーを取り除く術であり，NPT 批准までの日本政府の逡巡が何を意味したかなどは大きな問題ではなかった。それほどに，日本には原子力にまつわる「平和利用」が浸透していた。しかし，フクシマ以後，被曝の事実と向きあう中で，今度は平和利用と核拡散という位相の異なる矛盾にも今後の日本は対応していかねばなるまい。

　例えば，2015 年 10 月には核軍縮を審議する国連総会の第一委員会で，中国が日本のプルトニウム大量保有を突然とりあげ問題にした[72]。この点は，日本が非核兵器国でありながら，原子力の平和利用の名の下，核保有国並みのプルトニウムを保有しているという点で，再処理が認められていない韓国などからもダブルスタンダードであると批判されてきた問題である。フクシマを経験した後，原発再稼動にも舵が切られている中，日本は NPT レジーム下での説明責任を問われるとともに，非核兵器国の中の被曝国として，核兵器国との橋渡しの行動も，真剣に議論される時ではないだろうか。被爆国と核の傘，被曝国と「平和利用」，核拡散，これらの矛盾の中での日本外交は，NPT の根幹がゆらいでいる今こそ，その影響力はきわめて大きい。

2015年9月時点での世界の終わりを示す擬似終末時計は残り3分となった。これは，1984年に米ソ関係が悪化したとき以来の差し迫った状況である[73]。日本の被爆国，被曝国としての経験がこの時計を巻き戻すことに貢献できるのかどうか，今，まさに日本の外交が問われている。

1) アメリカ大使館のホームページ (http://japan2.usembassy.gov/j/p/tpj-20090405-77.html) より2015年8月ダウンロード。なお，以下の文献のダウンロード期日も同様である。
2) 正式名は「核兵器用核分裂性物質生産禁止条約」で，高濃縮ウラン，プルトニウムなどの生産を禁止することで，核兵器の数量増加を止めることを目的とする。1993年にアメリカクリントン大統領が国連総会演説で提案したのがはじまりである。交渉の場をジュネーブ軍縮会議とすることだけが決まっており，実質の交渉が開始されないまま今日に至っている。経緯などについては，外務省のホームページ (http://www.mofa.go.jp/mofaj/gaiko/kaku/fmct/gaiyo.html) に詳しい。
3) 吉岡斉『新版 原子力の社会史：その日本的展開』朝日新聞社，2011年，p. 6. 吉岡は原子力というのは通俗用語であり，核エネルギーまたは原子核エネルギーと表記すべきだというのが科学者の間では常識であるとする。核エネルギーといえば軍事利用と民生利用の双方をさすものとして理解されるが，日本の場合は，原子力という言葉でもっぱら民生利用と解されることが多いと指摘する。
4) 秋山信将編『NPT－核のグローバル・ガバナンス』岩波書店，2015年，p. 22.
5) UN.doc.GA Res 2373 (XXII) 賛成95，反対4，棄権21で採択された。
6) 原子力委員会『昭和42年度版原子力白書』昭和43年8月，電子版，内閣府原子力委員会ホームページ (http://www.aec.go.jp/jicst/NC/about/hakusho/index.htm) より。1967年8月に18カ国軍縮委員会に米ソ両国案が提出され，再修正を経て各国の意見を付した上で，国連総会に提出された。日本の原子力委員会は，核爆発の平和利用について，当面考えていないが，将来軍事利用と平和利用が区別できる段階になった時には，平和利用の研究開発を行う保障が得られることを求めている。
7) 中日新聞社会部『日米同盟と原発―隠された戦後史』東京新聞，2013年，p.165.
8) 『同上書』p. 166.
9) 吉岡斉『前掲書』，p. 72. IAEAが発足したのは1957年であるが，実際の機能や実権をもつようになったのは，NPT発効後のことである。
10) 核兵器の原料となるプルトニウムを産出するがゆえに，発電炉が日本に輸出されることに当初反対していたという。有馬哲夫『原発と原爆―「日・米・英」核武装の暗躍』2012年，p. 94.
11) アメリカが日本に実験用原子炉の情報を提供し，濃縮ウランを6KGまで提供

することを内容とする。
12) 田中慎吾「日米原子力研究協定の成立：日本側交渉過程の分析」『国際公共政策研究』第 13 巻第 2 号，p. 143. なお，前年 1954 年の第五福竜丸事件で悪化していた日米関係を改善する思惑や，被爆国である日本に原子力援助を与えることが，アメリカが原子力の平和利用のリーダーであることを示す機会であるととらえていたといわれる。
13) 吉岡『前掲書』p. 174.
14) NHK スペシャル取材班『"核"を求めた日本—被爆国の知られざる真実』光文社，2012 年，p. 24.
15) 有馬『前掲書』p. 116 に一次資料として言及されている。なおその報告書の存在は，1994 年 11 月 13 日の朝日新聞ではじめて明らかになった。
16) NHK『前掲書』p. 78.
17) 有馬『前掲書』p. 164.
18) 中日新聞社会部編『前掲書』外務官僚矢田部厚彦氏の発言，pp. 204-205.
19) 『参議院外務委員会会議録』第 7 号，昭和 51 年 5 月 20 日，p. 29.
20) 等雄一郎「非核三原則の今日的論点—「核の傘」・核不拡散条約・核武装論」『レファレンス』2007 年 8 月，pp. 52-54. 逆に「批准を急ぐ必要はない」「潜在的敵国を心配させておくのがいい」とニクソン大統領が佐藤首相に言ったこともこの程明らかになった。『朝日新聞』2015 年 10 月 4 日朝刊。
21) 佐藤栄一，木村昭三『核防条約—核拡散と不拡散の論理』国際問題研究所，1974 年，pp. 161-162.
22) IEAE 保障措置については，外務省軍縮・不拡散のホームページ（http://www.mofa.go.jp/mofaj/gaiko/atom/iaea/kyoutei.html）が詳しい。なお，追加議定書によって IAEA は，当該国において保障措置協定よりもさらに広範な保障措置を行う権限が与えられる。
23) カーター政権は，選挙公約で核拡散に厳しい態度をとることを約束しており，それまで歴代政権が認め，1977 年中に運転をめざしていた東海村の再処理施設の中止を「日米原子力協定」に基づき求めてきた。原発の使用済み核燃料から核兵器転用プルトニウムを取り出す再処理施設は，核保有国 5 カ国以外にははじめてであった。しかし，結局，日米再処理交渉は，日本の主張を丸呑みする形で決着している。交渉担当者の証言によれば「再処理で恩を売って経済面で日本の譲歩をとろうとしていたのではないか。それぐらいトータルで交渉を考えていた。」当時の日米の最大懸案は貿易摩擦であり，その 4 年後 1981 年には，日本自動車産業会に自主規制が行われた。日本の核燃料再処理を例外的に認めたアメリカであったが，その後，1980 年代には青森県六ヶ所村の再処理をめぐる日米原子力協定の改定交渉で疑念が再び蒸し返された。この間の経緯については，中日新聞社会部編『前掲書』pp. 157-162.
24) 吉岡『前掲書』p. 172.
25) 秋山『前掲書』p. 36. 1995 年の NPT 運用検討会議の合意文書については，

1995 Review and Extension Conference of the Parties to the Treaty on the Non-Proliferation of Nuclear Proliferation of Nuclear Weapons, Final Document, Part 1, NPT/Conf. 1995/32 (part1). なお,「原則と目標」では「包括的核実験禁止条約」の96年の妥結と発効までの核実験の最大限の抑制を求めている。

26) 最終合意文書は外務省のホームページ (http://www.un.org/disarmament/WMD/Nuclear/2000-NPT/pdf/FD-Part1and2.pdf) より。概要についても同様 (http://www.mofa.go.jp/mofaj/gaiko/kaku/npt/saisyu.html)。また, NGOの解説, 評価については, Rebecca Johnson, "Nuclear Non-Proliferation Treaty-Successful Conference: New Words into Action," Sixth NPT Review Conference, Briefing No.18, May 20, 2000, Acronym Institute, 1996年に創立された軍縮問題のアドボカシーNGOであるアクロニム研究所のホームページ (http://www.acronym.org.uk/articles-and-analyses/successful-conference-now-words-actions-briefing-no-18) より。

27) 河野洋平外務大臣談話「NPT運用検討会議の結果について」平成12年5月21日, 外務省のホームページ (http://www.mofa.go.jp/mofaj/gaiko/kaku/npt/archive.html#npt_2000) より。

28) Johnson, op.cit. 新アジェンダ連合は, 1998年にアイルランド, ニュージーランド, 南アフリカ, エジプト, ブラジル, メキシコ, スロベニア, 南アフリカ, スウェーデンにより創設されたグループで,「核兵器のない世界へ：新しいアジェンダの必要性」の下, 核保有国とインド, パキスタン, イスラエルに核兵器を廃棄する明確な政治意思を示すよう求めている。

29) NPT運用検討会議における山本一太外務政務次官演説, 外務省のホームページより。注27。

30) その理由として, 外務省は, 1) 中東問題やイランの核問題での厳しい対立, 2) 手続き事項を含めすべての決定がコンセンサス方式で行われることの濫用 3) 妥協して不利な内容の合意を作るよりは2000年合意をそのまま残したほうが良いと考える国が多かったこと 4) 核軍縮やCTBTをめぐる立場の開きが多かったこと 5) 拡散の脅威に対する認識が十分に共有されていなかったこと 6) 手続き事項に時間をとられ実質的討議時間がすくなかったことを挙げている。外務省「2005年核不拡散条約運用検討会議の概要と評価」外務省『核軍縮・不拡散』のホームページより。

31) Rebecca Johnson, "Politics and Protection: Why the 2005 Review Conference Failed," November 1, 2005. 会議の状況については,『毎日新聞』2005年5月29日, 30日, 31日朝刊を参照。1995年の「中東に関する決議」では, 中東和平プロセスの努力が, 中東非核兵器地帯に貢献することを認識するとした他, NPTに未加盟の国（筆者註：イスラエル）のNPTへの加盟と当該国の核施設をIAEAの保障措置の下に置くことを求めている。

32)『毎日新聞』2005年5月31日朝刊。

33) Johnson, 注31)。
34) 『読売新聞』2005年5月28日朝刊。アメリカのNGOである軍備管理協会（Arms Control Association）会長ダリル・キンボールの発言。
35) NPT/CONF.2010/50 (Vol. I).
36) 『毎日新聞』2010年5月27日朝刊。なお，中東で唯一の核保有国とされるイスラエルに関連して，2012年に中東での非核地帯構想を実現するための国際会議を開催することについては，最終文書に盛り込まれた。
37) 大統領補佐官 J. L. Jones の発言。White House のホームページ（https://www.whitehouse.gov/the-press-office/statement-national-security-advisor-general-james-l-jones-non-proliferation-treaty-）より。及び Statement by the President on the Non-Proliferation Treaty Review Conference, May 28 2010.
38) 『読売新聞』2010年5月29日夕刊，5月30日朝刊，『朝日新聞』2010年5月30日朝刊，『毎日新聞』2010年5月29日朝刊。内容自体は骨抜きという批判も。
39) 最終合意文書採択の折の日本代表須田明夫軍縮大使の発言。外務省のホームページ（http://www.mofa.go.jp/policy/un/disarmament/npt/review2010-4/closingstatement1005.html）より。
40) 「2010年核兵器不拡散条約（NPT）運用検討会議　概要と評価」外務省のホームページ，同上。
41) UN Doc.A/C.1/65/L.43. なお，反対1（インド），棄権は，ブラジル，中国，インド，イラン，メキシコ南アフリカなど13カ国である。アメリカは賛成票を投じている。
42) 外務省報道発表（http://www.mofa.go.jp/mofaj/press/release/22/10/1027_04.html）より。
43) A/C.1/65/L.50, para.1. 決議は1996年の「核兵器の威嚇または使用の合法性に関する国際司法裁判所の勧告的意見のフォローアップ」と題するものである。
44) A/C.1/66/L.41. 中国を除く4核兵器国が賛成，反対1（北朝鮮），棄権15（中国，インド，パキスタン，イスラエルなど）となっている。
45) 内容的には，核兵器国による核軍縮措置を評価するようなものとなっている。「2015年NPT運用検討会議第1回準備委員会」（概要と評価），外務省『核軍縮・不拡散』のホームページより。
46) 日豪は，2008年には「核不拡散・核軍縮に関する国際委員会」を立ち上げた。2010年のNPT再検討会議では共同文書を提出するなど協力関係があったが，その後，ドイツ，オランダ，ポーランド，カナダ，メキシコ，チリ，トルコ，ＵＡＥ，ナイジェリア，フィリピンと12カ国に広がった。2010年NPT運用検討会議の行動計画の着実な実施，中長期的な国際的取り組みによる「核リスクの低い」世界をめざしている。Joint Statement by Foreign Ministers on nuclear disarmament and Non. proliferation, September 20, 2010, 外務省ホームページより。2014年の4月には，第8回目の会合が広島で開催された。
47) Statement by Mr. Kazuyuki Hamada, Parliamentary Vice-Minister for

Foreign Affairs of Japan at the First Preparatory Committee for the 2015 Review Conference for the Treaty on the Non-proliferation of Nuclear Weapons (NPT), 22 April, 2013.
48) 国連軍縮局のホームページ（http://www.un.org/disarmament/WMD/Nuclear/NPT2015/PrepCom2012/statements/20120502/SwitzerlandOnBehalfOf.pdf）より。
49)『核兵器・実験モニター』No.405, 2012 年 8 月 1 日，pp. 1-3.
50)「2015 年 NPT 運用検討会議第 2 回準備委員会」（概説と評価），注 45）。中東非核地帯構想については，注 36）も参照。
51) 1 年前の第 1 回準備委員会では，「核軍縮の人道的側面に関する共同声明」が出されたが賛同国は 16 カ国にすぎなかった。「核兵器の人道的影響に関する共同声明」へとタイトルを変更し，事実としての議論に限定することにより，実践的要求との間に一定のクッションをおいたことの効果と思われる。『核兵器・核実験モニター』No.423-4, 2013 年 5 月 15 日，pp. 1-2.
52) 天野万利軍縮大使のクラスター 1（核軍縮）における 2013 年 4 月 25 日の発言。外務省のホームページ（http://www.mofa.go.jp/policy/un/disarmament/npt/pdfs/npt_130426_1.pdf）より。
53) 岸田文雄外務大臣会見記録，2013 年 10 月 22 日，外務省のホームページ（http://www.mofa.go.jp/mofaj/press/kaiken/kaiken4_000015.html#topic2）より。
54)『核兵器・核実験モニター』，No.460, 2014 年 11 月 15 日，p. 4.
55)「2015 年 NPT 運用検討会議第 3 回準備委員会」（概要と評価），注 45）。なお会議については建設的な雰囲気で終了し，翌年の運用検討会議につなげることができたとしているが，NGO による評価では，「失望の結果」と評されている。『核兵器・核実験モニター』, No. 451, 2014 年 7 月 1 日 ; Paul Ingram, "Is UK disarmament so irrelevant?" Acronym Institute for Disarmament Diplomacy では，「静かなる失敗」と評している。
56) 岸田外務大臣のステートメント，軍縮会議日本政府代表部のホームページ（http://www.disarm.emb-japan.go.jp/Statements/140428%20NPT.pdf）より。NPDI 広島は，4 月 11 日 12 日に開催されており，広島宣言第 1 節では，世界各国の指導者たちに広島を訪れるよう呼びかけを行っている。広島宣言については，同ホームページ（http://www.disarm.emb-japan.go.jp/Statements/140412%20HIROSHIMA%20Statement.pdf）より。
57) NPT/CONF.2015/SR.15.
58) Ibid., イギリス代表の発言。
59)『読売新聞』2015 年 5 月 24 日朝刊他。
60) 注 57。
61) NPT 会議議長の会見。同上。
62) そもそもの中東非核兵器地帯構想は，1995 年にアラブ諸国が NPT の無期限延長を認めるのと引き換え要求し，採択された決議に示されたものである。しか

し，以来具体の会議が開催されることもなく，アラブ諸国とともに，非核兵器国の核兵器国に対する不満にもつながっている．

63) Remarks at the 2015 Nuclear Nonproliferation Treaty Review Conference, John Kerry, Secretary of State, April 27, 2015.
64) Statement by Mikhail Il Uliyanov, Acting Head of the Delegation of the Russian federation at the 2015 Review Conference of the Parties to the Treaty on the Non- Proliferation of Nuclear weapons, April 27, 2015.
65) NPT/CONF.2015/SR.15.
66) 岸田外務大臣会見記録，2015年5月23日，外務省『核軍縮・不拡散』のホームページより．
67) 2014年広島で開催されたNPDIの「広島宣言」の内容を踏襲している．議長役であり広島出身である岸田外務大臣の影響によるところが大きい．
68) 中国外務省報道官は，中国の指導者がヒロシマ・ナガサキを訪問する可能性を尋ねられると，日本の指導者がいつ南京大虐殺記念館を訪れるのかと切り返した．『読売新聞』2015年5月23日朝刊．問題が長引けば全体の交渉に影響しかねないため，日本はヒロシマ・ナガサキの明記にこだわらず，被爆地訪問という表現で両者の妥協がついた．
69) 『朝日新聞』2015年5月16日朝刊．
70) この間の経緯については，『毎日新聞』「揺らぐNPT：再検討会議の舞台裏」，2015年6月11日〜13日朝刊に詳しい．
71) NPT News in Review, 22 May 2015, vol. 13, No. 16, p. 1. Reaching Critical Will (http://www.reachingcriticalwill.org) より．
72) 『朝日新聞』2015年10月22日朝刊．
73) Bulletin of the Atomic Scientists のホームページ（http://thebulletin.org/time）より．

第 6 章
核不拡散レジームとインド
――印米原子力協力のその後――

溜　和　敏

は じ め に

　広島への原爆投下から 70 年を迎えた 2015 年 8 月 6 日，インド連邦議会では例年の行事として 1 分間の黙祷を原爆投下の犠牲者に捧げた[1]。同日，インドのナレンドラ・モディ（Narendra Modi）首相はツイッター上で「広島で命を失ったすべての方に哀悼の意を捧げる。広島，長崎への原子爆弾投下は，戦争の恐ろしさと人類への影響を想起させる」とのメッセージを発して犠牲者への哀悼の意を表し，また平和に向けた日本との協力を訴えた[2]。このように，70 年が経った現在でも，インドでは人々が日本の原爆被害に思いを寄せつづけている。
　核兵器をめぐる国際的な取組みとインドの関係を振り返ると，1947 年の分離独立以来，インドは核軍縮を声高に主張してきた。たとえば 1988 年 6 月には当時のラジーヴ・ガーンディー（Rajiv Gandhi）首相が国際社会に向けて「核兵器なき非暴力の世界秩序を導くための行動計画（Action Plan for Ushering in a Nuclear-Weapon Free and Non-Violent World Order）」を国連総会で発表した[3]。他方で，インドは既存の国際的な核兵器不拡散の取組みに対して，一部の国々の核兵器保有を正当化するアプローチを批判し，既存のレジームへの反対を表明してきた。核不拡散レジームの歴史を振り返れば，インドが挑戦を繰り返してきたことがわかる。核不拡散レジームをめぐるインドの関わる出来事には，

とりわけ 3 回の重大な「事件」があったと考えられる。

1 度目の「事件」は，1974 年にインドが実施した核爆発実験である[4]。この実験はインド政府によれば平和利用目的であるとされるが，使用された核物質はカナダ製の研究用原子炉から得られた使用済みの核燃料を再処理したものであった。つまり，原子力発電用に供給された核物質を転用していたのであり，国際的な協力の下で民生用の原子力の利用を促進してきた取組みに衝撃を与えた。事態の再発を防ぐことを目的とした各国の取組みにより，1978 年に原子力供給国グループ（NSG）が結成されるに至るなど，核不拡散レジームの展開に多大な影響を与えたと考えられている。

2 度目の「事件」は，1998 年 5 月にインドが実施した核実験である。今度は「平和利用目的」ではなく，兵器化を目的とした核実験であることを表明し，核兵器を保有していることを宣言した[5]。核不拡散禁止条約（NPT）の定める核兵器国 5 カ国以外では初めての核兵器保有宣言であり，核不拡散の歴史における重大な出来事であった。隣国パキスタンもすぐに追随して核実験を行った。インドは国際的な非難を受けて，アメリカやカナダ，日本による経済制裁を受けることになった。

そして，2005 年 7 月にインドとアメリカが原子力協力の実施に関する基本合意を行ったことは，いわば 3 度目の「事件」であったと言えるかもしれない。インドとアメリカの原子力協力合意は，NPT に加盟していないインドへの原子力協力を認めるという点において，既存の核不拡散レジームに重要な変更を行うものであった。1974 年のインドによる核実験がきっかけとなって組織された NSG では，NPT に調印していない国々との原子力関連貿易を禁止していた。しかしアメリカはインドとの原子力協力を実現するために，NSG の規定からインドを例外化して，全面的な核査察を受けないインドに対する原子力関連輸出を解禁することを提案し，2008 年 9 月に NSG 臨時総会で承認を得た。それまでの両国間の交渉や国際原子力機関（IAEA）との合意などをふまえて，同年 10 月に両国間の原子力協力協定が締結された[6]。

インドとアメリカの原子力協力を核不拡散レジームへの挑戦として捉える見

方には，総体的なレジームの求心力低下への懸念と，個別具体的な懸念が存在した。総体的な観点においては，過去に NPT の制約に従ってこなかったインドが NPT 加盟国と同等かそれ以上の恩恵を被ることにより，NPT を中心とする核不拡散レジームの求心力が低下するという見方であった[7]。つまり，核兵器開発を放棄する見返りとして民生用の原子力協力を得られるという NPT の基本的なアイディアに反して，インドに関しては国際社会が例外扱いすることにより，レジームが弱まるという懸念であった。後者の個別具体的な懸念としては，山村司によると「①他の NPT 非締約国（パキスタン，イスラエル）が同種の取り扱いを求めてくる可能性，②北朝鮮，イランによる核開発放棄に向けた多国間交渉にマイナスの影響を与える可能性，③その他の非核兵器国がNPT を脱退して核開発を目指す可能性」が考えられたという[8]。他方で，核兵器を実際に保有しているインドを国際的なレジームの外に置きつづけるよりも，核不拡散レジームを強化できるという議論もあり，当時のアメリカ政府はそのように主張していた[9]。

　核不拡散レジームを揺るがしかねないと懸念されたこの合意は，その後，どのような影響をもたらしたのだろうか。一連の合意の最初となった 2005 年 7 月の基本合意[10] から，すでに 10 年間が経過した。2015 年 7 月に 10 周年を迎えたことを機に行われた様々な論者による分析をふまえて，本稿で考察を行う。ただし原子力協力合意とその後の展開との間の因果関係を論証することは困難であるため，「どのような影響を及ぼしたのか」ではなく，「何が起きたのか」という問いにいったん置き換えて検討する。つまり，印米原子力協力による影響が想定される，協定締結後のインドとアメリカの原子力協力の進展状況や，インドとアメリカのその他のイシューにおける動向，インドと他国の原子力協力，さらには追随して核不拡散レジームから逸脱する例の有無を調査する。第 1 節では印米原子力協力の実現に向けた取組みを扱い，第 2 節では他の分野における二国間関係の動向を整理する。第 3 節では NSG による禁輸措置が解除されたことによって可能になったインドと他国の原子力協力の状況を検討する。第 4 節では懸念されていた核不拡散レジームからの逸脱行動の有無に

簡潔に言及する。最後に，本章の議論をふりかえったうえで，平和学という観点からこの問題を扱うことの意義について考察を加える。

1. インドとアメリカの原子力協力

2008年10月，インドとアメリカは「原子力エネルギーの平和的利用に関するインド政府とアメリカ合衆国政府の協力に向けた協定（Agreement for Cooperation between the Government of India and the Government of the United States of America Concerning Peaceful Uses of Nuclear Energy）」[11]，いわゆる原子力協力協定を締結した。この協定は，インドが自国の民生用原子力計画をIAEAの保障措置の管理下に置くことの見返りとして[12]，アメリカが従来禁止していた原子力関連輸出を全面的に解禁することをおもな内容としていた。しかし締結から7年が経過した2015年10月現在，両国間の原子力協力はいまだに実現していない。すなわち，アメリカの原子力企業による原子力発電所の建設に関する正式な契約は結ばれておらず，アメリカからの核燃料の輸出もまだ行われていない。

原子力協力の実現に向けた取組みにおいて，障害となったのは原子力損害賠償法の問題であった。原子力協力の実現のために，インド政府は2010年8月に「原子力損害賠償法（The Civil Liability for Nuclear Damage Act, 2010）」を成立させた。しかしこの法律は，連邦議会における審議を経るなかで機器や設備の提供者に対する厳しい条件を含むことになった[13]。とりわけ，原子力事業者が機器の提供者に対して償還請求権を行使できると定めたことを特色としていた。すなわち，提供された機器や設備に起因する事故が発生した場合に，インドの原子力発電の事業者であるインド原子力発電公社（NPCIL）が，機器の供給者（アメリカとの原子力協力の場合，アメリカの原子力企業）に対して賠償を請求する権利を認めていた。各国の原子力損害賠償をめぐる法律において，機器の提供者に対する償還請求権を認める法律はほとんど存在せず，主要国では韓国で例外的に同様の規定が見られるのみである[14]。

当初，アメリカ政府やアメリカ原子力企業は，インド政府に対して法律の修正を求めた[15]。しかし成立した法律を修正することは困難であり，とりわけ修正をインドの野党が認めることは期待薄であったため，法解釈や事務規定による問題解決を試みられたが，難航した。さらに2011年3月に日本で発生した原子力災害をうけて，優れた技術を有すると考えられる日本で甚大な原子力災害が発生したことにより，インドでも原子力事故発生時の損害賠償をめぐる問題により厳しい視線が向けられることになった[16]。

　印米政府間では原子力損害賠償法の制定直後から4年以上にわたって断続的に交渉を続け，問題の解決を図った。そして2015年1月，バラク・オバマ（Barack Obama）大統領のインド訪問に際して，両国政府は原子力損害賠償法の問題で「ブレイクスルー合意」に達したと発表した[17]。さらに詰めの協議を経て，同年3月，両国は原子力協力にかかる「事務規定（administrative arrangements）」に関する文書を交換した[18]。事務規定の内容は公開されていないが，インド政府が行っている説明によると，損害賠償の問題については，賠償責任金額に上限を設けることや，基金を設立して事故発生時の賠償の一部に充てること，設備供給者には民事上の法的責任が及ばないこと，事業者（NPCIL）が償還請求権を自発的に放棄できることなどを確認した[19]。また，「ブレイクスルー合意」に際してアメリカ政府側は提供する核燃料の追跡監視を求めていた従来の要求を取り下げた[20]。

　しかし，これらの合意をもってしてもアメリカ原子力企業の懸念は払拭されていないと見られている[21]。インドの裁判所が政府の考えに沿った判断を下すかどうかは分からないことや，150億ルピーという賠償責任額の上限が大き過ぎること，事故に対する供給者の責任期間が80年間と長すぎることなども，不安材料として指摘されている[22]。

　アメリカの原子力発電2社のうち，インドでの事業により積極的な姿勢を見せている東芝傘下のウェスチングハウス社は，モディ首相の地元でもあるインド西部グジャラート州に6基の原子力発電所を建設する計画を進めている[23]。「ブレイクスルー合意」後の2015年2月時点では，損害賠償に関する政府間の

合意内容について検討に時間を要するとして,受け入れるかどうかについての判断を保留している[24]。もう1社の日立GEニュークリア・エナジー社との契約も実現していない。同年9月,GEのジェフ・イメルト（Jeff Immelt）会長兼CEOは,訪米中のモディ首相との会談後に記者団に対して,現行のインドの原子力損害賠償法の下ではリスクが高すぎるためにインドでの原子力発電事業には参加しない意向を明らかにして,原子力損害賠償法の改定を暗に求めた[25]。

さらに,インドとアメリカの原子力協力の実現に向けた障害のひとつは,日本とインドとの間で原子力協力協定が結ばれていないことである。アメリカの原子力発電企業は東芝傘下のウェスチングハウス社と日立GEニュークリア・エナジーという日本企業と関連する2社であり,また他の日本企業の製造する機器を調達する必要もあると考えられている。ただしウェスチングハウス社は,日印原子力協力協定が成立しなくても原子力発電所の建設は可能であるとして,日印間の協定を待たずに計画を進める姿勢を繰り返し示している[26]。

以上が2015年10月までの主な動向であり,協力の実現に向けて取り組みは続けられているものの,原子力発電所の建設に関する正式な契約は1件も結ばれておらず,核燃料の提供も実現していない。

2．他分野におけるインドとアメリカの関係

前節で見たように,インドとアメリカとの間で原子力発電での協力は実現していない。しかしそのことをもってして,原子力協力合意が両国関係の発展に効果をもたらさなかったとは言いきれない。原子力協力に向けた交渉過程を振り返ると,当初はインド側が不足していた核燃料の供給を求めたことが端緒とされているが,アメリカ側が全面的な原子力協力を提案した理由は,原子力分野での協力そのものよりも,この二国間関係で長年の敵対的イシューとなっていた原子力問題で協力へと転じることにより,関係全般を好転させることにあったと考えられている[27]。そのため,原子力分野以外での関係に波及効果

が見られれば，協定はその目的の一部を達したと言いうる。たとえばアメリカ政府関係者は，原子力協力が実現していないことは認めつつも，両国関係全般を拡大するうえで多大なプラスの影響があったと主張している[28]。

インド外務省の年次報告書を見ると，インドとアメリカの協力関係が原子力協力への合意の時期から拡大していることを確認できる[29]。インド外務省年次報告書で割かれている紙幅を比較することによってインド外交の動向を分析した拙稿によると，原子力協力協定が結ばれた2008-09年度以降，インド外交におけるアメリカの重要性が高まっている[30]。最新版の2014-15年度版でも全170カ国中で最大の紙幅がアメリカに対して割かれており，各イシューでの協力関係の進展が具体的に記述される様子は，現在のインドの対外関係においてアメリカとの関係に突出した重要性が付与されていることを示唆している[31]。

また，アメリカ政府内外の立場で協定の成立に邁進したアシュリー・テリス（Ashley J. Tellis）は，協定が両国関係に及ぼした意義を強調している[32]。第1に従来アメリカの核不拡散政策の標的であったインドをより大きな地政学的な観点でのパートナーに変えることができたこと，第2にインドによる核燃料の調達が容易になったこと，第3に協定を契機としてアメリカによるインドに対する輸出規制が大幅に緩和され，核関連や軍事関連の輸出が拡大したことを挙げている[33]。2点目に関して，不足していた核燃料供給がもたらされることにより，インドの原子力発電は，協定締結時には発電能力の50％程度の利用しかできていなかったのが，2014年には82％まで高めることができたという[34]。3点目のうちの防衛関係に関しては，最初の原子力協力合意の直前にあたる2005年6月に印米両国が「米印防衛関係のための新枠組み（New Framework for the U.S.-India Defense Partnership）」に合意しており[35]，10年後の2015年6月に新たに枠組み合意を結んでいた[36]。

このように印米合意の波及効果を評価する見方に対しては，協定のもたらした成果が乏しいという見方も存在する。たとえばインドを代表する戦略研究者のひとりと目されるブラフマ・チェラニー（Brahma Chellaney）は，原子力協

力そのものが実現していないだけでなく，期待された波及効果も十分でなく，費やされた政治的労力に値するような成果は得られなかったと論じている[37]。具体的には，インドが NSG やミサイル技術管理レジーム，オーストラリア・グループ，ワッセナー・アレンジメントなどの輸出管理レジームへの参加を認められていないことを指摘している[38]。

チェラニーのように労力のわりには成果が不十分であるという議論は散見されるが，原子力協力協定がインドとアメリカの関係の阻害要因になったという議論は見あたらない。たとえばインド側の論者では，C. ラージャ・モーハン (C. Raja Mohan) がテリスと同様に，印米関係全般に多大な好影響をもたらしたと論じている[39]。程度についての評価は様々であるとしても，原子力協定が両国関係の深化・拡大に貢献したことは間違いないと考えられよう。

3．インドと他国の原子力協力の進展

2008 年 9 月に NSG がインドに対する原子力関連輸出を解禁したことは，インドとアメリカとの原子力協力だけでなく，インドと他の国との原子力協力に道を開くことになった。NSG の決定からまもなく，アメリカとの協定締結（同年 10 月）よりも前に，同年 9 月に結んだフランスとの原子力協力協定が皮切りであった[40]。フランスのアレバ社とは同年 12 月に早くも原子力燃料の供給について合意を結んでいる[41]。原子力燃料の主要輸出国であるナミビア（2009 年 8 月）[42] やモンゴル（同年 9 月）[43]，カザフスタン（2011 年 4 月）[44]，オーストラリア（2014 年 9 月）[45] など各国とも合意に達している。

ロシアは NSG でインドへの核関連輸出が禁止される以前の 1988 年から原子力協力を行っており[46]，NSG による輸出解禁後の 2008 年 12 月に新たな核燃料供給などについて合意し，2009 年 12 月には改めて原子力協力協定を締結して新たに原子力発電所を建設することで合意した[47]。

NSG の例外措置承認から現時点までに新たな原子力発電所の建設に関する合意に至ったのは，上記ロシアの事例のみである。ただしアメリカ（前節）と

表6-1 NSGによる例外承認後にインドと原子力協力協定を結んだ国々

2008年9月：フランス
2008年10月：アメリカ
2009年8月：ナミビア
2009年9月：モンゴル
2009年12月：ロシア
2010年6月：カナダ
2011年4月：カザフスタン
2011年7月：韓国
2014年9月：オーストラリア

（出所）各種報道に基づいて筆者作成。

フランスの企業は，具体的な計画を進めている。フランスのアレバ社は2009年4月からNPCILとの間で原子力発電所の建設に関する覚書を段階的に調印しているが[48]，正式な契約にはいたっていない。アメリカの2社と同様にアレバの場合も，原子力損害賠償の問題と，日本とインドが原子力協力協定を結んでいないために日本企業からの設備調達が不可能であることがネックになっている[49]。

日本政府とインド政府の間では，2010年6月から原子力協力協定の締結に向けた交渉が行われているが[50]，2015年10月時点では合意に至っていない。日本側の新聞報道によると，2015年末から2016年初頭の間に予定される首脳会談に合わせて合意する見通しになったと伝えられており[51]，その動向が注目される。

以上のように，アメリカがインドとの原子力協力を実現するために行ったNSGの対インド例外措置承認は，インドと他国の原子力協力に道を開いた。発電所の新規建設に関する契約は，ロシアとの間で結ばれただけであり，そこで合意された発電所が稼働するまでにはまだ長い年月を要するため，現時点でインドの電力事情への貢献はなされていない。しかし，フランスなどからの核燃料の供給はすでに実現している。前節で示したように，インドの原子力発電所の稼働率は大幅に改善しており，これはNSGの決定をうけて外国からの核

燃料調達が可能になったためと考えられている．このことは，印米原子力協力協定に向けた取り組みからもたらされた具体的な成果であると言えよう．

4．NPT レジームへの影響

「はじめに」で示したように，印米原子力協力協定は核不拡散レジームに悪影響を及ぼしうるという懸念がなされていた．果たして最初の合意から 10 年間に，どのような動きが見られたのか．懸念される具体的な悪影響として山村が指摘した，①他の NPT 非締約国によるインドと同様の例外措置の要求，②北朝鮮やイランによる核開発放棄に向けた交渉への悪影響，③他の非核兵器国による NPT 脱退や核開発の 3 点[52]について，簡潔に事実関係を確認する．

第一に，他の NPT 非加盟国による同等の扱いの要求は，インドの隣国パキスタンからなされている．北朝鮮の核開発に荷担するなど核不拡散の取組みに問題があったとされるパキスタンに対してインドと同様の特例措置を与えることについて，NSG で実際的な検討課題とはなっていないと見られるが，パキスタンの友好国である中国政府がパキスタンを NSG の加盟国として迎え入れることを支持する発言を繰り返している[53]．また，中国は NSG の承認を得ずにパキスタンとの間で原子力協力を進めているが，NSG の他国はこれを事実上黙認する状態にあるという[54]．

②に関して，北朝鮮はすでに 2003 年 1 月に NPT 脱退を通告していたが，2005 年の印米合意後，核実験（2006 年 10 月，2009 年 5 月，2013 年 2 月）を行っていわゆる 6 者協議も破談になるなど，国際社会からの孤立を深める結果に至っている[55]．北朝鮮が核開発を強行した判断には，インドとパキスタンが 1998 年の核実験後に国際社会から受けた制裁は一時的なものであり，むしろインドが国際的な威信を高めた様子を見て，追随を狙ったという見方がある[56]．イランに関しては，2006 年にイラン政府とアメリカやイギリス，フランスなどとの間で対立が先鋭化したが，その後 2015 年 7 月に合意に至っている[57]．

第三の点については，②と関連して北朝鮮の核実験が該当事例と考えられる。NPT からの脱退は過去に北朝鮮が唯一の事例であり，印米合意後の事例は存在しない。なお，2015 年 10 月時点で NPT に加盟していない国は，インド，パキスタン，北朝鮮，イスラエル，そして国家の成立から月日が浅い南スーダンの 5 か国のみである。

　以上のように，印米合意後の 10 年間に，懸念されていたことの一部は具現化した。NSG 加盟を求めているパキスタンの動向に印米合意が影響を及ぼしていることは間違いないが，パキスタンが印米合意以前と比べて核不拡散レジームからの逸脱を大きくしたとは言えず，パキスタンの動向に関しては事態が悪化したとは断定できない。北朝鮮に関しては，この 10 年間に明らかに核不拡散レジームからの逸脱を加速させた。北朝鮮政府がそうした方針を推し進めた判断には，1998 年の核実験を含む一連のインドとパキスタンの動向が何らかの影響を及ぼしていた可能性はあるが，北朝鮮政府が印米合意からどのような示唆を読み取り，どのような影響を受けたのかについては定かでない。

おわりに

　最初の合意から 10 年間，協定締結から 7 年間が経過しても，インドとアメリカの原子力協力は実現しておらず，現時点ではその見通しも不確かである。しかし，その影響は様々に及んでいると推測できる。インドとアメリカの関係は原子力協力の合意を契機として協力を拡大させた。印米原子力協力を実現するためにアメリカ主導で実現した NSG の対インド輸出解禁により，インドが不足してきた核燃料をロシアやフランスから調達でき，新たにモンゴルやナミビア，オーストラリアなどの主要な核燃料供給国からも供給を受けられることになった。新たな原子力発電所の建設についてはロシアとの間でしか合意に至っておらず，その実現にもまだ年月を要するが，アメリカやフランスの企業との間でも正式な契約に向けて計画が進められている。したがって，印米間の原子力協力そのものはまだ実現していないが，核燃料調達が可能になったこと

によって原子力発電の拡大に貢献し，また将来的に新たに建設される原子力発電所を通じてインドの電力事情の改善に貢献すると考えられる。

　NPTレジームに及ぼした影響を評価することは時期尚早かもしれない。この10年間にレジームからの逸脱を明白に推し進めた北朝鮮は，インドやパキスタンの1998年核実験以降の一連の動向を注意深く学習していたと思われるが，どのような教訓を印米合意から得たのかは定かでない。将来的に北朝鮮政府が核実験を決断した経緯が明らかになれば，印米合意がもたらした影響もいずれは判明するかもしれない。北朝鮮以外にはNPTからの脱退や新たな核兵器保有などのNPTレジームからの明白な逸脱事例は生じていない。

　最期に，平和学のパースペクティヴからこの問題について考えてみたい。印米原子力協力のようにイシューが多岐にわたる問題について評価を行うことは容易でないが，平和学は「平和」というひとつの参照基準を提供してくれている。核兵器開発や核不拡散レジームの問題は，言うまでもなく初期から平和学の中核的な研究課題であった。核兵器を保有するインドが国際的なレジームに取り込まれたことは，核不拡散レジームの強化であったと言えるかもしれないが，核不拡散をめぐる国際的な取り決めの説得力を低下させる影響をもたらした可能性は否定できず，ましてやもし北朝鮮の核実験に向けた判断を後押ししていたとすれば，その悪影響は甚大であったことになる。なお，印米原子力合意に対する事前の懸念のひとつは，核燃料の不足を解消することによってインドの核兵器の増産が可能になるということであったが，印米合意後もインドの保有する核弾頭の増加は観察されず[58]，現時点では当てはまらない。また，2011年時点でインド全体の37.3％の世帯が依然として電化されていないインドの電力事情を考えると[59]，電力事情の改善は人間の安全保障や積極的平和の実現にも貢献する。印米合意はインドの原子力発電を推進する効果をもたらし，電力事情の改善には貢献したと言えるが，もし将来的に原子力災害が起きれば，平和はとたんに破壊されることになる。さらには，食料安全保障との関連も見いだされる。インドの農村部では灌漑ポンプに電力が多く用いられており，電力増産はインドの食料増産に貢献するが，農業用に安価で供給される電

力を用いて過剰な地下水くみ上げが行われることはかえって食料安全保障を脅かしていると考えられ，電力と食料安全保障の関係はジレンマを伴う[60]。このように，核不拡散や食料安全保障などそれぞれの個別的な観点においてもその影響を評価することは容易でないが，平和という包括的なパースペクティヴをつねに参照しつづけることは，こうした多元的な問題を全体的に捉えることに役立つと言えよう。

〔追記〕
　2015年12月，日本政府とインド政府は原子力協力協定の締結に関して「実質合意（substantive agreement）」に至ったと発表した。

1) "On Hiroshima Bombing Day, PM Narendra Modi Pitches for Violence-free World," *Economic Times*, August 6, 2015.
2) Ibid.
3) Sandeep Dikshit, "Rajiv Gandhi Plan: a Valuable Solution," *The Hindu*, August 9, 2010.
4) インド政府がこの実験を決断した経緯については，以下を参照されたい。George Perkovich, *India's Nuclear Bomb: The Impact on Global Proliferation*, updated edition with a new afterword, Berkeley: University of California Press, 2001, pp. 28-33; 広瀬崇子「インドの原子力政策——福島後の原子力発電の推進」『専修大学法学研究所紀要』第37号，2012年，62-64ページ。
5) 広瀬，前掲論文，64-66ページ。
6) インドとアメリカの原子力協力協定に向けた交渉の経緯については，下記を参照されたい。溜和敏「原子力協力協定をめぐるインドとアメリカの二国間関係」博士学位論文，中央大学大学院法学研究科，2012年度，第3章・第4章。
7) 一例として，下記論文では「過去に核実験によって平和的原子力協力の合意を破ってきた国であるインドに対して，インドの加盟していないNPTの義務や責任を守ってきた国よりも有利な原子力貿易の諸条件を与えることになる」と指摘されている。Daryl G. Kimball, "Fixing a Flawed Nuclear Deal," *Arms Control Today*, Vol. 37, No. 7, 2007 (http://www.armscontrol.org/act/2007_09/focus, retrieved on July 13, 2012).
8) 山村司「米印原子力協力——核兵器不拡散体制への挑戦」『原子力eye』第55巻第3号，2009年，49ページ。ただし山村は，インドを核不拡散レジームに取り込めることや，インドの原子力発電拡大はエネルギー安全保障や地球温暖化対策に役立つという観点から，メリットがより大きいと論じていた。同論文，49-50ページ。

9) 一例として，当時のニコラス・バーンズ（Nicholas Burns）国務副長官は，インドがIAEAと保障措置協定を結び，民生用のみとはいえインドの核施設が国際的な査察を受けることは，インドが不拡散レジームに戻ることを意味しており，自国や世界の利益になると主張していた。"On-The-Record Briefing on the Status of the U.S.-India Civil Nuclear Cooperation Initiative and the Text of the Bilateral Agreement for Peaceful Nuclear Cooperation (123 Agreement)," R. Nicholas Burns, Under Secretary for Political Affairs, U.S. Department of State, July 27, 2007.

10) "Joint Statement by President George W. Bush and Prime Minister Manmohan Singh," Press Release, White House, July 18, 2005.

11) インドのプラナーブ・ムカジー（Pranab Mukherjee）外相とアメリカのコンドリーザ・ライス（Condoleezza Rice）国務長官の調印した文書の写しがアメリカ国務省ウェブサイト上に掲載されている（http://www.state.gov/documents/organization/122068.pdf，2015年10月12日アクセス）。

12) インドは当時保有していた22基のうち，すでに従来から保障措置下にあった6基に加えて，新たに8基を民生用として指定して保障措置下におくことを認めた。Sharon Squassoni, "U.S. Nuclear Cooperation with India: Issues for Congress," *CRS Report for Congress*, updated on November 22, 2006, Washington, D.C.: Congressional Research Service, p. 19.

13) インドのマンモーハン・シン（Manmohan Singh）政権第1期（2004-2009年）に首相のメディア・アドバイザーを務めたサンジャヤ・バールー（Sanjaya Baru）は，議会の圧力に屈して原子力損害賠償法を供給者に厳しいものにしてしまったことが，原子力協力の実現を阻んだと論じている。Sanjaya Baru, "An Agreement that was Called a Deal," *The Hindu*, July 21, 2015.

14) 各国の原子力損害賠償法の比較については，下記ウェブサイトを参照した。日本原子力産業協会「シリーズ「あなたに知ってもらいたい原賠制度」【45】」（http://www.jaif.or.jp/ja/seisaku/genbai/genbaihou_series45.html，2015年10月3日アクセス）。

15) アメリカのP. J. クローリー（Phillip J Crowley）国務次官補（広報担当）は，2010年9月7日，インド政府がこの法律を修正することを希望すると発言し，インド国内からの反発を招いた。"US Seeks Changes in Nuclear Liability Bill," *Economic Times*, September 9, 2010.

16) Baru, op.cit.

17) "Obama, India's Modi Claim Breakthrough on Nuclear Issues," *The Washington Post*, January 25, 2015.

18) "To Commercialise Nuclear Deal, India, US Exchanging Key Text," *The Indian Express*, March 20, 2015. 内容は公表されていない。

19) 2015年2月にインド外務省がウェブサイト上に掲載した説明を報じる新聞記事に基づく。"No Change in Nuclear Liability Law: MEA," *The Hindu*, February

8, 2015.
20) "Modi, Obama Walt the Talk on Nuke Deal," *The Hindu*, January 25, 2015.
21) 2015年1月のブレイクスルー合意後の状況について，以下の記事はアメリカ企業の懸念が払拭されていないことを指摘していた。"Is the India Nuclear Agreement really the 'Breakthrough' Obama Promised?" *The Washington Post*, February 4, 2015.
22) "US Nuclear Suppliers Sceptical of MEA Assurances," *The Hindu*, February 10, 2015.
23) 2012年6月に覚書に調印した。"US Firm Westinghouse Signs MoU for Building Nuclear Plants in India," *Business Today*, June 14, 2012.
24) "Westinghouse to Work on India Nuclear Plan before Liability Resolved – CEO," Reuters, February 13, 2015.
25) "GE's Immelt Rules out India Nuclear Investment under Current Law," Reuters, September 21, 2015.
26) "US Firm Westinghouse Electric may Bypass Toshiba for Gujarat Plant," *Economic Times*, January 29, 2015.
27) 溜「原子力協力協定をめぐるインドとアメリカの二国間関係」第6章。
28) 2015年8月，インド・ニューデリーにおいて，印米原子力協力を担当する現職のアメリカ政府高官（匿名）に対して筆者が実施したインタビューによる。
29) 溜和敏「インドの対外関係の定量化―外務省年次報告の定点観測2004-14年」中央大学政策文化総合研究所報告書所収，近刊。
30) 同論文。
31) 同論文。
32) Ashley J. Tellis, "A Decade of Nuclear Deal," *Hindustan Times*, July 18, 2015.
33) Ibid.
34) Ibid.
35) Sridhar Krishnaswami, "India, U.S. Sign Framework for Defence Cooperation," *The Hindu*, June 30, 2005. 合意文書の写しは下記ウェブサイトに掲載されている（http://library.rumsfeld.com/doclib/sp/3211/2005-06-28%20New%20Framework%20for%20the%20US-India%20Defense%20Relationship.pdf. 2015年10月12日アクセス）。
36) "India, US Sign New 10-year Defence Framework Pact," NDTV.com, June 4, 2015.
37) Brahma Chellaney, "Built on Hype, Deflated by Reality," *The Hindu*, July 14, 2015.
38) Ibid.
39) C. Raja Mohan, "10 Years of Indo-U.S. Civil Nuclear Deal: Transformation of the Bilateral Relationship is the Real Big Deal," *Indian Express*, July 20, 2015.

40) "India, France Ink Nuclear Deal, First after NSG Waiver," *The Indian Express*, September 30, 2008.
41) 一般社団法人日本原子力産業協会ウェブサイト「躍進するアジアの原子力：インド共和国」2010年1月27日（http://www.jaif.or.jp/ja/asia/india_data4.html, 2015年10月10日アクセス）。
42) 同ウェブサイト。
43) "India, Mongolia Sign Civil Nuclear Cooperation Pact," *The Times of India*, September 15, 2015.
44) "India, Kazakhstan Ink Civil Nuclear Cooperation Deal," *The Times of India*, April 17, 2011.
45) "India, Australia Seal Civil Nuclear Deal," *The Hindu*, September 5, 2014.
46) 日本原子力産業協会「躍進するアジアの原子力」。インドに対するNSGの禁輸措置が行われている最中でもロシアが協力を続けていたこと（ただし新規案件は不可）に対して，アメリカなどから批判が向けられていた。
47) "India, Russia Sign Nuclear Deal," *The Times of India*, December 7, 2009.
48) 日本原子力産業協会「躍進するアジアの原子力」。
49) アレバは日本製鋼所製の機器などを用いるため，日本とインドの協定がなければ発電所の建設は不可能と言われている。"PM Narendra Modi's France Visit Sees Areva's Nuclear Plant Agreement with NPCIL, L&T," *Economic Times*, April. 11, 2015.
50) 外務省ウェブサイト「日インド原子力協定締結交渉の開催」2010年6月25日発表（http://www.mofa.go.jp/mofaj/press/release/22/6/0625_02.html, 2015年10月12日アクセス）。
51) 「日印原子力協定を締結へ―首相が年末にも訪印」『日本経済新聞 電子版』2015年10月5日。
52) 山村，前掲論文。
53) "NPT Status 'Crucial': China Backs Pakistan on NSG Membership," *Tribune*, June 4, 2015; Ali Sarwar Naqvi, "India, Pakistan and the NSG," *The News*, August 25, 2015. 中国政府はインド単独のNSG加盟に慎重な姿勢を示し，パキスタンの加盟と関連付ける考えを示している。
54) "China-Pakistan Nuclear Deal Likely, but no Parity with India," *Business Standard*, July 1, 2010.
55) 近年の北朝鮮の核開発については，下記を参照した。"How Advanced is North Korea's Nuclear Programme?" BBC News, September 15, 2015.
56) そうした指摘の一例として，以下の記事を参照した。竹内幸史「インド・パキスタンの核増殖，北朝鮮へ連鎖」朝日新聞ウェブサイト，2006年11月4日（http://www.asahi.com/strategy/1104x.html, 2015年10月10日アクセス）。
57) 「イラン核協議最終合意―制裁解除で原油輸出拡大へ」『日本経済新聞』2015年7月14日。

58) Website of the Nuclear Threat Initiative, "Country Profiles: India," updated on August 2015 (http://www.nti.org/country-profiles/india/nuclear/, retrieved on October 9, 2015).
59) インドの電力事情については，下記を参照した。広瀬，前掲論文，68-75 ページ；日本貿易振興機構「電力事情インド ニューデリー BOP 実態調査レポート」2013 年（http://www.jetro.go.jp/ext_images/theme/bop/precedents/pdf/lifestyle_electricity_in_newdelhi.pdf，2015 年 10 月 2 日アクセス）。
60) 筆者は 2015 年 3 月と 8 月の 2 回にわたってインド北部パンジャーブ州で電力問題の調査を実施した。2015 年 3 月の調査は科学研究費補助金「インドの大国化戦略―安全保障，エネルギー外交，在外インド人の観点から」（代表：広瀬崇子），同年 8 月の調査は「冷戦終結後におけるインドと米国の政治外交関係」（代表：溜和敏）による。

第 7 章
東アジア国際関係の現状分析と展望
―――「中国問題」の現実的解決に向けて―――

滝 田 賢 治

はじめに

　本章は，中国が経済成長を背景に急激に軍拡を進め，南・東シナ海で一方的に領海・領土の拡張を強行することにより，日本・ASEANを含む周辺諸国ばかりでなくアメリカとの緊張を高めている背景を再確認した上で，この緊張を緩和していく現実的方策を考察することを目的としている。この作業の前提として，冷戦後の東アジア国際関係の変容の原因と，それがこの国際関係を不安定化させるに至った過程・経路，その過程における重要な要因としての「中国問題」とアメリカのアジア戦略を考察し，これらを踏まえつつ，東アジアの軍事的緊張を緩和していく現実的解決策を提起する。

　2000年代に入り中国が軍事力を背景に領海・領土を強権的に拡大しつつ，ユーラシア大陸南縁から中東にかけての海上輸送路（シーレーン）を構築し，アジア・インフラ投資銀行（AIIB）設立を前提に，今また「一帯一路」という陸海両路でのルート建設により勢力圏を拡大しているという観測が米欧日を中心に高まってきている。こうした中国の対外行動により，19世紀末から第1次世界大戦に至る時期のウィルヘルムⅡ統治下のドイツの世界政策や英独対立を想起する論者もいれば，イギリスからアメリカへの覇権の交代の歴史を念頭にアメリカから中国への覇権の交代を推測してパワー・シフト論を展開する論者もいる。前者の英独対立は，「帝国主義の時代」の多極構造を三国協商と三

国同盟という二極構造に変容させて第1次大戦という大規模戦争を引き起こし，イギリスの覇権に挑戦したドイツはその目的を達成できなかったが，イギリスもその覇権性を衰退させたのである。後者は第2次大戦という大規模戦争により，さらに国力を消耗させた同盟国イギリスに取って代わり，アメリカが戦後秩序の設計を主導し，国際公共財を提供してその維持コストを払いながら覇権を握ったのである。中国は第2のドイツとなるのか，第2のアメリカになるのであろうか。それとも覇権システムではない全く新しい国際秩序が形成され，その中で東アジア国際関係が展開していくのであろうか。

1.「冷戦後」東アジア国際関係の変容——1990年代

　本節では，中国・朝鮮半島・日本が冷戦終結にどのように対応し，東アジア国際関係が変容していったかを再確認する。

　1972年2月以降の米中接近，1979年1月の米中国交樹立により，米ソ冷戦の「東アジア戦線」における緊張は急速に緩和していった。その後，米中は台湾問題[1]を巡り度々緊張を引き起こしたが，緊張緩和は東アジア国際関係に2つの効果をもたらした。第1に，中国は米ソ2超大国との軍事的緊張から相対的に解放され，その後，経済を発展させることができた。第2に東アジア地域でも経済発展の基礎を与えられた。この過程でASEANは反共同盟的性格を地域協力機構へと変化させ，各国内的な政治対立も緩和していった。その結果，東アジア地域には米欧日から資本と技術が移転し始め，「東アジアの奇跡」（世界銀行，1993年）と言われるほどにこの地域では経済成長が進んだ。しかし冷戦の「東アジア戦線」の緊張が緩和したとはいっても，冷戦の主軸であった米ソ関係はデタントを経験しつつも緊張は持続し，中ソ対立も解消されないままであった。

　1980年代中葉からデタントのレヴェルを越えた冷戦そのものの終結過程が進行し，1991年末には冷戦の一方の主体であったソ連自体が崩壊して，ここに冷戦は終結した。冷戦終結はグローバルにも，中国にも甚大な影響を与え

た。グローバルに見れば，第1に，冷戦期にアメリカ国防総省が軍事専用で利用していたインターネットが商業用に開放されたことを一大契機に，グローバリゼーションが進行した。第2に地球的問題群が「発見」され，国連に象徴される国際社会で緊急に解決すべき国際政治の中心的課題と認識されるようになった。第3に，核をはじめとする大量兵器保有国＝ソ連崩壊の混乱に伴い核兵器情報や生物・化学兵器に関する情報や技術が拡散していった。第4に，冷戦期には抑制されていたナショナリズムやイスラム教をはじめとする宗教活動が活性化した。これらの効果は，その後の国際政治ばかりでなく，東アジア国際関係の不安定化に大きく影響を与えることになった。

　冷戦終結は中国の安全保障環境を根本的に変え，経済発展を保証することにもなったが，同時に中国に深刻な内部矛盾を抱え込ませることになった。第1に，すでに米中接近・国交樹立により核超大国＝アメリカの軍事的圧力から解放されていた中国は，核超大国＝ソ連の軍事的圧力からも解放されたのである。第2に，米中国交樹立により経済発展を始動させていた中国は，グローバルな市場にアクセスできるようになり，2001年末のWTO加盟はその動きを加速させた。第3に，社会主義の祖国＝ソ連の崩壊は，中国式社会主義を建設してきたという矜持を持っていた中国にも打撃を与え，社会主義市場経済という矛盾に満ちたキメラのような国家運営を余儀なくしたのである。それは後述のように，権力の正当性に深刻な疑念を抱かせ，2000年代に入り対内的危機を対外的危機の醸成に転化させる外交を活性化させたのである。

　冷戦のロジックから解放されつつあった中国とソ連・ロシアは，グローバリゼーションに対応するためにも経済成長著しい韓国と国交を樹立していった（韓ソ国交：1990年9月，中韓国交：1992年8月）。しかしそれは旱魃・水害により経済的苦境にあった北朝鮮の孤立化を促し，これも要因となって北朝鮮は核開発を加速化していった[2]。ソ連の強い働きかけにより1974年にIAEAに加盟し，1985年にはNPT条約に加盟（批准：1992年，南北朝鮮の国連同時加盟：1991年9月）したが，93年3月にはNPTを脱退し，5月には準中距離弾道ミサイル・ノドンを発射し，能登半島北方に着弾したと報道された。後に日本列

島を越えて太平洋に着弾し，実戦配備されたと推定されている。94年6月には第2次朝鮮半島危機が発生するに至ったが，米朝枠組み合意に基づく朝鮮半島エネルギー開発機構（KEDO）の設置により当面危機を回避した。しかし1998年8月にはテポドン1号が明確に日本上空を飛来し太平洋に着弾したことが確認されたため，日本の国会は全会一致の非難決議を採択した。朝鮮戦争休戦以来，アメリカとの二国間直接交渉を要求してきた北朝鮮の瀬戸際政策は，金正日亡き後は金正恩に受け継がれることになる。

　米ソ冷戦が終結したため，ソ連を日米共通の敵と規定して締結された日米安保を，日本は論理的には破棄するはずであった。しかし現実には日米安保共同宣言（96年4月）によって日米安保の再定義を行い，これによって実際には軍拡を進める中国と核開発に執念を燃やす北朝鮮を潜在敵とする周辺事態法を制定して（99年5月），日米同盟関係を延命させたのであった。その背景の1つは冷戦終結過程で発生した湾岸戦争への日本の対応があったことは周知の事実である。この戦争に130億ドルを拠出したにもかかわらず，人的貢献をしなかったとしてアメリカをはじめ国際社会から批判を浴びたことが，政府与党や外務省のトラウマになったからである。こうして日本は冷戦後も，アメリカの世界戦略に組み込まれていったのである。

　アメリカは冷戦終結過程で発生した湾岸戦争で圧勝し，冷戦にも勝利した結果となったため，1990年代に相当する「冷戦後」期の国際政治構造はアメリカ一極構造であるとの認識が広がった。90年代の中国の政権であった江沢民政権もアメリカ一極構造と認識し，これを一超多強構造に変容させていくことを外交戦略に掲げていた。アメリカのパワーエリートの多くも同じ認識を有していたため，パクス・アメリカーナIIが到来するのではないかとの楽観論も広がっていた。しかしこの楽観論に冷や水を掛けたのが，イスラムを自称する集団によるテロ事件の頻発と，東アジアでは北朝鮮の核開発であった。「冷戦後」の東アジアに関してみれば，アメリカは中国の地域大国化に警戒しつつも北朝鮮の核開発を最も警戒していたと言える。

2.「ポスト冷戦後」東アジア国際関係の不安定化
　　──2000年代以降

　緩やかな二極構造であった米ソ冷戦が終結して，1990年代の「冷戦後」期には国際秩序はアメリカ一極構造によって担保されているという認識──一部ではパクス・アメリカーナⅡという認識──が広がった。しかし9.11同時多発テロを契機とするアフガン・イラク戦争以降の「ポスト冷戦後」期には一時的に「アメリカ帝国論」が澎湃として起こったものの，一方で世界は非極構造あるいは無極構造となっているため不安定化の度を強めているという認識を持つ論者と，他方で世界第2位の経済力を背景に軍拡を推進して勢力圏を拡大している中国がアメリカの覇権にとって代わる可能性があると指摘するパワー・シフト論者も登場している[3]。いずれの立場に立つにせよ，「冷戦後」期から「ポスト冷戦後」期に至る20世紀末から21世紀への転換期の国際政治は，「冷戦期」に比べると無秩序状態と言わざるを得ない。秩序[4]とは一般的には組織や構造の整ったを指すが，国際秩序といった場合の秩序とは「国家間に明示的・黙示的な行動ルールが存在していて，他国の行動を予測することが可能であるために国際関係が相対的に安定している状態」と理解することができる。

　極性論的[5]に見れば緩やかな二極構造であった米ソ冷戦は紛れもなく国際秩序（上位国際秩序）であり，二極を構成するアメリカ・ブロックもソ連・ブロックそれ自体も国際秩序（下位国際秩序）であった。両ブロックのリーダーであった米ソは冷戦発生期を別にして，核抑止という規範あるいはルールを大前提に相互に行動を予測しつつ緊張を維持したのである。と同時にブロック間の緊張関係を前提に，両ブロック内部では米ソがブロック構成国を統制でき，逆にブロック構成国はブロック・リーダーである米ソ相互の行動と自国に対する行動を予測できたのである。逆に言えば，米ソ間の冷戦状況が緩和すると，即ち冷戦という上位国際秩序が揺らぐと，これらの下位国際秩序も揺らぐことになる。この認識に立てば，冷戦終結はソ連・ソ連ブロックを解体しただけで

なく，アメリカの相対的衰退とアメリカ・ブロック弛緩の契機となったのである[6]。

　東アジア地域では，これら上位・下位の国際秩序が解体していく混沌とした状況の中で，中国の軍事的・経済的台頭と北朝鮮による核開発が加速し，この地域を不安定化させているのである。相対的に衰退してきたとはいえ世界第1位の経済力と軍事力を有するアメリカが，なぜ中国の一方主義的な領土・領海拡大を阻止しえないのか，なぜ北朝鮮の核開発を阻止できないのか。繰り返しになるが上位国際秩序としての冷戦が解体したからである。具体的には第1に，アメリカが2001年の9.11同時多発テロ以降のいわゆる「ポスト冷戦後」期に，終わりの見えない非対称戦争としての「テロとの戦い」に突入し，アフガン・イラク戦争を開始したことが要因となり，深刻な財政難に陥ったこと，第2に，中国が拒否権を持つ国連安保理常任理事国であること，第3に，中国が核保有大国であるばかりでなく絶えず大量破壊兵器・宇宙兵器を「進化」させていること，第4にGDP第1位のアメリカと第2位の中国との経済的相互依存関係が深化してきて，ウォール・ストリートに象徴される経済界には，米中経済関係の維持がアメリカの国力保持のためには不可欠であるという勢力が強固に存在していること，第5に，北朝鮮はともに核保有大国である中露と国境を接していること，が具体的理由である。同時に第1の理由から第4の理由により，アメリカは中国の軍拡や勢力圏拡大に警戒の念を表明するものの，実効的な抑止政策はとらずに南・東シナ海での行動を放置してきたために，東アジア国際関係が不安定化してきているのである。

3．「中国問題」

　19世紀末から20世紀初頭にかけヨーロッパでは，台頭するドイツにいかに対応するべきかという「ドイツ問題」が焦眉の課題となっていた。今日，東アジアでは台頭する中国にいかに対応するべきかという問題が各国の政界・経済界・学界・ジャーナリズムで深刻に議論されている。もちろんジャーナリズム

でも学界でも「中国問題」という用語が，かつての「ドイツ問題」と同じように使われている訳ではないが，国際政治上，短期間で急速にプレゼンスを高めてきた中国の動向に世界が注目し，一喜一憂しているのが現状を「中国問題」と表現するのは不適切ではないであろう。それはアメリカに次いで GDP 世界第2位の規模を持つ中国経済力（表7-1），とりわけ金融力の影響力が巨大化し，この経済力を背景とした急速な軍拡（表7-2）が東アジア諸国の警戒感を高めているからである。

短期間に急速にプレゼンスを高めてきたとはいっても，「冷戦後」期の1990年代には鄧小平の指導の下，「平和台頭」論を掲げて対外関係の安定化に努めた。伝統的に大陸国家であった中国は，周辺諸国と国境紛争を抱え込むという宿命を負っていたが，90年代に長年の国境紛争を解決していった。ソ連・ロシアとは1991年に中ソ東部国境協定，94年に中露西部国境協定を締結し，未解決の国境については2004年に協定を締結し，ユーラシア内陸部での紛争の可能性を低下させた。さらに130年間に及んだタジキスタンとの領土問題も2011年に解決した。インドとは長年にわたり係争の対象であったインド東北部のアルナチャル・プラデーシ地方の帰属をめぐり2009年にはホットライン

表7-1 世界の名目 GDP の順位（単位：10億米ドル）

	2001年	2006年	2010年	2012年	2014年
世界合計	32,525	50,044	63,990	72,216	77,301
	①米国 10,625 (32.66%)	①米国 13,857 (27.68%)	①米国 14,958 (23.37%)	①米国 16,244 (22.49%)	①米国 17,418 (22.53%)
	②日本 4,159 (12.78%)	②日本 4,356 (8.70%)	②中国 5,930 (9.26%)	②中国 8,221 (11.38%)	②中国 10,380 (13.42%)
	③独 1,882 (5.78%)	③独 2,905 (5.80%)	③日本 5,495 (8.58%)	③日本 5,960 (8.25%)	③日本 4,616 (5.97%)
	④英 1,485 (4.56%)	④中国 2,712 (5.41%)	④独 3,310 (5.17%)	④独 3,429 (4.74%)	④独 3,859 (4.99%)

（出所）国連世界統計年鑑各年度版，国連統計局（原書房）及び IMF: World Economic Outlook Databases
（注1）億ドル以下は切り捨ててある。（注2）（　）内は世界合計に占める各国の割合を示す。

表 7-2 世界の軍事費に占める割合上位 10 か国（2001 年度・2011 年度・2014 年度）

国名（順位）2001 年（世界に占める%）			国名（順位）2011 年（%）			国名（順位）2014 年（%）		
1．アメリカ	3223 億ドル	(40.0)	1．アメリカ	6895 億ドル	(42.4)	1．アメリカ	6100 億ドル	(34.3)
2．ロシア	636 億ドル	(8.1)	2．中国	1292 億ドル	(7.9)	2．中国	2160 億ドル	(12.2)
3．中国	460 億ドル	(5.8)	3．ロシア	641 億ドル	(3.9)	3．ロシア	845 億ドル	(4.8)
4．日本	395 億ドル	(5.0)	4．フランス	582 億ドル	(3.6)	4．サウジ	808 億ドル	(4.5)
5．イギリス	347 億ドル	(4.4)	5．イギリス	578 億ドル	(3.5)	5．フランス	623 億ドル	(3.5)
6．フランス	329 億ドル	(4.2)	6．日本	545 億ドル	(3.3)	6．イギリス	605 億ドル	(3.4)
7．ドイツ	269 億ドル	(3.4)	7．サウジ	462 億ドル	(2.8)	7．インド	500 億ドル	(2.8)
8．サウジ	242 億ドル	(3.1)	8．インド	442 億ドル	(2.7)	8．ドイツ	465 億ドル	(2.6)
9．イタリア	209 億ドル	(2.6)	9．ドイツ	434 億ドル	(2.6)	9．日本	458 億ドル	(2.6)
10．インド	141 億ドル	(1.8)	10．イタリア	319 億ドル	(1.9)	10．韓国	367 億ドル	(2.1)
世界合計	7866 億ドル		世界合計	1 兆 6245 億ドル		世界合計	1 兆 7760 億ドル	

（注）1000 万ドル以下は切り捨ててある。
（出所）ストックホルム国際平和研究所（SIPRI）の SIPRI Military Expenditure Database 及びイギリス国際戦略研究所（IISS）の The Military Balance (2015) を参考に筆者作成

設置協定を締結し未解決ながら緊張緩和を実現した。こうした外交経験を通じて中国が 2001 年に設立を主導した上海協力機構（SCO）[7] の主要な目的の一つは，将来にわたって分離運動やイスラム集団によるテロに対処するために国境管理と国境紛争を平和的に解決することであったことは明らかである。

　こうして大陸国家としての弱点を克服しつつ，海洋国家としての条件を追求し始めている。この海洋国家化政策は軍事的・経済的の 2 つが複合的に絡み合ったものである。第 1 に，アメリカ軍，とりわけ第 7 艦隊の接近を極力阻止するという軍事的動機であり，第 2 に，経済成長に不可欠な原料獲得市場と製品販売市場を確保するための海上輸送路（シーレーン）を安定的に構築するとともに，海底・海洋資源を囲い込むという経済的動機である。かつてニコラス・スパイクマンは「大陸国家と海洋国家を両立させることは不可能である」と断言したが，中国ははたしてスパイクマンの予言を否定することができるのであろうか。すでに 1982 年に中国人民解放軍海軍司令員（司令官）であった劉華清（1989 年から 1997 年まで中国共産党中央軍事委員会副主席）は，鄧小平の指示により海軍の作戦海域概念として第 1 列島線概念を打ち出していた。1992 年には南・東シナ海の島々を中国の領土であると規定した「領海法」を一方的

に制定し，97年には海洋権益を防衛していく強い意志を表明した「国防法」を制定・施行し，同時に同年発表した「海軍発展戦略」の中で第1列島線概念を強調するようになった。

1990年代に国境紛争を解決しつつ海洋進出を加速させた中国は，湾岸戦争やイラク戦争で軍事革命（RMA）の成果を駆使したアメリカ軍の圧倒的優越性を目の当たりにし，一方で国際政治を「一超多強」構造と捉えてこれを多極化させる必要性を痛感しつつも，他方で中国経済を安定軌道に乗せるためにアメリカとの協調関係を重視せざるを得なかった。1995年5月，ベオグラードの中国大使館がNATO軍に「誤爆」された事件に対しても，2001年4月米海軍哨戒機と衝突した中国軍戦闘機が海南島付近に墜落した事件に対しても，中国は抑制的対応に終始したのである。

しかしこうした事件の後，中国は急激に技術力と軍事力の強化をアピールし始めた。それは中国のGDPが急拡大し始めた時期と符号するばかりでなく，9.11同時多発テロを契機にアメリカがアフガン・イラク戦争の泥沼に引き込まれた「ポスト冷戦後」期の開始とも符合する。それは宇宙開発や一方主義的な領空・領海囲い込み政策に顕著に表れていった。

2003年10月，初めて有人宇宙船「神船5号」の打ち上げに成功し，05年10月に6号，08年10月に7号（初めての船外活動実施），11年10月には無人宇宙船「神船8号」を打ち上げて9月に打ち上げていた宇宙実験モジュールである「天宮1号」と遠隔操作でドッキングさせている。「両弾一星」（原爆・水爆・人工衛星）の開発という国家目標の下に宇宙開発を1955年に開始してから実に半世紀を掛け，ほぼ独力で技術開発を進め，旧ソ連とアメリカに次いで有人宇宙飛行を成功させた。宇宙の平和利用とか国家維新の高揚という目的ばかりか，ブッシュJr.政権のネオコンが主張していた宇宙防衛体制の構築計画に対抗する意味も持っていた。2007年1月には自国の気象衛星をミサイルで破壊する実験を行い，デブリ（宇宙ゴミ）を大量に発生させ国際的な非難を浴びたが，宇宙開発で先行するアメリカに対する軍事的牽制であった。また2013年11月23日，中国は突如として尖閣諸島上空を含む東シナ海上空の空域に一方

的に防空識別圏（Air Defense Identification Zone=ADIZ）を設定したと発表した。これに対してアメリカは「地域の緊張を高め，衝突のリスクを高める」と批判し，11月26日には尖閣上空を含みこの空域にB-52を飛行させ，7月10日にはアメリカ議会は全会一致の対中非難決議を行った[8]。

　海洋進出政策も前述のように「冷戦後」期の90年代には法律の制定や概念の提起に踏み止まっていたが，2000年代に入るや一方主義的に具体化させ始めた。2008年3月米上院軍事委員会公聴会で，アメリカ太平洋軍司令官ティモティー・J・キーティング海軍大将は「2007年5月に司令官として中国を訪問した際，アメリカがハワイ以東を，中国がハワイ以西の海域を管理するというアイディアはどうか」という事実を明らかにし議会内外に衝撃を与えた。さらに2009年7月の米中戦略経済対話において戴秉国国務委員は，南シナ海（のうち九段線内部）を台湾・チベット同様，中国の核心的利益であると言い切り，南シナ海への行動を正当化した。日米が繰り返し批判し，ASEAN諸国も首脳会議で度々懸念を表明したにもかかわらず，中国は「領海・領土」の拡張を強行し，岩礁を人工島に変えて港湾施設や滑走路を建設している実態が2015年5月にCNNによって明らかにされた。

4．冷戦終結後アメリカの東アジア軍事戦略[9]

　周知のように，冷戦期アメリカの大戦略は「（対ソ）封じ込め戦略」であり，この大戦略の下で具体的にはヨーロッパと極東での「二正面戦略」を策定され，西ドイツと韓国を前提にした「前方展開戦略」が採用されていたが，1990年前後に米ソ冷戦が終結したことにより，冷戦終結期以降は「封じ込め戦略」は破棄され，「二正面戦略」と「前方展開戦略」が維持された（表7-3）。とはいっても冷戦後のクリントン政権期において，「二正面戦略」は具体的には湾岸地域を含む中東と北東アジアであり，前者においてはイラク・イランに対する米軍の前方展開が，後者においては北朝鮮に対する前方展開が不可欠なものとして認識されていた。しかしクリントン政権がNATO軍を主導して旧ユーゴ紛

争に介入せざるを得なかったように，冷戦後の地域紛争は世界各地で激増していったため，国連平和維持軍（PKO）の活動も激増し，アメリカ軍がその主力を占めていた。予備役を含め270万人の総兵力を抱えるアメリカ軍といえども，PKOへ大量のアメリカ軍を派兵しながら2正面戦略に対応することは困難であった。

こうした現実を前提に，9.11テロ直前にブッシュJr.政権のラムズフェルド国防長官は，①不特定の一地域における大規模紛争に確実に勝利する，②別の地域での中規模以下の紛争における侵略行為を防止するとともに，侵略勢力に対して効果的な打撃を加える，③世界各地でのPKOには参加する，の3点を掲げ，中東と北東アジアの二地域での大規模紛争を想定した二正面戦略を見直

表7-3　現代アメリカの軍事戦略

	戦略の目的	軍事戦略	具体的政策
冷戦期	(1) 自由民主主義の実現，(2) 国連・IMF/GATTの維持・発展	封じ込め戦略（二正面戦略／前方展開）＋核抑止／拡大抑止←脅威対応	同盟網（マルチ，バイのハブ・スポーク関係），戦略援助，諜報（エシュロン）
冷戦終結後	(1) 人権・民主主義・市場経済の促進・拡大，(2) WMD/ミサイル拡散阻止，(3) 地域覇権大国阻止	二正面戦略／前方展開（核抑止／拡大抑止）	同盟の「再定義」，MD，米軍の再編，援助見直し，拡大・関与政策←「ならず者国家」
9・11テロ以後	(1) 本土防衛，(2) テロ阻止，(3) WMD/ミサイル拡散阻止，(4) 人権・民主主義・市場経済の促進・拡大，(5) 地域覇権大国阻止	一・五戦略＋テロとの戦争＋拡大抑止＝柔軟即応戦略←能力対応	反テロ戦線の構築，米軍のグローバルな再編，MD，「悪の枢軸」＋単独／先制攻撃←ブッシュ・ドクトリン
イラク戦争～現在	(1) 本土防衛，(2) テロ阻止，(3) WMD/ミサイル拡散阻止，(4) 人権・民主主義・市場経済の促進・拡大，(5) 地域覇権大国阻止	一・五戦略＋テロとの戦争＝「不安定の弧」の防衛→柔軟速応戦略	米軍のグローバルな再編，MD，「有志連合」，拡散防止構想（PSI），多国間（協調）主義？（六者協議）

（出所）拙稿「現代アメリカの世界軍事戦略」『法学新報』第118巻3・4号，中央大学法学会，2011年

す方針を明らかにしていた。いわば二正面戦略から一・五正面戦略への転換である。この一・五正面戦略への転換とワンセットになったのがアメリカ軍の地球的規模での再編とミサイル防衛網の確立や宇宙兵器開発の推進であった[10]。ラムズフェルド長官のこの新方針は，世界各地の PKO で忙殺されていた制服組との激しい論争を呼んだが，9.11 テロの発生によってブッシュ Jr. 政権は「テロとの戦い」という新しい戦争概念を創出して，アフガニスタン戦争とイラク戦争へ突入していった。冷戦期と冷戦終結後の内容を異にする二正面戦略は，いずれも脅威対応型（＝アメリカが脅威と認識した国家を前提にしたモデル）であったが，「テロとの戦い」概念は能力対応型（＝アメリカの軍事的・経済的能力を前提にしたモデル）で，いわば柔軟対応戦略とも言うべきものである。全体的に判断すると，9.11 テロ以降，とりわけ 2002 年以降のブッシュ Jr. 政権の軍事戦略は，ラムズフェルド国防長官が主導する軍事技術の高度化——精密誘導兵器の導入，ミサイル防衛システムの構築，宇宙兵器開発の促進——と地球規模の米軍再編に基礎を置く一・五正面戦略と「テロとの戦い」という柔軟対応戦略が混合したものといえよう。

　冷戦終結期以降のアメリカの東アジア軍事戦略は，以上のようなグローバルな戦略の変化を反映したものであったのは当然である。ブッシュ Sr. 政権成立まもない 1990 年 4 月，同政権は「第一次東アジア戦略構想（East Asia Strategic Initiative・I ＝EASI・I）」を発表した[11]。ベルリンの壁が崩壊し，ブッシュがマルタ島でゴルバチョフと会談した約 5 か月後，湾岸危機発生の約 4 か月前に発表されたこの構想では次の 3 点が特に強調されていた。第 1 に，冷戦後も中国や朝鮮半島に不安定要素が残るので，前方展開軍の維持は不可欠である。第 2 に，日米関係はアジア安全保障の要であり，アメリカの戦力低下を埋め合わせる形での日本の軍事的増強はこの地域の警戒心を高める。したがって第 3 に，第 3 にアジア太平洋地域でのアメリカ軍のプレゼンスを維持することは不可欠である。とはいえこの構想では同時に，冷戦終結により「冷戦コンセンサス」が崩壊し「平和の配当」を求める議会内外の世論が強まってきている状況の中で——この文書自体がこの点を明示しているわけではないが

——アメリカ軍のプレゼンスは維持しつつも，今後3段階でこの地域のアメリカ軍を削減していく方針を打ち出していた。だが湾岸戦争とソ連崩壊を目撃した後の1992年7月，ブッシュ政権が発表した「第二次東アジア戦略構想（East Asia Strategic Initiative・Ⅱ＝EASI・Ⅱ）」[12]では，地域的不安定に対応するため第2段階で予定されていた在韓米軍の削減を延期した。

　政権成立早々，朝鮮半島危機に対応せざるを得なかったクリントン政権が，1995年2月に発表した「第一次東アジア戦略報告（East Asia Strategic Report・Ⅰ＝EASR・Ⅰ）」[13]は，第1に，アジア太平洋における武力紛争の抑止と敵対勢力による支配権を阻止するために10万人の前方展開戦力は不可欠であり，第2に，日米関係はアメリカのアジアにおける安全保障ばかりかグローバル戦略の基礎となっている，と第一次・第二次戦略構想の認識を再確認した上で，第3に，在日米軍はこの地域ばかりかペルシャ湾にいたる広大な地域の安全にかかわるものであると，日米安保を極東の平和と安全のためという従来の大前提をグローバルに拡大適用しようという新たな発想を示した点で注目するべき文書であった。沖縄少女暴行事件（1995年9月），台湾海峡危機（1996年3月），印パの核実験の応酬（1998年5月），北朝鮮により日本本土越えのミサイル発射（98年8月）などによる危機の高まりを背景に発表された「第二次東アジア戦略報告（East Asia Strategic Report・Ⅱ＝EASR・Ⅱ）」[14]は，10万人の前方展開戦力を維持していくことを改めて再確認した上で，新たにこの地域では（軍事）安全保障ばかりか外交・貿易・教育・文化交流などの広範囲な分野で人的交流を活性化していく（「プレゼンス・プラス」）ことの重要性を強調した「包括的関与政策」を前面に押し出した点が特徴である。新たに打ち出された包括的関与政策は，同年6月クリントン大統領が大型訪中団を率いて訪中し中国との関係改善を進めた結果を反映したものであることは疑いない。

　2000年11月の大統領選挙をにらみ実質的には共和党系の政治家・官僚・研究者が中心となって10月に発表した「アメリカと日本——成熟したパートナーシップに向けて」（いわゆる「アーミテージ・レポート」）[15]は，①世界人口の

53％，世界経済の 25％ を占め，アメリカとの往復の貿易額が 6,000 億ドル近いアジアはアメリカの繁栄にとっては不可欠の地域である．②この地域には世界最大規模の軍隊や核兵器保有国，あるいは核兵器開発能力のある国家が数カ国存在している，と一連の戦略構想・報告と基本的には同じ認識を示した上で，③日本が予防外交や経済的関与を通じてアジア地域全体の安定や信頼醸成を促進することに寄与してきている，と日本を再評価しつつ日米同盟を強化するために集団的自衛権の解禁を暗に要請していた．

2001 年成立したブッシュ Jr. 政権は，9.11 テロ直後に発表した「4 年ごとの国防計画の見直し（QDR）」では，朝鮮半島や台湾海峡など依然として冷戦型の脅威の残る東アジアから，武装した分離運動組織やイスラム・ゲリラの活動が活発な東南アジア・中東を経由して，国際テロ組織の中心的拠点となっている中央アジアに至る地域を「不安定の弧」と規定した．そしてこの地域は，①大規模な軍事衝突が起こりやすい，②国力を強化する大国と衰退する大国が混在する，③豊富な天然資源を持つ軍事的な競争相手が出現する可能性がある，④アメリカの基地や中継施設の密度が他の地域に比べ低い地域，という特徴があり，アメリカの安全保障にとって最重要の地域であるとの認識を示していた[16]．2002 年以降，このような特徴を持つ「不安定の弧」を前提とした「テロとの戦争」概念を全面に打ち出し，日本に対しても集団的自衛権の解禁を公式・非公式チャネルを使って要請しつつ，2003 年 3 月のイラク戦争開始に際してはテロ特措法の成立を働きかけ「非戦闘地域」へ日本に自衛隊を派遣させることに「成功」したのである．

この「テロとの戦争」は，9.11 テロ以前からラムズフェルド国防長官が主張していた，アメリカの保有する軍事能力を大前提とした戦略としての「柔軟速応戦略」に基づくグローバルな米軍再編と連動して展開されることになった．2005 年 10 月日米安保協議委員会（「2 プラス 2」）[17]が発表した「日米同盟：未来のための変革と再編」[18]は，自衛隊・在日米軍との連携強化と「基地負担の軽減策」を謳っていた．第 3 海兵遠征軍関連の 8,000 人とその家族 9,000 人のグアム移転と海兵隊の普天間基地の辺野古への移転は周知の通り頓挫したまま

であり，アメリカ陸軍第1軍団（ワシントン州）をキャンプ座間に移転するなど大規模な兵力・施設の移転・転換が計画されたが，日本における再編計画は必ずしもスムースに実現していない。一方，韓国では，①41の米軍基地を17に統合し，総面積も3分の1に縮小する，②首都のソウルにある龍山基地とここの約8,000人の米軍将兵を，ソウル南方80キロの平沢市地域に移転する，③北朝鮮との休戦ライン（DMZ）近くに展開している米第2歩兵師団の施設も2段階に分け平沢市地域に移転する，④約37,000人の在韓米軍兵力（28,000人の陸軍，8,000人の空軍，400人の海兵隊）を12,500人に削減する，などが2004年7月2米韓で決定し，2010年9月現在，移転は日本よりは順調に進んでいる。2つの東アジア戦略構想と2つの東アジア戦略報告で示された，この地域の軍事的リスクに対してアメリカは前方展開戦力を維持していくことを確認していたが，2002年以降に具体化した米軍の再編計画により，日韓駐留のアメリカ軍の移転・統合あるいはアメリカ本土の軍団の東アジアへの移転が進められている。

現オバマ政権の外交課題は，いわば前ブッシュJr.政権が単独主義的に展開した外交政策の汚点を解消する性格を帯びていると言わざるを得ない。2003年1月にイリノイ州で連邦議会上院議員選に出馬した際には，イラク戦争に反対したバラク・オバマにとって最も重要な外交課題は，イラクからの撤兵であった。これは2010年8月，戦闘部隊を完全撤退させ——イラク兵の訓練・育成やインフラ整備のために5万人の兵力は残しつつ——，大統領候補としての国民への公約を果たしたことになるが，撤退後のイラクの治安に問題も残すものとなった。7年5カ月に及ぶイラク戦争と占領でアメリカ兵4,400人の犠牲を払い，7,000億ドル（約58兆円）の戦費はアメリカ経済に大きな重荷となり，サブプライム・ローン・ショックやリーマン・ショックの原因の一つともなった。大規模な対外戦争に関与することは財政的に困難であるばかりか，国民の厭戦気分の高まりからも紛争の軍事的解決には慎重にならざるを得ないオバマ政権であるが，「テロとの戦争」の淵源と認識するアフガニスタンについては，この地域の安定化を主導することは不可避であり，国連，NATO，同盟

国との多国間主義によってこの目的を達成しようとしている。

　イスラム・テロ組織が欧米に対して活動を展開する根拠の一つとなっているパレスチナ紛争も重要視しており，2010年9月イスラエルとパレスチナとの直接交渉がワシントンで開始されたが，オバマ大統領がイニシアチブを発揮し積極的に両者を仲介できるかどうかが成否を握っている。流産してしまった1995年11月のデイトン合意のような条件をオバマ政権が整備できるかどうか期待されたが，「アラブの春」への期待過剰からシリア内戦を放置しISの跋扈を許す結果となっている。

　核武装化した北朝鮮の非核化のための6者協議は中止されたまま，金正恩独裁下の同国は核・ミサイル開発を進め，友好国であった中国との関係を悪化させ，再び孤立化の道を進みつつある。中国とは経済的には相互依存関係が深化しつつある――中国は最大のアメリカ国債保有国で1兆ドル，外貨準備2兆ドルのうち50%は米ドルで保有している[19]――ものの，中国が急激な軍拡を進めつつ，アメリカ軍の接近を阻止して中国が一方的に領海・領空と規定する領域への「侵入」を拒否するA2/AD戦略（Anti-Access/Area Denial＝接近阻止・領域拒否）[20]を2009年頃から打ち出したため，アメリカはエア・シー・バトル構想[21]を打ち出し，このA2/AD戦略に対抗する準備を始めるとともに，アジア・太平洋地域に軍事力を重点的に配備するリバランシング政策[22]を具体化し始めた。しかしこの軍事構想・戦略を掲げつつ，「G2」論とも底通する習近平が提案した「新型大国間関係」も受け入れるかのような姿勢をオバマ政権は取っている。「軍事的には警戒」しつつも「経済的には協調」する「関与とヘッジ」の間で対中政策は揺れていると言えよう。

おわりに――「中国問題」の現実的解決に向けて

　「中国問題」は経済的・軍事的に台頭する中国に国際社会がどう対応するかというグローバルな問題と言えるが，東アジア諸国にとっての「中国問題」は，中国の一方的な南シナ海の「囲い込み」問題によって惹起された危機的状況を

如何にして緩和していくかという問題である。中国は九段線内部に7つの人工島を建設しつつあるばかりか，これまた一方的に防衛識別圏を設定して，空と海での領域を拡大しつつある。この問題を現実的に解決していく方法はあるのであろうか。

　第1に，当面の問題として米中，中越，中比の間で空軍機が偶発的に衝突する事態を回避し，万一，衝突した場合に戦争にエスカレートしない方法を予め確立することである。米中が中心となって，偶発衝突防止の行動規範を策定し，関係国の軍部が実働部隊にこの規範を周知徹底することが不可欠である。同時に衝突事故が発生した場合に備え，政軍の最高指導者の間にホットラインを設置し，相互通報制度を確立しておくべきである。

　第2に，特に米中間での軍事交流を進め，高度な軍事情報の漏洩を回避することを双方で確認しつつ定期的に人的交流も進めることである。

　第3に，これらの措置と並行して，南シナ海において発生した海難事故に共同して救出するメカニズムを確立することである。これはASEANが中心となって進めることが重要であろう。

　第4に，ASEAN諸国と日米韓中で，地震・津波・巨大台風などの自然災害，テロ事件，感染症など共通の国益にかかわるローポリテックス・レヴェルのイシュに対して国際共同行動をとるメカニズムを分野別に設置していくことも有益であろう。この過程で徐々にではあるが，信頼醸成が形成される可能性も生まれよう。

　第5に，中国は一見，強権的に行動してきたが，知的財産権保護や気候変動あるいは人民元の為替操作に対するアメリカをはじめとする国際社会からの批判に対しては敏感であり，時間を掛けつつも当初の姿勢を変化させてきた。「面子」を保つために，国際的批判に即座に対応するのではなく，徐々に対応する傾向があることを見抜き，より広がりを持つ国際的批判を継続することが中国の姿勢を変化させる鍵であることを認識すべきであろう。

　南シナ海問題も人工島の建設が完成すれば自国領土であり主権があると主張するであろうが，ASEANを中心に国際社会が国際法違反であることを繰り返

し主張していくと，徐々に軟化していく可能性もある。この際，重要なことは，アメリカ自体が新海洋法を批准していないため，アメリカが海洋法遵守を中国に要求しても効果がないばかりか，反論されるため，アメリカが早急に批准すべきである。海洋法批准はアメリカの国益に反すると主張する共和党議員に，より広い視野から国益を棄損することがないようにオバマ政権は説得にエネルギーを注ぐべきである。

　第6に，中国と領有権をめぐり対立してきたヴェトナムとフィリピン，最近になり対中批判を強めているマレーシアとアメリカは，二国間軍事協力ばかりか多国間協力の枠組みを強化して，中国に対する抑止政策を展開すべきであろう。対中政策に関して日米と協調的であったオーストラリアのアボット首相が，対中バランス外交を展開すると予想されているターンブル首相に交代したが，オバマ政権は日米豪の枠組みを再調整しつつ，これまた中国に対する警戒心を高めているインドと日米印の3カ国枠組みに基づく経済・軍事協力を誇示していくことも効果的であろう。

　第7に，中国の軍事的冒険主義の具体例を，インターネットによって英語ばかりか英仏語やASEAN諸国の言語で，必要ならば写真とともに広く報道していく戦略も中国に対しては有効な手段であろう。

　「覇権は求めない」と言いつつ「偉大な中華民族の復興」を繰り返し強調する習近平政権の真意を正確に探ることは困難であるが，改革開放政策を打ち出した中国の対外外交と米中関係を俯瞰すると，ボナパルチズムという外交政策が浮かんでくる。対内的に権力の盤石な基盤に欠ける政権が強権的政治を行なうものの，国民の不満を逸らすために対外的危機を醸成したり対外進出を強行したりする古典的政策である。安定的な権力基盤に欠けるのは，共産党独裁政権の権力の正当性が明らかに揺らいでいるからである。鄧小平時代に開始された改革開放政策は，ソ連崩壊により冷戦が終結以後は加速され，社会主義市場経済という名の政治的には共産党独裁の下における統制された「異形の」市場経済が導入されたことが，揺らぎの第1の理由である。社会主義をどのように

定義しようとも平等の実現がその核にあるが，ソ連が崩壊し，グローバリゼーションが急展開する中で共産党独裁を維持する手段は経済成長であり，そのために創出された概念が社会主義市場経済というキメラのような政策であった。確かに2010年にはGDP世界第2位の地位を確保したが，対内的には名目的にせよ社会主義を掲げるには余りにも所得格差と腐敗が拡大し，対内的権力基盤は崩壊しつつある。中国経済が急速に減速する中で，トリクルダウン・エコノミーの概念と通底する中国の「先富論」が破綻しているのは明らかであり，対外膨張（南シナ海・「一帯一路」）を継続して国民の不満を逸らすと同時に，世界市場との接合を深化させようとしている。共産党政権の第2の権力の正当性は抗日戦争の主体であったという主張であるが，その虚偽性が明らかになりつつある。改革開放政策により多くの中国人青年が日米欧へ留学して「歴史の真実」を知り，且つ「一つの中国」を掲げる台湾の国民党との接近を深める中で，抗日戦争の主体が国民党であることが白日の下に晒されているからである。反日教育を進め日本に対して「正しい歴史認識」を求めている中国自身の「正しい歴史認識」が問われているからである。南シナ海を巡り偶発的衝突を回避するための上記7つの政策は，こうした中国の国内条件を勘案しつつする目ることが不可欠であろう。

 1）1972年2月ニクソン大統領が訪中した際，発表された上海コミュニケ（2月28日）では「（米中両国は）台湾海峡の両側のすべての中国人がみな，中国はただ一つであり，台湾は中国の一部であると考えていることを認識した。…この立場に異議を申し立てない。…台湾からすべての武装力と軍事施設を撤去する最終目標を確認する。…次第に削減していくであろう。」との表現が使われた。いわゆる"agree to disagree"（「両国が台湾問題では意見の一致を見なかったことに同意する」）という外交史上，極めて異例の「合意」文書であった。1979年1月1日の国交樹立を受け，アメリカ議会内保守派が中心となって国内法としての台湾関係法を成立させ（1979年4月10日），防御的兵器の台湾への売却を決定したため，その後この売却を巡り米中はしばしば対立してきた。

 2）北朝鮮指導者・金日成は，建国以来，核開発に関心を抱いていたと言われる。特に朝鮮戦争休戦協定後は，共産陣営では唯一の核保有国・ソ連に協力を要請するが，ソ連は原子力の平和利用には協力する姿勢を示したが，核兵器開発への協力は拒否し続けた。

3）拙稿「国際秩序と米中関係」『報告書：米中関係と東アジア』中央大学政策文化総合研究所，2015年11月
4）ヘドリー・ブルはその古典的名著『国際社会論』で「社会生活における秩序とは，死や肉体的危害を招く暴力に対して安全を確保すること，合意を遵守すること，モノの所有が安定的に保障されていること，という社会生活における基本的で普遍的な目標を維持する人間活動の様式である」（パラフレイズしてある）と定義した上で，国際秩序を「主権国家から成る社会，あるいは国際社会の主要な基本的目的を維持する国際活動の様式である」と規定している（ヘドリー・ブル『国際社会論』岩波書店，2000年。Anarchical Society: A Study of Order in World Politics）。しかしこのような定義は単純かつ平板であり，この定義に基づいてダイナミックな国際社会の変容を考察することはできない。
　　ある組織や構造—本章では国際社会であるが—の基本的な構成要素（コンポーネント）が明確で，その構成要素の間で規範（人間社会をより良き方向に導くための行動や判断の基礎となる価値観や考え）やルールが相互に理解されていて，相互の行動が予測可能なより安定的な状態を意味すると言える。秩序は一見，体系（システム）と同義語のように見えるが，秩序は体系の存在を前提に，そこに現れる安定的な状態である。複数の構成要素が存在し，それらの間に有機的関係が成り立っていることにより，それら構成要素全体が「ある種の機能を果たしている」場合，その全体を「体系（システム）」と規定できるが，この有機的関係こそが「構成要素の間で規範やルールが相互に理解されている」ことであり，具体的には外交・通商関係や領事関係が維持されていて，「機能を果たしている」ことが「相互の行動が予測可能なより安定的な状態」としての秩序を生み出していることになる（拙稿「アメリカがつくる国際秩序」129頁，滝田賢治編『アメリカがつくる国際秩序』ミネルヴァ書房，2013年。および拙稿「アメリカ覇権性の変容と21世紀国際秩序」460～461頁，『法学新報』中央大学法学会，2014年）
5）極性論は中心的パワーの数とパワーの配置状況を基礎としたリアリズムの立場に立つ国際政治「理論」である。従来は，①一極構造，②二極構造（双極構造），③多極構造，の3つを中心に展開されてきたものである（これら構造論のイメージ図については，Richard Rosecrance, *International Relations: Peace or War ?* New York, McGraw-Hill, 1973. p. 115を参照のこと）。これらに加えて，④一超多強構造，⑤二超多強構造，⑥非極構造，なども考察対象にすべきであろう。一極構造の一極はいわゆる覇権国であり，この覇権国の変化を長期的に観察・展望する見方が国際政治学でいうパワー・シフト論である。この覇権国により国際秩序が安定するという見方を覇権安定論というのはいうまでもない。この覇権安定論は，チャールズ・キンドルバーガーが *The World in Depression: 1929-1939* (University of California Press, 1973：『大不況下の世界：1929-1939年』東京大学出版会，1982年）で提起した概念であることは言うまでもないが，実際にはロバート・コヘインが「覇権安定の理論」と名付けたことにより広まった。A.F.K. オーガンスキーのパワー・シフト論（権力移行論）と結びつき，覇権変動

についての多くの論文が発表されることになった。二極構造は国際政治史では，第 1 次世界大戦直前に成立した三国同盟と三国協商の対立構造と，第 2 次世界大戦後の米ソ冷戦が典型例である。多極構造は国力がほぼ均等な 3 カ国以上の国家が国際秩序の維持を主導する構造である。二極構造では共に大国である二国が相互に相手の行動を監視し合っているため，緊張は伴うものの結果として大規模戦争を抑止する可能性が高い。これに対して，多極構造では，特定の一カ国を監視すればいいという訳ではないので，判断・対応を誤る可能性が高いので，国際秩序は不安定になる傾向が強い。しかし多極を構成する一カ国が現状の国際秩序を変更しようとすると，第 1 次世界大戦直前に見られたように二極構造に転換する傾向も認められる。

6) 拙稿，前掲論文
7) 1996 年 4 月に後述の 6 カ国のうち，ウズベキスタンを除く 5 カ国の首脳が会合した上海 5 を基礎にして，2001 年 6 月 15 日に中国が中心となり，旧ソ連の構成国であったロシア・カザフスタン・キルギス・タジキスタン・ウズベキスタンの 6 ヵ国で結成した多国間協力組織と理解されている。しかし協力の中心は民族分離運動やテロ活動に共同して対処するためのものであり，その前提として長年の国境紛争を解決し，国境警備で協力することが大前提であったのである。現在，加盟国はインド・パキスタンを加え 8 カ国に拡大し，共同軍事演習も行うなど軍事機構としての性格も帯び始めている。
8) Wall Street Journal, Nov. 28 of 2013,『読売新聞』・『日経新聞』2014 年 2 月 14 日および 7 月 12 日
9) 拙稿「冷戦後のアメリカ外交と東アジア」『経済学論纂』第 51 巻 3・4 号合併号，中央大学経済学部，2011 年，拙稿「冷戦後の国際政治と米中関係」『中央大学政策文化総合研究所年報』第 15 号，2011 年および拙稿「東ユーラシア国際関係の変容『法学新報』第 117 巻第 11・12 号，中央大学法学会，2011 年
10) Washington Post, August 18, 2001
11) 正式には「21 世紀を見据えたアジア太平洋地域の戦略的枠組み（*A Strategic Framework for the Asia-Pacific Rim: Looking toward the 21st Century*）」(U.S. Department of Defense, Office of International Security Affairs, April 1990) である。
12) 正式には「アジア太平洋地域の戦略枠組み―議会への報告書（*A Strategic Framework for the Asia-Pacific Rim: A Report to the Congress*）」(U.S. Department of Defense, Office of International Security Affairs, July 1992) である。
13) 正式には「アジア太平洋に対するアメリカの安全保障戦略（*United States Security Strategy for the East Asia-Pacific Region*）(U.S. Department of Defense, Office of International Security Affairs, February 1995)」である。
14) 正式には「アジア太平洋に対するアメリカの安全保障戦略（*United States Security Strategy for the East Asia-Pacific Rim*）(U.S. Department of Defense,

Office of International Security Affairs, November 1998)」である．
15) Institute for National Strategic Studies, INSS Report, *The United States and Japan: Advancing toward a Mature Partnership*, National Defense University, October 11, 2000
16) *The Quadrennial Defense Review 2001*, Office of Secretary of Defense, September 30, 2001
17) この委員会は安保改定の行われることになる 1960 年 1 月に日本側がアメリカ側に提案して発足し，日米安保に関連して重要事項について協議してきた組織．当初は日本側は外相と防衛庁長官（後，防衛大臣），アメリカ側は駐日大使と太平洋司令官（在日米軍司令官が代理も可）であったが，安保改定 30 周年にあたり 1990 年 12 月 26 日改組され，アメリカ側は国務長官と国防長官となった．この委員会では，1995 年 9 月の沖縄少女暴行事件のあと「沖縄の米軍基地整理・縮小に関する日米特別行動委員会（Special Actions Committee on Okinawa=SACO）」設置が合意されたり（1995 年 11 月），「新しい日米防衛協力のための指針」（新ガイドライン）が合意された（1997 年 9 月）．
18) Security Consultative Committee Document: *US-Japan Alliance: Transformation and Realignment for the Future*, Ministry of Foreign Affairs of Japan, October 29, 2005（外務省サイト：2010 年 9 月 12 日ダウンロード）
19) 米中貿易は過去 10 年以上，アメリカ側の大幅な貿易赤字であり，特に過去 5 年間は赤字幅が 2000 億ドルから 2600 億ドルと巨大になっている．しかし中国にとっては近年，アメリカが輸出，輸入ともに相手国として第 1 位であり，アメリカにとっても中国は貿易相手国として日本を抜いて第 2 位か 3 位となっている（U.S. Census Bureau, Foreign Trade Statistics Division）．
20) 接近阻止・領域拒否（A2/AD=Anti-Access/Area Denial）は，2009 年にアメリカ国防総省が議会に提出した年次報告書『中国の軍事力報告 2009 年』において警告を発した中国人民解放軍の軍事戦略である．しかしアメリカ議会が設置した米中経済安保見直し委員会（U.S.-China Economic and Security Review Commission）が 2011 年 11 月に発表した年次報告書では，領域支配軍事戦略（Area Control Military Strategy）という用語を用いている．
21) 2010 年の QDR（『4 年毎の国防計画見直し』）で打ち出された，海空軍を中心として軍事力を一体的に運用する戦略構想である．直接的にはアメリカ軍を「阻止・拒否」して中国周辺に展開するのを妨害する A2/AD 戦略を打破してアメリカ軍の優位性を維持しようとするものである．
22) 2011 年 11 月オバマ大統領がオーストラリア訪問時に「アジア・太平洋地域はアメリカにとって最重要事項の一つ」と演説したことで明らかになった，世界戦略の重点をアジア・太平洋に移す軍事戦略を指す．

第 8 章
新興国の人道外交
――トルコの取り組みを事例として――

今 井 宏 平

はじめに

　2000年代に入り，国際政治上で急速に存在感を高めているのが，いわゆる「新興国」と呼ばれる国々である。「新興国」にはいまだに明確な定義づけがされていない。本稿ではさしあたり，「先進国ではなく，冷戦後の時期に急速に経済成長を遂げ，国際秩序に影響を及ぼすようになった諸国家」と定義しておきたい[1]。「新興国」の代表的な国家としてすぐに思い浮かぶのが，中国，インド，そしてその両国を含むBRICs（ブラジル，ロシア，インド，中国）である。こうした新興国の特徴としてあげられるのは，経済の急成長，ハードパワーの増強，そして統治機構が必ずしも民主化されていない，という点であろう。新興国は，その経済と軍事力の急成長が注目される一方で，ソフトパワーが脆弱であり，民主化が浸透していないという批判が常に付きまとっている。
　21世紀の平和を考える上で，新興国が果たす役割を検証することは不可欠である。その理由は 2 つに大別できる。まず，2000年代に入り，主権国家の存在感が高まっていることがあげられる。1990年代中頃にストレンジが指摘した「国家の退場」は，正鵠を射ていなかった[2]。確かに，グローバリゼーションの深化によって，人・物・金・情報の大量かつ迅速な移動が可能になり，インターネットとソーシャル・ネットワーク・サーヴィス（SNS）の発展によって，主権国家を超える情報や人々の連帯は高まった。ただし，依然として人や

物の移動を管理しているのは主権国家であり，逆説的だが，グローバリゼーションやサイバー空間が発展すればするほど，主権国家の存在感も高まることになる。しかし，その一方で，超大国アメリカの覇権国としての力には衰えが見られる。アメリカの覇権の衰えに関連して，新興国は2つの側面で注目されている。まず，アメリカに対する挑戦者としての側面である。これは，特にGDPと軍事費が世界第2位の中国，ウクライナやシリアでアメリカの政策に対抗しているロシアはこの側面が強調される。次いで，アメリカの覇権が弱まるに連れ，国際社会の安定化のために他国が貢献する側面である。新興国が経済や軍事力といったハードパワーの高まりだけでなく，ソフトパワーによる存在感を高めるためには，この側面での貢献が求められている。この，後者の側面で積極的な活動を展開している国がトルコである。

トルコは2014年のGDPが世界第18位であり，BRICsの後に続く諸国家を指す，VISTAやNext11の1国として名前が挙がるなど，新興国の1国として国際社会から認められている。新興国の中でトルコが特異である点の1つが，国際社会に貢献することを外交政策の目的としている点である。その典型的な政策が「人道外交（İnsani Diplomasi／Humanitarian Diplomacy）」である。本稿では，このトルコの人道外交の考察を通して，新興国がどのように国際社会の平和と安定に貢献できるかを検討してみたい。

1．トルコの人道外交の理論的枠組み

(1) 人道外交の定義

まず初めに，人道外交とはどのような概念かを確認しておきたい。一般的に国際関係論では人道支援という概念が用いられている。例えば，日本の外務省は，人道支援を「紛争の被害者や自然災害の被災者の生命，尊厳，安全を確保するために，援助物資やサービス等を提供する行為の総称」と定義している[3]。上野は，人道支援をより広義に「自然災害・人為的事故・武力紛争の被災者に

対する援助と保護の提供」と定義している[4]。

　人道支援，そして人道外交を検討するうえで鍵となる考えが，人間の安全保障である[5]。人間の安全保障は，よく知られているように，国連開発計画が1994年に発刊した『人間開発報告書』において言及された，人間一人一人の安全を達成することに主眼を置く概念である。人間の安全保障は「恐怖からの自由」と「欠乏からの自由」に大別され，人間の安全保障を重視する国の中でもどこに力点を置くかが異なる。例えば，カナダやノルウェーは「恐怖からの自由」の達成，日本は「欠乏からの自由」の達成を目標としている。前者の中では特にカナダが中心となって2000年9月に「介入と国家主権に関する独立国際委員会（ICISS）」を設置し，そこで「保護する責任」と題された報告書が提出された[6]。「保護する責任」は冷戦後に台頭した人道的介入の議論を引き継ぐもので，国家の破綻や内戦によって主権を行使できない国々においてそこに住む人々の生命が危機にさらされた場合，国際社会は武力を用いてでも人々の安全を担保すべきという考え方である。武力行使をも視野に入れる「保護する責任」は，「恐怖からの自由」の極端な事例として2000年以降は人間の安全保障と切り離される傾向にある。一方，「欠乏からの自由」は開発援助などを中心とした活動が該当する。2010年4月に潘基文国連事務総長が提出した報告書では，「恐怖からの自由」と「欠乏からの自由」に加えて「尊厳をもって生きる自由」が謳われた。いずれにしろ，人間の安全保障の中心となる考えは，「人々の安全の考慮」である[7]。

(2) トルコにおける人道外交

　トルコの外交政策の指針として人道外交という概念が登場したのは，2013年1月2日から7日にかけて開かれた第5回大使会合であった[8]。この会合において，当時外務大臣を務めていたアフメット・ダーヴトオール（Ahmet Davutoğlu）は，人道外交を「現実主義と理想主義，ハードパワーとソフトパワーの両方を調和し，人間に焦点を当てて行う外交，良心とパワーの両方が必要な外交」と定義した[9]。ダーヴトオールは，また，人道外交を3つのレベル

に区分している[10]。第1のレベルは，トルコ国内の問題を解決し，国民生活を容易にすることである。第2のレベルは，危機に直面している地域に住む人々への援助であり，例えば，地域としてソマリア，シリア，アフガニスタンの人々に対する諸政策があげられる。第3のレベルは，国連の人道支援の尊重と，そこにおけるトルコの貢献である。ダーヴトオールは，人道外交の重要なアクターとして，トルコ国際協力機構（TİKA），トルコ赤新月社，トルコ災害・緊急時対応庁（AFAD），総合住宅管理庁（TOKİ），トルコ航空をあげている。人道外交には意志と能力の両方が必要であり，トルコはその両方の能力を備えているとダーヴトオールは強調している。

　ダーヴトオールが主張するトルコの人道外交は，単なる援助以上の行為を指して用いられている。特に，後述するシリア内戦の難民対策に見られるように，保護という点も人道外交の範疇に入れられている。しかし，人道的介入や保護する責任に見られるような，武力を手段として用いる保護にはトルコ政府は消極的である。例えば，2011年3月のリビアにおけるNATOの軍事活動において，トルコは，人道的援助を供給するためのベンガジ空港の取り締まりと，トルコ海軍（4隻の軍艦・1隻の潜水艦・一隻の援助艦）による地中海のベンガジとクレタ間の海路警備，に関する協力を実施するに留まった。

　トルコの人道外交は，「恐怖からの自由」（保護）と「欠乏からの自由」（援助）の両方の克服を視野に入れるものの，前者に関してはできるだけ武力を伴わない活動を模索している。その意味では，カナダが提唱する「保護する責任」よりも人間の安全保障に則った活動がトルコの人道外交の核となっていると言えよう。

(3)　国際秩序への貢献を目指すトルコ

　トルコにおいて人道外交が強調されるようになった背景はいくつかある。まず第1に指摘できるのは，2003年から2014年までトルコ外交を取り仕切ってきたダーヴトオールがソフトパワー，そして国際秩序（グローバル秩序）への貢献を重視してきた点である[11]。ダーヴトオールの外交政策としては，「ゼ

ロ・プロブレム外交」に代表される，隣接地域の秩序安定化を志向する外交政策が知られている。しかし，ダーヴトオールは，2010年前後から地域秩序の安定化に加えて，国際秩序への貢献を強調し始める。

ダーヴトオールはオックスフォード大学での「グローバルな秩序と地域的秩序に関するトルコのヴィジョン：理論的背景と実践」という講義において，トルコが2009年から2010年にかけて国連安保理の非常任理事国を務めたこと，2004年の第59回国連総会でスペインによって提案され，2005年に発足した「文明間の同盟」においてスペインと共にトルコが共同議長を務めていること，を強調した[12]。この傾向は，「アラブの春」，特にシリア内戦によってダーヴトオールが提唱した地域秩序の安定化を目指した政策が行き詰まりを見せて以降，強まった。例えば，2012年に発表された論文，「トルコ外交の指針と地域政治の構造」において，ダーヴトオールは，外交指針として，価値を基盤とした外交，「賢い国家」の実現，他国から自立した外交，危機管理と見通し管理のバランスという4点を指摘している[13]。価値を基盤とした外交に関しては，トルコは国益を追求するだけでなく，隣接地域の自由と民主主義，そしてグローバルアクターとして，国際社会の普遍的な価値のために予防外交，仲介，紛争解決，開発援助といった責任を果たすべきであると述べている。また，「賢い国家」として，グローバルな問題に耳を傾け，そうした問題の解決にトルコが努めるべきであるとも述べている。さらに2014年に外務省から発表された「義務とヴィジョン：2014年に際してのトルコ外交」という報告書においても，国際機構における効果的な役割という点が，外交の基本的な要素の1つとして挙げられている[14]。

(4) 人道外交のための諸アクター

それでは，トルコ，特に公正発展党政権の人道外交を主導するアクターはどのような機関だろうか。もちろん，外交政策を展開するうえで中心となる組織は外務省である。しかし，人道外交に関して，外務省以上に存在感を示しているのが，TİKAとAFADをその傘下に置く首相府である。TİKAは援助政策，

AFADは保護政策において，司令塔の役割を果たしている。加えて，案件によっては内務省，開発省，法務省，保健省も関与している。ただし，トルコの人道外交は省庁だけで展開されているわけではない。NGOをはじめとした非政府組織も省庁と連帯した活動を展開している。ダーヴトオールは，トルコ外交の指針の1つとして，多様なトラックによる外交を提唱しており[15]，政府間政府による第1トラック外交に限定されない多様な形の外交を提唱している。

2．トルコのシリア難民に対する対応

(1) トルコに流入するシリア難民

本節からはトルコの人道外交の具体例についてみていきたい。まず，トルコ自身が人道外交を展開しなくてはならない状況に見舞われたシリア難民の問題を取り上げたい。シリア難民問題の発端は2010年12月にチュニジアで起き，他の中東諸国にも広がった若者による民主化運動，いわゆる「アラブの春」である。トルコの隣国シリアでも2011年3月にバッシャール・アサド（Bassar al-Asad）政権に対するデモが始まった。しかし，アサド政権は民衆に銃を向けたことで，シリアでは内戦が勃発し，多くのシリア人が隣国のトルコに難民として流入することになった。トルコ政府は，2011年10月にシリア難民を「一時的に保護」する政策を打ち出した。これは難民として流入するシリア人に対する「門戸解放政策（トルコ語ではAçık Kapı Politikası）」であり，難民を「客人（トルコ語ではmisafir）」として歓待した。2015年9月時点で，シリアの難民は400万人，国内避難民は760万人となっているおり，難民の多くは隣国のトルコ，レバノン，ヨルダンに渡っている。トルコはシリア難民の最大の受入国で194万人近い難民を受け入れている（表8-1参照）。2015年夏以降，ヨーロッパに流入したシリア難民への各国の対応が盛んに報じられている。多くの国が難民の受け入れに否定的な態度を示していることを考えると，トルコのシ

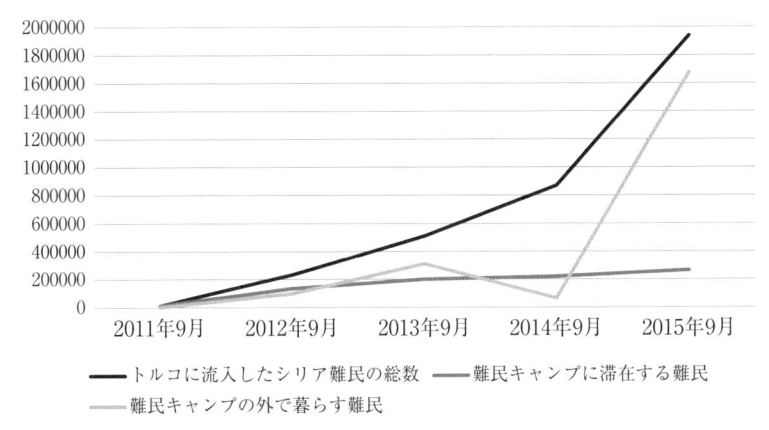

表 8-1 トルコに流入したシリア難民の数（登録者）

凡例:
— トルコに流入したシリア難民の総数　— 難民キャンプに滞在する難民
— 難民キャンプの外で暮らす難民

（出所）Kemal Kirisci and Elizabeth Ferris, "Not Likely to Go Home: Syrian Refugees and the Challenge to Turkey and the International Community", *Turkey Project Policy Paper*, No. 7, September 2015, p. 8.

リア難民に対するアプローチは特筆に値しよう。ちなみにヨーロッパに逃れた難民は 36 万人程度で難民全体の 6% に過ぎない[16]。

(2) AFAD の保護政策

トルコでシリア難民の受け入れの中心となっているのが AFAD である。もともとトルコには災害対策を行う機関として，内務省下に「市民防衛総局」，公共事業・住宅省下に「災害総局」，首相府下に「トルコ緊急事態管理総局」の 3 つが設置されていた。2009 年 5 月 29 日にこれらを統合する形で AFAD が首相府の傘下に設立された[17]。機能を AFAD に一元化することによって災害や危機に対して迅速な対応が可能となった。

AFAD が最も力を入れているのが難民キャンプの運営である。トルコ政府は，AFAD が中心となり，これまでにシリアに隣接する 5 県をはじめとした 10 県に 25 の難民キャンプを設立した（表 8-2 参照）。各キャンプには医者，教師，宗教指導者，国内治安維持軍，警察が駐在している[18]。また，難民キャンプは通常，有刺鉄線とフェンスに囲まれ，防犯カメラと X 線スキャナーが取

り付けられるなど，不法な侵入者に備えている[19]。AFADは難民キャンプにおいて，教育と保健に関する事業を積極的に展開している。教育に関して，AFADは準備学校，学校（小学校・中学校・高校），大人向けの教育を提供している。22の学校があり，教師の数は3,063人，生徒の数は2015年10月現在，準備学校7,881人，小学校4万1,283人，中学校2万105人，高校9,156人となっている[20]。また，大人向けの教育の卒業生は6万1,749人で，キャンプ内で職を得ている者もいる。保健に関しても難民キャンプ全体で22の保健所があり，診療が行われている[21]。難民キャンプでは2014年までに1万1,579人の新生児が生まれている[22]。

一方，AFADはシリア難民，イラク難民を保護するためにより積極的な保護政策も展開している。シリアに関しては「ゼロポイント作戦」が挙げられる。これは，シリア北部で戦闘が激しくなった2012年後半から2013年の前半に，トルコ赤新月社などとともにキリス県，ガジアンテプ県，シャンルウルファ県（ジェイハンプナルとアクチャカレ），ハタイ県（レイハンル，アルトゥンオズ，ヤイラダー）に隣接するシリア領内の25カ所で一時的な簡易キャンプを設立し，トルコへ避難する難民の手助けを行った活動である[23]。イラクにおいては2014年6月から「イスラーム国」の脅威が高まり，多くの難民がトルコに流入するようになったことを受け，トルコ政府は北イラク・クルド人自治政府と協議の上，同年8月にイラク領内のドホーク県のザホーとドホークに一時的な難民キャンプを設立した[24]。ザホーのキャンプにはヤズィード教徒1万6,000人，ドホークのキャンプにはトルクメン人2万人が身を寄せた。

ただし，表8-1のように，多くの難民は難民キャンプの外で生活しているケースが圧倒的に多い。こうしたキャンプの外で暮らす難民へのケアはトルコで大きな問題となっている[25]。NGOの中にはキャンプ外の難民に対する活動を中心として活動しているものもある。例えば，「亡命者と移民との連帯協会」というNGOはイスタンブルとガジアンテプにシリア難民のための（多分野に渡る）サーヴィス・センターを開設し，法的措置，健康，精神的健康などのケアを行っている[26]。

表8-2 トルコ国内の難民キャンプの状況（2015年10月時点）

地域／項目	テント設置地区	住居の数	避難民数	開設日
ハタイ県	アルトゥンオズ1	263の仮設住宅	1356	2011年6月9日
	アルトゥンオズ2	622のテント	2912	2011年6月10日
	ヤイラダー1	310の仮設住宅 236のテント	2662	2011年4月30日
	ヤイラダー2	510のテント	3034	2011年7月12日
	アパイドゥン	1181のコンテナ	4911	2011年10月9日
キリス県	オンジュプナル	2063のコンテナ	10563	2012年3月17日
	エルベイリ	3592のコンテナ	23471	2013年6月3日
シャンルウルファ県	ジェイハンプナル	4771のテント	18268	2012年4月26日
	アクチャカレ	5000のテント	28907	2012年8月6日
	ハラン	2000のコンテナ	13940	2013年1月13日
	ヴィランシェヒル	4100のテント	17138	2013年7月12日
	スルチ	7000のテント	23417	2015年3月5日
ガジアンテプ県	イスラヒエ1	1898のテント	8749	2012年3月17日
	イスラヒエ2	2364の仮設住宅	21335*	2014年12月6日
	カルカムシュ	1686のテント	7201	2012年8月28日
	ニジップ1	1858のテント	10764	2012月10月3日
	ニジップ2	938のコンテナ	4961	2013年2月11日
カフラマンマラシュ県	カフラマンマラシュ	3684のテント	17655	2012年9月1日
オスマニイェ県	ジェヴデティエ	2012のテント	9148	2012年9月9日
アドゥヤマン県	アドゥヤマン	2292のテント	9721	2012年9月22日
アダナ県	サルチャム	2162のテント	10661	2013年2月10日
マラトゥヤ県	ベイダー	2083のコンテナ	7804	2013年6月12日
マルディン県	ミディヤト	1300のコンテナ	4896*	2013年6月19日
	ヌサイビン	3270の仮設住宅	3287*	2014年7月1日
	デリク	2100の仮設住宅	7612	2014年12月24日

（出所）"Barınma Merkezlerinde Son Durum", *AFAD Website* (https://www.afad.gov.tr/tr/IcerikDetay.aspx?ID=77)；今井宏平『中東秩序をめぐる現代トルコ外交』ミネルヴァ書房，2015年，112頁を参照し，筆者作成。
＊イスラヒエ2，ミディヤトにはシリア難民だけでなく，イラク難民がそれぞれ10,150人，1,756人含まれる。また，ヌサイビンの難民は全てイラクからの難民である。

3．グローバル化するトルコの援助政策

(1) TİKA の援助政策

　トルコの援助政策の中心的な組織が TİKA である[27]。TİKA は日本国際協力機構（JICA）をモデルに 1992 年に外務省傘下の組織として設立された。ケイマンとサザクによると，トルコの援助の 90% がトルコ政府，または TİKA とドナー受入国の間の直接のやり取りによって提供されている[28]。アクチャイは，トルコの援助政策を 1923 年から 92 年，92 年から 99 年，99 年以降の 3 つの時期に区分している[29]。その中でも本格的にトルコが援助を外交政策として展開するのは TİKA の設立を契機とした第 2 期以降である。冷戦体制崩壊後，トルコと民族的共通性を持つテュルク系の人々が住む南コーカサスと中央アジアの諸国家，オスマン帝国時代の版図であり，ムスリムが多く住むバルカン半島の諸国家が独立したことで，トルコは建国期から冷戦期にかけての現状維持の外交政策を修正するかたちで，新興独立国への影響力行使を積極的に展開した[30]。TİKA もその一環として設立され，当初は中央アジア，南コーカサス，バルカン半島への援助がその活動の中心であった。

　TİKA によると，その業務は主に 5 つに区分される。それらは，①途上国の発展を支援することを目的としたプロジェクトによる経済・金融・技術・社会・文化・教育の分野における協力の提供，②発展の目的と途上国の要求を考慮した支援分野の定義，必要なプロジェクトの進展，または民間セクターによるプロジェクトの発展の請負，③発展途上国における政府機関の設立，法律の作成，民間公務員の設置，自由市場経済への移行期における銀行業務・保険業務・国際貿易・金融・税制の分野への必要な支援の提供，援助を行う途上国に関する専門家の配置，発展途上国からの被雇用者に対する労働経験と教育の提供，発展途上国からの被雇用者に対する助成金の配分に関して必要な調整の実施，④教育と文化の分野において海外協力プログラムを必要とする組織に対す

るトルコ文化センターとの協力と調整の実施，⑤ TİKA の主要な役割と業務に沿った，他の非政府組織との協力を実施する，というものであった[31]。

1990 年代に大統領を務めたトゥルグット・オザル（Turgut Özal），スレイマン・デミレル（Süleyman Demirel）は中央アジア，南コーカサス，バルカン半島への政策に力を入れたものの，トルコの影響力は限定的であった[32]。新興独立諸国への熱が冷めるのに比例し，TİKA の活動も 90 年代後半に縮小した。加えて，トルコ自身が 2000 年と 2001 年に金融危機を経験するなど，経済が脆弱化したため，援助に回す資金も限られていた。

TİKA の活動が再び活発になるのは公正発展党が政権の座に就いてからである。公正発展党は TİKA の立て直しに着手し，その規模，地域，予算，機能を拡大させた。規模に関して，2002 年にトルコが実施したプロジェクトの数が 360 だったのに対し，2013 年にはその数が約 5 倍の 1816 となっている（表8-3 参照）。

地域に関して，トルコは公正発展党期にアフリカと中東への援助を大幅に増大させた。2015 年 10 月現在，参照できる最も新しい 2013 年度の TİKA の活動報告書において，地域別の援助の内訳は，アフリカが 33.7％，中央アジア・南コーカサス・南アジアが 21.8％，中東が 21.7％，バルカン半島と東欧が

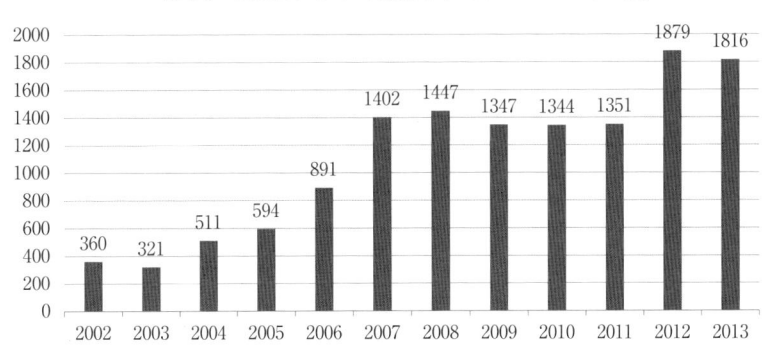

表 8-3　TİKA によって実施されたプロジェクトの数

年	プロジェクト数
2002	360
2003	321
2004	511
2005	594
2006	891
2007	1402
2008	1447
2009	1347
2010	1344
2011	1351
2012	1879
2013	1816

（出所）Cemalettin Haşimi, "Turkey's Humanitarian Diplomacy and Development Cooperation", *Insight Turkey*, Vol. 16, No. 1, p. 134; *TİKA Annual Report 2013*, p. 16.

21.4%となっている。表8-4のようにTİKAのアフリカと中東に対する援助の割合は年々増加している[33]。

政府開発援助（ODA）に関しても，2002年に約8,500万ドルであった援助額が，2013年には約33億700万ドルへと約30倍も増加している（表8-5参照）。トルコの33億700万ドルというODAの額は，2013年の時点でOECD／DAC加盟国28カ国中第11位，対国民総所得比（GNI比）も0.42%で同様に第11位である[34]。トルコよりもODAの総額とGNI比の両方で上位なのは，

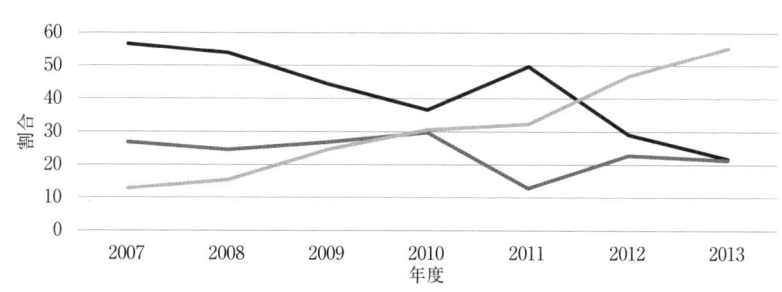

表8-4　TİKA援助の地域別内訳

――中央アジア・南コーカサス・南アジア　――バルカン半島・東欧　――中東・アフリカ

（出所）2007年から2013年のTİKA Annual Reportを参照し，筆者作成。
＊年度によって，中東とアフリカが別々の年，両地域を合わせている年があるので，この表では中東とアフリカを合わせて表示した。

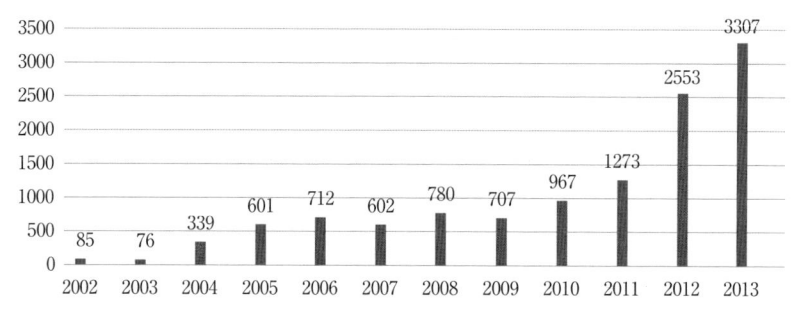

表8-5　トルコの年度別政府開発援助（100万USドル）

年	金額
2002	85
2003	76
2004	339
2005	601
2006	712
2007	602
2008	780
2009	707
2010	967
2011	1273
2012	2553
2013	3307

（出所）*Turkish Development Assistance 2013*, p.9.

ノルウェー，スウェーデン，イギリス，オランダの4カ国のみであり，トルコの国際援助の貢献は極めて高いと言えよう。

TİKAの援助の形態も公正発展党政権下で変化を見せている。例えば，トルコの紛争を経験した国々に対する援助は，1990年代においては軍による治安維持を主な活動としていたのに対し，公正発展党政権下では文民の援助へと切り替えられ，基本的なサービスの提供，政府の機能改善，基本的な安全と安心の提供，包括的な政治プロセスの実行，経済の回復をその任務とした[35]。また，シリア内戦とそれに伴う難民の発生によって，人道援助の額が急増している（表8-6参照）。TİKA2013年発展援助レポートによると，2013年の人道援助の内訳は，シリアに対する援助が約15億7,128万ドル，次いでソマリアに対する援助が2,719万ドル，ミャンマーに対する援助が1,343万ドル，ナイジェリアに対する援助が440万ドル，さらにモーリタニア，セネガル，イエメンと続いている[36]。また，グローバル人道支援レポート（Global Hummanitarian Assistance Report）によると，トルコが難民援助を中心にシリアに対して提供している約16億の人道援助の額は，ODAと比較すると世界第1位のアメリカの60億ドル，第2位のイギリスの23億ドルに次ぐ水準である[37]。

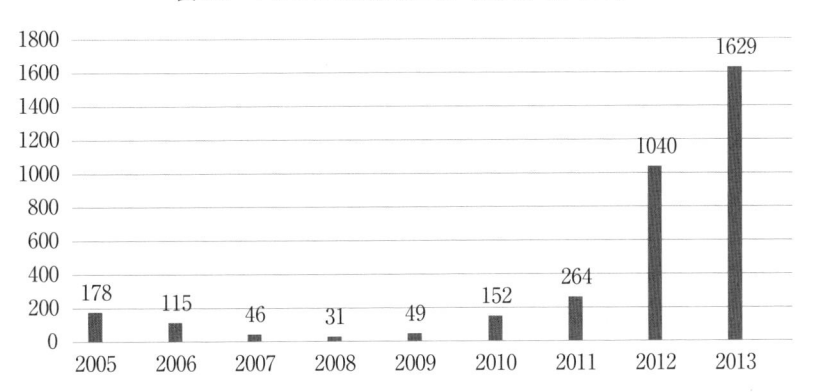

表8-6　トルコの人道援助の額（100万USドル）

年	金額
2005	178
2006	115
2007	46
2008	31
2009	49
2010	152
2011	264
2012	1040
2013	1629

（出所）*Turkish Development Assistance 2013*, p.9.

(2) 高まるアフリカでのトルコの存在感

近年，トルコが援助政策を含め，外交関係を強めているのがアフリカである。前述した「義務とヴィジョン：2014年に際してのトルコ外交」という報告書では，トルコが新たに外交関係を活性化させるべき「大陸」として，アジア太平洋，ラテン・アメリカ，アフリカが挙げられており，最も多くのページが費やされているのがアフリカとの関係である[38]。例えば，アフリカのトルコ領事館は2009年時点では12個にすぎなかったのに対し，2015年10月時点では3倍以上増加し，39個となっている[39]。また，単に領事館の数が増えただけでなく，貿易額も2005年のアフリカ全体との貿易額が約70億ドルだったのに対し，2014年では約234億ドルとなっている[40]。

トルコのアフリカに対する外交関係強化のきっかけとなったのが，2008年8月にアフリカの49カ国が参加し，イスタンブルで開催された第1回トルコ・アフリカ・サミットである。このサミットにおいて，トルコとアフリカのパートナーシップに関するイスタンブル宣言が採択され，トルコとアフリカ諸国の協力の枠組みが構築された[41]。協力の枠組みは，①政府間協力，②貿易と投資，③農業・農業関連産業・農村開発・水資源管理・中小企業，④保健，⑤平和と安全，⑥インフラ・エネルギー・輸送，⑦文化・観光・教育，⑧メディアと情報・通信技術，という8つの分野に渡る[42]。2010年12月には政府高官会合，翌2011年12月には閣僚レベルの検討会合が実施された。第2回トルコ・アフリカ・サミットは2014年11月に赤道ギニアの首都，マラボで開催され，第1回サミットの8つの分野における協力の枠組みを中心に協議が行われ，「2015年から2019年におけるトルコ・アフリカのパートナーシップに関する共同実施計画」が採択された[43]。これらのトルコ・アフリカ・サミットでもTİKAは協力関係の中心的役割を果たす組織として，例えば，第1回サミットでは，農業・農業関連産業・農村開発・水資源管理・中小企業の枠組みに関する主体として言及され，さらにアディスアベバ（エチオピア），ハルツーム（スーダン），ダカール（セネガル）にTİKAの事務所を設置することが決まっ

た。アフリカには7つのTİKAの事務所が開設されており，37ヵ国で活動を展開している[44]。また，トルコは，エジプトとともに2010年にダルフールの再興と発展に関する国際ドナー会議の共同議長を務め，6,500万ドルから7,000万ドルの支援を約束した[45]。

　トルコのアフリカでの活動の中で注目されたのがソマリアへの援助である。トルコは2010年から2011年にかけて干ばつが深刻となったソマリアに対する援助に積極的に関わった。まず，2010年3月に開催された国連によるイスタンブル・ソマリア会議のホスト国となった[46]。2012年5月～6月に開催された第2回イスタンブル・ソマリア会議でもトルコはホスト国を務めた[47]。トルコ外務省は第2回イスタンブル・ソマリア会議に部族の首長など，影響力のある300人のソマリア人を招待している[48]。2013年5月にはトルコ企業家実業家連盟（TUSKON）が主導して第1回トルコ・ソマリア・ビジネスフォーラムが開催された。2011年8月にはレジェップ・タイイップ・エルドアン（Recep Tayyip Erdoğan）首相（当時，現在は大統領）がソマリアを急遽訪問するとともに，援助キャンペーンをトルコで展開し，結果的に約3億ドルを援助した。ソマリアを訪問した首脳は，ウガンダのヨウェリ・ムセベニ（Yoweri Museveni）大統領に次いでエルドアンが2人目であった。エルドアンは大統領に就任した後の2015年1月にも再びソマリアを訪問した[49]。ソマリアでは2013年7月にモガディシュのトルコ大使館近くでイスラーム過激派，アル・シャバーブによる爆破事件が起こったものの，トルコ外務省はソマリアへの駐在を継続している[50]。TİKAの活動もソマリアでは活発である。2013年において，ソマリアは4番目の援助受入国であり，具体的には農業学校の建設，湾岸警備のためのボートの提供，教育支援，病院訓練プロジェクト，専門的な薬学訓練，が提供されている[51]。

(3)　第4回LDC会議と世界人道サミット

　トルコと後発開発途上国（LDC）諸国の近年の連帯強化もトルコの人道外交を語るうえで触れなければならない点である。トルコは2011年に，非西洋諸

国として初めてLDC会議のホスト国となった。LDC会議は，1981年から約10年に1回開催されている会議であり，これまでは1981年と1990年にパリで，2001年にブリュッセルで開催された。LDCという概念は，公式には1971年の第7回国連経済社会理事会開発計画委員会で提唱され，これまでその数値には変化が見られるものの，一人当たりの所得（GNIが1,035ドル以下），人的資源（栄養不足人口の割合，5歳未満乳幼児死亡率，中等教育総就学率，成人男性識字率の複合指数であるHAI），経済構造（人口の規模，遠方さ，輸出商品の特化，農業・林業・漁業のシェア，標高が低い海岸部の人口シェア，商品とサービスの輸出の不安定性，自然災害の犠牲，農業生産の不安定性の複合指数であるEVI），という3つの基準から認定されてきた[52]。現在は48カ国がLDCに該当している[53]。

第4回LDC会議では，政府間で「イスタンブル行動計画」が採択された。「イスタンブル行動計画」は向こう10年間のLDCの目標を分野別に掲げ，2015年にイスタンブルで行動計画に沿った活動が行われているかをチェックする中間会合を行うことなどが決定された[54]。また，政府による会合だけでなく，LDCにトルコを加えた国による民間企業の会合，ハイレベル投資サミット，貿易展示と二国間のビジネスに関する話し合い，という非政府組織の会合も活発に行われた。

2015年7月には，国連総会において，2016年に初めて世界人道サミット（World Humanitarian Summit）が開催されることが決定し，トルコのイスタンブルがその開催地となった。トルコは第4回LDC会議に続いてホスト国を務めることで，世界に人道外交に力を入れている国家という印象を深めている。世界人道サミットでは，①効果的な人道支援の実現，②脆弱性を減らし，リスクを管理，③紛争に巻き込まれた人々のニーズに応える，④イノベーションを通じた支援のあり方の変容，という4つの課題に取り組むことが謳われている[55]。

おわりに

　本稿では，新興国がどのように国際社会の平和と安定に貢献できるかを念頭に置き，トルコの人道外交に焦点を当て，検証を行った。トルコは新興国の中で，経済力の成長だけでなく，秩序への貢献というソフトパワーの行使にも積極的である。また，人間の安全保障の恐怖からの自由と欠乏からの自由の両側面を考慮しつつ，人道外交を展開している。前者に関しては，シリア難民の保護に当たっている AFAD の活動，後者に関しては開発援助を政策として行う TİKA の活動がその中心であった。考察してきたように，人道外交に力を入れるトルコの国際社会での存在感は増している。第 4 回 LDC 会議と世界人道サミットのホスト国になっていることがその証拠である。また，EU 諸国のシリア難民に対する扱いが非難される中，門戸開放政策を続けてきたトルコの姿勢は賞賛に値する。

　確かにトルコは国際秩序の貢献に寄与しているものの，内政に問題を抱えており，それにより地域における存在感も低下している。「アラブの春」が起こった際には，中東諸国から民主化の成功例と見なされたトルコであるが，近年，その民主主義に疑問が呈されている。例えば，フリーダムハウスの調査では，トルコはいまだに「部分的に自由」な国家に位置づけられ，近年，出版の自由とインターネットの自由の指標が低下している[56]。

　しかし，今後，国際社会でアメリカの力が相対的に衰退し，新興国の存在感がますます高まることが想定される中，新興国が国際公共財としての平和と安定に深くコミットすることは確実である。国際社会の平和と安定を検討するうえで，この現実は考慮されるべきである。外交と内政で問題を抱えている点を差し引いても，新興国が平和と安定に貢献する先駆的な事例としてのトルコの人権外交の重要性は色あせないであろう。

1）国際関係論の視点から新興国を検証した包括的な研究としては，例えば，平成23年度国際問題調査研究・提言事業『新興国の台頭とグローバル・ガバナンスの将来』国際問題研究所，2012年；納谷政嗣「新興国の台頭と国際システムの変容」『国際問題』No. 618, 5-16頁。

2）スーザン・ストレンジ（櫻井公人訳）『国家の退場―グローバル経済の新しい主役たち』岩波書店，1998年。

3）外務省ウェブサイト「緊急・人道支援：緊急・人道支援の基本概念」（http://www.mofa.go.jp/mofaj/ gaiko/jindo/jindoushien1_1.html），2015年10月12日閲覧。

4）上野友也『戦争と人道支援：戦争の被災をめぐる人道の政治』東北大学出版会，2012年，25頁。

5）人間の安全保障に関する包括的な業績としては，例えば，福島安紀子『人間の安全保障―グローバル化する多様な脅威と政策フレームワーク』千倉書房，2010年；長有紀枝『入門　人間の安全保障―恐怖と欠乏からの自由を求めて』中公新書，2012年。

6）長，同上書，96頁。

7）来栖薫子「現段階の『人間の安全保障』」『国際問題』No. 603, 2011年7・8月，11頁。

8）トルコでは2009年から年末または年始に「大使会合」を開催しており，そこで1年間のトルコ外交の指針が外務大臣によって発表されている。

9）"Dışişleri Bakanı Sayın Ahmet Davutoğlu'nun V. Büyükelçiler Konferansında Yaptığı Konuşma 2 Ocak 2013, Ankara" (http://www.mfa.gov.tr/disisleri-bakani-sayin-ahmet- davutoglu_nun-v_-buyukelciler-konferansinda-yaptigi-konusma_-2-ocak-2013_-ankara.tr.mfa), 2015年10月11日閲覧。このダーヴトオールの人道外交に関する演説は，その後，「トルコの人道外交：目的・挑戦・展望」として『ナショナリズムとエスニシティ』誌から『ナショナリティーズ・ペーパー』として刊行された。Ahmet Davutoğlu, "Turkey's humanitarian diplomacy: objectives, challenges and prospects", *Nationalities Papers: The Journal of Nationalism and Ethnicity*, 2013.

10）Ibid.

11）ダーヴトオールは，2003年1月から2009年5月まで首相の外交アドヴァイザー，2009年5月から2014年8月まで外務大臣を務めた。2014年8月から2015年10月現在までは首相を務めている。

12）Ahmet Davutoğlu, "Turkish Vision of Regional and Global Order: Theoretical Background and Practical Implementation", *Political Reflection*, June-July-August, 2010, pp. 36-50. トルコの「文明間の同盟」における活動に関しては，例えば，今井宏平「アイディアのフレーミングをめぐる闘争―『文明の衝突』に対抗する『文明間の同盟』」大庭弘継・角田和広編『超国家権力を構想／批判する：不確実性と脆弱性の探究』（仮），南山大学社会倫理研究所，2016年

3月（予定）。
13) Ahmet Davutoğlu,"Principles of Turkish Foreign Policy and Regional Political Structuring", *Center for Strategic Research, Vision Papers* No.3, 2012, pp. 5-8.
14) Türkiye Cumhuriyeti Dışişleri Bakanlığı, *Sorumluluk ve Vizyon 2014 Yılına Girerken Türk Dış Politikası*, 2014.
15) Ahmet Davutoğlu, " Turkey's Foreign Policy Vision: An Assessment of 2007", *Insight Turkey*, Vol.10, No.1, 2008, pp. 77-96.
16)「シリア難民と日本」*The Huffington Post*（日本語版），2015 年 9 月 8 日。
17) "AFET VE ACİL DURUM YÖNETİMİ BAŞKANLIĞININ TEŞKİLAT VE GÖREVLERİ HAKKINDA KANUN", *T.C. Resmi Gazete*, Kanun No. 5902, 29 Mayıs, 2009.
18) 筆者の AFAD 職員に対するインタビュー（2012 年 12 月 18 日，アンカラ）； Kilic Bugra Kanat and Kadir Ustun, "Turkey's Syrian Refugees-Toward Integration-", *SETA Report*, 2015, p. 16.
19) Soner Çağaptay, "The Impact of Syria's Refugees on Southern Turkey", *The Washington Institute for Near East Policy, Policy Focus 130*, October 2013, p. 10.
20) Afet Raporu Suriye "Giriş", *AFAD Wesite* (https://www.afad.gov.tr/TR/IcerikDetay1.aspx?ID =16&IcerikID=747), 2015 年 10 月 18 日閲覧。
21) *Ibid.*
22) T.C. Başbakanlık AFAD, *Suriyeli Misafirlerimiz: Kardeş Topraklarında-2014*, p. 42.
23) "AFAD: Suriye'nin sıfır noktasında insani yardım başlatıldı", *T24* (http://t24.com.tr/haber/afad-suriyenin-sifir-noktasinda-insani-yardim-baslatildi,211161), 2015 年 10 月 18 日閲覧；今井宏平『中東秩序をめぐる現代トルコ外交』ミネルヴァ書房，2015 年，112-113 頁。
24) Kanat and Ustun, *op.cit.*, p. 42.
25) キャンプ外の難民の現状については，例えば，ORSAM, "Effects of the Syrian Refugees in Turkey", *ORSAM Report* No. 195, January 2015.
26) Association for Solidarity with Asylum Seekers and Migrants Website "Our Projects" (http://www. sgdd.org.tr/en/Our-Projects-k6), 2015 年 10 月 18 日閲覧。トルコで難民援助に従事する代表的な NGO として他に，人権と自由に対する人道援助基金（İHH），キム・セ・ヨクムなどがある。
27) 本章の TİKA に関する記述は，一部，筆者の以下の記述と重複する部分がある。今井，前掲書，232 頁。
28) Fuat Keyman and Onur Sazak, "Turkey as a 'Humanitarian State'", *POMEAS Policy Paper*, No. 2, 2014, p. 7.
29) Engin Akçay, *Bir Dış Politika Enstrümanı Olarak Türk Dış Yardımları*,

Ankara: Turgut Özal Üniversitesi Yayınları, 2012, p. 63.
30) トルコの中央アジアへの外交に関しては，例えば，今井宏平「ポスト冷戦期におけるトルコのユーラシア外交——安全保障共同体モデルを枠組みとして」『中央大学政策文化総合研究所年報』第15号，2012年7月，55-80頁。
31) *TİKA Annual Report*, 2009, p. 8.
32) Cemalettin Haşimi, "Turkey's Humanitarian Diplomacy and Development Cooperation", *Insight Turkey*, Vol. 16, No. 1, 2014, p. 132.
33) *TİKA Annual Report*, 2013, p. 19.
34) *Turkish Development Assistance 2013*, p. 15.
35) Keyman and Sazak, *op.cit.*, p. 7.
36) *Turkish Development Assistance 2013*, p. 58.
37) *Global Humanitarian Assistance Report* 2015, p. 2.
38) Sorumluluk ve Vizyon 2014, *op.cit.*, pp. 13-15.
39) Republic of Turkey Ministry of Foreign Affairs Website, "TURKEY-AFRICA RELATIONS" (http://www.mfa. gov.tr/turkey-africa-relations.en.mfa), 2015年10月17日閲覧。
40) *Ibid.*
41) "İstanbul Declaration adopted on 19 August 2008 at the Turkey-Africa Cooperation Summit in İstanbul" (http://afrika.mfa.gov.tr/istanbul-declaration-adopted-on-19-august-2008-at-the-turkey-africa-cooperation-summit-in-istanbul.en.mfa), 2015年10月17日閲覧。
42) "Framework of Cooperation adopted on 19 August 2008 at the Turkey-Africa Cooperation Summit in İstanbul" (http://afrika.mfa.gov.tr/framework-of-cooperation-adopted-on-19-august-2008-at-the-turkey-africa-cooperation-summit-in-istanbul.en.mfa), 2015年10月17日閲覧。①の政府間協力は第2回サミットから制度協力という名称に変更された。
43) "New Model of Partnership for the Strengthening of Sustainable Development and Integration" (http://afrika.mfa.gov.tr/data/turkey-africa-joint-implementation-plan-2015-2019.pdf), 2015年10月17日閲覧。
44) Sorumluluk ve Vizyon 2014, *op.cit.*, p. 15.
45) David Shinn, "Turkey's Engagement in Sub-Sahara Africa: Shifting Alliances and Strategic Diversification", *Chatham House Research Paper*, September 2015, p. 8.
46) 同会議で提出された「イスタンブル宣言」の全文は以下のサイトから閲覧可能である (https://www. consilium.europa.eu/uedocs/cms_data/docs/missionPress/files/100522%20Istanbul%20Declaration01.pdf#search=%27the+Istanbul+Somalia+Conferences%27)。
47) 同会議の最終報告書はトルコ外務省のウェブサイトから閲覧可能である (http://www.mfa.gov.tr/the-second-istanbul--conference-on-somalia_-final-

declaration_-1-june-2012_-istanbul.en.mfa).
48) Pinar Tank, "Turkey's new humanitarian approach in Somalia", *NOREF Policy Brief*, December 2013, p. 3.
49) "Turkish President Erdoğan launches projects in Somalia under tight security", *Hürriyet Daily News*, 25 January, 2015.
50) Tank, op.cit., p. 2.
51) *Turkish Development Assistance 2013*, p. 108.
52) UN-OHRLLS Website, "Criteria for Identification and Graduation of LDCs" (http://unohrlls.org/ about-ldcs/criteria-for-ldcs/), 2015 年 10 月 18 日閲覧。LDC 諸国の基準の詳細は，例えば，森田智「国連における後発開発途上国のカテゴリーと卒業問題 ―『円滑な移行』プロセスと開発政策委員会の役割に焦点を当てて」『外務省調査月報』2011 年, No. 4, 8-12 頁。
53) LDC48 カ国は，アフリカ 33 カ国（アンゴラ，ベナン，ブルキナファソ，ブルンジ，中央アフリカ，チャド，コモロ，コンゴ民主共和国，ジブチ，エリトリア，エチオピア，ガンビア，ギニア，ギニアビサウ，レソト，リベリア，マダガスカル，マラウイ，マリ，モーリタニア，モザンビーク，ニジェール，ルワンダ，サントメ・プリンシペ，セネガル，シエラレオネ，ソマリア，南スーダン，スーダン，トーゴ，ウガンダ，タンザニア，ザンビア，赤道ギニア），アジア 9 ヵ国（アフガニスタン，バングラデシュ，ブータン，カンボジア，ラオス，ミャンマー，ネパール，イエメン，東ティモール），大洋州 5 カ国（キリバス，サモア，ソロモン諸島，ツバル，バヌアツ），中南米 1 カ国（ハイチ），となっている。赤道ギニアが 2017 年，バヌアツが 2018 年に卒業することが見込まれている。"List of Least Developed Countries" (http://www.un.org/en/development/desa/policy/cdp/ldc/ldc_list.pdf#search=%27LDC+countries+48%27), 2015 年 10 月 18 日閲覧。
54)「イスタンブル行動計画」に関しては，外務省のウェブサイトにその概要が掲載されている（http:// www.mofa.go.jp/mofaj/gaiko/ohrlls/4ldc_kaigi/kodo_keikaku.html）。
55) 国連人道問題調整事務所ウェブサイト「世界人道サミット：2016 年にトルコで開催が決定」（http:// www.unocha.org/japan/local-articles/news-and-events/%E4%B8%96%E7%95%8C%E4%BA%BA%E9% 81%93%E3%82%B5%E3%83%9F%E3%83%83%E3%83%88%EF%BC%9A2016%E5%B9%B4%E3%81%AB%E3%83%88%E3%83%AB%E3%82%B3%E3%81%A7%E9%96%8B%E5%82%AC%E3%81%8C%E6%B1%BA%E5%AE%9A#），2015 年 10 月 13 日閲覧。
56) "Western Europe" in Freedom House Website (http://www.freedomhouse.org/ regions/western-europe), 2015 年 10 月 18 日閲覧。

第 9 章
コソヴォ紛争に関する議会分析とアメリカの「反戦」
――言説分析と投票行動分析を中心に――

西 住 祐 亮

はじめに

　冷戦終結後の国際社会にとって，世界各地で頻発する地域紛争や民族紛争への対応は重要な関心事となっている。このことは国際社会で大きな影響力を備える米国にも指摘できることであり，地域紛争への対応は数多く存在する外交政策案件の中でも政策的重要性を高めている。

　こうした背景の下，冷戦終結後の米国は数多くの地域紛争に関与している。当然のことながら一言に「米国の関与」と言っても，事例（紛争）によって「米国の関与」の深度や性格は大きく異なるが，明確な軍事攻撃が実行された事例に限定しても，その事例の数はかなりの数に上る。

　このような軍事攻撃を伴う事例ごとに，米国内では軍事攻撃に対する反対の声が上がり，時にこうした反対活動の主体や活動そのものについてはメディアにより「反戦（anti-war）」という形容がなされてきた。実際のところ，「反戦」という表現は米国の外交問題を報じる記事や報道で頻繁に用いられている。

　しかし他方，米国のメディアでは「反戦」運動の低調や衰退を報じる記事や論考も数多く散見される。そこで常に比較の対象とされるのは1960年代後半から1970年前半にかけて米国内で支持を集めたヴェトナム「反戦」運動であり，近年の「反戦」集会が当時のそれと比べて数的に小規模であることなどが，近年の「反戦」運動の衰退の象徴としてしばしば言及される。

このように，近年の米国外交において「反戦」という概念は必ずしも明快な概念としては用いられていない。そこで本章は，米国が明確な軍事攻撃を実行した事例のひとつである1990年代後半のコソヴォ紛争を題材として，近年の米国外交における「反戦」概念について整理と再検討を試みる。具体的には「反戦」に関する近年の言説を整理し，その上でコソヴォ紛争への米国連邦議会の対応に着目することで，米国外交における「反戦」概念について一考を試みる。

議論の流れとしては，まず「1.」の部分で，この「はじめに」の部分でも触れた「反戦」に関する近年の言説の特徴について整理する。一方において「反戦」概念が多用され，他方において「反戦」勢力の低調が指摘される背景として，「反戦」概念の定義上の問題（或いは概念の用いられ方の問題）をここでは指摘する。

「2.」の部分では，「1.」の部分での議論を受けて，「反戦」概念の暫定的な定義を試みる。その上で連邦議会を対象に，紛争介入政策に関して「反戦」の傾向が指摘できる議員を具体的に指摘する。

「3.」の部分では，「2.」の部分で指摘した議員に着目し，これら議員の思想・政策的立場や政治活動に対する理解を試みる。ここでは事例分析を通してこれらの理解に取り組むが，本稿では具体的な事例として先述のコソヴォ紛争を取り上げる。事例選択の理由についてはできる限り詳細に後述するが，端的に言うと，米国の「反戦」運動の系譜にとってコソヴォ紛争がひとつの大きな転機となったことが指摘できる。

これらの作業を通して，近年の連邦議会に見られる「反戦」の特徴についてできる限り大局的な観点から考察を加えたい。

1．「反戦」に関する近年の言説の特徴

冒頭でも触れた通り，一方で「反戦」の概念が多用され，他方で「反戦」勢力の低調が指摘される現象の背景には，「反戦」概念に関する定義上の問題が関わっていると考えられる。そこでこの「1.」の部分では，近年の米国外交に

おける「反戦」概念の定義について整理することから議論を始める。

(1) 広範な概念としての「反戦」

米国外交で「反戦」が概念として明確でないまま使用されるのには，当然ながら使い手の問題も指摘できるが，より根本的な問題として，用語そのものが孕む曖昧さの問題も同時に指摘できる。

オクスフォード英語辞典（Oxford English Dictionary, ウェブ版）によると，「反戦」については「戦争一般（war in general）に反対すること，或いは特定の戦争（specific war）に反対すること」という説明がなされている[1]。一見するとなんの変哲もない説明のようにも思えるが，この説明は「反戦」の用語が孕む曖昧さの問題を象徴してもいる。基本的なことながらここで注目すべきは，この説明がかなり広範な政策的立場を含意しうるという点である。すなわちこの説明によると「反戦」概念は，①特定の戦争のみに反対する「相対的な反戦」を意味する場合もあれば，②あらゆる戦争に反対する「絶対的な反戦」を意味する場合もある。これを紛争介入政策に関する米国の政策論争へと当てはめるならば，①特定の紛争での軍事攻撃に反対する政策的立場から，②あらゆる紛争での軍事攻撃に反対する政策的立場という実に幅広い政策的立場が「反戦」という概念で形容されることとなる（図9-1参照）。

以上の分別はあくまで単純化の産物であり，①の「相対的な反戦」と②の「絶対的な反戦」はともに両極端なものである。しかし「反戦」の用語が幅広い政

図9-1 概念としての「反戦」の広範さ[2]

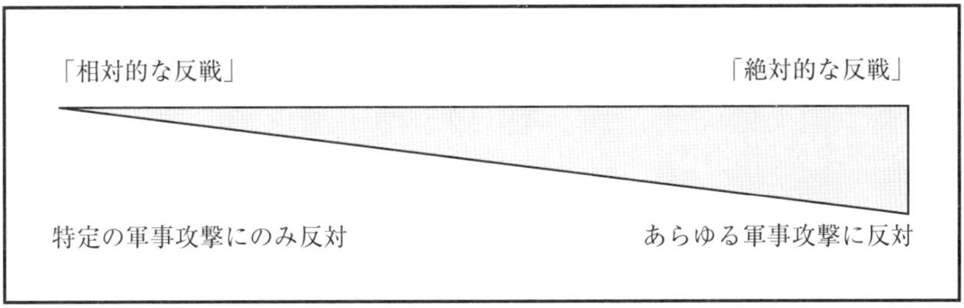

「相対的な反戦」　　　　　　　　　　　　　　「絶対的な反戦」

特定の軍事攻撃にのみ反対　　　　　　　あらゆる軍事攻撃に反対

（筆者作成）

策的立場を含意しうるという点は現実の政策論争を観察する上でも重要である。現実の政策論争において用いられる「反戦」概念が「相対的な反戦」に近いものなのか，それとも「絶対的な反戦」に近いものなのか。「反戦」の表現を理解する上では，その都度，この点を慎重に見極める必要がある。

(2)「相対的な反戦」と「絶対的な反戦」の混同

しかしながら「相対的な反戦」と「絶対的な反戦」の識別が米国の政界やメディア界で十分になされているかというと，必ずしもそうとは言えない。むしろ「相対的な反戦」の概念と「絶対的な反戦」の概念がともすると混同される傾向は，既に述べた「反戦」概念の定義上の問題をより複雑なものとしている。

特に「相対的な反戦」として用いられたものが「絶対的な反戦」として解釈される現象は米国外交の歴史の中で数多く生じてきた。例えば政治家Aが戦争Xに反対してその姿勢が「反戦」と形容された場合，「反戦」の表現がいわば独り歩きをして，政治家Aがあたかもあらゆる戦争に反対する「絶対的な反戦」主義者のように目されるという例は枚挙に暇がない。とりわけ戦争Xが米国民一般の高い関心を集める戦争であれば，以上のような混同が生じる可能性は高まる。

このような混同を生んだ典型的な事例として挙げるべきはヴェトナム戦争であろう。周知の通り，ヴェトナム戦争は米国の指導者層だけでなく米国民一般からも高い関心を集めるものであった。軍事攻撃に対する反対運動は米国内で拡大し，ヴェトナム「反戦」運動という形で盛り上がりを見せた。またヴェトナム戦争は米国の政党政治にも大きな影響を及ぼした。ヴェトナム戦争への「反戦」運動は主に民主党支持層を巻き込んで盛り上がりを見せたため，「反戦」勢力の影響力増大を嫌う民主党支持層は漸進的に共和党へ鞍替えするに至ったのである。このように，ヴェトナム戦争は良くも悪くも米国民一般の記憶に深く刻まれる事例となった。ヴェトナム戦争への「反戦」運動に参加した政治家がその後の事例で米国の軍事攻撃を推進した際，このような姿勢はしばしば「大きな変化」として驚きをもって受け止められることが多いが，これは「相

対的な反戦」として用いられた「反戦」概念が「絶対的な反戦」として解釈された好例と見ることもできる。

　2003年3月に開始されたイラク戦争についても類似のことは指摘できる。イラク戦争も米国民一般の高い関心を集めるものであった。米国の国政選挙においてイラク戦争はしばしば重要争点として取り上げられ，特に2006年の中間選挙においては最重要争点の地位を占めたとされる。このようなイラク戦争に当初から反対の姿勢を打ち出したバラック・オバマ（Barack Obama，民主党，後に第44代大統領）は2008年大統領選挙の民主党予備選で有力候補のヒラリー・クリントン（Hillary Clinton）に勝利するが，この勝利をたぐり寄せる上でイラク戦争への反対姿勢はオバマにとっての大きな「得点」になったとされる。このような背景もあり，オバマの姿勢を「反戦」と形容する論調が同予備選の時期を中心に散見された[3]。ところがその後，大統領就任後のオバマがアフガニスタン戦争での米軍の増派やリビア内戦への軍事介入を遂行すると，このようなオバマの姿勢は一部ではあれ驚きをもって受け止められた。「相対的な反戦」として用いられた「反戦」概念が「絶対的な反戦」として解釈される現象はこのイラク戦争の事例でも観察することができたのである。

(3)　「反戦」概念の多用と「反戦」勢力の低調

　以上のように，米国外交における「反戦」は「相対的な反戦」として用いられる場合と「絶対的な反戦」として用いられる場合があり，広範な概念としての性格を備えている。これに加えて，「反戦」概念は明確に定義されずに用いられることが多いため，「相対的な反戦」と「絶対的な反戦」が混同されることも少なくない。このような事情が重なり，米国外交における「反戦」概念は必ずしも明確な概念としては用いられていない。

　冒頭でも触れたように，米国のメディアでは一方において「反戦」概念が多用され，他方において「反戦」勢力の低調が指摘されるという現象が観察されるが，このことにも以上で述べた「反戦」概念の不明確さの問題が深く関わっている。すなわち一方で「反戦」概念はメディアで頻繁に登場するが，この場

合は「相対的な反戦」に近い概念として用いられている場合が多い。2015 年現在であれば，2016 年大統領選挙の民主党予備選に参加しているバーニー・サンダース上院議員（Bernie Sanders，無所属，ヴァーモント州）が「反戦」の表現を用いてしばしば紹介されるが，ここで主に念頭に置かれているのはサンダース議員による「イラク戦争への反対」であり，「あらゆる軍事攻撃への反対」が含意されているわけではない。実際，サンダース議員は本章が取り上げるコソヴォ紛争の事例では米国の軍事攻撃に下院議員（当時）として賛成票を投じている。

　反対にメディアで「反戦」勢力の低調や衰退が指摘される場合，ここでの「反戦」は「絶対的な反戦」に近い概念として用いられている場合が多い。例えば近年の民主党に関して言うと，民主党支持勢力の多くの〈反戦〉は実際のところ「イラク戦争への反対」や「共和党の戦争への反対」であり，原則的な「反戦」は数少ないという趣旨の議論がある。このような議論においては，「反戦」が「あらゆる軍事攻撃への反対」に近い概念として定義されており，この条件に該当する民主党議員や民主党支持者は数少ないという主張が展開されている[4]。

　このように米国外交における「反戦」概念は少なからず定義上の問題を抱えている。既に述べた通り，このような問題の背景としては，そもそもの問題として使い手の技術的な問題も考えられる。加えていわゆる「レッテル貼り」の問題として，「反戦」の用語が政治的な意図の下に使用されることもあるであろう。有識者の枠を越えた幅広い次元で使用されるものであるだけに，「反戦」概念が「思い込み」や「レッテル貼り」の問題を抱えやすいのは否定しがたい。いずれにしても，米国の「反戦」勢力の思想・政策的立場や政治活動の理解を試みる上で，「反戦」概念の抱えるこのような問題は大きな障害となりうるものである。そこで次の「2.」の部分では「反戦」概念に関する暫定的な定義に取り組み，その上で米国の連邦議会を対象に「反戦」の傾向が指摘できる議員を具体的に把握する。

2．「反戦」概念の暫定的定義と米国連邦議会

(1)　「反戦」概念の暫定的定義

　冒頭で述べた通り，本章の目的は「反戦」に関する近年の言説を整理するのに加え，米国外交における「反戦」概念についての理解を試みることである。より具体的には米国の「反戦」勢力の政策的立場や政治活動に関する理解を試みることとなる。この目的を踏まえるならば，本章では「反戦」概念を「絶対的な反戦」に近い概念として定義する必要性が浮上する。そこで本章は①「非党派性」と②「継続性」という二点に注目して，「反戦」概念の暫定的な定義を試みる。

　第一の注目点である「非党派性」は「支持政党の大統領が始めた軍事攻撃に反対しているか」というものである。「1.」の部分でも触れた通り，近年の米国における党派対立は先鋭化が進み，外交政策の分野でも党派対立の図式が顕在化することが多くなっている。この点は米国の紛争介入政策を分析する上でも重要である。特にここで指摘すべきは，党派対立の高まりを受けて，支持政党（ないし所属政党）の大統領が開始した軍事攻撃に賛成する傾向が連邦議会議員の間でも支持層一般の間でも強まっている点である。

　とりわけ連邦議会議員に関しては，議会採決の投票行動という形でこの点をはっきりと確認することができる。表9-1は冷戦終結後の代表的な軍事力行使容認決議に関する議会採決の結果を政党別にまとめたものである。これを見ても分かるように，軍事攻撃を開始した大統領の所属政党と議会採決の政党別賛否の間には密接な関係が見られる。すなわち2001年9月11日の米国同時多発テロ事件（9.11テロ事件）の直後に開始されたアフガニスタン戦争は例外であるが，概して共和党の大統領が開始した軍事攻撃に関しては共和党議員からの賛成票が多く，民主党議員からの反対票が多い。逆に民主党の大統領が開始した軍事攻撃に関しては民主党議員からの賛成票が多く，共和党議員からの反対票

が多い。つまり議員が軍事力行使容認決議に賛否を表明する上で、党派政治の論理はその重要性を高めているのである。この点を踏まえると、「反戦」概念を定義する上で「支持政党の大統領が開始した軍事攻撃に反対しているか」という点は重要な要素となる。

第二の注目点である「継続性」は「軍事攻撃に反対する姿勢を多事例に渡り継続しているか」というものである。これは第一の「非党派性」とも大いに関係しうる問題であるが、ある事例で軍事攻撃への反対を声高に訴えた政治家の姿勢が「反戦」と形容されたとしても、同政治家が原則的な「反戦」の立場から軍事攻撃に反対したとする根拠はない。第一の点で述べた党派政治の論理から同政治家は軍事攻撃に反対したのかもしれない。或いは党派政治の論理でなくても、民族紛争を考える上で重要な民族・人種上の理由から軍事攻撃に反対したのかもしれない。このため、ある政治家が原則的な「反戦」の立場から軍

表9-1 冷戦終結後の軍事力行使容認決議に関する政党別賛否

	湾岸[5]	コソヴォ[6]	アフガン[7]	イラク[8]	リビア[9]
軍事攻撃を開始した大統領	ブッシュ父 共和党	クリントン 民主党	ブッシュ子 共和党	ブッシュ子 共和党	オバマ 民主党
民主党議員の賛否	（上院） 賛成 10 反対 45 （下院） 賛成 86 反対 179	（上院） 賛成 42 反対 3 （下院） 賛成 181 反対 26	（上院） 賛成 50 反対 0 （下院） 賛成 204 反対 1	（上院） 賛成 29 反対 21 （下院） 賛成 81 反対 126	（上院） なし （下院） 賛成 115 反対 70
共和党議員の賛否	（上院） 賛成 42 反対 2 （下院） 賛成 164 反対 3	（上院） 賛成 18 反対 38 （下院） 賛成 31 反対 187	（上院） 賛成 47 反対 0 （下院） 賛成 214 反対 0	（上院） 賛成 48 反対 1 （下院） 賛成 215 反対 6	（上院） なし （下院） 賛成 8 反対 225

（筆者作成）[10]

事攻撃に反対したのか否かについて，一事例から判断するのは基本的に困難である。

しかしながら多事例を分析対象とすることで，この問題を（解消することは無理でも）軽減することはできる。すなわち「継続性」の問題である。ある政治家が一事例のみならず多事例に渡って軍事攻撃への反対を継続的に打ち出したとすれば，同政治家が原則的な「反戦」の立場から軍事攻撃に反対した可能性は高くなり，逆に党派政治の論理や民族・人種上の理由から軍事攻撃に反対した可能性は低くなる。

以上の「非党派性」と「継続性」という二点に注目して，本章のこの後の議論では特別にことわりがない限り「絶対的な反戦」に近い概念として「反戦」の用語を用いることとする。この点を踏まえ，以下においては米国の連邦議会を分析対象として，具体的に「反戦」の傾向の強い議員の把握を試みる。

(2) 「反戦」の傾向の強い連邦議会議員

ここでは(1)の部分で論じた「非党派性」と「継続性」という二点に注目して，「反戦」の傾向が指摘できる議員の把握を試みる。

分析の手法について，第一にここでは米国の連邦議会を主たる分析対象とする。この最大の理由のひとつは議会採決の存在である。すなわち議会採決への投票行動という形で，各議員は紛争介入政策の各事例に対する態度を明確にする政治的責務を抱えている。当然ながら議会採決の投票行動に依拠して各議員の政策論を検討することには問題点も指摘できるが[11]，客観的な分析を行う上での有用な材料として，ここでは議会採決への投票行動に焦点を当てる。

第二にここで分析対象とする紛争としては，米国による軍事攻撃が決行され，且つ軍事力行使容認決議が議会採決の対象となった事例を念頭に置く。冒頭で述べた通り，冷戦終結後の米国は数多くの紛争に関心を寄せ，加えて軍事攻撃が実行された紛争に限定してもその事例の数はかなりのものとなる。しかしこの中には軍事力行使に関する議会採決が行われずに軍事攻撃が米政権によって実行された事例も多く含まれており，このような事例においては議会採

決の投票行動から各議員の賛否を把握することができない。そこで本稿ではこの条件を満たす湾岸戦争，コソヴォ紛争，アフガニスタン戦争，イラク戦争，リビア内戦（下院のみ）という5つの事例を分析対象に据える。

第三にここで分析対象とする議員としては民主党議員を念頭に置く。厳密に言うと，近年の米国外交において「反戦」の用語は民主党支持勢力についてのみならず共和党支持勢力にも用いられる。イラク戦争の軍事力行使容認決議に共和党下院議員として反対票を投じたロン・ポール（Ron Paul）などはその好例と言える。しかしポールのような共和党の「反戦」勢力（「反戦右派」や「反戦保守」と呼ばれる）と民主党の「反戦」勢力（「反戦左派」や「反戦リベラル」と呼ばれる）の間には政治的にも思想的にも大きな隔たりがある。そこで本章では議論が拡散・混乱するのを防ぐためにも分析対象を民主党の「反戦」勢力に絞る。

以上の前提を踏まえ，ここでは「反戦」の傾向が指摘できる議員の把握を試みる。表9-2は本章が事例として取り上げるコソヴォ紛争に関する軍事力行使容認決議に反対票を投じた29名の民主党議員を列挙し，且つこれら議員の他事例における投票行動をまとめたものである。まず「非党派性」の問題について，9.11テロ事件の直後に開始されたアフガニスタン戦争の事例を除くならば，コソヴォ紛争は軍事攻撃への民主党議員からの反対票が最も少ない事例であった。民主党クリントン政権（Bill Clinton，第42代大統領）によって開始された軍事攻撃については大多数の民主党議員が支持を表明し，逆に民主党議員からの反対票は下院において26票で，上院に至っては僅かに3票であった（表9-1を参照）。この点を踏まえると，この事例で反対票を投じた29名の民主党議員については先述した「非党派性」の傾向が指摘できる。

次の「継続性」の問題については，29名の民主党議員の他事例における投票行動を見てみる必要がある。ある議員が既に見たコソヴォ紛争の事例に加えて，他の事例においても反対票を投じていれば，同議員が原則的な「反戦」の立場から軍事攻撃に反対した可能性は高くなる。反対票を投じた事例が複数であれば，その可能性は更に高まるであろう。そこで本章においては，①特殊な

第9章 コソヴォ紛争に関する議会分析とアメリカの「反戦」 255

表9-2 コソヴォ紛争の軍事攻撃に反対した民主党議員の他事例での投票行動

<上院>

議員名(選出州)	任期	湾岸	アフガン	イラク
Bingaman (NM)	1983-2013	×	○	×
Feingold (WI)	1993-2011		○	×
Hollings (SC)	1966-2005	×	○	○

<下院>

議員名(選出区)	任期	湾岸	アフガン	イラク	リビア
Abercrombie (HI1)	1991-2010	×	○	×	
Baldwin (WI2)	1999-2013		○	×	×
Condit (CA18)	1989-2003	○	○	×	
Danner (MO6)	1993-2001		○		
DeFazio (OR4)	1987-現在	×	○	×	×
DeGette (CO1)	1997-現在		○	×	○
Doggett (TX10)	1995-現在		○	×	○
Goode (VA5)	1997-2009		○	○	
Hall (TX4)[12]	1981-2015	○	○	○	×
Inslee (WA1)	93-95, 99-12		○	×	○
Jackson (IL2)	1995-2012		○	×	×
Kleczka (WI4)	1984-2005	×	○	×	
Kucinich (OH10)	1997-2013		○	×	×
Lee (CA9)	1998-現在		×	×	×
Lipinski (IL3)	1983-2005	×	△	×	
Lofgren (CA16)	1995-現在		○	×	×
McKinney (GA4)	93-03, 05-07		○	×	
Mink (HI2)	65-77, 90-02	×	○		
Peterson (MN7)	1991-現在	×	○	○	×
Rivers (MI13)	1995-2003		○	×	
Serrano (NY16)	1990-現在	×	○	×	×
Stark (CA13)	1973-2013	×	○	×	×
Taylor (MS5)[13]	1989-2011	×	○	○	
Towns (NY10)	1983-2013	×	○	×	△
Visclosky (IN1)	1985-現在	×	○	×	×
Woolsey (CA6)	1993-2013		○	×	×

○:賛成 ×:反対 △:棄権ないし不投票   (筆者作成)

事例であるアフガニスタン戦争を除いたその他の事例で賛成票を投じていない，②コソヴォ紛争の事例に加えてその他の複数の事例で反対票を投じている，という2条件を設定する。そしてこの2条件に注目して表9-2を見てみると，29名の民主党議員のうち2条件に合致する議員が15名いることが分かる（下線は該当する議員）。この15名の民主党議員については「非党派性」に加えて「継続性」の傾向も指摘でき，本章の暫定的定義に基づくものではあるが，「反戦」の傾向が指摘できる議員と見なすことができる。

「反戦」の傾向が指摘できるこの15名の民主党議員を念頭に置いて，次の「3.」の部分ではコソヴォ紛争に関する事例分析を通して「反戦」勢力の思想・政策的立場や政治活動の理解を試みる。

3．コソヴォ紛争から見る米国の「反戦」勢力

ここではコソヴォ紛争を事例分析の対象として取り上げ，「反戦」勢力に関する一考を試みる。議論の流れとしては，まず事例選択の理由として，米国の「反戦」を理解する上でのコソヴォ紛争の重要性を指摘する。次にコソヴォ紛争に関して展開された米国内政治の全体像について，できる限り簡潔に整理する。そしてこれらの作業を踏まえた上で，「2.」の部分で指摘した15名の民主党議員を念頭に置き，これら議員の政策的立場や政治活動に関する理解を試みる。

(1) 事例としてのコソヴォ紛争

北大西洋条約機構（North Atlantic Treaty Organization: NATO）の空爆作戦への参加という形で1999年3月24日に米国が軍事介入したコソヴォ紛争は，米国外交に限定しても実に様々な示唆を持つ事例であった。本章が事例としてコソヴォ紛争を取り上げる理由とも関係するが，冷戦終結後の民主党の外交政策論を考える上でも，コソヴォ紛争は重要な意味を持つ事例であった。

第一にコソヴォ紛争は民主党が軍事攻撃の積極的な理由付けを見出した事例

として注視すべきものであった。ヴェトナム「反戦」運動の影響もあり、ヴェトナム戦争以降の民主党は概して共和党よりも海外での軍事攻撃に消極的であった。とりわけこの点がいわば問題点として浮き彫りになったのは1990年代初頭の湾岸戦争の時期であった。共和党ブッシュ政権（George Howard W. Bush, 第41代大統領）による軍事作戦については大多数の共和党議員が賛成票を投じる一方、民主党議員の多くは反対票を投じていた（表9-1を参照）。この湾岸戦争が米軍兵士の死傷者を最小限に抑えて短期間のうちに終結するという「成功」を収めると、この戦争に対する反対意見を党内から多く出した民主党は米国内世論からの強い逆風に晒され、対外軍事力行使に関する基本姿勢の見直しを迫られることとなった[14]。コソヴォ紛争はこのような民主党の状況を大きく変化させた事例であった。ここで述べた「湾岸戦争の教訓」や党派政治の論理に加え、人道的介入論の台頭を背景として、民主党支持勢力の間で対外軍事力行使に対する再評価の力学が強まったのである。議会民主党もこのような民主党の変容を反映し、大多数の民主党議員がコソヴォ紛争に関する軍事力行使容認決議に賛成票を投じた。

　第二に指摘すべきは、第一の点と表裏の関係にあることであるが、民主党における「反戦」運動の低調や衰退がこのコソヴォ紛争時に数多く指摘されたという点である。議会民主党ではコソヴォ紛争での軍事攻撃を支持する議員が圧倒的多数を占めたが、このような議会民主党の動きを議会外の「反戦」勢力は不満をもって観察していた。例えばリベラル派の立場から軍事攻撃に一貫して反対していた『プログレッシヴ（The Progressive）』誌は議会民主党の動きを受けて「（軍事攻撃に反対する）リベラル勢力はもはや消滅した」と嘆いていた[15]。また『プログレッシヴ』誌と同様の立場をとる活動家のトム・ヘイデン（Tom Hayden）も「奇妙なことに民主党リベラル派も（軍事攻撃に反対の声を上げることなく）口を閉ざしてしまった」という不満を表明していた[16]。

　以上の点を踏まえると、冷戦終結後の民主党の外交政策論を考える上で、また中でも党内の「反戦」の系譜を考える上で、コソヴォ紛争の事例が持つ重要性は大きい。

(2) コソヴォ紛争に関する米国内政治の全体像

次にコソヴォ紛争に関する米国内政治の全体的な特徴についてできる限り簡潔に整理してみたい。本稿が焦点を当てる「反戦」勢力の唱える政策論が、コソヴォ紛争に関する米国内政治の中でどのような位置を占めるものであったのかを把握する上で、このような整理の作業は不可欠である。

コソヴォ紛争に関する米国内政治について第一に指摘すべきは、民主党と共和党の間で鋭い党派対立が展開されたことである。すなわちコソヴォ紛争に関しては、「軍事攻撃に積極的な民主党」と「軍事攻撃に慎重な共和党」の対峙という党派対立の構図が顕著に観察された。とりわけ連邦議会に関しては、軍事攻撃に関する議会採決という形でこの構図を具体的に確認できる（表9-1を参照）。なおこの点について、外交政策に関する党派対立の高まりを示す代表例としてコソヴォ紛争を挙げる議論も少なくない[17]。

第二に指摘すべきは、党派対立の図式が観察されたのと同時に、軍事攻撃の是非をめぐり共和党内に深刻な対立が存在したことである。すなわち共和党内

表 9-3　コソヴォ政策論に関する 4 類型[18]

	軍事攻撃に積極的	軍事攻撃に消極的
民主党	①民主党の介入推進勢力 「空爆によりコソヴォでの人的被害の拡大阻止を目指すが地上軍投入には消極的」 ・クリントン大統領 ・シューマー上院議員 ・ゲッパート下院議員	②民主党の介入反対勢力 「紛争への関与そのものには否定的でないが、手段としての軍事攻撃には断固反対」 ・クシニッチ下院議員 ・リー下院議員 ・『プログレッシヴ』誌
共和党	③共和党の介入推進勢力 「空爆を中心に据えつつ、地上軍投入も視野に入れる踏み込んだ主張を展開」 ・マッケイン上院議員 ・キング下院議員 ・米国新世紀プロジェクト(PNAC)	④共和党の介入反対勢力 「コソヴォにおける米国益の不在を強調し、コソヴォへの関与そのものに消極的」 ・サーモンド上院議員 ・ディレイ下院議員 ・ケイトー研究所

（筆者作成）

では軍事攻撃への反対論が優勢であったが，他方で強硬なコソヴォ政策論を唱えて軍事攻撃に賛成する勢力も一定程度存在した。これゆえ当時はコソヴォ紛争に関する「共和党の分裂」を指摘する議論も散見された[19]。

　第三に指摘すべきは，「分裂」していた共和党とは対照的に，民主党がコソヴォ紛争の事例に関しては「軍事攻撃推進」でほぼまとまっていたことである。民主党内から軍事攻撃に反対した勢力はごく少数で，それ自体としては傍流とも見なせるものであった。本章の関心にとってはこの第三の点は最も重要なコソヴォ紛争の特徴であり，これまでの議論を通して繰り返し指摘してきたものでもある。

　以上の三点を踏まえ，コソヴォ紛争に関する米国内政治に関して単純化を恐れずに類型化を試みるならば，表9-3で示したようなグループが並び立ったことになる。第一の点で述べたように，米国内の議論は①民主党の介入推進勢力と④共和党の介入反対勢力の対立を軸にして展開された。しかし第二の点で述べたように，③共和党の介入推進勢力も党内で少数派でありながらも積極的な政治活動を展開し，無視しがたい存在感を示していた[20]。これらのグループと比べ，②民主党の介入反対勢力はかなりの少数派であり，先行研究でも触れられることの少ないグループである。

　これらの4つのグループは基本的に相対立していたが，特定の領域ではグループ間の協力関係も見られた。すなわち党派対立の強まりを背景にしながらも，一方で①民主党の介入推進勢力と③共和党の介入推進勢力が「軍事攻撃推進」の下で足並みを揃え，他方で④共和党の介入反対勢力と②民主党の介入反対勢力が「軍事攻撃反対」の下で共闘することになったのである。とりわけ数の上でかなりの少数派である②民主党の介入反対勢力にとって，このような協力関係の構築は政治的に不可欠な取り組みであったと言える。

　本章が考察の対象とする「反戦」勢力は同類型の②民主党の介入反対勢力を構成する政治勢力であり，数的に見るならばかなり厳しい政治状況に置かれていた。しかし共和党の介入反対勢力と連合関係を構築するなど，「反戦」勢力はこのような政治的弱点の解消に尽力してもいた。以上のような米国内政治の

全体像を踏まえた上で，この後の議論ではコソヴォ紛争に関する事例分析を通し，「反戦」勢力の思想・政策的立場や政治活動についての理解を試みる。

(3) クシニッチ下院議員の言説活動の分析

「反戦」の傾向が指摘できる議員のコソヴォ政策論と政治活動について把握するために，この(3)の部分では主に言説分析の手法を，加えて次の(4)の部分では投票行動分析の手法を援用する。数多くの議員を分析対象とする投票行動分析と異なり，言説分析では分析対象が言説活動を展開した議員に限定されるという難点がある。しかしながら他方，投票行動分析では議員の思想・政策論に関する理解が表層的なものになりがちだが，言説分析では言説活動を展開した議員の思想・政策論についての重層的な理解が可能となる。双方ともに問題点を抱えるだけに，分析者には投票行動分析と言説分析を適切な形で併用する姿勢が望まれるところである。

以上の点を踏まえた上で，言説分析の対象としては，「反戦」の傾向が指摘できる議員として指摘した15名のひとりであるデニス・クシニッチ下院議員（Dennis Kucinich，民主党，オハイオ第10選挙区）を主たる分析対象とする[21]。クシニッチ下院議員に焦点を当てる主な理由は，15名の議員の中でも同議員が突出して多くの場で自身のコソヴォ政策論を唱導しており，言説分析の対象として望ましい条件を満たしているという点である。実際にクシニッチは連邦議会の本会議でコソヴォ紛争に関する発言を数多く示している。またクシニッチはニューヨーク・タイムズ紙（*The New York Times*）や前述の『プログレッシヴ』誌に加え，地元紙などに自身の論稿を掲載している[22]。このような場で示された議論を題材に，以下においてはコソヴォ紛争時のクシニッチの特徴を整理する。

1）コソヴォ紛争への高い関心

第一に指摘すべき点は，クシニッチがコソヴォ紛争に大きな関心を抱き，その解決に米国が「関与」することを求めていたことである。クシニッチがコソヴォ紛争に関する軍事攻撃に強く反対していたことを踏まえると，クシニッチ

のこの姿勢は「意外なもの」と受け止められるかもしれない（実際，軍事攻撃に反対した共和党支持勢力の中にはコソヴォ紛争への無関心を示す者も多かった）。しかしクシニッチが反対したのはあくまでも「軍事攻撃」であり，コソヴォ紛争そのものへのクシニッチの関心は強かった。つまりここでの「関与」から「軍事攻撃」は明確に排除されていたのである。

クシニッチのこのような姿勢は特に共和党の介入反対勢力と比べると顕著であった。例えばヘンリー・キッシンジャー（Henry Kissinger）は軍事攻撃への反対を唱える自身の論稿の中で「コソヴォが米国にもたらす脅威はハイチが欧州にもたらす脅威よりも小さい」と述べるなど，コソヴォにおける米国益の不在を説いていた[23]。またキッシンジャーのこのような姿勢は軍事攻撃に反対する共和党議員の多くにも共有されていた[24]。これとは対照的に，クシニッチは「コソヴォの人々の苦しみを解放する」ことが「世界の民主主義諸国にとっての責務」であると強調していた[25]。

2）ミロシェヴィッチへの批判

第二に指摘すべきは，第一の点とも深く関係するが，米国の軍事攻撃の対象であったユーゴスラヴィア連邦政府のスロボダン・ミロシェヴィッチ（Slobodan Milosevic）の行動をクシニッチが強く批判していたことである。軍事攻撃へのクシニッチの反対姿勢を踏まえると，このような姿勢もやはり「意外なもの」と受け止められるかもしれない。しかしクシニッチ自身の言葉を借りるならば，「ミロシェヴィッチに反対し，それでいて且つ空爆に反対するのは可能である」[26]というのが重要な点であった。

当然ながらミロシェヴィッチの行動を批判したのは何もクシニッチに限ったことでなく，軍事攻撃を推進した当時のクリントン政権もミロシェヴィッチによる行動を「ジェノサイド」であると強く批判していた[27]。ところが軍事攻撃に反対した共和党支持勢力の一部はコソヴォ紛争の歴史的側面を重視し，中にはミロシェヴィッチに同情的でさえある見方も存在した。キッシンジャーもこの点について「ミロシェヴィッチはコソヴォ紛争の原因（cause）というよりも，コソヴォ紛争の表出物（expression）である」と前述の論稿の中で述べ

ている[28]。軍事攻撃への反対姿勢を共有しながらも，クシニッチはこのような立場をとっていなかった。この点について，クシニッチは「紛争当初より，私はセルビア系によるアルバニア系への攻撃・殺戮・民族浄化が不道徳で不法なものであると訴えてきたし，また平和を求めて声を上げてきた」と述べている[29]。

3）国際レジームの重視

第三に指摘すべきは，コソヴォ問題を通してクシニッチが国際連合（United Nations: UN, 国連）を中心とする国際レジームに傾斜する姿勢を示していたことである。この点はクシニッチが軍事攻撃に反対した理由のひとつとしても重要なものであった。すなわち米国を中心とするNATOの軍事攻撃が国連安全保障理事会の承認をえていないものである点をクシニッチは問題視していた。この点についてクシニッチは「NATO諸国が国連安全保障理事会を無視したことにより，国際法は出し抜かれてしまった」と述べている[30]。

またクシニッチはNATOによる軍事攻撃が様々な国際協定に違反するものであるとの議論も展開し，自身が軍事攻撃に反対する根拠のひとつとしている。この点についてクシニッチは「もし力が正義をもたらすならば，国連憲章は意味を成さなくなる。（中略）もし力が正義をもたらすならば，1907年のハーグ協定は意味を成さなくなる」と述べている。これに加えてクシニッチはコソヴォ紛争での軍事攻撃が1949年のジュネーヴ協定や1980年のウィーン協定にも同じく違反するとの批判を展開している[31]。

クシニッチのこのような姿勢もやはり共和党の介入反対勢力と比べると顕著であった。軍事攻撃への反対という基本姿勢を共有しながらも，その反対理由は両者の間で大きく異なっていたのである。共和党の介入反対勢力の主な反対理由は「コソヴォ紛争における米国益の不在」という点であり，以上のクシニッチのような議論は目立たなかった。近年の共和党における国連不信の高まりを踏まえるならば，これは当然のこととも言えるだろう[32]。「軍事攻撃への反対」の旗印の下で協力関係を構築しながらも，両者の政策論の根底に大きな開きがあったことは注目に値する。

4）軍事攻撃の効果に対する懸念

　第四に指摘すべきは，第一の点とも深く関係するが，軍事攻撃の持つ効果や影響についてクシニッチが強い懸念を抱いていたことである。なおこの点もクシニッチが軍事攻撃に反対した重要な理由のひとつであった。この点について，クシニッチは「ベオグラードとノヴィ・サド[33]への爆撃は，ミロシェヴィッチの権威主義体制の下で既に苦しんでいる人々を罰してしまうものである」と述べていた。加えてクシニッチは軍事攻撃がミロシェヴィッチの権力基盤をかえって強化してしまうだろうという点も強調していた。これはNATOによる軍事攻撃の開始を転機として，ユーゴ連邦内の反ミロシェヴィッチ勢力でさえも「反米」や「反NATO」の旗印の下に団結するであろうという趣旨の懸念であった[34]。

　なおクシニッチはコソヴォ紛争が終結した後においても，軍事攻撃の効果や影響について冷めた見方を示していた。コソヴォ紛争が終結したのは決して軍事攻撃が功を奏したからではなく，紛争を終結させたのはあくまでも西側諸国とユーゴ連邦の仲介役を担ったロシアの外交交渉（後述）といった非軍事的な力学である。これがクシニッチの主張する議論であった。この点について，クシニッチは「紛争終結は空爆によって勝ち取られたもの」とする見解を「コソヴォ紛争に関する神話のひとつ」であると述べている[35]。

5）仲介役としてのロシアへの期待

　第五に指摘すべきは，クシニッチが紛争解決のための協議にロシアを招くよう強く要請していたことである。西側諸国とユーゴ連邦の間を調整する仲介役としてロシアにどれほどの信頼を置くべきかという問題は，軍事攻撃が長期化した後に米国内で浮上した重要争点であった。同問題をめぐってはクリントン政権内にも意見の食い違いが見られた[36]。

　このようなロシアの役割に関する議論について，クシニッチは連邦議会の本会議の場で「我々は民主化に尽力しているロシアの人々に機会を与えるべきであり，また和平交渉に関する協力を要請するべきである」と述べるなど[37]，仲介役としてのロシアの外交交渉に期待を寄せる立場を鮮明にしていた。更にク

シニッチは自らロシアの国会議員団とコソヴォ問題について協議した上で，ロシアを含めた紛争解決の枠組みの創出をクリントン政権に求めるなど，以上のような政策論を自らの政治活動を通して体現してもいた（後述）[38]。

6）積極的な政治活動の展開

コソヴォ紛争時のクシニッチ下院議員について最後に指摘したいのは，以上のようなコソヴォ政策論を背景として，多岐に渡る政治活動を各方面で積極的に展開していたことである。

まずクシニッチはコソヴォ紛争に関してロシアと協力する姿勢を自らの政治活動を通して示した。クリントン政権のコソヴォ政策への不満や疑念を背景に，1999年4月下旬には幾つかの訪問団により「議員外交」や「民間外交」が展開されたが，このうちのひとつの議員団はオーストリアのウィーンを訪問し，同地でロシアの国会議員団とコソヴォ紛争に関する協議を行った。この議員団の共同代表を務めていたのが，他ならぬクシニッチであった。なお共同代表のもうひとりは共和党のカート・ウェルドン下院議員（Cart Weldon，ペンシルヴァニア第7選挙区）であり，更にこの議員団は共和党議員6名，民主党議員4名，無所属議員1名という超党派の議員から構成されるものであった[39]。

この米露両国の議員団による協議の成果として注目すべきは，5項目から構成される共同和平案であった。5項目の中でもとりわけ特徴的であったのは，第1項目の「NATOによる軍事攻撃の停止」を求める部分であった[40]。なお米国に帰国した後のクシニッチとウェルドンはこの共同和平案を議会決議として成立させることも試みたが，結果的にこれは叶わなかった[41]。

また1999年4月下旬から同年6月下旬には，連邦議会議員と議会外の有識者から構成される「コソヴォ危機に関する議会ティーチイン（Congressional Teach-in Sessions on Crisis in Kosovo）」が開催された。このティーチインも軍事攻撃への反対を基調とするものであったが，クシニッチはこのティーチインの中心的人物でもあった[42]。

(4) コソヴォ紛争に関する議会採決の分析

　クシニッチ下院議員に関する言説分析を踏まえた上で，次にここでは「反戦」の傾向が指摘できる議員の議会採決に際する投票行動を大局的に分析する。(3)の言説分析で明らかにしたように，クシニッチは「軍事攻撃に反対するが紛争解決への米国の関与は支持する」という基本姿勢を備えていた。ここでは主にこのようなクシニッチの基本姿勢がその他の議員にも共有されていたのかという点に注意して投票行動分析を試みる。なおコソヴォ紛争に関する数多くの採決が行われた下院とは対照的に，上院は軍事力行使容認決議を除くと目立った採決を行わなかった。そこでここでは対象を下院に絞り，「反戦」の傾向が指摘できる14名の下院議員の投票行動を分析する。

　表9-4はコソヴォ紛争に関する代表的な下院採決について，「反戦」の傾向が指摘できる14名の下院議員の投票行動を整理したものである。これを見ても明らかなように，下院においては実に様々な内容の決議や修正条項が採決の対象となった。本章で繰り返し取り上げている軍事攻撃を容認する決議だけでなく，平和維持部隊への米軍の参加を容認する決議，或いは展開中の米軍の撤退を大統領に命じる決議なども採決の対象となったのである。

　「反戦」勢力について考察する本稿にとって，これら議会採決から第一に注目すべきは，「反戦」の傾向が指摘できる議員の間でも，展開中の米軍の撤退や軍事補足歳出の禁止については意見が割れていたことである。例えば，(3)の部分で着目したクシニッチはロシア国会議員団との共同和平案を通して「軍事攻撃の停止」を訴え，議会採決でも米軍撤退を求める決議と軍事補足歳出を禁止する修正条項の両方に賛成票を投じた。しかしこのようなクシニッチの姿勢が14名の議員の間で等しく共有されていたとは言いがたい。特に前者の米軍撤退を求める決議に関して，これら議員の間においても反対票が賛成票を上回った。

　しかし第二の点としてここでより注目したいのは，これら14名の議員の間に見られる共通点である。すなわち「反戦」の傾向が指摘できる議員の多くが，

266 第Ⅱ部 紛争解決への外交政策

表9-4 「反戦」傾向の指摘できる下院議員のコソヴォ紛争時の投票行動[47]

	①平和維持部隊派遣[43]	②軍事作戦制限[44]	③米軍撤退[45]	④軍事攻撃	⑤軍事補足歳出禁止[46]
下院共和党の賛否	賛成 44 反対 173	賛成 203 反対 16	賛成 127 反対 92	賛成 31 反対 187	賛成 97 反対 116
下院民主党の賛否	賛成 174 反対 18	賛成 45 反対 164	賛成 12 反対 197	賛成 181 反対 26	賛成 19 反対 185
Abercrombie (HI1)	△	○	×	×	×
Baldwin (WI2)	○	○	○	×	○
DeFazio (OR4)	○	○	×	×	○
Jackson (IL2)	○	○	×	×	○
Kleczka (WI4)	○	○	×	×	○
Kucinich (OH10)	○	○	○	×	○
Lee (CA9)	○	○	○	×	○
Lipinski (IL3)	△	○	×	×	×
Lofgren (CA16)	△	○	×	×	×
Serrano (NY16)	○	○	○	×	○
Stark (CA13)	○	○	×	×	○
Towns (NY10)	△	×	×	×	○
Visclosky (IN1)	×	○	×	×	×
Woolsey (CA6)	○	×	×	×	×

○：賛成　×：反対　△：棄権ないし不投票　　　　　　　　　（筆者作成）

　平和維持部隊決議については賛成票を投じているという点は，米国の「反戦」勢力について分析する上で重要なものである。表9-4を見ても明らかなように，対象とする14名の議員の中で同決議にはっきりと反対票を投じたのは僅か1名であった。つまり軍事攻撃には反対するが，平和維持部隊への参加には賛成するという姿勢が，「反戦」の傾向が指摘できる議員の投票行動から汲み取ることができるのである。

　この点はクシニッチに関する言説分析を理解する上でも重要である。(3)の部分で論じたように，クシニッチは軍事攻撃に反対しながらも，コソヴォ紛争そのものには高い関心を寄せ，同紛争の解決に米国が「関与」することを求めて

いた。この点を踏まえると，軍事攻撃に反対票を投じながら平和維持部隊への参加に賛成票を投じたクシニッチの投票行動もよく理解できる。そしてここで注目した投票行動に着目するならば，「軍事攻撃に反対するが紛争解決への米国の関与は支持する」という基本姿勢はその他の14名の議員にも共有されていたと見ることができる。

おわりに

　米国外交の議論で頻繁に使用されながらも必ずしも明確な概念でない「反戦」について，本章はコソヴォ紛争に関する事例分析を中心に，整理と再検討の作業を試みた。

　まず「1.」の部分では「反戦」概念の抱える定義上の問題を指摘した。すなわち米国外交における「反戦」が広範な概念であり，「相対的な反戦」として用いられる場合と「絶対的な反戦」として用いられる場合があるという点，及びともすると両者が混同して使用される傾向にあるという点である。このような「反戦」概念の不明確さは，米国の「反戦」勢力を分析する上でも大きな障害となりうる。

　「反戦」に関する以上の概念整理を踏まえた上で，「2.」の部分では「反戦」概念に関する暫定的定義を試みた。この際に重視したのが，「支持政党の大統領が始めた軍事攻撃に反対しているか」という「非党派性」の問題と，「軍事攻撃に反対する姿勢を多事例に渡り継続しているか」という「継続性」の問題である。そしてこの二点に基づいて，冷戦終結後の連邦議会を対象に，「反戦」の傾向が指摘できる議員の把握を試みた。

　「3.」の部分ではコソヴォ紛争に関する事例分析を通して，「反戦」の傾向が指摘できる議員の思想・政策的立場と政治活動の理解を試みた。この作業に際して軸としたのが，クシニッチ下院議員の言説の分析と，「反戦」の傾向が指摘できる議員の投票行動の分析である。言説分析ではクシニッチのコソヴォ紛争論の特徴について検討し，投票行動分析では議会採決の結果を題材に「反戦」

の傾向が指摘できる議員の政策的立場を検討した。ここでの言説分析はあくまでもクシニッチ個人を対象としたものであるが、少なくとも「軍事攻撃に反対するが紛争解決への米国の関与は支持する」という基本姿勢については、投票行動分析の対象とした議員にもほぼ等しく共有されていたことをここでは主に論じた。

　これらの議論を通じて本章が強調したいのは以下の二点である。第一点目は、「反戦」概念に関する定義上の問題を把握することの重要性である。繰り返し述べているように、米国外交における「反戦」は広範な概念で、使い手と受け手との間で含意される内容が異なるということもしばしばある。このためメディアにおける「反戦」を適切に理解するためには、どのような内容が含意されているのかについて、特に「相対的な反戦」と「絶対的な反戦」のいずれに近い概念であるのかについて見極めることが受け手には求められる。また使い手にも同様のことは指摘でき、「反戦」について適切に定義することが、「反戦」に関する議論や分析を建設的なものとするための条件となる。非常に基本的なことではあるが、「反戦」の概念が抱えるこれらの問題点に改めて注意することは極めて重要であると思われる。

　本章が第二点目として強調したいのは、米国の「反戦」勢力が紛争介入政策において示す積極的な姿勢である。事例分析の部分で論じたように、クシニッチ下院議員はコソヴォ紛争での軍事攻撃に反対したが、コソヴォ紛争の解決に向けて米国が軍事攻撃を伴わない形で関与することは支持した。また「反戦」の傾向が指摘できるその他の議員も、平和維持部隊に関する議会採決への投票を通じ、米国によるコソヴォ紛争への関与を支持する姿勢を鮮明にしていた。更にクシニッチに関しては、訪欧先でロシア国会議員団と協議を行い、軍事攻撃を伴わない形での紛争解決に向けて、自ら「外交活動」まで展開していた。米国の「反戦」勢力が反対するのはあくまでも「軍事攻撃」であり、紛争解決に「関与」すること自体にはむしろ積極的ですらある。コソヴォ紛争に関する本章の事例分析は、米国の「反戦」勢力が以上のような特徴を備えることを、部分的ながらも根拠付けるものであると言える。

ただしとりわけこの第二点目については課題とすべき点も少なくない。第一に本章は「反戦」の傾向が指摘できる連邦議会議員を分析対象としたが，当然ながら議会外においても「反戦」の傾向が指摘できる勢力は存在した。本章でもこれら議会外の「反戦」勢力として『プログレッシヴ』誌とヘイデンに僅かながら言及したが，これら議会外の勢力と「反戦」の傾向が指摘できる議員との間で足並みの乱れがあった可能性も排除できない。連邦議会における議会採決のような客観的な分析対象が乏しいなどの問題はあるが，議会外の「反戦」勢力について分析することも今後の展望として検討したい。
　第二の課題は本章が事例分析の対象をコソヴォ紛争の一事例に限定したことである。当然ながら対象とする事例数が多ければ，事例分析から導き出される議論の一般性や普遍性も高まることになる。特に「反戦」の傾向が指摘できる議員が表9-2で取り上げたその他の事例でコソヴォ紛争の際と同じような政策的立場をとったのか，或いはコソヴォ紛争時のクシニッチのように「反戦」の立場から精力的な政治活動を展開した議員がその他の事例においても存在したのかという点は，本章での議論の一般性・普遍性を評価する上で重要な問題関心となる。様々な内容の決議が採決の対象とならなかった事例でどのような分析手法を採用するのかなど，単純な比較ができないことも十分に想定されるが，分析対象とする事例の数を増やして米国の「反戦」について再度検討することも，今後の選択肢のひとつとして検討したい。
　第三の課題は，本章が米国以外の国々の「反戦」勢力について言及していないことである。これは非常に難しい課題ではあるが，特に西側諸国の「反戦」勢力との比較考察を行うことで，米国の「反戦」勢力の「特殊米国的」な側面を明らかにすることができる可能性もある。コソヴォ紛争の事例に限定しても，このような比較の作業を行うのは決して容易でないが，大きな展望としてこのような作業も検討対象に含めたい。
　このように，本章の議論を発展させる上で，課題とすべき点は決して少なくないが，米国の「反戦」概念を理解する上で，或いは米国の「反戦」勢力に関する分析を行う上で，本章の議論が一助となればと考えている。

1）<http://www.oxforddictionaries.com/definition/english/anti-war?q=anti+war>（2015 年 8 月 7 日アクセス）
2）筆者作成。
3）Zeleny, Jeff "As Candidate, Obama Carves Antiwar Stance" *The New York Times* (February 26, 2007) など。
4）Bozell, Brent "The Vanishing Anti-War Left" MRC NewsBusters (September 3, 2013); Somin, Ilya "The Growth of "Partyism" and the Decline of the Antiwar Movement" *The Washington Post* (September 24, 2014) など。
5）湾岸戦争の軍事力行使容認決議に関する議会採決は上院で 1991 年 1 月 12 日，下院でも同じく 1991 年 1 月 12 日に行われた。
6）コソヴォ紛争の軍事力行使容認決議に関する議会採決は上院で 1999 年 3 月 23 日，下院で 1999 年 4 月 28 日に行われた。
7）アフガニスタン戦争の軍事力行使容認決議に関する議会採決は上院で 2001 年 9 月 14 日，下院でも同じく 2001 年 9 月 14 日に行われた。
8）イラク戦争の軍事力行使容認決議に関する議会採決は上院で 2002 年 10 月 11 日，下院で 2002 年 10 月 10 日に行われた。
9）リビア内戦の軍事力行使容認決議に関する議会採決は上院では行われず，下院で 2011 年 6 月 24 日に行われた。
10）連邦議会に関する各種資料をもとに筆者作成。
11）例えば，議会採決に際して賛成票を投じたが後にその投票行動を撤回した議員 A は，議会採決に際して賛成票を投じて且つその後も同姿勢を堅持した議員 B と実態としては異なる政策的立場をとることになるが，投票行動分析では両議員はともに「賛成票を投じた議員」としてのみ把握されることになり，両者の相違点を分析射程に入れることは難しい。
12）同議員は 2004 年に党籍を民主党から共和党へ変更した。
13）同議員は議員退任後の 2014 年に党籍を民主党から共和党へ変更した。
14）久保文明「アメリカ政治がグローバル・ガバナンスに与える影響」横田洋三・久保文明・大芝亮（編）『グローバル・ガバナンス：「新たな脅威」と国連・アメリカ』（日本経済評論社，2006 年）33-34 頁などを参照。
15）"Bill Clinton's War; Conflict in Kosova, Yugoslavia" *The Progressive* (May 1, 1999)
16）"NATO Action in Kosovo" *The Los Angels Times* (May 10, 1999)
17）島村直幸「冷戦後の大統領と議会：共和党多数議会の成立とクリントン政権の外交」吉原欽一（編）『現代アメリカの政治権力構造：岐路に立つ共和党とアメリカ政治のダイナミズム』（日本評論社，2000 年）175 頁など。
18）筆者作成。
19）コソヴォ紛争をめぐる共和党（ないし保守勢力）の分裂傾向を指摘した記事・論文としては，Stoddard, A.B. "Hastert Faces Fisrt Tests as Speaker" *The Hill* (February, 24, 1999); Schneider, William "The Two GOP Campaigns" *National*

Journal (June, 12, 1999); Doherty, Carroll J. "Two GOP Leaders Personify Party's Rift over Kosovo: Dole Says Force Must be Met with Force, While Nickles Fears a Vietnam-Style Quagmire" *CQ Weekly* (April 10, 1999); Mitchell, Brian "The GOP's Tangled Foreign Policy" *Investor's Business Daily* (March, 4, 1999); Frum, David "Unpatriotic Conservatives: A War Against America" *National Review* (April, 7, 2003) p. 36.; 読売新聞（1999年4月3日，朝刊）などがある。

20) 拙稿「コソヴォ紛争時の新保守主義者と共和党：議会共和党の動向に着目して」『中央大学大学院研究年報（法学研究科）』（中央大学出版部，2007年）などを参照。

21) なおクシニッチ下院議員はクロアチア系米国人であり，ユーゴ連邦政府への軍事攻撃に民族・人種上の理由から反対したセルビア系米国人とは異なる。

22) コソヴォ政策論に関するクシニッチ自身による論稿としては以下のようなものがある。Kucinich, Dennis J. "Why is Belgrade a Target?" *The New York Times* (April 9, 1999); Kucinich, Dennis J. "U.S. Must End the War against the Civilians" *Plain Dealer* (April 12, 1999); Kucinich, Dennis J. "Kosovo: Where Do we Go from Here?" *The Hill* (May 19, 1999); Kucinich, Dennis J. "Kosovo: Was it a Just War? – The Wrong Approach" *The World & I* (August, 1999); Kucinich, Dennis J. "What I Learned from the War" *The Progressive* (August, 1999)

23) Kissinger, Henry "No U.S. Ground Forces for Kosovo: Leadership Doesn't Mean That We Must Do Everything Ourselves" *The Washington Post* (February 22, 1999) なおキッシンジャーは1999年3月24日の軍事攻撃の開始を契機に，自身の基本姿勢を「軍事攻撃への反対」から地上軍投入を含む「軍事攻撃の推進」へと大きく変化させた。キッシンジャーのコソヴォ政策論とコソヴォ紛争時の政治活動については拙稿「米国現実主義者の再検討：コソヴォ紛争時のキッシンジャーに着目して」『法学新報』（中央大学出版部，2010年）を参照。

24) Roberts, Pat "Kosovo" *Congressional Record* (February 23, 1999) S1762. などを参照。コソヴォ紛争での軍事攻撃に反対の立場をとるパット・ロバーツ上院議員（Pat Roberts, 共和党，カンザス州）は「多くの上院議員が抱いている不安や不満を極めて的確に総括したものである」として，キッシンジャーの論稿の連邦議会議事録への掲載を要望し，同論稿は実際に掲載されることとなった。

25) Kucinich "Why is Belgrade a Target?"
26) Kucinich "What I Learned from the War" p. 24.
27) 例えば軍事攻撃を推進したクリントン政権にいながら軍事攻撃に慎重な姿勢を貫いたウィリアム・コーヘン国防長官（William Cohen）でさえも，NATO軍の戦闘については「正義とジェノサイドの戦い」と述べている。"Secretay Cohen's Press Conference at NATO Headquarters, April 7, 1999" U.S. Department of Defense, News Transcripts (April 9, 1999)
28) Kissinger, op.cit.

29) Kucinich "Kosovo: Where Do we Go from Here?"
30) Kucinich "Kosovo: Was it a Just War? – The Wrong Approach"
31) Ibid.
32) 共和党（特に保守派）における国連不信の高まりについては，中山俊宏『介入するアメリカ：理念国家の世界観』（勁草書房，2013 年）の「アメリカにおける国連不信と保守派の言説」が詳しい。
33) ノヴィ・サドは首都のベオグラードに次ぐセルビア第二の都市とされる。
34) Kucinich "Why is Belgrade a Target?"
35) Kucinich "What I Learned from the War" p. 25.
36) Nichol, Jim "Kosovo Conflict: Russian Responses and Implications for the United States" *CRS Report for Congress*, Order Code RL30130 (Updated June 2, 1999) p. 7.
37) "Removal of United States Armed Forces from the Federal Republic of Yugoslavia" *Congressional Record* (April 28, 1999) H2424.
38) Kucinich "Kosovo: Where Do we Go from Here?"
39) 参加した議員の顔触れについては Delaney, Gil "Pitts in Group That Will Seek New Peace Talks: 11 from House Fly to Vienna for Kosovo Talk with Russians" *Intelligencer Journal* (April 30, 1999) を参照。
40) Kucinich "What I Learned from the War" p. 25. その他の 4 項目は，②「コソヴォからのセルビア軍の撤退」，③「コソヴォ解放軍（Kosovo Liberation Army: KLA）による軍事活動の停止」，④「全ての難民の帰還」，⑤「コソヴォを管理するための国際部隊の駐留」を要求するというものであった。
41) Eilperin, Juliet "Lawmakers Reject Albright Plea on Peace Plan" *Chicago Sun Times* (May 13, 1999); Dealey, Sam "House Leaders Defer to Clinton on Kosovo Plan" *The Hill* (May 26, 1999) を参照。
42) "Crisis in Kosovo--Remarks by Adm. Eugene Carroll--Hon. Dennis J. Kucinich (Extensions of Remarks – May 6, 1999)" *Congressional Record* (May 6, 1999) E902. などを参照。
43) コソヴォ平和維持部隊決議（H. Con. Res. 42）。下院本会議における採決日は 1999 年 3 月 11 日。決議の内容は，当時進行中であったセルビア側とコソヴォ側の間の協議で一定の合意がえられた場合に，コソヴォへ派遣される NATO の平和維持部隊に米軍が参加するのを容認するというもの。
44) ユーゴ軍事作戦制限決議（HR. 1569）。下院本会議における採決日は 1999 年 4 月 28 日。決議の内容は，法律によって特別に認められない限り，大統領によるユーゴへの米地上軍展開を禁止するというもの。
45) 米軍撤退決議（H. Con. Res. 82）。下院本会議における採決日は 1999 年 4 月 28 日。決議の内容は，戦争権限法に基づき，ユーゴに対する活動のために展開中の米軍の撤退を大統領に命ずるというもの。
46) イストック修正条項（H. Amdt. 76）。下院本会議における採決日は 1999 年 5 月

6日。1999年度コソヴォ・南西アジア緊急補足歳出法案（H.R.1664）についての，アーネスト・イストック下院議員（Ernest Istook，共和党，テキサス第5選挙区）による修正条項。修正条項の内容は，地上軍を伴う軍事攻撃のための補足歳出を禁止するというもの。

47) 連邦議会に関する各種資料をもとに筆者作成。

第 10 章
ヨーロッパ統合と平和
―― EU 共通外交安全保障政策からの一考察 ――

上 原 史 子

平和とは戦争がない状態ではない．平和とは徳があること，心の安定，慈愛，信頼，正義を求める心持ちである．

バールーフ・デ・スピノザ（Baruch De Spinoza）

はじめに

　第二次世界大戦はヨーロッパのみでなく世界全体を大きく変えた．勝者も敗者も世界レベルでの平和秩序の構築を期待するようになり，その結果，国際的な世界大の集団的安全保障を希求する動き，また，普遍的な世界平和共同体という思想が生まれた．この具体化の一つが国際連合の創設となった．国連の創設によって国際的安全保障というメカニズムが生まれたとともに，アメリカが中心の世界システムが確立された結果，ヨーロッパでは戦後復興の過程で自らの将来像について様々な検討が進められることとなった．
　このヨーロッパの将来像についての検討作業の過程で誕生したのが，現在のEUの前身となるヨーロッパ統合という動きであった．このヨーロッパ統合の根底に常に存在してきたのは不戦のための「平和」であり，国際政治理論でしばしば論じられる規範概念に鑑みれば，ヨーロッパの規範を形作る一つに「平和」があるといってもよいのかもしれない．2012年にノーベル平和賞を受賞することになったのは，まさにこの点が世界に評価されてのことと考えられるが，EU自身も自らをピースパワーとみなしている観もある．とはいえ，EU

は特に平和についての概念を示すことはなかったし，また概念化することもなかった。

それではヨーロッパ統合は平和という観点からみるとどのような特性を持っているだろうか？

一つはEUが域内向けの平和プロジェクトとしてはじまった点にある。それは権力闘争やナショナリズムが混在していた中で第二次世界大戦を引き起こしたことへの反省と，政治的にも経済的にも，そして道徳的にも世界の潮流から後退した戦後ヨーロッパの復興策であった。1945年以降，ヨーロッパ統合は域内で戦争を繰り返さない仕組みを構築し，共通の安全保障・自由・繁栄を追求していくこととなった。

もう一つはEUが共通の価値観と利益に基づいて最近では域外にも創造的な効果を有している点である。EU条約第49条によると，統合されたヨーロッパはすべてのヨーロッパ諸国に開放されており，第2条に規定されている様々な価値を尊重し，統合の形成を促進することになっている。

EUにとって関心の高い地域は大陸ヨーロッパやEUの近隣諸国といった地理的に近接した場所であるが，ヨーロッパから離れた地域でもEUが取り組む政策領域の意義が大きくなってきている。このような事態になってきているのは，かつて植民地政策が盛んだった時代からの旧宗主国と諸外国との歴史的つながりや海外領土の存在のほか，グローバル化や政治的，経済的，社会的文脈での相互依存関係の深まりという世界情勢の変容が大きく関わっている。

グローバリゼーションが進んだ激動の世界においてEUは，EUの価値基盤を加盟国の増大によって広げるとともに（EUの拡大），EU共通の諸政策のさらなる発展を追求し続ける（EUの深化）という二つの大きなベクトルで統合を進めてきたが，この二つのベクトルには常にヨーロッパにおける平和の模索という作業が付随してきた。ヨーロッパにおける平和の模索は域内の国境線をなくしていくことを前提とし，その国境線を開放するという作業はヨーロッパの安定化に向けての革新的な手段となって統合の深化と拡大につながっているのである。

このように地域的なピースパワーになることが期待された EU は冷戦後，特に 21 世紀の現在，外交政策・安全保障政策・防衛政策の共通化を進めようとしてきている。その共通化の作業過程では EU 域内の平和のみならず，域外の平和安定を追求し，さらにはグローバルな軍事力をも備えようとする狙いが見え隠れする。はたしてヨーロッパ共通の外交安全保障政策はどの方向へと進むのか？

本章ではヨーロッパ統合が平和というものとどのように向き合ってきたのかを，EU における平和をめぐる大きな動きとなる共通外交安全保障政策の足跡を中心に検討する。そしてヨーロッパにおける平和と平和への取り組みが 21 世紀の現在どのように展開しつつあるのかを明らかにすることを試みる。最後に現在 EU は平和に向けてのセキュリティプロバイダーの役割を果たしているのかを検証しながら，EU には今後どのような課題が待ち受けているのかを考える。

1．平和のためのヨーロッパ統合──戦争をもう繰り返さない決意表明としての欧州石炭鉄鋼共同体（ECSC）

ヨーロッパは何世紀もの間隣国同士で戦争を繰り返してきたという負の伝統を引きずってきたが，第二次世界大戦を経てその悪習を断ち切るために革新的なアイデアが出された。それはフランスのコニャック商人ジャン・モネ（Jean Monnet）であった。彼はヨーロッパにおいて将来の平和は独仏の和解にかかっており，将来の平和は連帯（Solidarité）の精神によってもたらされると考えていた[1]。モネが自らの考えを実現すべくフランスのロベール・シューマン（Robert Schuman）外務大臣に提案したのがいわゆる 1950 年 5 月 9 日のシューマンプランである。このプランは当時もっとも重要とされていた工業（石炭と鉄鋼製品）をヨーロッパ各国共通の機構を通じて管理するというものであった。世界に例を見ない計画であったが，シューマンプランはヨーロッパ連邦の最初の基盤をつくることになるであろうし，ヨーロッパ連邦こそが平和の

維持に不可欠である,という点についてはフランス政府文書にも示された[2]。

このように永久に戦争を克服するための方法としてアイデアが出され,ドイツ・フランスをはじめ,ベネルクス三国やイタリアが議論を重ねて1952年に誕生したのがECSC(欧州石炭鉄鋼共同体)である。ECSCはヨーロッパ6か国による主権の移譲という形でスタートしたが,これ以降ヨーロッパでは主権の委譲によって永続的な平和を構築しようという考えが浸透し,これがヨーロッパ統合の起源となっている。

その後,モネの働き掛けにより,欧州合衆国を目指す動きがさらに活発に展開された。長期間にわたる厳しい交渉の結果,EEC(欧州経済共同体)とEURATOM(欧州原子力共同体)条約ができあがり,1957年3月にローマで調印されたのがローマ条約である。ローマ条約は翌58年に発効し,ECSCとあわせて三つの共同体は1967年にEC(欧州共同体)へと一本化された。

ローマ条約を作成する中で最後まで懸案事項となったのは,共同体が目指す将来の目標をどのように規定するかであった。議論の結果誕生した条約の前文には「ヨーロッパの人々の間により緊密な同盟(ever closer union)の基盤をつくることを決断した。」という文言があり,同盟構築が統合の目標とされた[3]。

また前文には「6か国はヨーロッパと諸外国を結び付ける連帯を確かなものにしようと意図しており,国連憲章の基本原則にのっとって繁栄をさらに発展させようと期待しており」,「6か国が平和と自由を維持し強化するための各国のリソースをプールし,6か国が行おうとしていることに参加する意思のあるほかのヨーロッパの人々にも呼びかけることで問題解決を図る」ことも示された[4]。

以上のようにヨーロッパにおける統合とそのプロセスは,ヨーロッパにおける平和を取り戻すプロセスとしてスタートした。国際社会では何世紀にもわたって慣例となっていた戦争を終わらせるための講和条約は,ヨーロッパでは統合というプロセスを通じた主権国家の政策領域を共同体化するモデルにとってかわった。その結果国家間の対立は統合という構造の中で克服されていくこととなった。しかしながら世界情勢の変容とともに統合も新たな展開が模索さ

れる。ここで導入されることになったのがヨーロッパ共通の外交・安全保障政策の構築である。統合による実現を目指した平和がEU共通の外交・安全保障政策の構築でどのようになっていったのか。以下で検討していくこととする。

2．ヨーロッパ統合の進展――平和をめぐるヨーロッパ共通の価値基盤構築の道のり

　冷戦の勃発・超大国の対立を契機にヨーロッパ統合はさらに発展していくことになるとともに，平和や平和研究への関心が高まっていくことになった。ソ連圏とアメリカ圏の対立により，ヨーロッパが再び戦場と化すことが懸念されたし，市民レベルでは超大国によって核兵器が使用されることへの懸念も広がった。そのような中ヨーロッパでは共通の安全保障を構築しようという試みが繰り返された。

(1) 共通の安全保障防衛政策構築に向けて

　1950年代初頭には当時の加盟国共通の防衛政策をつくろうという提案が示された。これこそが現在のEUにおける共通安全保障外交政策・共通安全保障防衛政策の起源であり，EDC（欧州防衛共同体）構想である。EDCを提案したのはフランスのプレヴァン首相であった。冷戦という危機・脅威が差し迫っており，東西対立が激しさを増す状況の下，当時の西ドイツをヨーロッパの中でどのように位置づけ，発展させるか？　という大きな課題への対応策としてEDC構想が持ち上がった。つまりEDC構想はヨーロッパ共通の軍事的脅威への対応策として検討されたものであった。このEDC構想はフランス議会が否決したために流産となり，その後のヨーロッパ統合において軍事的安全保障政策の共通化は実現には至らなかったが，このような考えは冷戦期も消えることはなかった[5]。

　1975年12月29日に当時のベルギー首相レオ・ティンデマンス（Leo Tindemans）が欧州議会に提出した「ヨーロッパの同盟に関するレポート：ヨー

ロッパのための共通のビジョン」(通称ティンデマンスレポート) という文書では「欧州の同盟 (European Union) が発展していく過程で加盟各国は対外的な安全保障の維持という問題を解決する必要に迫られる。欧州の同盟は共通の防衛政策を構築するまでは完成することはないだろう。」と, 共通防衛政策の構築に言及していたのである[6]。

(2) 共通の外交安全保障政策とその展開

このヨーロッパ共通の安全保障政策が実現することになったのが, 冷戦終結というタイミングであった。冷戦の終結で平和な時代が訪れることが期待されたが, 戦争・紛争がなくなることはなかった。それどころか紛争の原因が国家間ではなく国内に存在するケースも散見されるようになった。特に1990年の湾岸戦争でヨーロッパ諸国は一致した戦略を打ち出すことができなかったという反省も相まって, 次々と現れる新たな脅威にヨーロッパが協力して対処する必要性が意識され, ヨーロッパ統合は自らも域内外の変化に対応するべく, 外交安全保障政策の軌道修正に迫られる。

1992年にはヨーロッパ統合の基盤となっていたローマ条約がマーストリヒト条約へと読み替えられることとなった。このマーストリヒト条約で新たに登場したのがCFSP (共通外交安全保障政策) である。CFSPの導入により, ヨーロッパは一致団結して地域紛争などに対応できるようになることが期待された。また, これによって統合の目指す形は劇的に変化するだろうことが明らかになるとともに, ヨーロッパにとっての「平和」は幅広い活動を意味するものとなっていく。

CFSPに関するマーストリヒト条約J1条第2項では, CFSPの目的の一つとして国連憲章の原則やCSCEのヘルシンキ原則 (Helsinki Final Act), そしてパリ憲章の目的にのっとって平和を維持し, 国際安全保障を強化していくことが規定されている。

1997年になるとアムステルダム条約に改訂され, マーストリヒト条約での規定に加え, 平和維持活動・平和構築に関する規定が盛り込まれることとなっ

た。
　ヨーロッパでは人道支援・平和維持・平和構築といった任務がすでに1992年ドイツのボン近郊ペータースベルクでのWEU理事会で「ペータースベルク任務」という形で決議されており，アムステルダム条約によってこの任務がEUのCFSPに組み込まれる形となった。
　アムステルダム条約第1条第3項では，「J7条の規定に沿った共通防衛につながるような共通防衛政策の枠組みを含むCFSPを履行することで，ヨーロッパと世界の平和・安全・進化を促進するべくヨーロッパのアイデンティティと独立性を強化することにつながる。」という規定が盛り込まれ，共通外交安全保障政策での共通防衛政策の段階的構築が想定されることとなった。また，J1条第1項にマーストリヒト条約のJ1条第2項が盛り込まれ，その最後に「域外国境を含む」という文言が加えられた。この点にも示されているように，これ以降冷戦後のヨーロッパの安全保障政策では，域外の問題がクローズアップされていく。
　また，アムステルダム条約J7条第2項では，人道支援・平和維持活動・平和構築を含む危機管理に関わる戦闘部隊についてもCFSPの問題とされた[7]。
　以上のようにアムステルダム条約では平和を希求する政策分野の段階的発展がみられ，EUとして旧ユーゴスラヴィアなど近隣の地域紛争に迅速に対応することが期待された。

3．価値指向のヨーロッパ共通外交安全保障政策の構築と発展

　上述のように冷戦後の世界情勢を鑑みたCFSPの導入により，EUでは平和の意味が従来よりもさらにダイナミズムを持った概念になったかに見受けられた。実際に冷戦後のヨーロッパ統合は，統合の理念である平和をどのように捉えていこうとしたのか？
　その答えはEU基本権憲章にある。EU市民の社会的経済的権利を網羅する

形で2000年に発表された基本権憲章の前文には「ヨーロッパの人々は自分たちの間により緊密な同盟を構築している中で，共通の価値に基づく平和的な未来を共有することを決意した。」とある。こうして21世紀になると平和な未来の共有がEUの基本的価値基盤であるとされたのである[8]。

(1) 欧州安全保障防衛政策（ESDP）による紛争地域での
平和維持活動の開始

冷戦後の世界情勢の変容とともに発展を遂げてきたCFSPは，21世紀に向けてまた新たな展開をみせる。その過程でCFSPはこれまで以上に軍事的性格を強く持つようになってきた。

1998年12月のサン・マロにおけるイギリスのブレア首相とフランスのシラク大統領の首脳会談で，従来EUの安全保障政策での自国の役割分担増大に消極的だったイギリスがその立場を転換し，英仏両国はEUが国際的な危機に対応するべくEUが独自の軍事力を持つ必要があるということを宣言した[9]。サン・マロ宣言以降，EUは危機管理という新たな役割を担うことが決まった。

その後開催された1999年6月のケルン欧州理事会ではESDP（ヨーロッパ安全保障防衛政策）の創設が合意され，1999年年末のヘルシンキ欧州理事会では2003年までに6万人規模の緊急対応部隊の展開を可能にするという目標が設定された。こうしてEUは域外の緊急事態への軍事ミッションを備えていくこととなった。

以上のように軍事的安全保障の色彩を強めていったCFSP領域での活動であるが，その背景には「ベルリン・プラス」の合意がある。これは1996年以降，EUとNATOの間で分離可能かつ不可分の軍事力を持つことを模索しようとはじまった動きで，米欧間で交渉の結果，2002年12月に発表された。この合意の主な内容は，EU独自の軍事作戦を運用するにあたってNATOの立案能力をEUが利用できること，EU独自の作戦において事前に定めたNATOの軍事能力や資産を利用できることなどである[10]。このベルリン・プラスの合意以降，ESDPの活動においてNATOの役割が大きくなっていく。

(2) CFSP 活動における加盟国間の相違——ヨーロッパの安全保障政策と NATO

　CFSP における NATO との関係が強化されるにつれ，EU では各国の CFSP 活動でのスタンスの違いが顕著になっていく。それは 1995 年に EU に加盟したフィンランド・スウェーデン・オーストリアといった中立諸国の動向に表れる。中立諸国は自国の中立と軍事機構への加盟とが両立しないという認識だったことから，各国は EU 加盟前から中立と CFSP が両立するものなのかどうかを検討し，両立が可能だという判断に至った。そのため 3 か国は中立を放棄することはなかった。マーストリヒト条約での CFSP の規定がアムステルダム条約でさらに改定が加えられることになった際，EU 域外の軍事的活動については全加盟国に等しく義務とするような政策ではなく，加盟各国の可能な限りでの対応という形になった点，特に「国連憲章の原則にのっとって」という文言が条約文の中で繰り返されてきた背景には，長年国連の加盟国であった中立諸国が CFSP には可能な範囲で参加するということが前提にあったからだと言えよう。

　ところが ESDP の発展により，共通外交安全保障政策が共通外交安全保障防衛政策へと発展する過程で，中立諸国にとっては自国の中立政策とヨーロッパ統合の進展との間でジレンマが生まれた。

　中立諸国は政治経済的安定といったソフトな安全保障問題についてはすでに EU の共通政策の中に深く関与していた。しかしながら将来のヨーロッパ共通軍創設の計画を含むハードな安全保障問題に際しては，ESDP のもとで軍事的支援を行う場合には NATO の装備や軍事力を活用することになるため，NATO 非加盟の中立諸国の CFSP 活動は限定的なものとなった。そこで，中立諸国は NATO の PfP（平和のためのパートナーシップ）に参加することで，ヨーロッパレベルの安全保障政策へ積極的に関与していく姿勢を打ち出すこととなる。こうして中立諸国は中立ならではの「自国の積極主義」を遂行し，EU の枠組みで国際公共財のために活動する意志があることを示そうと自国の

安全保障政策の再編に着手した。その結果，テロ・組織犯罪・気候変動問題・不法移民などといった国境を越える安全保障上の問題に関するEU政策の強化に積極的に関わろうという姿勢がしばしばみられるようになり，現在に至る。

以上のようにCFSPに対する加盟各国のスタンスの違いを踏まえながらEUとしての危機対応能力の開発が議論されるようになった中，EUはついにESDPミッションを開始することとなった[11]。

はじめて展開されたESDPミッションは，マケドニアでのNATO軍事ミッションを引き継ぐ形での治安維持のためのコンコルディア（CONCORDIA）作戦と呼ばれる軍事ミッションで，2003年に実施された。このコンコルディア作戦ではベルリン・プラスの合意に基づきNATOのアセットも活用されることとなった。

同じく2003年，コンゴ民主共和国東部ではアルテミス（ARTEMIS）作戦も展開され，停戦合意が守られない中，EUは民兵組織の難民キャンプ攻撃を防止するためにはじめてヨーロッパ域外に軍事ミッションを投入した[12]。

(3) 21世紀のヨーロッパ安全保障戦略とその展開——グローバルアクターを目指すEU？

こうしてESDP活動の中でNATOとの協力関係を強化しながら自身の安全保障政策をさらに発展させようとしていたEUだが，2003年のイラク戦争に際しては紛争解決手段としてのヨーロッパのCFSP/ESDPの欠陥が露呈した。というのも，EU加盟各国は，自国の安全保障政策の重みがEUのCFSP領域でははるかに大きくなるであろうということを認識してはいたが，自国のエゴイズムをしばしば守ろうとしてきた。その結果，アメリカのユニラテラリズムに対してヨーロッパはマルチラテラリズムで対処するという議論は展開されたものの，EU域内ではイラク介入に対して加盟国間での立場の相違が大きくなり，政治的な亀裂が生まれて肝心なところで効果的な共通行動がとれなかったのである。

そのためCFSP/ESDPの新たな展開が模索される中，その具体化が2003年

に示された。2003年6月20日に開催されたテッサロニキ欧州理事会においてCFSP上級代表のソラナ（Javier Solana）は「よりよき世界における安全な欧州（A secure Europe for a Better World-European Security Strategy）」という戦略文書である（通称 ESS）。これが2003年12月12日にヨーロッパ共通の安全保障上の課題と位置づけられ，欧州安全保障戦略として採択された[13]。

先制攻撃をも辞さないとする2002年9月のブッシュ・ドクトリンに呼応する形でヨーロッパ版のドクトリンとして発表されたESSで，EUはアメリカが最大の軍事大国であることを認めつつも，「今日の複雑な問題に単独で対処できる国はない」と当時のアメリカ・ブッシュ政権を牽制した。また，25か国の巨大市場であるEU自身も世界全体の安全保障にも責任を負うべきであるとしている。このことから，EUは自らをすでに世界的なアクターであると認識し，EUの平和政策としての安全保障政策が21世紀の課題と脅威を前に見直す必要があると考えていたことがわかる。

このようにESSはアメリカを中心とした世界情勢を意識しながら，新たな安全保障環境における新たな脅威の本質を明らかにし，ヨーロッパ周辺に安全地帯を拡大して国際秩序を強固なものにすること，さらにそれらの脅威に立ち向かうというEUの三つの戦略目標を明示した。ESSの発表以降，ESDPミッションはヨーロッパ周辺地域にさらに拡大していく。

2004年にはNATOの平和安定部隊ミッション（SFOR）の後継としてボスニア・ヘルツェゴビナの和平合意後の監視を行うべくアルテア（ALTHEA）作戦が展開された。また2006年にはコンゴでの大統領選挙監視団としてEU部隊（EUFOR RD Congo）が送られたが，その任務は監視団としてだけではなく，紛争当事者間の対立激化を防ぐことも含まれていた。

ESDPミッションがヨーロッパ域外での活動をさらに展開していくようになっていく中，ESSでは網羅しきれていない課題が浮上した。というのも，ESSでは新たな脅威である大量破壊兵器の拡散に対する戦いや国際的テロの脅威への対処などの負の側面への対応，地域的安全保障を考慮した危機管理，ヨーロッパの安全保障を展開するための積極的なガイドラインの設定，といっ

た軍事的要素を中心とした大まかな目標設定に力点が置かれていたが,具体的な解決策は明示されていなかったからである。

そのため,ソラナは2007年12月の欧州理事会で欧州委員会と加盟各国がより緊密に協力して2003年の欧州安全保障戦略の履行状況をチェックし,改善点や将来的な補足を提示することを求めた[14]。

ソラナの指示を受けてEUのシンクタンクの一つEPLO (European Peacebuilding Liaison Office) が「欧州安全保障戦略:2008年修正のための貢献」という報告書を発表し[15],EPLOの報告書をたたき台にして2008年12月に発表された欧州安全保障戦略履行報告では,ESSを踏襲する形で「グローバルな挑戦と主たる脅威・ヨーロッパと域外地域の安定構築・動きつつある世界におけるヨーロッパ」の三点が中心的課題とされ,ヨーロッパの安全保障にとっての五つの脅威と挑戦として,大量破壊兵器の拡散・組織犯罪とテロ・インターネットセキュリティ・エネルギーセキュリティ・気候変動,を挙げた[16]。

今回の報告で特徴的なのは,コソボやソマリアでのESDPミッションに言及しながら,ESDPミッションが今後も重要な役割を果たすことが示された点である。また,気候変動問題への対応が国際的な平和と安定の維持に重要であること,女性が平和構築において重要な役割を果たすということも指摘しており,ESDPミッションでも女性・平和・安全保障に関する国連安全保障理事会決議1325の効果的な履行と子供や武力紛争に関する国連安全保障理事会決議1612の履行が重要だとしている点である。

以下のグラフはアメリカのドイツマーシャル基金による2005年の世論調査結果である。今後10年のあらゆる脅威の可能性のうち,ヨーロッパ7か国(イギリス・フランス・ドイツ・オランダ・イタリア・ポーランド・ポルトガル)の人々の80%超が地球温暖化やエネルギー問題といった脅威を安全保障問題として意識していたことがわかる。従来の伝統的安全保障領域のみならず,地球規模の問題がヨーロッパの安全保障上重要とされるようになったのは,まさにこの世論調査結果にも示されている。

表 10-1　今後 10 年以下の脅威で個人的に影響を受けそうか？
　　　　の設問に受けるだろうと回答した割合（％）

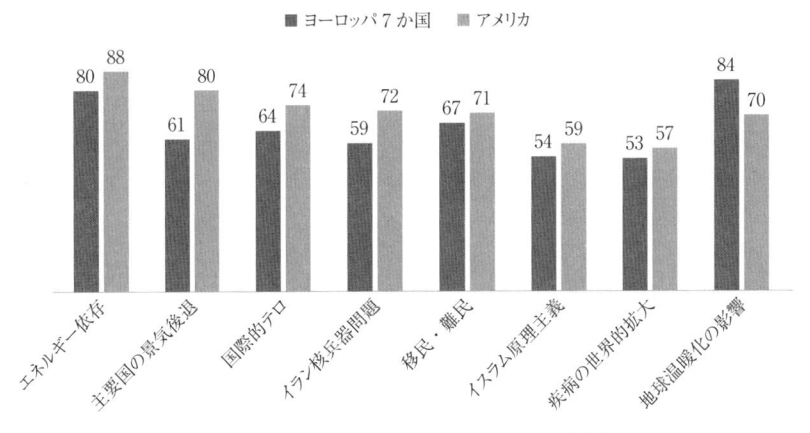

■ ヨーロッパ 7 か国　■ アメリカ

項目	ヨーロッパ7か国	アメリカ
エネルギー依存	80	88
主要国の景気後退	61	80
国際的テロ	64	74
イラン核兵器問題	59	72
移民・難民	67	71
イスラム原理主義	54	59
疾病の世界的拡大	53	57
地球温暖化の影響	84	70

German Marshall Fund, Transatlantic Trends 2007 のデータから著者作成。

　その後 2008 年にはチャドにミッション（EUFOR Chad/RCA）を，またソマリアにミッション（EU NAVFOR Somalia）を出した。チャドはダルフール戦争によって発生した南部チャドと中央アフリカ共和国での難民キャンプへの攻撃防止が任務であり，ソマリアはアフリカの角と呼ばれる地域の海賊対策を目的とした ESDP 初の海上任務となった。

　以上のように ESDP 構築段階で EU は，平和という観点から危機管理に向けた新たなツールやミッションを開発し，その後文民的・軍事的任務を量的にも質的にもこなしていくという包括的アプローチを実現しようとしていた点が注目に値する。

　EU のその後の ESDP 強化の方針は，2008 年 12 月の欧州理事会でも示された。同理事会では EU が国際的な平和と安全保障にさらに貢献し，ESS で定義されたようなリスクや脅威に立ち向かう能力を持つべく，ヨーロッパの安全保障上の能力を強化する方針を打ち出したのである[17]。

　欧州委員会委員長であったロマーノ・プロディが「ヨーロッパでは法の支配が権力の相互作用に置き換えられる。権力政治はその影響力を失っている。そ

のような中で我々は統合を完成し，世界に平和のメソッドを提供する。」と発言していたことに示されるように[18]，冷戦後のEUはCFSPを発展・強化させることで平和と安定に努めようとしていた。しかしながら21世紀のESDPの展開はEU近隣諸国のみならず，世界を対象にした活動であり，文民的活動のみならず軍事的活動が増えているというのが実情である。はたして21世紀のEUはCFSP/ESDPの強化で平和を実現することになるのだろうか。

21世紀のEUが平和についてどのようにとらえて，どのように展開しようとしていたか？ このことを知る手掛かりが2001年7月にEU委員会が発表した「ヨーロッパのガバナンス」に表れている[19]。

ここではEU域内で希求され続けている平和・成長・雇用といった目的は，域外でも促進すべきで，その理由は，EU自身がヨーロッパレベルでもグローバルレベルでも効果的に目標を達成することにつながるからであるとしている。また，EU市民をEUに結び付けることがEUの諸政策や諸目的をはっきりとしたものに定義することになるとの認識を示しながら，この困難な課題の中で再び注目されることになる諸政策の一つとして地域の平和安定への貢献を挙げている。つまりEUにとっての域内での平和・安定はCFSP/ESDPの諸活動の拡充であり，これまでのESDP強化はEUにとって平和希求そのものとなっているのである。

しかしながら2003年のESSも2008年のESS履行報告書も，政府間協力の枠組みでの政策文書であり，法的拘束力を持つものではない。EUのESDPに関連した安全保障部門の改革案も出されているが[20]，このコンセプトでは安全保障部門の改革によって決定された措置を紛争前と紛争後に履行することにはなるが，平和構築については国連の将来の平和構築活動に大きく関わるという言及があるのみである。したがって将来，CFSP領域でEUが拘束力を持つ戦略を打ち立てることになるのかどうか，という点が問題となる。そこで現在EUが検討しているCFSP領域の新たな展開について以下でみておきたい。

4．ヨーロッパの共通外交安全保障政策の行方

21世紀に入ってからEUの憲法をつくろうと試みたものの，加盟各国の合意が得られず失敗したEUは，新たな条約締結によって多様性の中の統合をさらに進めていくこととなる。

(1) リスボン条約でのCFSPの新たな展開

EUの憲法に代わるものとして2009年発効にこぎつけたリスボン条約では，ESDPはCSDP（共通安全保障防衛政策）と改称された。リスボン条約ではCFSPのさらなる強化が進められることとなり，また，CFSPの常設代表ポストを置くことで，対外的に代表者が誰なのかをはっきりとさせることになった。

リスボン条約では第3条第1項でEUの目的が平和と平和の価値，そして人々の幸福を促進することであることが示された。また，第5項ではより広い世界との関係でEUが自らの価値を堅持し促進するべきであること，そしてEU市民を守ることに貢献すべきであるとし，EUの価値の促進は平和・安全・持続可能な発展・連帯といった分野で有用であることが示された。

さらに第8条第1項ではEUは近隣諸国と協力に基づいた緊密で平和的な関係を築くことでEUの価値が特徴づけられるとしている。

また，第21条第2項ではEUが国際関係の領域で高いレベルの協力に努めることが平和を維持し，紛争を予防し国際安全保障を強化するために必要であるとしている[21]。

第42条第1項ではCSDPがCFSPの不可分の要素となっていくことが示され，それがEUの文民両方のアセットに依拠した作戦能力を提供するとしている。また，この条項ではEUがこれらの能力を平和維持・紛争予防・国際安全保障の強化のためのEU域外のミッションで国連憲章の原則にのっとって民間・軍事的手段を使用することが可能であるとしている。

さらに第43条第1項では，EUが文民両方のアセットで使うことができる第42条第1項で言及された任務は，合同武装解除オペレーション・人道支援・軍事的アドバイスと支援任務・紛争予防と平和維持任務・平和構築と紛争後の安定を含む危機管理における戦闘任務，と多岐にわたることが示されている。

こうしてリスボン条約の発効により，CSDPのCFSPでの重要性とその発展の手順が示されたことで，EUは域外活動を量的にも質的にも拡大した。EUの役割は従来からの平和維持や紛争防止などから，武装解除，軍事的助言や支援，紛争後の安定化への寄与にまで広がり，その範囲はヨーロッパ周辺のみならず，アフリカ大陸や中東地域と大きくなった。また防衛分野では，CSDPによってさらなる緊密な協力関係の構築が可能な加盟国同士で先行する形で軍事的能力を強化していくことも可能になった。

2013年12月19日・20日の欧州理事会では，CSDPに関する決議が示された。この欧州理事会はリスボン条約発効以降初めてのEUの防衛問題に関する議論の機会となり，ESSやESS実施報告書で欠けていた平和構築活動や軍事危機管理についての詳細な定義が示された[22]。

この決議では，CSDPが効果的に運用されることで，EU市民の安全が強化され，また，EUの近隣諸国や世界での平和と安定に貢献することができる点，CSDPを通じた平和と安定を維持することに貢献するためには国連やNATOとの協力が必要である点に言及している。また，CSDPの効果・可視化・重要性が増大していることについて触れながら，「訓練，助言，設備および場合によってはリソースを提供することにより，パートナー国と地域機構を支援することが次第に可能になり，また，危機を未然に防ぐことができ，対処できる」とパートナー諸国への支援の重要性を強調している[23]。加えて，世界におけるCSDPでの文民的軍事的危機管理任務や作戦が国際的な平和と安全保障にEUが関与しているという継続的なメッセージになっているとしている。さらに新たな安全保障上の脅威が生まれ続けていることに触れ，そのような対応に向けて重要な能力開発の分野で加盟国による具体的なプロジェクトを通じたより強固な協力（ドローン，空中給油，衛星通信，サイバーセキュリティ）

を求めており，欧州の防衛産業の強化に焦点があてられることが明らかになった[24]。

ただし，加盟各国の EU ミッションに対する温度差は一向に消えていないことも指摘しておく必要がある。実は 2013 年 12 月の欧州理事会を前に，フランスのオランド大統領は一国の軍事ミッションへの資金提供を可能にする EU の軍事ミッションファンドを創設する提案をしたが，ドイツのメルケル首相は「EU が話し合いで決議していない軍事行動に資金提供はできない。」としてこの提案を一蹴した[25]。フランスがこのような提案をした背景には，マリや中央アフリカでフランス単独の軍事行動を展開していたことがあった。この事実は EU 共通の危機介入能力の向上とそのための財政支出について加盟各国が合意するのが難しいことを露呈した例の一つとなった[26]。

年が明けて 2014 年 1 月 20 日の EU 外相理事会は国連安保理決議 2127 を踏まえて中央アフリカで EU のミッションを展開することを決定した[27]。すでにフランスがサンガリス（SANGARIS）作戦を展開しており，それを EU がサポートする形が想定された。エストニアは早々に部隊の派遣を表明し，リトアニア，ポーランド，スウェーデン，ベルギー，フィンランドなども派遣を検討し始めた。他方ドイツやイギリス，イタリアは部隊の派遣は考えていないことを明らかにし，ここで EU 加盟各国の対応が分かれた[28]。また，EU の任務の範囲も限られたものになり，この段階では EU 共通の軍隊を構築するということは全く想定されず，CSDP の大きな発展はみられなかった。

(2) 21 世紀安全保障戦略の改訂に向けて

そして ESS に代わる戦略文書が出される方針が固まった。2015 年 2 月 18 日にリガで開催された EU 防衛大臣非公式会議は，「防衛大臣会合は，各国政府が現在の安全保障防衛政策的関心に注意を払う必要があることから，ESS の修正に着手することに合意した」と会議後に声明を発表した[29]。

この非公式会合は，防衛・安全保障問題を中心課題として議論する予定になっていた 2015 年 6 月の欧州理事会に向けた準備をすることを目的に開催さ

れていたのである。

　以上のような準備過程を経て開催された 2015 年 6 月の欧州理事会は「改訂 EU 域内安全保障戦略 2015-2020（ISS）」草案を発表した[30]。

　ヨーロッパのシンクタンクは ESS の改訂にあたって「ESS はすでに 10 年が経過した戦略であり，改訂される必要があるが，良い面も多くあり，テロ・大量破壊兵器の拡散・地域紛争・国家破綻・組織犯罪といった脅威への対応策は今後も重要なテーマとして残されるべきである。」との見解を示していた[31]。

　実際に発表された EU 域内安全保障戦略の草案では，平和についての言及は一切なくなり，テロ・組織犯罪・サイバー犯罪などの抑止を重要事項としている。これは 2015 年はじめにパリやコペンハーゲンで相次いだ移民によるテロがヨーロッパ全体に暗い影を落としていたためであり，EU 境界地域の安全保障の強化は最重要課題の一つとなっていくことが戦略として明文化されることとなった。また，2015 年 5 月 18 日の外務大臣会合で CSDP と関連する諸アクターとの間で自由・安全保障・正義といった EU が基本としている領域でシナジーを高めていくことが求められたことに賛同する旨が示されており，CSDP が EU の中で大きな役割を果たすことが期待されている。

　ESS の改定版となるとの前評判だった ISS だが，はたして EU は CFSP で新たな展開をみせることになるのか，また，ピースパワーという役割を果たすことになるのか，今後の動向に注視する必要がある。

おわりに

　本章では，EU 共通外交安全保障政策の発展過程を中心にヨーロッパの平和を希求する動きがどのような変遷を遂げ，現在に至るのかを検討した。

　ヨーロッパは平和のために国家間統合という世界に類をみないアクターを誕生させた。冷戦期の東西分断の中でも統合の歩みを止めることはなく，冷戦後は国際情勢に対応するべく創設された CFSP が EU の核となる政策となった。

統合を発展させる過程でEU加盟各国はEUに自国の主権を移譲することで，自国だけではもはや達成できないような強靱で国際的影響力を持つに至った。

　冷戦後の世界においてEU自身は相対的に平和で安全な地域であったし，今後もその状況は変わらないと思われていた。他方，EU域外の状況はというと，非常に不安定で紛争が絶えない現実があり，EU各国は，中東や北アフリカ，東欧諸国からの増大する安全保障上のリスク，そしてそこから派生する様々な挑戦に立ち向かわなくならなくなってきた。その対応策と想定されたのがESDPであった。

　CFSPの不可分の一部としてESDPが確立されると，ESDPはEUの考える平和安定を提供するためのセキュリティプロバイダーとなっていくことが期待されていた。というのも，EUはCFSPを発展させたことでアメリカに依存したセキュリティコンシューマーからセキュリティプロバイダーへと転換し，自らの責任を真剣に引き受け，国際的な平和秩序の構築に貢献するアクターになることが想定されていたからである。

　しかしながらリスボン条約の発効以降の状況を鑑みると，EUはセキュリティプロバイダーとして機能していないように思われる。その理由は，EUがそもそもCFSPを加速させるきっかけとなったペータースベルク任務の範疇で新たなミッションを開始するわけではなかった点にある。つまりEUはセキュリティプロバイダーというよりもセキュリティコンサルタントのような任務を重視するような域外ミッションの展開に力点を置くようになったのである。

　それではEUは効率的に平和に向けた危機管理ができるようなアクターになったのかというと，そうではないし，セキュリティコンサルタントとしてもきちんと機能していない。EUは平和に向けての要求があるたびに外交安全保障のための諸対策に加盟各国が合意して統合を前進してきた。EUが常に国連での任務の基盤に基づいて，EU加盟国と関係諸国の同意を得てCFSPを履行していく方針であることは，EUがCFSPを発展させる中で，国連憲章にのっとった平和に向けての活動や国際機関との連携について繰り返し言及していた

点からも明らかである。しかしながら平和希求という統合の目的が，平和希求の手段としての統合の発展となり，さらに域外の平和にも関与するような形になった現在，ケースバイケースで統合としての平和をめぐる諸政策が場当たり的に実施されるというシステムになっている。特に安全保障防衛政策において加盟各国は自らの国益にのっとった行動をとりやすい傾向があり，EU 全加盟国が一体となった方針を打ち出しにくいのが実情である[32]。

　また，CFSP に関する政策文書では国際機関との連携についての言及が繰り返されてきたが，ここでいう国際機関というのは NATO との関係を指している。前述のように現在 EU 加盟各国は NATO で自国の軍事力を活用するために EU のコンテキストを使用することができる体制になっている。ベルリン・プラス協定によって NATO による EU アセットへのアクセスの可能性を切り開いたという点は，アメリカを中心とした NATO の安全保障枠組みに EU がこれまで以上にコミットしていく，あるいはコミットしなくてはならないことを意味する。従来通り EU の共通外交安全保障防衛政策の発展は軍事能力を備える一部の国々で進められるとすれば大きな問題にはならない。しかしながら今後の EU・NATO 関係が変化していった場合には，NATO 非加盟の EU 諸国による CFSP 活動の制限という問題が再浮上するであろうし，NATO 加盟問題という観点から中立の将来をめぐって議論が再燃することも考えられる。一部の中立国では NATO 加盟議論が本格的になってきており，EU の CFSP 分野での NATO との関係のあり方は今後も大きなテーマとなろう[33]。

　このように CFSP 分野において様々な脅威や課題に直面している中，ユンカー（Junker）欧州委員会委員長からは EU 軍創設が必要だとの発言も出てきた[34]。ヨーロッパ合同軍創設については過去にも議論はあったが[35]，今回 EU のトップがこのような発言をした背景には一つにはウクライナ問題を巡るロシアへの警戒心があり，また NATO への依存によるアメリカ頼みのヨーロッパ安全保障政策から脱却したいという意図がある。ユンカーによれば，EU 軍ができあがれば CFSP・CSDP が確固たるものとなり，EU として世界で責任を果たすことができる。これはまさに CFSP の強化を急ぐブリュッセルの思惑

を反映した発言だと捉えることができよう。

　ただし，このEU軍創設構想はヨーロッパ統合の現状から考えると実現は難しいものと思われる。確かにEUはリスボン条約の発効で法人格を有することとなり，統合体の管理能力を向上させたが，EUは外交安全保障政策を決定するような超国家政府を備えた連邦体までには発展しなかった。したがって，EUは依然として国家的な機能が欠けており，そのためにEUとしての国際社会での交渉能力が制限されているがゆえに，アメリカや中国に匹敵する軍事力を備えることは難しいのである。

　EU軍の創設が難しいということは，平和政策的観点からはメリットとなる。というのも，それによってピースパワーとしてのEUを確立するチャンスを大きくすることになる兆しが出てくるからである。

　CFSPを巡る諸問題への対応の行き詰まりという現状打開のため，EUは統合の推進力となってきていたはずの平和についてもう一度EU全体で真っ向から取り組む姿勢を取り戻すことが不可欠となろう。統合の理念に立ち返れば，EUは交渉能力を備えたピースパワーとして発展する可能性を秘めている。したがってその場合，CFSPで試みられている諸活動がどのような将来像を描くのかがポイントとなる。

　国際的な平和秩序を目指すことがEUの目標となるのであれば，EUは自らが法的に定義してきた目標と原則をさらに追求することができるよう，CFSPの能力を強化していかなくてはならないが，CFSPの強化に際しては以下のような課題に直面することが予想される。

　まずはどのような規格がどのような方法でEU域外に移転されるべきか？という課題である。EUはEU境界の内側にも外側にも規範を移転することで安定性を確立するような規範企業家のような性格を有して発展してきている。ウクライナ問題，シリア難民流入問題など，EU境界地域の不穏な状況に直面している今，EUは境界地域の安全確保が急務である。その場合，どこで，どのような手段で行われるべきなのか，そしてこれらの活動がどの程度効果的なのかを判断する必要がある。EU域内のみならず域外に向けても平和安定を保証

また，CFSP の強化に不可欠なのが予算である。ヨーロッパ諸国の防衛予算は下落し続けている。今年になってドイツやオランダ，中東欧諸国が相次いで 2016 年の防衛予算を増額すると発表したが，ギリシャ経済危機もさることながら，近い将来世界的な金融・経済危機に直面すると顕著な上昇は見込めない。したがって利用可能な資金はプールしたり特化したり統合するなどの努力で，より効率的な予算運用が求められよう。

　さらにどのようにして CFSP 分野での活動の有効性と正当性を向上させることができるか？という課題もある。有効性と正当性は常に緊張関係にあり，どのような場面でも両方を善処していくことが必要となる。そこで問題になるのは，CFSP が有効性と正当性を持ち合わせるようものになるよう決定するのが欧州議会によってなのか，各国議会によってなのか，またはその両方によるのか？である。本稿で触れたように実際の ESDP/CSDP 活動では，加盟国の国レベルで実施されたものが後に EU レベルのものになったケースや，また，EU 全会一致とはならず，一部の加盟国で実施というケースもある。また EU は深刻な危機において迅速かつ効果的に対応する必要に迫られるが，その場合には「迅速かつ効果的」とは何を意味するのか？ということが問われる。CFSP の任務がブリュッセルからではなく，最終的に各国レベルで実行されている限り，EU は効果的な共通の外交安全保障防衛政策を履行する能力は持ちえないのである。

　21 世紀のヨーロッパはこれまでの変容してきたリスクと脅威に直面し続けることになる。リスクへの対応策として CFSP を発展させるこれまでの道を貫こうとすると，EU は自身の安全保障を確保したい場合，域内の協調および国際協力にこれまで以上に依存することになる。紛争解決のための様々な手段を国家レベルや欧州レベルでそれぞれ行うのではなく，国家と統合体との双方で省庁間や分野を超えてネットワーク化することが喫緊の課題といえよう。

　本章で述べてきたとおり，ヨーロッパの安全保障を制度的に設計し，効果的に機能させるという課題は非常に厳しい状況下にも関わらず，ヨーロッパ統合

の平和をめぐる重要なアジェンダとなり続ける。

　前掲のグラフにある世論調査からおおよそ10年を経た現在，EUでは調査項目に挙げられていた国境を越えたテロ，景気後退，イスラム原理主義，移民難民問題などの脅威に直面しながらも，EUとして対処できていないという，なんとも皮肉な現実もある。またEU自身もギリシャ経済危機にみられるような緊縮財政や，イギリスのEU脱退問題に表れているヨーロッパ懐疑主義の増大，外交面での大西洋の不協和音，アフガニスタンをはじめとした紛争地域での終わりの見えない活動による介入疲れ，といった問題に付きまとわれている。

　ヨーロッパ統合でしばしばスローガンのように叫ばれる「多様性の中の統合」EUは，裏を返せばEU各国が均質ではないことを意味している。様々な思惑が交錯するEU各国がCFSPを劇的に変更することは難しく，制度的変更は短期的で直近の問題に対するアドホックな対応にとどまるであろうが，それでもCFSP強化のための何らかの対応が迫られる。

　CFSPの強化がきちんと果たされるかどうかの試金石は，2015年の今まさにEU各国が直面しているシリアから大挙して押し寄せている難民の流入という現実への対応となろう。移民・難民の流入についてEUは以前から懸案事項としていたが，移民が流入する原因としてEUが想定していたのは，気候変動を起因とする人々のヨーロッパへの流入であり，シリアからの難民が連日大挙して押し寄せるということは想定されていなかった。このため，人の移動の自由という統合の根幹となる政策分野でCFSPが機能せず，押し寄せる難民たちを前にドイツやオーストリア，スウェーデンのように積極的に受け入れることを表明した国々がある一方，多くの中東欧諸国はかたくなに拒否する姿勢を崩さない。このように各国まちまちの対応でEUとして一貫した政策を打ち出せないことからヨーロッパ大陸で大混乱が生じているのである。

　ヨーロッパを目指してくるボート難民たちの受け入れ策が見つからないと，地中海をはじめとしたEU近隣地域はヨーロッパの安定を揺るがす要因となり続ける。この問題に対する抜本的な解決策がEUとして打ち出されれば，国境

線を開放し，EU の価値基盤を域外にも広げるというヨーロッパ統合の平和理念が再び輝き始めるが，EU で繰り返される緊急会合では目立った成果は依然として出せないままである。転覆したボートがヨーロッパの将来を象徴することにならないことを期待したい。

　　＜追記＞
　脱稿後，当初難民の受け入れに寛容な姿勢を見せていたドイツ・スウェーデン・オーストリア等も想定外の大量流入で，EU のシェンゲン協定参加国間で免除となっていた入国審査を期限つきで再導入した。2016 年に入ると，難民受け入れに伴う国内での治安の悪化がドイツのケルンなど一部でみられるようになってきたことを背景に，EU 理事会では入国審査再導入期間の延長について議論が始まった。シェンゲン協定が形を変える可能性が浮上した今，EU の基盤となっている人の移動の自由がどのように保障されるのか，ヨーロッパ統合の行方は不透明性を増している。

1 ）ジャン・モネ「EC メモワール：ジャン・モネの発想」，共同通信社，1985 年。
2 ）*Erklärung der französischen Regierung über eine gemeinsame deutsch-französische Schwerindustrie vom 9.* Mai 1950, in: Europa-Archiv1 (1950)3091-3092.
3 ）*The Treaty of Rome* 25 March 1957, p. 2.
4 ）*Ibid.*
5 ）詳細は拙稿「ヨーロッパ防衛共同体創設の構想と挫折」成蹊大学法学政治学研究第 23 号，2000 年。
6 ）Leo Tindemans, *Bericht über die Europäische Union (Tindemans-Bericht): Ein gemeinsames Leitbild für Europa*, 1975, S.13.
7 ）さらに改訂されたニース条約では同内容が J17 条へと書き換えられた。
8 ）EU 基本権憲章はリスボン条約で法的拘束力を持つものとなった。
9 ）イギリスの態度が変わった背景にはすぐ隣りのコソボ紛争があった。
10）その他 EU 独自の作戦において欧州コマンドの範囲を設定し，欧州側の責任を完全かつ効果的に引き受けるための欧州連合軍副指令官の役割を拡大すること，EU 独自の作戦に利用可能な軍事力をより包括的に編成するため，NATO 防衛計画システムの立案を適用することなども含まれている。
11）ESDP については以下が詳しい。Giovanni Grevi, Damien helly and Daniel Keohane (Eds.), *European Security and Defense Policy: The first 10 years (1999-2009)*, ISS (European Union Institute for Security Studies), 2009.
12）アルテミス作戦はフランスが「コンゴ民主共和国での EU 作戦の展開は ESDP の強化が期待される」と主張して EU 加盟国を説得したことで実行に移されたこ

とから，フランス軍を中心に展開された。
13) European Union, *A secure Europe for a Better World-European Security Strategy*, Brussels, 12.12.2003.
14) Johann Frank, *Die Entwicklung der Sicherheitsstrategie der Europäischen Union: Von der Europäischen Sicherheitsstrategie 2003 zum Fortschrittsbericht 2008*, S.91.
15) EPLO, *ESS: a contribution to the 2008 review*, August 2008. このEPLO報告書では，EPLOが勧める優先的戦略として欧州安全保障戦略で適用された安全保障概念・非国家アクターと市民社会の役割・開発と長期的予防措置の役割・欧州安全保障戦略の評価プロセス・新たな脅威と紛争の原因を突き止めるためのその脅威との関係・大量破壊兵器の拡散・地域紛争と国家破綻などとともに気候変動の問題が列挙されている。また，安全保障環境におけるグローバルな挑戦と鍵となる脅威についても言及しており，新たな脅威と紛争の原因との関係について，長期的な戦略からするとそれらの原因を強調することがヨーロッパ市民にとっての，そして人類共通の安全保障を促進することにつながると考えられる旨が示されている。
16) European Union, *Report on the Implementation of the European Security Strategy- Providing Security in a Changing World*, Brussels, 11 December 2008.
17) Council of the European Union, *Declaration on strengthening capabilities*, Brussels, 11 December 2008.
18) 2001年5月29日のスピーチ。Robert Kagan, *Of Paradise and Power: America and Europe in the New World Order*, 2003, P. 60.
19) European Commission, *European Governance: A White Paper*, 25 July 2001.
20) European Council, *EU Concept for ESDP support to Security Sector Reform (SSR)*, 13 October 2005.
21) この条項でアムステルダム条約J1条第1項が踏襲されている。
22) *European Council Conclusions*, 19/20 December 2013.
23) *Ibid*, P. 3.
24) *Ibid*, P. 6.
25) *EU observer*, 20 December 2013.
26) その後の記者会見でメルケルはフランスの中央アフリカでのオペレーションをEUの介入に移行する必要があると漏らした。
27) Council of the European Union, *Press release 3288th Council meeting Foreign Affairs*, 20 January 2014.
28) *Reuter news*, 20 January 2014.
29) *Security and Defense on the agenda at Riga Informal Meeting*, 19 February 2015.
30) European Council, *Draft Council Conclusions on the Renewed European*

Union Internal Security Strategy 2015-2020, 10 June 2015.
31) Susi Dennison, Richard Gowan, Hans Kundnani, Mark Leonard and Nick Witney, *Why Europe Needs a new global strategy*, ECFR/90, October 2013.
32) たとえば 2009 年 4 月のバラク・オバマ大統領による「核なき世界」宣言からはじまったグローバルゼロイニシアチブに際し，EU は共通の核軍縮政策を思い切って打ち出すことができなかった。このことは，EU 加盟各国の国益を優先する傾向が依然として強かったために，EU が最終的に真のグローバルプレーヤーに発展しきれなかったことを露呈した一例として指摘できよう。
33) 中立諸国の NATO との関係の捉え方は三者三様である。フィンランドとオーストリアは NATO との協力関係を自国の安全保障政策を遂行する手段として活用するとしている一方，スウェーデンの場合には NATO との協力関係をヨーロッパの安全保障の枠組みへの貢献方法として位置づけている。
34) *Die Welt*, 08.03.2015.
35) たとえばスペイン紙 *ABC*, 2007.09.25. など。

第Ⅲ部　新たな平和への挑戦と対応

第 11 章
水資源・紛争・平和

星 野 　 智

は じ め に

　クローズド・システムとしての地球における人口増加と資源の減少がホッブズ的な戦争状態を生み出す可能生が高いという点については，イースター島の衰退がその縮図をなしているといわれていることからしばしば問題とされてきた。エネルギー資源に関しても石油や天然ガスといった化石燃料の枯渇が問題にされている今日，それらの資源の領有と確保が各国のエネルギー安全保障上の重要課題となっている。エネルギー資源をめぐる各国の利害対立は，最近の事例だけみても，1990年の湾岸戦争や2003年のイラク戦争，東シナ海における中国の一方的な天然ガス採掘などに現れている。そして，この問題が今後もますます深刻化することは確実である。これと同様ことが水資源に関してもいわれている。

　地球上の水資源は，空間的・時間的に均等に存在しているのではなく，むしろ偏在しており，その利用状況に関しては，水不足をきたしていない地域，物理的に不足している地域，経済的に水を入手することができない地域によってさまざまである。全体的にみると，先進諸国は地理的に水の豊富が地域に位置し，経済的にも供給できる余裕がある一方，発展途上国は概して地理的に水不足の地域に位置し，経済的にも水供給に支障をきたしている。こうしたなか，世界的に水不足あるいは水危機が懸念されている。水資源に大きな影響を与え

る要因としては，地球温暖化のような人為的な気候変動のほかに，森林破壊，砂漠化，農業，人口増加などが考えられる。これらの要因は，相乗効果を及ぼすことによって，水危機の進行を加速しているといってよいだろう。そのことが水資源をめぐる多くの紛争を生み出す要因となっている。このような状況のなかで，水資源をめぐる国際紛争，地域紛争，国内紛争が徐々に増えつつあることも事実である。ここでは，地球上の水資源をめぐる紛争の問題を考察することを通じて，紛争を潜在化させるための手段としてのグローバル・ガバナンスや国際レジームの問題を検討したい。

1．世界の水資源の不足とその将来

　世界的な水資源不足をもたらす要因にはさまざまなものがある。世界水アセスメント計画の報告書『Global Warter Futures 2050』（2012年）によれば[1]，地球上の水システムに影響を及ぼす主要な推進力として，農業，気候変動，人口，経済，倫理・社会・文化，ガバナンスと制度，インフラ，政治，科学技術，水資源の10項目が挙げられている。これまでの5次にわたるIPCCの報告書に記されているように，気候変動に対する人為的影響が大きいものであるとすれば，これらの要因のすべてが人為的な活動によるものであると考えることができるだろう。人類はこれまで，その基本的ニーズを満たすために，森林伐採によって農地を増やして食料を確保し，経済成長することで人口を増加させ，ダムや水路の建設によって水資源を開発し，その結果，気候変動と生態系の変化を引き起こしてきた。その結果，いまや世界的に水資源の危機が起こっているだけでなく，多くの国内的・国際的な紛争が発生している。以下では，水システムに影響を及ぼす主要な推進力のうち，人口増加，気候変動，農業，経済の4点に絞って検討したい。
　さて，水システムに影響を与える推進力としての世界の人口増加についてみると，2010年の世界人口は69億人で，その82％が開発途上国で生活している。そして毎年8,000万人の割合で増加すると，2050年までに世界人口は，93億

人に達するとされ，そのうちの 86% は発展途上国が占めることになる[2]。地域的にみると，アフリカと中東では急速に人口が増加し，ヨーロッパと東アジアでは人口が減少する傾向をみせており，2060 年ごろになると，南アジアと太平洋地域で人口が減少するとされ，サハラ以南のアフリカと中東では人口が増加するとされている[3]。問題なのは，サハラ以南のアフリカと中東は現在でも水が不足している地域であることに加えて，これらの地域で将来的に人口が増えると水不足がさらに深刻化することである。

　一般に，人口増加に伴って水資源の確保が不十分となれば，他の地域から市場あるいは援助によって水資源を供給するか，それとも人口移動するか，という選択肢しかなくなる。水資源と人口移動との関係は相互的であって，水資源への圧迫は人口移動を促し，人口移動は水資源への圧迫を促す。水不足や洪水といった水資源への圧迫は，人口移動を決定する起動力となりうるし，水危機が生じるような社会的・経済的・政治的な関係が人口移動という対応にポジティヴな影響を与える。人口移動が実際に行われことになれば，その移動先で水資源を供給しなければならず，そこで水危機が発生することになる。現在，このように水資源に関連して移住を余儀なくされる人々の数の推定値は，2,400 万人から 7 億人にのぼると見積もられている[4]。こうした人口移動と水資源の不足という悪循環が水紛争を生み出す大きな要因の 1 つでもある。

　さて，今日では気候変動の生態系への影響がきわめて顕著となっており，気候変動は水資源にも大きな影響を与えている。気候変動に関する政府間パネル（IPCC）が 2014 年に出した第 5 次評価報告書では，気候システムに対する人為的影響を明らかであり，温室効果ガスの排出量が史上最高となり，人間および気候システムに対して広範囲にわたる影響を及ぼしてきたとされている。気候変動の水資源に対する影響に関しては，IPCC の第 4 次評価報告書のなかでは，温暖化が氷河，氷原，河川や湖といった水資源の貯蔵庫による水供給に大きな影響を与える点が指摘され，水資源の減少に関しては，以下のように報告されていた。

　「今世紀半ばまでに，年間河川流量及び水利用可能量は高緯度地域（及

びいくつかの熱帯湿潤地域）において増加し，中緯度のいくつかの乾燥地域及び熱帯地域において減少するという予測は確信度が高い。多くの半乾燥地域（例えば，地中海沿岸，米国西部，アフリカ南部，ブラジル北東部）は，気候変動に起因する水資源減少の被害を受けるという予測もまた確信度が高い。」[5]

これに対して，第5次評価報告書では，1970年以降の干ばつの世界的な増加傾向に関する第4次評価報告書の結論は誇張されていたとしながらも，以下のように記している。

「今世紀末までに中緯度及び亜熱帯の多くの乾燥・半乾燥地域では降水量が減る可能性が高く，多くの湿潤な中緯度地域では降水量が増える可能性が高い。世界的に，短期間の降水現象については，気温の上昇に伴い，個々の低気圧の強度が増し，弱い低気圧の数が減る可能性が高い。中緯度陸域の大部分と湿潤な熱帯地域では，世界が温暖化すれば極端な降水現象が強度と頻度ともに増す可能性が非常に高いだろう。……21世紀末までに，現在乾燥している地域において，地域規模から地球規模で予測されている土壌水分の減少と農業干ばつのリスクの増加が生じる可能性が高く，予測の確信度は中程度である。蒸発量の減少が目立つ地域には，アフリカ南部と地中海沿いのアフリカ北西部が含まれる。地中海，米国南西部，アフリカ南部地域における土壌水分の減少は，予測されているハドレー循環の変化及び地上気温の上昇と整合していることから，……21世紀末までに世界気温の上昇につれてこれらの地域で地表面の乾燥化が生じる可能性が高く，その確信度は高い。」[6]

簡単にいえば，この第5次評価報告書では，地中海沿岸，中東，アフリカ南部等の乾燥地域あるいは半乾燥地域においては，乾燥化が生じる可能生が高いとしている。

このように地球温暖化が水システムに大きな影響を与えている一方，その水システムにおいてもっとも多く水資源を利用している分野が農業である。今日，食料や他の農業生産物の生産のために，河川や地下水から取水される淡水

の70%が利用されており，その量はおおよそ3兆1,000億㎥であり，2030年までにその水量が4兆5,000億㎥になると予想されている[7]。農業に必要な水資源が増えることは河川や地下水からの取水が増えることであり，このまま農業用の水資源が増えることになれば，水資源を利用している他の領域，すなわち生活用水と工業用水への圧迫をもたらす。あるいは農業の領域で水資源が十分に利用できないとなれば，食糧生産への影響がますます懸念され，食糧価格の上昇をもたらす。FAOの食料価格指標によれば，2011年2月にエジプトでムバラク政権が倒れた時点での食料価格は，2002-2004年と比較して2倍以上という空前の高さとなった[8]。またFAOによれば，シリア・アラブ共和国では630万の人々が深刻な食料不安に直面し，南スーダンでは370万人が緊急援助を必要とし，中央アフリカ共和国では2013年に内戦により穀物生産が前年比から大幅に減少し人口の3分の1が食料支援を必要としていると推定されており，これらの国々では緊急援助を必要としている。

　将来的に，水利用におけるもっとも重要な推進力となるのは，途上国での人口増加や食事の変化によるグローバルな食料需要の増大である。途上国自体でこうした食料危機に対応することは，政治的・経済的な観点からみて不十分であり，先進諸国や国際機関の援助が必要となろう。他方では，中国，韓国，サウジアラビア，アラブ首長国連合といった食料輸入国は，食料安全保障の観点から途上国の土地を購入したり借入れたりしており，そのことが食料と水の安全保障に関連する倫理的な問題を引き起こしている[9]。

　最後に，世界経済あるいは経済発展と水資源の関連性についてみると，世界経済の成長は当然のこととして水資源の利用を増大させる。経済のグローバル化によって先進諸国の企業あるいは工場が途上国に移転すると，途上国での水資源の利用が増えるからである。たとえば2011年から2012年にかけての世界総生産量は4.5％上昇したとされ，そのうち先進諸国が2.5％であったのに対して，途上国は6.5％であった。しがって，水資源の利用量の増加の割合も途上国で高くなっていると考えられる。

　また経済発展に伴って世界の生態系や水資源にマイナスの影響を与えるの

は，浪費的な消費や持続不可能な資源利用を引き起こすような環境管理である。ワケナゲルとリースが理論化したエコロジカル・フットプリントの概念を使って考えると[10]，現在の平均的なヨーロッパ人やアメリカ人のようなライフスタイルを地球上のすべての人びとが維持するとすれば，地球が3つ必要であると見積もられている。生態系サービスの価値は，世界総生産量の2倍にも匹敵するものとされており，水を浄化し廃棄物を吸収するうえでの淡水生態系の役割は4,000億ドル以上の価値を有するとされている[11]。持続不可能な経済発展は，このような生態系サービスにマイナスの影響を与えている。

2．水資源をめぐる紛争

　歴史的にみると，水資源は人間生活にとって不可欠な資源であるために，その配分や供給をめぐって多くの紛争あるいは戦争が繰り返されてきた。限られた水資源をめぐる紛争はけっして新しいものではなく，人間は古代文明の時代から水をめぐって，あるいは水資源そのものと闘ってきた。アメリカの民間営利組織であるパシフィック研究所の水紛争年代記リストによれば[12]，紀元前3000年から今日に至るまで多くの水紛争が繰り返されてきた。紀元前2500年から紀元前2400年頃まで続いた古代メソポタミアにおける都市国家のラガシュとウンマとの紛争は今日のチグリス川とユーフラテス川の肥沃な土地をめぐるものに相当していたが，その紛争においては灌漑システムと水供給のための計画的な分流をめぐる紛争も含まれていた[13]。

　その後，紀元前1790年頃のバビロンのハンムラビ法典には，灌漑システムや水の窃盗に関する規定が含まれるようになった。また水資源が軍事的手段として利用された歴史的事例としては，紀元前720年から705年にかけて，アッシリア王のサルゴン2世がアルメニア征服の際に複雑な灌漑システムを破壊したことがある。さらにサルゴン2世の息子のセナケリブは紀元前689年にバビロンを壊滅させ，都市の水供給のための運河を破壊したとされている[14]。

　現代においても水資源をめぐる紛争は，世界中の国際河川流域や水が稀少な

地域で生じており，戦争において水資源や水関連施設が攻撃対象となったり，テロリズムの対象となったりしている[15]。中東における湾岸戦争やイラク戦争をみても，人間生活にとって必要な水資源が相手にダメージを与える手段としていかに利用されてきたのかが理解できる。またイスラム国がイラクやシリアのダムや水利施設を支配下に収めようとしているのも，水資源が軍事活動あるいはテロリズムの手段として利用されている証明となっている。パシフィック研究所は，水関連の紛争のカテゴリーあるいは類型を以下のように分類している[16]。

・軍事的な手段（国家アクター）：水資源，あるいは水システムそれ自体が軍事活動のあいだ武器として国民あるいは国家によって利用される。
・軍事的ターゲット（国家アクター）：水資源または水システムが国民あるいは国家による軍事行動のターゲットである。
・サイバーテロを含めたテロあるいは国内的暴力（非国家アクター）：水資源あるいは水システムが非国家アクターによる暴力または抑圧のターゲットである[17]。環境テロとエコテロとのあいだに一定の区別がなされる。
・開発に伴う紛争（国家アクターと非国家アクター）：水資源あるいは水システムは経済的・社会的発展における競合と紛争の主要な原因である。

このような水関連の紛争のカテゴリーを踏まえつつ，以下では，中東，インド，北アフリカの3つ地域における水紛争の事例についてみてみたい。

(1) 中東における水紛争

ヨルダン川流域とユーフラテス川流域は中東で水不足となっている地域であり，ここでは人口の急速な増加が想定されていると同時に，水への新たな需要が既存の供給を圧迫する可能性が高くなっている。イスラエルとヨルダンでは，予想される人口増加のために向こう数十年間，住民が最低限の量の水しか使えないことで灌漑農業が制約を受けると考えられている。国連の中期予測では，2025年までにイスラエルとガザ地区の人口は1,000万人になる（表11-1参照）。この人口に1人当たり毎年必要な150㎥の水を飲料水，衛生設備，商業

表 11-1　中東の人口と人口予測

国名／地域名	1990 年	2000 年 (100 万人)	2025 年	1990 年比の年増加率
西岸	0.90	1.12	2.37	3.40
ガザ地区	0.62	0.76	1.23	1.98
イスラエル	4.66	6.34	8.15	1.67
ヨルダン	3.10	4.00	8.50	3.41
レバノン	2.74	3.31	4.48	2.00
シリア	12.36	17.55	35.25	3.58
サウジアラビア	14.87	20.67	40.43	3.28
トルコ	55.99	68.17	92.88	3.21
イラク	18.08	24.78	46.26	3.21
イラン	58.27	77.93	144.63	2.71

(出所) P. Yolles and P. Gleick, Water, War and Peace in the Middle East. in: *Environment*, 1994, Vol.36, p.15.

および産業活動のために供給するとすれば、年間15億m³の水が必要となり、それはおそらくイスラエル全体の長期的な供給量と等しいものである。このレベルの利用は農業部門にリサイクルされた排水だけを利用させ、灌漑農業を完全に排除することになる[18]。

表11-2は、2025年までに人口が予想された通りに増加する場合に、中東諸国とペルシア湾沿岸諸国における1人当たりの水の利用量がいかに減少するのかを示している。全体的にみて、2025年までに人口増加とともに、1人当たりの水の利用量はほぼ半減する可能性が高いことがわかる。この地域の国々はすでに水危機の国に分類されており、人口増加とともに将来的にはさらに深刻化するだろう。

1960年代にトルコとシリアが灌漑のための大規模な取水計画を立案し始めた後に、水資源に関連する紛争が生じた。1965年に3者協議が開かれ、そこで3カ国のそれぞれが河川の自然的な水量を超えた要求を提案した。また1960年代中葉に、シリアとイラクは公式な水配分をめぐる2国間交渉を開始したが、1960年代後半までに公式の合意に達した。1970年代中葉に、トルコ

表 11-2　1990 年と 2025 年における 1 人当たりの水の利用量

国名	1990 年	2025 年
	(年間 1 人当たりの水量㎥)	
クウェート	75	57
サウジアラビア	306	113
アラブ首長国連合	308	176
ヨルダン	327	121
イエメン	445	152
イスラエル	461	264
カタール	1,171	684
オマーン	1,266	410
レバノン	1,818	1,113
イラン	2,025	816
シリア	2,914	1,021
イラク	5,531	2,162

(出所) P. Yolles and P. Gleick, Water, War and Peace in the Middle East. in: *Environment*, 1994, Vol.36, p.15.

のケバンダム，シリアのタブカダムが完成し，それらの貯水池が満杯になり始め，イラクへの水量が減少した．1974 年，イラクは，ユーフラテス川の水量がシリアのダムによって減少していることを強く主張し，ダムへの爆撃を示唆し，国境に軍隊を派遣した．1975 年の春，シリアが意図的に耐え難いほど低水準にまで水量を減少させているとイラクが主張したことで，イラクとシリアの間の緊張がピークに達した．同年の 4 月と 5 月に，イラクがユーフラテス川の水量を確保するために必要ないかなる行動も辞さないという内容の声明を出した．これに対して，シリアはすべてのイラク空軍の空域を閉鎖し，バグダッドへのシリアの飛行を中止し，軍隊をイスラエル国境からイラク国境に移した．深刻な対立はサウジアラビアの仲介で軍事行動に至る前に終息した[19]．

1967 年の第 3 次中東戦争の原因の 1 つは，シリアとイスラエルのあいだに生じたヨルダン川およびその支流の水資源をめぐる対立であった[20]．この戦争の発端の大きな要因の 1 つは，イスラエルが非武装地帯とされていたチベリ

アス湖の北部に全国水道網の取水口の建設を開始したことに対してシリアが反発したことであった。イスラエルの計画に対抗してアラブ流域諸国は分水路計画を立てたことがイスラエルの反発を買い，対立はエスカレートしていった。1966年7月に，イスラエル空軍は，チベリアス湖北部にあるシリアのバニアス‐ヤルムク運河の分水路工事現場を爆撃した一方，今度はシリアの戦闘機がチベリアス湖上のイスラエルの船舶を攻撃した。さらに1967年6月には，エジプト軍とイスラエル軍との間で激しい戦闘が勃発し，他の中東諸国もこれに巻き込まれて第3次中東戦争となった。

1990年の湾岸戦争は，水と紛争との間の多くの関連性を浮き上がらせるものであった。この戦争の間，水と水供給システムが攻撃対象となり，共有されていた水供給は政治の手段として利用され，水は戦争の潜在的な手段とみなされた。ダム，脱塩施設，双方の水輸送システムは破壊の目標とされた。クェートの大規模な脱塩能力のほとんどは撤退するイラク兵によって破壊された。石油は湾岸に流出し，この地域の脱塩施設を汚染するおそれがあった。そして，バグダッドの近代的な水供給施設と脱塩施設の意図的な破壊はあまりに徹底していたために，イラクはそれらの再建において依然として深刻な問題を抱えている[21]。

戦争と水資源をめぐる問題に関するごく最近の事例では，イスラム国がイラクにおいて水資源を戦争の武器として利用するというケースが挙げられる。2014年8月にイスラム国は，イラク最大のダムであるモスルダムを掌握した。かりにイスラム国によってダムが破壊されることになれば，下流域のバグダードや他の都市で生活している多くの市民の生命を脅かす洪水という破局をもたらすことになったが，しかし，イラク軍とクルド勢力が米軍の空爆の支援を受けてモスルダムを奪回した[22]。

(2) インドにおける水紛争

12億人以上の人口を抱えているインドは，2025年までにもっとも人口が多い国になるとみられている。インドでは，人口増加に比例して水の消費量も増

加し，1 人当たりの水利用量は過去 60 年間で 3 分の 1 にまで減少した（1951 年の 5,000㎥から 2011 年の 1,600㎥へ）[23]。そしてこのまま人口増加が続くとすれば，2050 年までに 1 人当たりの水利用量は 1,140㎥にまで減少すると予想されている。

　インドでは歴史的に国内の各州の間，あるいは隣国のパキスタンとの間で水をめぐる紛争が生じてきた。前者の紛争については，タミル・ナドゥ州とカルナタカ州との間の水紛争は今日まで長期にわたって展開されてきた。コーヴェリ川の水は，流域全体で完全に配分され利用されているために不足している。カルナタカ州とタミル・ナドゥ州の農民は，水田と農地に流域の水の 90 パーセント以上を利用している一方，カルナタカ州の州都であるバンガロールのような都市での水需要は高まっている。コーヴェリ川の水がインド洋に到達するのはモンスーンの時期だけである[24]。コーヴェリ川の下流に位置するタミル・ナドゥ州のチェンナイは，人口増加に伴いインドでは水不足に悩んでいる都市であり，コーヴェリ川流域から水を引くために 230km のパイプラインを建設した。ここはインドでももっとも水不足の厳しい流域で，下流に位置するタミル・ナドゥ州と上流に位置するカルナタカ州の間で水紛争を繰り広げてきた[25]。

　2012 年にタミル・ナドゥ州とカルナタカ州の間で 1991 年以来続いていた水紛争が原因で暴力事件が発生した[26]。1991 年当時の紛争では，カルナタカ州からタミル・ナドゥ州への水の配分を認めた裁判所の判決のためにバンガロールで反乱が発生して 23 名が殺害されたが，そのほとんどが州内では少数派のタミル人であった。2002 年には，カルナタカ州のひとりの農民がタミル・ナドゥ州への放流に抗議してダムの貯水池に飛び込んで自殺した事件が起こった。2012 年 9 月半ばに 2003 年 2 月以来はじめてとなる会合で，インドの首相と政府高官から構成されているコーヴェリ川委員会（Cauvery Water Authority=CRA）は，カルナタカ州に対してモンスーン時期が始まる 10 月 15 日まで 1 日に毎秒 255㎥の水を放流する命令を下し，最高裁判所の判決も CRA の決定を正当と認めた。これを受けてカルナタカ州は 9 月 30 日以降，最

高裁判所の決定にしたがって255㎡の水をタミル・ナドゥ州に放流していた。この最高裁判所の決定は，過去数十年で最悪の干ばつにもかかわらず，カルナタカ州が下流のタミル・ナドゥ州による放流要求を受け入れたというものであった。しかし，その決定はカルナタカ州の農民を怒らせる結果になり，農民はダムでの扇動活動に加えて，重要な高速道路沿いの主要な交差点を封鎖した。さらにカルナタカ州の数千人の農民がコーヴェリ川の2つのダムからの放流を妨害する行為に出たが，そのとき抗議者と警察官の双方が傷害を負ったことが報告されている[27]。

　以上のようなインド国内の州間水紛争のほかに，パキスタンとインドとの間にはインダス川をめぐる国際水紛争が存在している。パキスタンの人口の半分以上が農業部門であり，インドの小麦生産の20%以上がパンジャブ地方で生産していることを前提とすれば，両国の生活と経済にとってインダス川流域の重要性は明らである。1947年以来のカシミールの帰属をめぐる両国の紛争は水資源の配分をめぐる紛争という性格を色濃くしている。1960年には，両国のあいだでインダス水条約が締結され，パキスタンにはインダス川の西側の3つの河川（Jhelum, Chenab, Indus），インドには東側の3つの河川（Sutlej, Ravi, Beas）が帰属することになった。しかし，両国の人口増加によって水需要が増加し，上流国のインドで灌漑計画を進め，ダムを建設した結果，1990年代になると，カシミール地方の水文学的重要性が大きな問題になってきた[28]。

　これまで両国のあいだで度重なる紛争が起こってきたが，近年のパキスタンとインドのあいだの水紛争に関してみると，パキスタンの軍隊がインドの北部カシミールのウラル湖地域の水利システム，洪水防止設備，ダムを攻撃して破壊したという事例がある。2012年8月に，水利関係の技術者と労働者が攻撃され，未完成のトゥルブル水路の閘門とウラルダムが爆破された。プロジェクトの作業を停止させた16名の戦闘員のうち8名はパキスタン人であったとされている。この事件に関して，パキスタンは自国への水流を削減することによってインドがインダス水条約を侵犯したと主張した[29]。これに対して，イ

ンドはインダス条約を侵犯しておらず，ダムが完成すれば，輸送上の目的のために利用されるとしている．

(3) エジプト，スーダン，エチオピアの間の水紛争

2011年のアラブの春以降，ムバラク政権崩壊後の2012年にモルシ政権が誕生したエジプトでは，翌年にモルシ政権が崩壊して新たにシシ政権が誕生した．このようなエジプトでの政治的混乱状況のなかで，他のナイル川流域国は自国の開発を進めつつあり，この地域の地政学的な構図が変化してきている[30]．2001年に正式に発足した東アフリカ共同体（EAC）は，ケニア，ウガンダ，タンザニア，ブルンジ，ウガンダの5カ国で構成されており，歴史的にこれらの国々はエジプトとスーダンの水資源の利用に対して対抗してきたという経緯がある．他方で，2010年5月には，エチオピア，タンザニア，ウガンダ，ルワンダ，ケニア（ブルンジは2011年に調印）は，ナイル川流域国のガバナンスの枠組である協力枠組協定（CFA）を締結し，ナイル川流域国はそれぞれの領土で衡平で合理的な方法で水資源を利用できるものとした．これにはエジプトとスーダンが強く反対した．

この協定締結後の翌年，エチオピアは1国的な開発プロジェクトであるグランド・ルネッサンス・ダムの建設に着手した．このダムは，スーダンとの国境から40 kmのところに位置し，その総工費は48億ドルで，発電能力は5,250 MWとなり，世界第10位という巨大なものである．国の水需要の100%をナイル川に依存しているエジプトは，上流に位置するエチオピアでこのダムが建設されると下流への水供給量が減少することに危機感を抱いた．エジプト水資源・灌漑省の当局者は，このダム建設によってエジプトはナイル川の水資源の20～30%を失うとともに，自国のナセル湖の貯水量が減少するために，アスワンハイダムによる発電量の3分の1を失うことになると主張している[31]．

国際NGOのIPS（Inter Press Service）の記事によると，このエチオピアのダム建設に対するエジプトの反発は強く，国際機関に提訴したとしている．

「エジプト政府はこの協定を『挑発的だ』として,グランド・ルネッサンス・ダムの建設が下流地域に及ぼす影響が明らかになるまでエチオピアに建設作業を停止させるよう国際機関に提訴した。エジプトの政府関係者は外交的手段による危機回避を切望する旨を表明しているが,治安当局筋によるとエジプト軍当局はナイル川に関する国益を守るためには軍事力を行使する用意ができているという。

ウィキリークスに掲載された軍事情報機関『ストラトフォー』からの漏洩された電子メールによると,2010年,ホスニ・ムバラク大統領(当時)はエチオピアによるダム建設を空爆で阻止する計画を打ち出し,スーダン南東部に出撃拠点となる空港を建設していた。しかし,ナイルの問題に関してはエジプトの同盟国だったスーダンが2012年にグランド・ルネッサンス・ダムに対する反対を取り下げ逆に支援に回ったことで,エジプトは窮地に追い込まれている。」[32]

この記事の内容は,ムバラク政権の時代にエジプトがエチオピアによるダム計画を空爆で阻止する計画を立てていたというものであるが,さらにIPSの記事によれば,2013年6月,エジプトのムハンマド・モルシ大統領(当時)も,エチオピアがナイル川上流で続けているダム建設に対抗して,「交渉のテーブルには全ての選択肢が用意されている」と述べたとされ,このことからエジプトは自国への歴史的な割当水量をめぐる権益確保については本気であり,もしエチオピアがアフリカ最大規模になることが確実視されている水力発電ダムの建設を継続するならば,軍事介入のオプションもあながち排除できないだろう,との見方も出てきているという。

しかし,2015年3月6日に,エジプト,スーダン,エチオピアの3カ国は,ナイル川に建設予定のグランド・ルネッサンス・ダムの運用方法に関して暫定合意に達した。この点に関して,エジプトのムガーズィー水資源・灌漑相は,「ルネッサンスダム運用の制度と仕組み,およびダムについての協力体制で原則合意した」と述べ,またスーダンのカルティ外相は3カ国が「東ナイル盆地とルネッサンスダムからどう利益を得るかで原則的に合意した。今回の合意文

書は3カ国の関係で新たな1ページになる」と述べ，今後は各国が合意を最終承認するとの見通しを示したという[33]。

　ナイル川の水資源をめぐっては，エジプトの過去の指導者たちは水不足から生じる紛争の可能生について敏感に感じ取っていた。サダト大統領は，1979年のイスラエルとの和平条約の調印後に，「エジプトが戦争する可能性のある問題は水である」[34]と述べた。また1990年6月，当時のエジプトの外相であったブトロス・ガリは，「エジプトの国家安全保障はナイルの水に基礎を置いているが，他のアフリカ諸国の手中にある」，「この地域での次の戦争はナイルをめぐるものである」と述べた[35]。ナイル川の上流国であるエチオピアはエジプトに流れる水の86％を提供しているといわれており，その点から歴代の政治指導者たちは他の政府の管理下にあるナイル川の水資源に対して大いに懸念を抱き続けてきたのである。

　現在，ナイル川流域においては，スーダン，エチオピア，ウガンダ，ブルンジ，コンゴ民主共和国などダム建設が進展しており，それに資金と技術を提供しているのは中国である。中国はこれらの流域国との新しい貿易相手国であるとともにドナー国となっている[36]。ナイル川流域には，1999年に設立されたナイル川流域イニシアティブ（NBI）という多国間の水ガバナンスの枠組が存在するとはいえ，各国が一国的な水利プロジェクトによって自国の水資源の拡大を進め，他方で多国間のガバナンスが機能しなくなれば，紛争の可能生が高くなることも考えられる。

3．水のガバナンス／レジームと水紛争の平和的解決

　世界中の水資源をみると，潜在的には豊富な水が利用可能であるが，残念なことに，これらの水資源は平等に配分されていないのが現状である。したがって，水資源の利用が基本的に2025年までに変化しなければ，急速に増加する世界人口の3分の2は水不足に悩むことになる。グローバルな水準で水の供給の増加や水の公平な配分の措置はより困難となり，悲観的な論者のなかには

21世紀が水紛争の増大，水戦争の世紀となると予想している人々もいる[37]。戦争が基本的にエネルギーや水などの重要な資源をめぐる国家間の対立に大きな原因があることを考慮にいれると，これまでみてきたように，水紛争の増大や水戦争の脅威が潜在的に存在しているのは，中東地域，北アフリカ，南アジアといった地域であろう。しかしながら，このことは，これらの地域で将来的に直ちに紛争が拡大し，あるいは戦争が勃発することを意味するものではない。水資源は紛争の原因であるとともに紛争解決すなわち平和の手段ともなりうるからである。

　地球上での水の不均等な分布は，中東地域や北アフリカの諸国だけでなく，アジア全体，ラテンアメリカの一定の地域，そしてアメリカにさえ影響を与えている。さらに，先進諸国では水資源は多くの国々で意識的あるいは無意識的に減少するか浪費され，淡水は汚染され地下水も減少している。途上国は雨水を効果的に利用できる財政的・技術的な資源をもたず，給水管や井戸は適切に維持されておらず，拡大する都市部での水不足は共通のものとなっている。したがって，世界的にみると，水供給は多くの国々で不安定のままの状態が続いており，不公平な配分と水紛争の可能性を抱えている。

　これらの課題に対応して，多くのさまざまな政策が支持されている。たとえばE.Riedelは，基本的には4つのアプローチが利用されているとしながら，第5のアプローチとして国際法のアプローチを提起している[38]。
(1)　国家が資源自体を管理する。多くの国々の慣行が明らかにしている点は，これは巨大な官僚制と財政不足に至るということである。そこでは水設備の長期的な投資のために不十分な資金しか残らない。
(2)　第2のアプローチは完全な民営化に依存するものである。これは自由企業の市場メカニズムの適用を意味し，その結果，古い欠陥のある配管の再建，ダム建設，河川集水池計画の考案など長期的な計画での投資が可能となる。
(3)　第3のアプローチは，水資源管理における公共・民間パートナーシップ(PPP)のさまざまな形態をとる。国家は投資資金あるいは税金を提供し，企業が水管理のための技術への投資を進める誘引を提供する。こうした主要な多

国籍企業には，ヨーロッパに本社を置くスエズ，ビベンディ，テムズ・ウォーターなどが含まれる。

(4) 第4のアプローチは，「ヴァーチャル・ウォーター」を対象とするものである[39]。水供給が豊かな地域や国々で生産された食糧は，農産物や他の商品として乾燥地域や準乾燥地域に移転される。移転地域では，それらを購入することで農業部門からの水需要が減少する。農産物や商品には，その生産に必要な水が仮想水として一定量含まれており，移転された地域ではその水を輸入したものとみなされるからである。しかし，多くの途上国にとっては，食糧輸入への依存と支払いの均衡が悪化しても，それ以上の魅力的な代替案を提示できない。

　補助金のオプション(1)の国家管理モデルが見込みのない戦略であるのは，先進諸国での水管理政策は期待されても，途上国においては，それも乾燥地域あるいは半乾燥地域に位置して政府機能が十分に果たされていない途上国では国家管理モデルは期待された結果を生み出すことができないからである。完全な民営化オプション(2)は，世界中の多くの事例で十分に機能していない。水道の民営化はイギリスやチリで利用されなくなった。一般的に，私企業は早急に収益を期待し，合理的な収益を見込むような計画を選択するようになり，その結果，国民の負担が増大する。2000年に発生したボリビアのコチャバンバ水紛争は，水道の民営化の問題点を世界中に提示した。一見すると，オプション(3)のPPPが特効薬のように思えるが，よく検討してみると，その欠陥が明らかになる。それは利益を民営化し，損失を社会化する。最終的には，国家には財政負担が残され，それを適切に埋め合わせすることができない[40]。

　そしてE.Riedelが提起している第5のアプローチとして挙げられるのは，国際法的アプローチ，水に対する人権のアプロローチである。

　まず水に関する国際法の代表的なものは，(1)ヘルシンキ規則（1966年），(2)国際水路の非航行的利用に関する国連条約（1997年），そして国際法協会（ILA）が2004年に採択した(3)ベルリン規則（2004年）である。1966年のヘルシンキ規則は，国際河川の水利用に関する規則で，各流域国が国際河川流域水

の合理的で衡平な配分を享受する権利を有するとしている。また紛争の平和的解決に関しては，第27条で，「国家は，国連憲章に従い，国際の平和，安全及び正義を危うくしない方法で平和的手段により，自己の法的権利又はその他の利益に関する国際紛争を解決する義務がある」[41]としている。

2014年に発効した1997年の国際水路の非航行的利用に関する国連条約は，第5条で，「水路国は，その領域内において，国際水路を衡平かつ合理的に利用する」としているとともに，第7条で，「水路国は，自国領域内にある国際水路を利用する際，他の水路国に対して重大な危害を与えることを防止するために，すべての適切な措置をとる」[42]と規定している。そして紛争解決に関しては，ヘルシンキ規則と同様に，紛争が発生した場合には基本的に当事国間で，平和的手段で解決する規定となっている。しかし，関係当事国が交渉によって合意に達成しない場合には，第三者の斡旋あるいは調停を要請し，もしくは紛争を仲裁又は国際司法裁判所に付託することに合意できる。さらにそこで解決ができなかった場合には，事実調査委員会が設置されて調査が実施され報告がなされる。その報告書には，「調査結果とその理由，及び紛争の公平な解決にとって適切と考える勧告が述べられ」，「紛争当事国はそれを誠実に考慮する」（第33条第8項）こととされている。

このように国際水条約においては，各国が国際河川を衡平かつ合理的に利用し，紛争が生じた場合には紛争解決のためにメカニズムが規定されている。とはいえ，国際河川流域には，それぞれの流域ガバナンスの枠組が存在しているところがあり，それらが基本的に紛争解決のために機能を果たす役割を引き受けている。たとえばナイル川流域には，歴史的にイギリスの支配下にあった時代からナイル川水協定が存在していたが，1999年に設立されたナイル川流域イニシアティブ（NBI）は，ナイル川の水資源の衡平で持続可能な管理と開発を目的とする政府間組織で，その加盟国はブルンジ，コンゴ民主共和国，エジプト，エチオピア，ケニア，スーダン，タンザニア，ウガンダ，ルワンダの9カ国となっている。また東南アジアのメコン川流域には，1995年にメコン川協定の下に設立されたメコン川委員会が存在し，メコン川流域の持続可能な開

発のための協力の枠組として機能している．メコン川委員会の参加国は，カンボジア，ラオス，タイ，ベトナムであり，中国とミャンマーは参加していない．メコン川協定は，国際水路の非航行的利用に関する国連条約の影響を受けた形で，「衡平かつ合理的な利用と参加」と「重大な損害の回避」が規定されている．

　しかしながら，ヨルダン川流域には，NBIやメコン川委員会のような多国間の流域ガバナンスの枠組が存在せず，1994年のイスラエル－ヨルダン平和条約の2国間協定が存在するにすぎない．またインダス川流域においても，インドとパキスタンとの間の1960年インダス水条約という2国間協定が存在している．

　2004年のベルリン規則は，1966年のヘルシンキ規則を包括的に修正および改訂したものであり，水資源の利用に関する包括的で詳細な規定となっており，これまでの国際水路法関係の統合，国際環境法，国際人権法，国際水法の総合化をめざすものとなっている．ベルリン規則の特徴は，この規則が国内外を問わずすべての水域の管理に適用可能であり，すべての水域に関連する問題，表流水・地下水・及び他の水域の共同管理，持続的な水域管理，環境への損害の予防とその最小化，他の資源管理と水資源管理との統合を扱っている点である．とりわけベルリン規則の第20条と第21条は，水路の管理によって影響を受ける先住民や脆弱な集団の権利，利益，一定のニーズを保護し，あるいは水利計画やその活動によって強制移住させられた人々あるいは集団に補償を与える規定となっている．また第72条「国際水管理紛争の平和的解決」は，平和的手段による紛争解決という国連憲章の規定もとで各国が果たすべき基本的義務を示している．

　このように，水に関する国際法は，世界に263箇所あるとされる国際流域における国際協力と水管理の基本原則を規定しているとともに，これらの国際流域での平和的な紛争解決を規定している．とりわけベルリン規則のように，これまでの国際水法を総合化する試みは，今後グローバルなレベルでの水資源不足や食糧不足，そしてそれらに関連する紛争に対する国際的な対応の指針とな

りうる。

　最後に，水に対する人権について触れたい。世界保健機構（WHO）や世界銀行によれば，1人の人間は基本的な飲料水と衛生設備の要件を満たすために1日に最低限20ℓから40ℓの水を必要とする。食糧の準備にさらに10ℓ必要とされることから，1日50ℓというのが基本的な水の必要量を意味している。2000年の国内の水の利用量についてみると，58カ国の発展途上国では40ℓ以下であり，4カ国多い62カ国の発展途上国では50ℓ以下となっている[43]。これらの発展途上国での水の低い利用割合の原因は各国政府の制度的・管理的な欠陥であるということに帰着するであろうが，水は基本的に技術と資金があれば入手可能な資源であって，これが保障されていないことは明らかにJ・ガルトゥングがいうところの「構造的暴力」の影響であろう。

　「安全な水へのアクセスは基本的な人間のニーズであり，したがって基本的人権である。汚染された水はすべての人々の物理的・社会的な健康を危険にさらす。」これは前国連事務総長のコフィー・アナンの言葉である[44]。人間が生命を維持するために十分な量と質の水に対する権利を有するべきであることについては異論を唱える人はいないであろう。とはいえ，国際社会ではこうした水に対する権利が明確に承認されているわけではない。世界の淡水資源への圧迫は進み続けており，各国政府とりわけ発展途上国はますます十分な水供給システムを増やす方法を見出さざるを得なくなっている。

　近年，国連の経済的・社会的・文化的な権利に関する委員会は，これらの現象を踏まえて水に対する人権を承認するに至ってきた。そして，2010年7月28日，国連総会は，「水と衛生設備に対する人権」に関する国連決議を採択した[45]。この決議は明確に，「生命及びすべての人権の完全な享受のために不可欠な人権として安全で清浄な飲料水と衛生に対する権利を承認する」と宣言しており，水に対する人権に関する歴史のなかで画期的なものであったということができる。しかし，水に対する人権が国際社会のなかで承認されることになっても，事実問題として，水不足問題や水の配分問題，ひいては水紛争の問題が解決されるということでもない。しかし，水に対する人権がグローバルな

レベルで承認されるということは，水が万人の共有物（res communis）あるいは公共財あり，地球上の人々のあいだで衡平に配分されるべきであるという理念が共有される前提が生まれたことを意味する[46]。

おわりに

　戦争の背景にあるのは，国家間，民族間，宗教間，イデオロギー間の対立であるというのが戦争の原因に関する一般的な理解である。そしてそれらの対立の背景にあるものを探っていくと，さまざまな利害関係，たとえばエネルギー資源や水資源といった利害関係が絡んでいることが判明する。国家も民族も基本的には人間社会であるかぎり，人間によって構成されていることは当然のことであり，社会が発展すれば人口が増加し，多くの資源や領土（都市，農地，森林などによって構成されている）を獲得する必要が生じる。国民が必要とする不可欠の資源としてエネルギー，水，食糧など人間生活に基本的な資源の確保は市場といった経済システムによって提供されるものであるが，その経済システムが機能しなくなると，資源確保のための政治的決定を行う政治システムすなわち国家が前面に出てくる。しかし国家は資源のために戦争をするという提起を国民にはできない。

　いいかえれば，こうした利害関係は，実際の戦争の場合には表面に出てくることはない。インドの環境科学者であるヴァンダナ・シバは，その著書『ウォーター・ウォーズ』のなかで，この点に以下のように書いている。

　　「資源をめぐる政治紛争の多くが隠蔽され，封じ込められている。権力を牛耳る人たちは，水戦争を民族・宗教紛争のように見せかけようとする。河川沿いの地域には多様な集団，多様な言語，多様な生活様式の多数の人種が居住している。このような地域の水紛争を，地域間の宗教戦争や民族対立として色づけするのはたやすいことだ。1980年，1万5,000人以上の死者を出したパンジャブ紛争の主たる原因は，川の水の使用権をめぐる不和と対立が根底にあった。ところが，パンジャブの河川水の使用と分配方

法，開発計画の不一致を核心としたこの紛争は，シーク教徒の分離主義の問題である，と性格づけられた。水戦争が宗教戦争にすりかえられてしまったのである。水戦争のこのような誤ったとらえ方は，ここでこそまさしく必要な政治的エネルギーの方向を，水の共有をめざす持続的で正しい解決に向けることから反らせてしまう。これと似たことがパレスチナとイスラエルの間の土地と水の紛争でも起こった。自然の資源をめぐる紛争は，とにもかくにも回教徒とユダヤ教徒の宗教紛争とされた。」[47]

　それではなぜ，水資源問題が戦争の前面に出てこないのであろうか。まず戦争にはそれを正当化する大義名分が必要であり，その点で少なくとも石油や水といった資源は大義名分とはならないからである。もう1つは，対立関係を国家と国家あるいは共同体と共同体という社会システム全体の利害のあいだの対立として図式化しなければ，社会成員を戦争に動員できないからである。

　その意味で，今日において水資源は戦争の大きな原因の1つとなりうる可能性をもっているといえる。しかし，平和が戦争の不在であるとするならば，そのことは水資源も平和のためのメディアになりうる可能性があるということを意味している。水資源を各ステークホルダーのあいだで統合的に管理する水ガバナンスを強化し，水資源を res communis（万人の共有物）として，global public goods（地球公共財）として捉え，そして「水に対する人権」を国際社会が認めることがその出発点になるように思われる。

---

1) Catherine E. Cosgrove and William J. Cosgrove, *Global Water Futures 2050, The Dynamics of Global Water Futures, Driving Forces 2011-2050*, 2012, p. 4.
2) *Global Water Futures 2050*, p. 15.
3) UNESCO, *The United Nations World Water Development Report 3, Water in a Changing World*,Eathscan, 2009, p. 30.
4) UNESCO, *Water in a Changing World*, p. 32.
5) 環境省，IPCC 第4次評価報告書統合報告書「政策決定者向け要約」を参照。
6) 気象庁，IPCC 第5次評価報告書第1作業部会報告書「気候変動2013　自然科学的根拠　概要」を参照。
7) *Global Water Futures 2050*, p. 11.

8) FAO のホームページの食糧価格指標を参照（アクセス，2015 年 8 月 30 日）．http://www.fao.org/worldfoodsituation/foodpricesindex/en/
9) *Global Water Futures 2050*, p. 11.
10) M・ワケナゲルと W・リース『エコロジカル・フットプリント』和田喜彦監訳・改題，池田真理訳，合同出版，2004 年．
11) *Global Water Futures 2050*, p. 17.
12) Pacific Institute, Water Conflict Chronology List, http://www2.worldwater.org/conflict/list/
13) H. Hatami and P. Gleick, Conflict over Water in the Miths, Legends, and ancient History of the Middle East, in: *Environment*, April 1994, p. 10. 以下 Hatami and Gleick (1994)．
14) Hatami and Gleick (1994), p. 10.
15) P・グリックによれば，2001 年にパレスチナがイスラエルを入植地から追い出すために Yitzhar のイスラエル入植地の配水管を攻撃し破損した．同時にパレスチナはイスラエルの貯水タンクを破壊し，水タンクでの輸送を妨害し，排水処理施設の資材を攻撃したと告発した（Peter Gleick, Water and Terrorism, in: *Water Policy* 8, 2006, pp. 491. 以下 Gleick (2006)）．
16) Peter H. Gleick and Matthew Heberger, Water and Conflict, Events, Trends, and Analysis (2011-2012), in: Peter Gleick, *The World's Water*,Volume 8, 2014, p. 160. 以下，P. H. Gleick and M. Heberger (2014)．
17) 水資源とテロリズムの関係に関しては，Gleick (2006), pp. 481-503 を参照．
18) Hatami and Gleick (1994), p. 15.
19) Hatami and Gleick (1994), p. 13.
20) 第三次中東戦争における水資源紛争に関しては，星野智「ヨルダン川をめぐるハイドロポリティクス」を参照されたい．
21) Hatami and Gleick (1994), p. 15.
22) Erin Cunningham, Islamic State Jihadists are using water as a weapon in Iraq, in: *Washington Post*, October 7, 2014.
23) United Nations World Water Development Report 2014, *Facing the Challenges*, vol.2, 2014, p. 150.
24) Circle of Blue, Protests Break Out After India' Supreme Court Rules in Favor of Downstream State in Cauvery River Dispute, *Circle Blue Water News*, October 3, 2012, http://www.circleofblue.org/waternews/2012/world/protests-break-out-after-indias-supreme-court-rules-in-favor-of-downstream-state-in-cauvery-river-dispute/（2015 年 8 月 28 日アクセス）
25) UNDP『人間開発報告書 2006』横田洋三監修，古今書院，2007 年，214 頁．
26) 1991 年 12 月のカルナタカ州バンガロールでの暴行事件については，多田博一『インドの水問題』創土社，2005 年，113 頁参照．
27) *Circle Blue Water News*, 2012.

28) Arjazeera, 2011.8.1, , Kashmir and the politics of water. http://www.aljazeera.com/indepth/spotlight/kashmirtheforgottenconflict/2011/07/20117812154478992.html
29) P. H. Gleick and M. Heberger (2014), p. 163.
30) ナイル川流域の水資源をめぐる問題に関しては，星野智「ナイル川流域のハイドロポリティクス」(『法学新報』第120巻第1・2号，2013年) を参照されたい。
31) Cam McGrath, Egypt Gets Muscular Over Nile Dam, http://www.ipsnews.net/2014/03/egypt-prepares-force-nile-flow/ 尚，この記事の翻訳については，IPSJapanのホームページの記事「ナイル川をめぐる激しいエジプト・エチオピアの対立」を参照した。
32) Cam McGrath, Egypt Gets Muscular Over Nile Dam, http://www.ipsnews.net/2014/03/egypt-prepares-force-nile-flow この記事の翻訳についてもIPSJapanのホームページの記事「ナイル川をめぐる激しいエジプト・エチオピアの対立」を参照した。
33) ロイターの記事参照。
http://jp.reuters.com/article/worldNews/idJPKBN0M20AD20150306
34) J. R. Starr, Water Wars, in: *Foreign Policy*, 82, 1991, pp. 17-38.
35) L. Ohlsson, *Hydropolitics*, University Press LTD, 1995, p. 37.
36) Ana Eliza Cascã, Changing Power Relations in the Nile River Basin: Unilateralism VS. Cooperation? In : *Water Alternative*, Vol.2, 2009, p. 264.
37) Eibe Riedel, The Human Right to Water and General Comment No.15 of the CESCR, in:Eibe Riedel, Peter Rothen (eds.), *The Human Right to Water*, Berliner Wissenschafts-Verlag, 2006, p. 20. 以下，Riedel (2006)。
38) Riedel (2006), pp. 21-22.
39) ヴァーチャル・ウォーターと水資源の配分に関しては，星野智「グローバル化と世界の水資源」(星野智編著『グローバル化と現代世界』中央大学出版部，2015年) を参照されたい。
40) Riedel (2006), p. 23.
41) 地球環境法研究会編『地球環境条約集第 (4版)』中央法規，2003年，442頁。
42) 『地球環境条約集第 (4版)』，420頁。
43) Stephen C. McCaffrey, The Human Right to Water, in: Edith Brown Weiss, Laurence De Chazournes, and Nathalie Bernaschoni-Osterwalder (eds.), *Fresh Water and International Economic Law*, Oxford, 2005, pp. 107-108. 以下，McCaffrey (2005)。
44) このコフィー・アナンの言葉の引用は，McCaffrey (2005), p. 93 による。
45) 水に対する人権に関しては，星野智「グローバルな水危機と水に対する人権」(『中央大学社会科学研究所年報』第19号，2015年) を参照されたい。
46) Stephen C. McCaffrey, The Coming Fresh Water Crisis:International Legal and Institutional Responses, in: *Vermont Law Review*, Vol.21, 1997, p. 821.

47) ヴァンダナ・シバ『ウォーター・ウォーズ』神尾賢二訳，緑風出版，2003 年，13 頁。

第 12 章
オルタ・グローバリゼーション運動のビジョン
——水正義運動の事例から——

毛 利 聡 子

はじめに

(1) 問題の所在

　民衆による反グローバリゼーション運動がその名を世界に広めたのは，1999年，世界貿易機関（WTO）第3回閣僚会議の開催地シアトルで繰り広げられた抗議行動であろう。労働運動，環境活動家，NGO，女性運動など市民社会を構成する5万もの人々が参集し，WTO交渉の決裂もあって，メディアの注目を集めた。その後，15年を経て，「反グローバリゼーション運動」は，「オルタ・グローバリゼーション運動」へと変容してきた。ただし，学術的にもグローバルに広がる抵抗を表す適切な表現について統一した合意はない。より直接的な表現である「反企業」，「反資本主義」というラベルが使われたり，あるいは，民衆側の立場からは「グローバルな抵抗」，「下からのグローバリゼーション」という表現が使われた。また，「トランスナショナル・レフト」，「グローバル正義運動」と積極的に志向性を表現する者もいる（Opel, della Porta, Moghadamら）。このように，ネーミングにはグローバリゼーションに対するスタンスが反映されている。逆に言えば，運動体や研究者がどの呼び名を使うかによって，グローバリゼーションへの対抗運動をどのように解釈し，認識しているかがわかるのである（Hosseini 2010: 68-69）。

どのネーミングを使うにせよ，この15年間，9.11やリーマンショック，15M運動やウォール街占拠運動，「アラブの春」など，大きな社会変動とそれに呼応した大衆運動が連鎖的に起こったが，オルタ・グローバリゼーション運動は，どこまで具体的なオルタナティブを提示することができたのであろうか[1]。それが本章の問いである。また，オルタナティブを十分に提示することが出来てこなかったとしたら，その理由は何か。この点を明らかにしたい。

オルタ・グローバリゼーション運動が有効なオルタナティブを提示できるとする楽観的な見通しを示した研究は，2000年から2010年ごろまで多く見られた。特にWTO交渉が行き詰まりを見せ，2008年のリーマンショックで資本主義の限界が露呈した時，具体的なオルタナティブが今こそ求められると期待を込めた研究が多く見られた。2001年にブラジルで始まった世界社会フォーラム（World Social Forum，以下WSF）は，オルタ・グローバリゼーション運動の一つの表出と捉えられ，WSFが生み出すであろう新たな道筋は，世界の関心を集めた。多様なオルタナティブの中でも，連帯経済と社会的経済は[2]，政府の失敗・市場の失敗を是正し，人間と人間社会中心の経済を確立する実践として積極的に評価されている（Moghadam 2013: 200，西川 2007:11-28）。また，プレイアーズは，2008年の金融・経済危機は，オルタ・グローバリゼーション運動の主張が正しかったことを証明したと指摘している（Pleyers 2010: 256）

一方，オルタ・グローバリゼーション運動に対する懐疑的な見方もある。例えば，何百万人という草の根の活動家が資本主義に対して蜂起しているが，それで世界秩序は変容したのか。運動がより分権化された運動へシフトするというが，それでグローバリゼーションのスピードは遅くなったのかという疑問である。確かにかつて盛んに叩いた企業（ナイキやエクソン，マクドナルド）とパートナーになって活動しているNGOも多い。その結果，グローバル資本主義に挑戦するというよりも順応してしまったとすれば，これは「活動主義の企業化（Corporatization of Activism）」に他ならないと言えるだろう（Dauvergne and LeBaron 2014）。確かに，老舗の国際環境NGOが，政府や企業との距離を縮めていくことによって，資本主義システムの擁護者となり，問題を引き起こ

したグローバル資本主義経済の倫理を問い直すことを避けるという事例は，気候変動に関わる交渉でも見ることができる（毛利 2014）。

総じて，2000 年～2010 年頃までは，オルタ・グローバリゼーション運動はオルタナティブを提示できると楽観的な見通しを示した研究が多く見られた。しかし，2010 年以降は，オルタ・グローバリゼーション運動が有効なオルタナティブを提示・実践したという研究は少ない。その理由として，2 点考えられる。1 つは，WTO 交渉が決裂して以降，反対勢力が一同に結集する場が少なくなり，運動が可視化されなくなったことである。唯一，オルタ・グローバリゼーション運動体が年に 1 度結集するのは WSF だが，WSF は開かれた討議の空間として位置づけられ，意思決定をしないという原則を採用している。このため，具体的なオルタナティブが見えにくくなっている。もう 1 つは，オルタ・グローバリゼーション運動が特定の地域や個別のテーマに移行したことである。オルタナティブには多元性があり，ローカルな現場での実践が重要視されていることから，この移行は，当然の流れと言える。前述の WSF で言えば，一堂に会するフォーラムより，地域レベルのフォーラムの方が活性化している。実際，2010 年には 42 の社会フォーラムが世界各地で開催された。言い換えれば，必ずしも可視化されていないだけで，実践としてはむしろ豊かになっているとも言える。

（2）　本章の目的

本章では，グローバルに拡大する資本主義政策によって，その恩恵よりも，はるかに多くの負の影響を受けた民衆の視点にたち，グローバル正義運動（Global Justice Movement，以下 GJM）に注目する。GJM は前述の WTO シアトル会議がその出発点だとされる場合が多いが，実際はもっと早く，構造調整政策に対して第 3 世界で起こった一連の抗議運動に遡る（Moghadam 2013:174-179）。

GJM は，特定のイシューに収斂する傾向を見せていることから，本章では，水をめぐる正義運動を事例として取り上げる。水をめぐる正義運動に注目する

理由は2つある。1つは、水をめぐっては、構造的暴力、いわゆる平和ではない状態が依然として続いているからである。先進国に住む人々の多くが蛇口をひねれば水が出てくるという利便性の高い生活を送る一方、25億人が改善された衛生設備にアクセスできない。また、野外で排泄せざるを得ない人々は10億人にのぼり、そして7億4,800万人が改善された飲み水にアクセスできない状態におかれている（Water Supply and Sanitation Collaborative Council 2014）。安全で適切な水道インフラの技術は利用可能であるにもかかわらず、このような状態におかれる人々が世界に偏在するという事実は、構造的暴力と言わざるを得ない。

　2つ目は、水をめぐる争いが、国家間の共同管理が必要とされる「消極的平和」から、新自由主義政策の下での民営化と商品化の耐えなき圧力から人権を守る「積極的平和」の問題へと広がりを見せている点である。つまり、水をめぐる紛争が、国家間での水管理の失敗が物理的な武力衝突（紛争・戦争など）を引き起こす脅威の時代から、水サービスの民営化、共有資源の私有化をめぐる脅威という新たな局面に入ったのである（Davidson-Harden et al 2007: 5）。この新しい局面は、「コチャバンバの水紛争」から顕在化し、また、気候変動問題とも密接な関係にある。しかし、水をめぐるGJMの事例は、気候変動と比較するとほとんど取り上げられていない。水正義運動は、単に経済的な公正にとどまらず、南に生きる人々や先住民の歴史と文化の尊厳を求める闘争でもある。そこに目を向けることによって、欧米を中心とする開発至上主義、新自由主義グローバリゼーションに対するオルタナティブの有り様を導き出すことができるのではないだろうか。

　そして本章では、具体的な事例として水正義運動に焦点を当て、分析のアプローチは国際関係論のトランスナショナルアドボカシー・ネットワークと社会運動論のアプローチを重層的に取り入れる。社会運動論の観点からGJMを分析したデラ・ポルタは、トランスナショナル・ネットワークを以下のように定義している（della porta 2007:44）。第1に、異なる市民社会組織内で活動の持続的な調整が行われる。第2に、市民社会組織は、少なくとも1つのグローバ

ルなイシューに関してのフレームを共有する。第3に共有されたフレームに基づいて，共通のアイデンティティやビジョンを作り，キャンペーン戦略を練り，政治的闘争を図る。本章では，水をめぐる様々な問題に対し，トランスナショナルな水正義運動がどのようなオルタナティブを提示し，問題の解決を図ろうとしているのか，その取り組みの成果と課題を社会運動論の観点から検討する。社会運動論の観点から分析する理由は，新自由主義的政策に対するオルタナティブなビジョンは，正義運動の構想力やネットワーク形成，動員力の観点から分析することで，より明確に捉えられると考えるからである。

1．深刻化する水資源

(1) 水資源の危機的状況

　バーロウは，2008年に出版した *Blue Covenant*（邦訳『ウォーター・ビジネス』）の中で，水危機の3つのシナリオ——淡水の減少，清浄な水にアクセスできない人口の増加，企業による水支配——を描き，世界に警告を発した。しかし，それから7年の間，水資源の危機的状況は改善されるどころか，深刻さの度合いを深めている。

　2015年3月，国連の世界水アセスメント計画は，『世界水発展報告書2015』の中で，現在のペースで水の消費が続けば2030年には水の需要が供給を40%上回ると予測した（WWAP 2015）。つまり，淡水の使用を減らす措置が取られない場合，2030年には深刻な水不足に直面することになる。特に供給が不安定で不十分な地域や，使用・配分・価格・消費・管理がうまく行っておらず，規制も不十分な地域では，水の供給が持続不可能になりかねないと警告している。同報告書は，このような水の消費量が増えた要因として，人口の増加，都市化の進行，そして肉の消費拡大や住宅の大型化，車やエネルギー消費量の多い機器の増加を挙げている。

　さらに，非持続的な水の利用，過剰取水による帯水層の消失，輸出用換金作

物栽培のための水使用など「誤った水利用」が地球上の利用可能な水を枯渇させている。とりわけ，地下水や川からの過剰取水が深刻化し，インドや中国，米国，フランスなどにある主な 37 の帯水層のうち 21 の帯水層で持続可能なレベルを超え，数百万の人がリスクに晒されている（Richey 2015）。さらに中国の川の半分は 1990 年以降，枯渇し，アラル海とアフリカのチャド湖はほぼ干上がってしまった。これらの主な原因は，輸出用作物の灌漑に水を利用したためと指摘されている。その地域の人々の需要ではなく，遠くの人々の需要を満たすために，地域の水供給を困難にさせたことが「誤った水利用」と言われる所以である。

このように叫ばれる水危機に対し，沖大幹（2014）は，本来，水の消費量が賦存量の範囲内である限り，水利用には何ら問題はないと指摘する。言い換えれば，水の需要を上回る供給量がある限り，水危機は生じないということである。しかし，前述の『世界水発展報告書』は，需要が供給を上回る（消費量が賦存量を上回る）時が間近に迫っていることを示している。

水は人間が生存する上で必須なものであることから，水の希少性を商機と捉える人々も出てくる。実際，水を商品と捉えて新たなビジネスチャンスに参入する企業も増える中，水に対する人々の権利が企業に囲いこまれてしまうと懸念，反発する民衆との間で衝突が世界各地で起こっている。

(2) 水をめぐる「不正義」

地球は水の惑星と言われるが，水の賦存量・賦存状況は，地域によって大きく異なる。国連環境計画（UNEP）によると，2025 年までに 48 カ国，25 億人が水ストレスまたは水不足に直面すると予測されている（waterforum.jp）。そのうちの 40 カ国は，西アジア地域，北アフリカ地域，サハラ以南アフリカ地域の国々である。

こうした地域はほとんどが途上国であるが，より深刻なのは，水ストレスや水不足が弱者により強く働くことである。国連開発計画（UNDP）は，「安全な水を十分に利用できない人の 3 人に 2 人，そして，衛生設備を利用できない

6億6,000万人以上の人々は1日2ドル未満で暮らしている」(国連開発計画 2006:8-9) というデータを発表しているが，これは貧困層がより劣悪な状況に置かれていることを示している。つまり，水と衛生設備の危機は貧困層に，より深刻なのである。

このような状況を改善するために国際社会は，2000年の国連総会で2015年までに達成すべき8つの目標「ミレニアム開発目標（MDG）」を設定した。水と衛生の改善に関しては，「2015年までに安全な飲み水や基本的な衛生設備を継続的に利用できない人々の割合を1990年に比べ，半減する」という目標が掲げられた。この目標については，2010年末に世界人口の89％の人々が改善された飲み水を利用していることから，ユニセフとWHOは2012年の報告書の中で，MDG目標を5年早く（2010年末に）達成することができたと発表した（UNICEF/WHO 2012）。確かに，世界全体の平均値では，目標が達成できたように見える。しかし，世界では依然として6億6,300万人が改善された水源を利用できず，24億人が改善された衛生設備を使用できていない（UNICEF/WHO 2015）。地域や国家間，さらには国内の格差は大きく，改善された水源[3]にアクセスできない人口は，サハラ以南アフリカ（48％）と南アジア（20％）に集中している（UNICEF/WHO 2015）。遠くの水源に水を汲みに行くために，学校に行く時間を失う少女も多い。水へのアクセスの欠如は，教育の機会をも奪ってしまう。

一方，改善された衛生設備の利用については63％でMDG目標の75％に及ばず，2015年になっても67％に留まると発表されている（UNICEF/WHO 2012）。9億4,600万人が野外で排泄を行っており，そのうちほとんどが辺地に住む（UNICEF/WHO 2015）。貧富の差がそのままトイレ利用率の差に表れており，社会的弱者ほどトイレを利用できない状況にある。不衛生な水や衛生設備に起因する下痢性疾患によって，年間24万人もの5歳未満児が命を落としているとも指摘されている。

このように，改善された水源を使えない人々も，衛生設備を使えない人々もサハラ以南アフリカと南アジアに集中しており，とくに都市から離れた農村部

が深刻である。貧困層は依然として劣悪な状態に置かれていて，水をめぐる不正義な状況は改善されないままである。とりわけ先住民の水問題は深刻なまま放置されている。例えば，カナダの先住民の多くは水源近くに住むにもかかわらず，州政府の敷いた水のパイプラインは先住民の居住地域を切り離して，遠く離れた都市に引かれ，先住民はボトル入りの水に頼らざるを得ない状況が18年間も続いている（Barlow 2015）。

2．水をめぐる正義の実現を目指すトランスナショナル・ネットワーク

(1) 水をめぐる正義（water justice）とは

　前節で，世界各地の水資源が危機的状況に向かいつつあることと，水不足や水ストレスは，社会的弱者により強く働くことを明らかにした。これは，水へのアクセスをめぐって人々の間に深刻な不平等，不正義が存在することを示している。「水をめぐる正義（water justice）」という概念は，この不平等の是正を目指す運動にとって基本となる考え方（principled idea）である。Water justiceは主に次の2つの概念から成る。一つは，安全できれいな飲み水と衛生へのアクセスは基本的人権であるという考え方である。もう1つは，水は共有財（commons）であって，商品（commodity）ではないという考え方である。

　このような水に対する考え方を生活の中で具現化しているのが，先住民である。2007年9月に採択された「先住民族の権利に関する国際連合宣言」（国連文書A/RES/61/295付属文書）は，先住民族が所有してきた土地，領域，水域と精神的なつながりをもつこと（第25条），先住民族が伝統的に所有してきた土地，領域，資源を所有，使用，開発，管理する権利を有すること（第26条）を認めている。つまり，先住民は土地や領域，水に対する決定権を有するのだ。しかし，現実には，ペルーでは銅鉱山の開発で政権側と住民側との対立が暴力的事態にまで発展し，ブラジルではアマゾン川流域の開発計画に伴う森林

の伐採計画が進み，先住民の土地が切り崩されている。水や山は貴重な生態系の宝庫のみならず，その土地に住む先住民の文化的アイデンティティでもある。開発計画に伴い別の代替地を用意すれば済むと考える近代主義の発想は，先祖代々，土地（表層水，地下水，帯水層も含む）との深いつながりをもつ先住民にとって，暴力以外の何ものでもない。

(2) 水正義運動（Water Justice Movement）

水正義運動（WJM）には，社会正義組織，先住民，労組，環境グループ，農民，研究者，人権唱導家，コミュニティ活動家等，多様な主体が関わっているが，いずれの主体も水正義概念を構成する2つの考え方を共有している。新自由主義的政策として水の民営化を融資と引き換えに迫る世銀やIMF，こうした国際金融機関の融資を受け入れる政府，そして水事業に参入することで利益を得ようとする多国籍水企業といった複合的な政治経済主体に対し，WJMは，きれいな飲み水へのアクセスは基本的人権であるという考え方に立ち，その権利を剥奪する制度や主体に異議申し立てを行い，コモンズとしての水を守る闘いを展開している。WJMは，国内や地域レベルでのさまざまな闘争をつなげ，情報を共有し，国際レベルでの連帯を図ってきた。WJMは1つの組織体ではなく，それぞれが各々の領域で自由に活動し，緩やかにつながっている。

WJMで重要な役割を果たしてきたのは，カナダ人評議会のモード・バーロウである。バーロウは，カナダ人評議会内にブルー・プラネット・プロジェクト（The Blue Planet Project）を立ち上げ[4]，Focus on the Global South, KruHa Indonesia, Transnational Institute, Environmental Rights Action Nigeriaなどが，主要メンバーとして活動している。1990年代から途上国で顕著になった世銀と巨大水企業による水道事業の民営化，1998年の「コチャバンバ水紛争」を契機として，2000年にハーグで開催された第1回世界水フォーラムには，このブルー・プラネット・プロジェクトのメンバーが集まった。メンバーは，世界水フォーラムが採択した世界水ビジョンは，テクノクラート的

で，企業の視点を強調したものであったことから，水を貿易における取引可能な財として扱うことを止めるよう求める声明文を発表した（バーロウ 2009: 174）。

WJM に取り組む運動体は，世界水フォーラムや世界社会フォーラムなどの機会を活用し，情報共有を図り，活動戦略を練ってきた。そして WJM は，主に水をめぐる不正義の是正に関して，主に次の2つの問題に取り組んでいる。1つは，水と衛生を人権として認めるよう国連などに働きかけるキャンペーン，もう1つは，進行する水の民営化に対し，再公営化を図る運動である。これらの活動にはメインとなるファシリテーターがいて，運動間で情報の共有を図りながら，より効果的な戦略を練っている。これらの問題への取り組み・戦略から，運動のフレーミング，構想力，ネットワーキング，動員力を分析，さらに WJM の提示するオルタナティブの有効性と課題を明らかにする。

3．水正義運動の事例

(1)「人権としての水と衛生」

2010年7月，国連総会は，「安全な飲料水と衛生設備へアクセスの権利を人権として認める（The human right to safe and clean drinking water and sanitation）」という決議を賛成多数で採択した[5]。その2カ月後の9月には国連人権理事会もこの国連総会決議を支持し，各国政府に対し，水と衛生に対する権利について国家としての義務を果たすよう要請した。国連において「水と衛生に対する権利は人権」という考え方が認められるよう，長年にわたって各国政府に働きかけてきた WJM は，初めて国連が水に対する権利を人権として認め，その実現に向けた行動を各国政府に求めたことで，キャンペーンは一定の成功をおさめたと考えた。なぜなら，「水と衛生に関する人としての権利」が認められたことは，運動にとって3つの点で重要な意味を持つからだ。1つは，総会決議に同意しようとしまいと，国連加盟国には，（法的拘束力はないものの）この決

議を守る義務が生じることである。2つ目は，人々は単なる顧客や援助の受益者ではなく，「権利保持者」とみなされることである。これは1990年代後半に開発分野で積極的に取り入れられた権利基盤アプローチの流れを組む。人々には安全な飲み水にアクセスできる権利が保証されるべきであり，逆に，水や衛生にアクセスできないということは，その権利を付与していない側（主に国家）の責任が問われるのである。水は普遍的な権利だということへの気づきが，自分たちの権利を主張し，コミュニティがエンパワメントしていく力となる。そして3つ目は，この国連決議が，水道サービスの民営化を図ろうとする勢力にWJMが抗する際の理論的根拠となることである（後述するが，実際に地裁での提訴の根拠となった）。また，水正義運動が各地域で活動を展開する上でも有効なツールとなる。なぜなら，採択された決議を実行に移さない（移そうとしない）政府や地方自治体に政策を実施するようWJMが圧力をかける根拠となるからである。つまり，WJMは，「人権としての水と衛生」を抵抗運動のフレームとして使うことができるのである。実際，メキシコでは政府が国家水法（National Water Act）を修正していないため，全世帯の30％が水道管に接続されていない[6]。また，グアテマラやエルサルバドルでは，水に関連する法律さえない状態にある。こうした政府に対し，国連決議は，WJMが水関連法の制定を各国政府に働きかける上で強力なツールになるのである。

　また，「人権としての水と衛生」という考え方は，2012年の「リオ＋20（国連持続可能な開発会議）」で採択された成果文書と「持続可能な開発目標（SDG）」にも入った。ポストMDGと位置付けられたSDGは，次の15年間の公式の開発計画を形づくる。したがって，SDGに入ると今後15年間，すべての国が強いコミットメントで目標を達成する機会となることから，「人権としての水と衛生」がSDGの1つに入るようWJMも活発なロビー活動を展開していた。同時に，仮に人権ベースのフレームに根差さないSDGが決まった場合，水と衛生サービスの商業化が進んでしまうという懸念もあった。

　一方，水を商品とみなす勢力からの強い巻き返しがあり，水は人間にとっての必要（ニーズ）なのか，取引を可能にする財なのかという論争が再び激しく

なった。国連総会が「人権としての水と衛生」を認めたわずか2年後の2012年,フランスのマルセイユで開催された世界水協議会（World Water Council）主催の第6回世界水フォーラムにおいて,水へのアクセスを人権とする文言は,早くも弱められてしまった。同フォーラムが発表したマルセイユ閣僚宣言で,国連決議の「すべての人が安全な飲み水と衛生へアクセスできるのは人権である」という表現が,水へのアクセスは各国政府の裁量に委ねられる（義務ではない）という表現に弱められてしまったのである。

　カナダ人協議会や米国のNGOフード・アンド・ウォーター・ウォッチ（Food and Water Watch）は,世界水フォーラムが多国籍水企業のトレードフェアの場となり,「水のダボス会議」と化したと強く批判した[7]。人権としての水という文言を主に弱めるよう働きかけたのはカナダ政府であるが,その背後には,業界や水関連企業のグループによる強い働きかけがあったのである。実際,リオ＋20宣言の作成過程や国連で,産業界は活発かつ強力なロビー活動を展開した。これに対し,カナダ人協議会をはじめとする139の団体は,多国籍水企業が豊富な資金力をもとに行うロビー活動は,国連の水政策に大きな影響を与え,それが,グローバルな水危機に取り組む際に利害の矛盾を引き起こしていると批判した[8]。

　このように水へのアクセスは権利か商品か,ニーズかサービスか,をめぐる論争が続く中,当初,水を得ることは人権であるという考えを否定していた企業が,徐々に,水は人権という考え方を受容するように変化していった。これは,人権としての水の規範力が強く,ついに企業も受容したとみることもできなくはないが,むしろ,水を人権とみなすことで企業が新たな市場に参入できると考えたからではないだろうか。つまり,水を得ることが人権だとすれば,全ての人に水にアクセスする機会を提供しなくてはならず,水サービスを効率的に供給できるのは,（行政ではなく）民間企業だというロジックである。この動きに対し,WJMは,水を権利とみなすだけでは十分ではなく,同時に「公共の財産」であるという認識が必要だと主張した（バーロウ 2009: 234）。確かに,利害関係の矛盾を解決するためにも,早急に水を公共財と位置付ける国際法の

制定が必要だと考えられる。

　このような国連を中心とした一連の動きの一方で，新たな問題が浮上している。WTO を始めとする多国間貿易協定や二国間投資協定では，水は財，投資，およびサービスとみなされ，民間企業の権利を損なうような政府の政策や法律は，貿易・投資協定違反として訴訟等の対象となってしまうのである。この点については，次の水道事業の再公営化問題で詳しく取り上げる。

(2) 公共の水を取り戻す闘い

　「公共の水を取り戻すネットワーク（Reclaimg Public Water (RPW) Network)」は，水の民営化問題に端を発し，民営化された公営水道を再公営化するため，2005 年に設立された国際的なマルチステークホルダーのネットワークである。イギリスを皮切りに，水道事業の民営化が推進された 1990 年代，各地のコミュニティでは水の民営化に対する激しい抵抗運動が行われた。しかし，1990 年代末まで，多くのコミュニティは他の地域の運動について知らず，個別に闘っていた。2001 年に世界社会フォーラムがスタートすると，世界各地で水の問題に取り組む NGO や社会運動活動家は一同に参集する機会を得るようになった。そして集会を重ねる中，2004 年，ムンバイで開催された世界社会フォーラムでオルタナティブを打ち出そうということになり，RPW ネットワークが形成された[9]。The Blue Planet Project, Focus on the Global South, KruHa Indonesia, Transnational Institute, Environmental Rights Action Nigeria を始めとする運動体がこのネットワークをリードしている。

　そもそも 1990 年代に水道事業の民営化が進んだのは，世銀や IMF などの国際金融機関が，債務国に対し，公営事業の民営化を推し進めるよう勧告したことにある。この勧告を受けて南米や東ヨーロッパ諸国，アジア諸国を中心に，「官民連携（Public Private Partnership)」の名の下に水関連事業の民営化が推進された。水道事業が民営化の対象分野とされたのは，1992 年に開催された「水と環境に関する国際会議」で採択された「ダブリン宣言」において，水が経済財と位置付けられたことに端を発する[10]。この宣言は，国連が 1980 年代

に推し進めた公営化モデルから，ネオリベラリズムにもとづく民営化モデルに大きく転換したことを意味する。国連のサポートを得た先進国の水企業は，ビジネスチャンスを求めて途上国に入っていった[11]。なぜなら先進国の水道普及率はほぼ100%に達していたからだ。国際金融機関が債務返済の条件に課した民営化政策は，先進国の水企業が途上国の水市場に参入することを後押ししたのである。

　水道事業を民間企業が担うことによって，安全な水が効率的に供給され，サービスの質が向上することは重要である。また，水サービスの売却によって地元政府には収入が入り，質の良い水が効率的に供給されることへの人々の期待もあった。しかし，多くの場合，水道事業の民営化は，約束されたインフラ投資が十分に行われなかっただけでなく，水道料金の値上げ，頻繁な断水，漏水，水質の悪化，水供給範囲の縮小など，さまざまな問題を引き起こした。水にアクセスできなくなった貧困層による企業の「水の乗っ取り」に対する抵抗運動が続発した（バーロウ2009）。中でも，2000年に水道サービスの民営化に抗議する先住民らが住民とともに蜂起し，抗議のデモ行進を行った「コチャバンバ水紛争」は，民営化反対運動のターニングポイントとなった[12]。コチャバンバ市に続き，アルゼンチンやメキシコ，エクアドル，ニカラグア，ブラジルなど，水道事業の民営化が推し進められた都市では，住民による激しい反対運動が展開された。

　住民たちが途上国の水道事業の民営化に強く反対するのは，市場経済に水道管理を任せると水が市民全体に十分に供給されないのではないか，料金が上がって貧困層が水道サービスの受益者枠からこぼれ落ちるのではないかと懸念しているからだ。こうした主張の背景には，水は生命維持に不可欠なものであって，富裕層も貧困層も等しく水にアクセスする権利を有するという「人権としての水」概念がある。したがって，この権利を守るには，公共サービスの方が適しており，すでに民営化された水道事業については，自治体，あるいは公共コントロールの下に戻すべきだとWJMは要求した。しかし，一度，民営化された水道事業を再度，公営化するのは，容易なことではなく，また，民営

化が様々な問題を引き起こしたことが明らかになってもなお、水企業と地元政府は民営化事業を継続した。実際、再公営化までには10年以上の年月と長年にわたる運動のエネルギーがかかっているが、それでも近年、再公営化が次々と行われている。再公営化に成功したインドネシアの事例を取り挙げてみたい。

インドネシアのジャカルタ市は1997年、世銀とADBの資金援助を背景に水道事業の25年間のコンセッション契約を二つの共同事業体（スエズとテムズウォーター社の子会社）と結んだ。2社は当初貧困層へ水道サービスの拡大、水インフラの新設と改修に巨額を投じるという約束をした。しかし、この約束は果たされず、公営の水道企業体（パム・ジャヤ）と政府は負債を抱えることとなった。その上、他の都市に比べて水道の質が悪いにもかかわらず、水道料金も大幅に高騰した。そこで、2011年、住民や水道労働者、住民組織は「水道民営化反対ジャカルタ住民連合（KMMSAJ）」を設立し、デモや住民討論会、政策対話を求め、請願書を提出した（Kishimoto et.al. 2015: 41）。そして、2012年に中央ジャカルタ地方裁判所に対し、政府に契約解消を迫る訴訟を起こした。2015年3月17日、インドネシアの憲法裁判所は、民間資本参加を含む世銀の策定した水資源法は、憲法違反だとした。その1週間後の3月24日、中央ジャカルタ地方裁判所は、17年間に及ぶ水の民営化は「人権としての水」を住民に提供していないとして、コンセッション契約を無効とする判決を下した。

本章ではジャカルタの例のみ取り上げるが、WJMとともにコミュニティの働きかけにより水道事業の再公営化に成功した事例は、ボツワナ、インドネシア、インド、フランス、ギリシャなど数多く挙げることができる。実は、多くの都市が水道事業の民営化に見切りをつけ、次々と再公営化に踏み出しているのだ。トランスナショナル・インスティチュート（TNI）の報告書「世界的趨勢となった水道事業の再公営化」によると、2000年～2015年の間で、37カ国235の自治体が水道および下水道事業を再公営化している[13]（Kishimoto, Lobina and Petitjean 2015）。

しかし，単に再公営化して元に戻しただけでは，オーナーシップが変わっただけに過ぎない。WJM は，再公営化を機に，市民によるオーナーシップを通してコミュニティ開発を促し，社会正義の実現を求めている。これは "public-public partnership" と呼ばれ，PPP に対するオルタナティブである。具体的には，市民の代表が水道事業の経営に参加したり，市民による監視体制を導入するよう自治体に働きかけている（Kishimoto et al 2015:9）。実際，再公営化後，より民主的な運営が行われるようになった自治体もあり，これらの取り組みは注目に値する。このような再公営化の動きは，グローバル・レベルと草の根のレベルで活動してきた WJM の一つの成果だと評価することができよう。

　最後に，再公営化に伴う懸念材料を挙げておきたい。それは，サービス貿易協定等との関係である。以前は，WTO のサービス部門の自由化（GATS）で，一度，水の供給が自由化部門の対象にされてしまうと，民営化が不可逆なものになってしまうことが懸念された。WTO 交渉が行き詰まりを見せている近年は，多国間貿易協定に投資家対国家紛争解決（ISD）条項が入れこまれるケースが増えている。現在，交渉中の環太平洋パートナーシップ協定（TPP）にも新サービス貿易協定（TiSA）にも ISD 条項が盛り込まれている。再公営化は，契約の解消，あるいは契約の不更新という形で行われた場合が多いことを考えると，地方自治体が多国籍水企業によって訴訟を起こされる恐れは十分にある。となると，巨額の賠償金を請求されるのを避け，「人権としての水」の権利行使を控える国や自治体が現れても不思議ではない。WJM は，そもそも契約をしないことが大事だということ，また民営化はリース契約やコンセッション契約という名で行われることもあるなど，地元政府に注意を呼びかけ，そのためにも様々な事例の情報共有を図っている。

4．考察と課題

　本章では，オルタ・グローバリゼーション運動がどこまで具体的かつ有効なオルタナティブを提示することができたのかという問いについて，WJM を事

例に検証を試みた。水の問題をめぐっては，依然として平和ではない状態，いわゆる「構造的暴力」が広範囲にわたって継続し，とくに貧困層と先住民らに深刻な影響を及ぼしている。この不正義の解消に取り組む WJM は，以下の 2 つの点で有効なオルタナティブを提示することに成功したとみなすことができる。1 つは，「水は人権か，商品か」という二者択一なものではなく，水はローカルなコモンズであり共的な管理に委ねるべきだとして，"public-public partnership (PuP)" というオルタナティブな視点を提示し，実行に移していることである。水道事業が民営化された 200 以上の地域で，WJM や住民組織による働きかけの結果，多くのコミュニティが水道事業の再公営化を図ることに成功したが，それだけでなく，再公営化にあたって，住民への情報公開，住民参加が新たに要件に入ったのは大きな成果と言える。これは，共同体の構成員が相互に承認する正義，すなわち「共同体的正義」の実践ではないだろうか。途上国のみならず先進国でも公務員の汚職や腐敗，既得権益の確保などが，深刻な問題となっている。こうした問題は，単に公営水道に戻せば解決されるというものではない。その意味においても，社会規制（social control）という監視機能を入れ込み，ローカル・コミュニティの規範原則を反映させることが重要である。WJM の岸本氏は，PuP は都市部で水道設備のある場合には可能だが，これとは別に，非都市部では，"public-community partnership" あるいは，"community-community partnership" が必要であると指摘する（岸本 2015）。水道利用者は，単なるサービスの受益者ではなく，ローカルな水資源を管理し，将来に向けて保全する主体でもあるのだ。

　2 つ目は，世銀や ADB などの国際金融機関が水道事業を融資の対象とすることの妥当性を批判し，国際水条約制定の必要性を訴えている点である。国連は，「先住民の土地への権利」を認め，「水は人権である」とし，MDG の中にも目標として取り上げる一方で，水を商品とみなし，融資の対象として多国籍企業の参入を認めている。これは WJM が批判するように，相互に大きく矛盾した政策であると言えよう。新自由主義政策（民営化）は，個人の利益と公共財・コミュニティの利益のバランスをとることはできない（Hosseini 2010:74）。

実際，水道事業が融資の対象となったことで，貧困層への水の配給は明らかに減少ないし停止される一方で，利益のあがる灌漑や水道事業が優先されるという事例は多い。効率性と採算性を重視する民間企業に，利他的なサービスを望むことはできない。水をコモンズと位置付ける何らかの国際水条約を早急に制定する必要があろう。

　次に，社会運動論の観点から，WJM の構想力，交渉力，動員力について考察すると，構想力については，「人権としての水」というフレームを共有することによって，WJM のメンバーは共通のアイデンティティの構築を図った。そして，人権基盤アプローチをメンバー間で共有したことで，WJM は協働のキャンペーンを張り，社会的動員が図りやすくなったと考えられる。大きなフレームである「人権としての水」は，インドネシアの中央ジャカルタ地方裁判所が水の民営化を違法と判断する際の基準となったことから，裁判所の活用，住民訴訟といった戦略で民営水道の契約解除を求める運動は有効であった。また，WJM は，エルサルバドルの例に見られるように，「人権としての水」を各国の憲法や法律の中に入れ込むという戦略を，他の国でも広げていくであろう。

　WJM は，ヒエラルキーな構造を持たず，アジアやアフリカ，ラテンアメリカなど，地域のネットワークがそれぞれ自律的に活動し，水平につながっている（岸本 2015）。全体を管理するような明確な中心組織もなく，各地域で活発に動くメンバーや団体がそれぞれの地域のコミュニケーション役を自主的に担っている。水というイシューの特殊性もあるが，草の根の人々の知恵や知識に耳を傾け，ローカルなコミュニティの暮らしを大切にしている。水へのアクセスは普遍的権利であるということへの気づき（WJM から見ればその重要性を説いたこと）が，政治的圧力を跳ね返し，水へのアクセスを求めて人々を動員することにつながったのである。

おわりに

　WJM の事例が示すように，オルタ・グローバリゼーション運動は，関わる主体が多様であるのみならず，抵抗運動が向かう相手もまた多元的である。国際金融機関の融資政策が，政府の公共事業の民営化への圧力となり，契約権を得たグローバル企業が住民と対立するという構図も明らかとなった。これは，途上国だけに見られる構図ではなく，債務を抱える先進国の自治体でも生じていることが，水の民営化問題から明らかになった。本章では取り上げていないが，深刻な債務問題に苦しむギリシャでも IMF，EU 議会，欧州銀行による水道事業の民営化圧力は日増しに高まり，債務危機で最も脆弱な人々が危機にさらされている。つまり，WJM は，先進国と途上国の境界を超えた運動としての広がりを見せているのである。

　一方，WJM にとって大きな懸念もある。それは，自由貿易協定の中に規定される ISD 条項である。企業の権利が人々の権利をオーバーライドする，言い換えると，企業主権，国境を超えた資本（家）主権が個人や共同体が持っていた民主的な権利を凌駕するという事態が迫っていることから，有効なオルタナティブを早急に見出さなくてはならない。

〈付記〉
　本章は，科研費基盤研究 C「国境を超える民衆連帯の行方：オルタ・グローバリゼーション運動の可能性と限界」（2012～2015 年度，課題番号：24530182）の研究成果の一部である。

1）「アラブの春」と呼ばれるアラブの民衆革命は，オルタ・グローバリゼーション運動の文脈で論じられることがあるが，その実態は民主化闘争であり，グローバル資本主義そのものは，否定していない（毛利 2014）。ただし，反格差，反緊縮政策が発端であったことから，グローバル資本主義に白紙委任しているという訳ではない。
2）協同組合，フェアトレード，マイクロ・ファイナンスなどの非営利経済も連帯経済の実践である。
3）改善された水源とは，外部からの汚染，特に人や動物の排泄物から十分に保護

されている構造を備えている水源・給水設備のことを指す（ユニセフ）。
 4）カナダ人評議会はメンバーシップ制でカナダ国内の問題しか扱えないため，国際的な問題に取り組むことのできるブルー・プラネットが設置された。
 5）この決議案は，賛成 122 票，反対 0 票，棄権 41 票で採択された（決議 64/292）。フランス，ドイツ，ロシアは賛成したが，日本，カナダ，イギリス，米国は棄権した。
 6）"Civil society meets with UN special rapporteur, governments outside the World Water Forum" http://rabble.ca/　March 12, 2012 (2012/03/15 アクセス)
 7）"Canada opposes right to water at World Water Forum" Council of Canadians News Release, March 13, 2012
 8）http://blueplanetproject.net/resources/reports/UN-LarsenReport-Building-0511.pdf
 9）トランスナショナル・インスティチュートの岸本聡子氏へのインタビューより（2015 年 8 月 24 日。ベルギー・ルーベン市）。
10）「水と環境に関する国際会議」で採択されたダブリン宣言原則 4 には，「水はすべての競合する利用において，経済的価値をもつものであり，経済的な財として認識されるべきものである」と書かれている。
11）グローバルに事業展開をしている大規模水道会社（水道メジャー）として，スエズ社（仏），ヴェオリア・ウォータ（仏），ソール（仏），RWE（独），セヴァーン・トレント（英），ユナイテッド・ユーティリティ（英），アングリアン（英）などの名前を挙げることができる。
12）1999 年，世銀はボリビア・コチャバンバ市の水道事業を市営水道会社からベクテル社の子会社アグアス・デル・ツナリ社に民営化した。水道料金が高騰し，支払えない人々への水の供給が停止，貧困状態はさらに悪化した。2000 年に市民は連合を結成し，数十万もの人々が通りで抗議活動を行った結果，政府は水の民営化契約を破棄，公共事業に戻った。
13）この内訳は，184 件が先進国で，81 件が途上国である。再公営化されたのは先進国の方が多く，特にフランスと米国で再公営化されたケースが多い。

参 考 文 献

沖大幹（2014）『水危機　ほんとうの話』新潮社。
国連開発計画（UNDP）（2006）『人間開発報告書 2006』国際協力出版会。
国連世界水アセスメント計画（2015）『世界水発展報告書 2015』
西川潤・生活経済政策研究所編（2007）『連帯経済』明石書店。
モード・バーロウ（2009）『ウォーター・ビジネス』作品社。
毛利聡子（2014）「共振する社会運動は，世界社会フォーラムに何をもたらすのか？　―オルタ・グローバリゼーション運動とアラブ民衆革命を中心に」上村雄彦編『グローバル協力論入門』法律文化社，195-207 ページ。
毛利聡子（2015）「グローバル気候ガバナンスを解剖する」『国連研究』第 15 号，

87-112 ページ。

ユニセフ・WHO（2015）『衛生施設と飲料水の前進 2015　ミレニアム開発目標達成度評価』

Barlow, Maude (2015) "Water everywhere, Canadian policy nowhere," https://ricochet.media/en/532/water-everywhere-canadian-policy-nowhere (2015/08/03 アクセス)

Bolelens, Rutgerd, Jaime Hoogesteger and Jean Carlo Rodriguez de Francisco (2014) "Commoditizing Water Territories: The Clash between Andean water Rights Cultures and Payment for Environmental Services Policies," *Capitalism Nature Socialism*.

Dauvergne, Peter and Genevieve LeBaron (2014) *Protest Inc.: The Corporatization of Activism*, Polity.

Davidson-Harden, Adam, Anil Naidoo and Andi Harden (2007) "The geopolitics of the water justice movement," *Peace, Conflict and Development*, Issue 11, November 2007.

della Porta, Donaterra ed., (2007), *The Global Justice Movement: Cross-National and Transnational Perspective*, Boulder: Paradigm Publishers.

Hosseini, S. A. Hamed (2010) *Alternative Globalizations: An integrative approach to studying dissident knowledge in the global justice movement*, London and NY: Routledge.

Kishimoto, Satoko, Emanuele Lobina and Olivier Petitjean eds. (2015) *Our public water future- The global experience with remunicipalisation*, TNI, PSIRU, MSP, EPSU: Amsterdam.

Moghadam, Valentine M. (2013) *Globalization and Social Movement: Isramism, Feminism and the Global Justice Movement*, second edition, Lanham: Rowman & Littlefield Publishers.

Pleyers, Geoffrey (2010) *Alter Globalization: becoming actors in the global age*, Cambridge: Polity.

Richey, Alexandra S., et. al. "Quantifying renewable groundwater stress with GRACE" *Water Resources Research*, 14 July 2015.

Water Supply and Sanitation Collaborative Council (2014) "Water, Sanitation and Hygiene-WASH Post 2015."

World Water Assessment Programme (WWAP) (2015) *World Water Development Report 2015*, Paris: UNESCO.

WHO/UNICEF (2012) *Progress on Drinking Water and Sanitation 2012*. http://www.unicef.org/media/files/JMPreport2012.pdf.

インタビュー

岸本聡子，トランスナショナル・インスティチュート研究員，2015年8月24日，ベルギー・ルーベン市。

第 13 章
「モバイルな」国境と領域秩序の変容
――国境機能の内部化と外部化を手がかりとして――

川久保文紀

はじめに

　本章の目的は，とりわけ，2001年9月11日に発生した米国同時多発テロ（以下，9.11テロ）以後に顕在化してきた，政治空間における国境機能と領域秩序の変容を，欧米を中心とした政策的動向を追跡しながら検討することである[1]。伝統的には，リアリズム的な国際政治観から見た「国境」とは，「固定化された領域性」[2]を基礎とする主権国家群から構成されるウェストファリア体制の根幹的原理であったと言えるが，9.11テロや，2015年に発生した欧州における難民危機やフランスの同時多発テロ事件以降，主権の発動を通じた国境防衛に重きを置いてきた地政学的な国境が大きな変容を迫られている[3]。
　しかしながら，国益の衝突しあう場としての国境は，地政学的な「ライン」として機能するばかりではなく，トランスナショナルなフローに対処するための「国境のテクノロジー化」[4]を通じてネットワーク的に拡張していく「モバイルな」国境として捉える必要性もでてきている。これは，グローバル化に伴う「脱領域化」とセキュリティの強化に伴う地政学的な「再領域化」が相互構成されるプロセスとも理解できる[5]。本章では，ボーダースタディーズという欧米の国境画定の歴史的文脈から誕生した新しい研究領域の基本的枠組みを援用しながら，主権国家の専権的な管理規制としての国境機能が，多様な空間的次元に移転されつつある領域秩序の実相を明らかにしてみたい。

1．ボーダースタディーズのパラダイム

19世紀後半の欧米で誕生の萌芽をみた「ボーダースタディーズ（境界研究）」は，東西冷戦の崩壊以後，国境概念の相対的変容を分析し，（政治）地理学，国際法，文化人類学などを軸とした多様な研究領域との学際的連携を行い，そして国境というハードな境界から人間のアイデンティティなどのソフトな境界に至るまで，その対象領域を拡大することによって，ボーダースタディーズの「ルネサンス」（D・ニューマン）とでも呼ぶべき状況を呈してきた[6]。領土紛争をめぐる国境画定に関する政府関係者や実務家集団による実践的な関与も，こうした「ルネサンス」的状況を生み出した要因のひとつであろう。

1990年代から登場した，国民国家の境界を相対化しようとするグローバル化の波は，「ボーダレスワールド」[7]の到来を予兆し，「ボーダースタディーズのルネサンス」に逆行する現象として同時に出現していた。冷戦の終焉，ソ連邦の消滅，東西両ドイツの統一に伴うベルリンの壁崩壊などは，東西両陣営を分け隔てていた物理的かつシンボル的な国境の溶融を示す歴史的出来事であった。そして，グローバル化によって，自由貿易や投資が促進され，運輸通信手段の発達によって比類なき経済的繁栄がもたらされるといった「楽観的な」主張には，主権国家間に引かれた政治的な境界としての国境の役割が減少し，「ボーダレスワールド」において，主権国家は，その主体的な役割を果たせなくなるということが含意されていたのである。

アミルハト-スザリによれば，現代のボーダースタディーズには2つのパラダイムがあるとされる[8]。第一のパラダイムは，そうしたグローバル化の影響を受けた国境の開放現象に依拠したプロセスに関するものである。ベルリンの壁崩壊後のポスト冷戦期においては，とくに1990年代以降の情報通信や運輸交通などのテクノロジーの飛躍的な進化とも相俟って，壁が取り払われ，国境が開放されるという世界像であった。しかしながら，第二のパラダイムとして挙げられたのは，「バルカン化」などを通じた新しい壁の建設に代表されるよ

うなまったく逆の世界であった。この２つのパラダイムから導出される新しい知見は，脱境界付け（de-bordering）と再境界付け（re-bordering）が同時に起こり，それと連動する形で領域性の再構成と国境空間の変容が生じているというものであった。グローバル化（統合主義）と9.11テロ（新孤立主義）の権力の再配置や支配形態の変容が，新しい空間的現実を生み出す「脱領域化」と「再領域化」の「相互構成」プロセスを生み出していると言える。A・ディーナーとJ・ヘーガンは，この「相互構成」プロセスに関して以下のように述べている。

「ボーダーレスな世界が到来するという予測にもかかわらず，われわれの日常生活の多くは，人権や国民的アイデンティティから天然資源や生活水準に至るまで，依然として根本的かつ不可避的に領域と結び付いている。それゆえに，領域的な影響力から完全に切り離された，政治的，文化的，あるいは経済的権力の展望などあり得ないのである。実際に，国家主権を維持・保護することにおける国益は，2001年以降，増大した。国境の意味と機能は，単一の方向に向かうというよりもむしろ，グローバルな経済的交換（統合主義）と，とりわけテロリズムといったグローバルな安全保障上の争点によって生み出された恐怖（新孤立主義）という矛盾する圧力によって変容しつつある。本質的には，国境は依然として重要であり続けるが，新しい役割を帯びてきているのであり，以前に考えられたよりも，かなり広い意味での影響力をもっていると理解されるべきである。」[9]

すなわち，国境の役割は，「認識される脅威の性質とともに変化する」のであり，多様な領域的実体の生産・再生産の中で国境が果たす役割と機能を，国際関係が生成される文脈の中で理解する必要性が出てきているのである。このことによって，国境は，主権国家間に引かれた自然な分断線という「論争の余地のない」本質主義的な性質から解き放たれ，境界付けのプロセスがいかに政治的な産物であり，多様な次元での空間性を有した境界創出に目を向ける契機

になる。こうした点に関して，ディーナーとヘーガンは，以下のように続ける。

「国境を，単なる地図上のラインとしてではなく，空間として捉えるという新しい認識によって，国境の透過性に影響を及ぼす数々の新しい条件，制度，およびアクターに関心が向けられることになる。突き詰めると，国境とは，透過性という様々な異なった入り口やレベルをもったフィルターと言えるのである。人間の構築物が時空間によって変わるように，国境とそれがもつ透過性は，本来，主観的な現象である。その特殊性は，法的，行政的，歴史的，社会的，政治的，および経済的状況によって形成される。個別の脅威や圧力が透過性のレベルを増大させたり，減少させたりするのは，時間と場所によって異なるかもしれない。すなわち，透過性は，時として同じ国境でも違う地点では異なるだろう。」[10]

すでに述べた2つのパラダイムは，グローバル化による国境の開放圧力と，9.11テロ以後の国境の閉鎖圧力のぶつかり合いをどのように理解すればよいのかという問いにつながる。「地理の終焉」（オブライエン）や「フラットな世界」（フリードマン）などの言説に表されるように，脱領域化アプローチを強調する論者たちは，国境を，グローバルなフローを妨げるバリアとして一面的に捉え，社会関係のグローバルな規模での流動化が国境によって画定付けられた領域性を溶融させ，やがては領域国家の衰退へと向かう道筋を描いた。こうした理想主義的で単線的なグローバル化の描写は痛烈に批判されることになるが，グローバルなフローの促進は，人々と場所が接続する領域的なアンカーがかえって増大するという逆説的な現象が生じてきたというのが実態であろう。グローバル化による「フローの空間」が領域性にもとづく「場所の空間」に取って代わるという二項対立的な構図ではなく，国境がグローバル化のプロセスにおいては双方を結び付けているという空間認識が重要であろう。こうした状況下において，特定のカテゴリーに対する選択的排除を企図した「国境の透過性」

がクローズアップされることになる。こうしたことを踏まえると，国境を閉じるという方向にではなく，国境の透過性をより高める方向へと向かう必要がある。透過性のレベルから見た場合，多孔質な国境レジームの構築が現実的な選択であり，伝統的な国境概念と線形性に基づく領域性を同時に回避する境界実践の相補的関係によって成り立つ領域秩序を構想していく必要があろう。まさにこの意味で，国境は，フィルターやファイアウォールのように，モビリティを「選別する」ことによって機能するのである。そして，国境は，領域国家の外縁部に位置するラインとしてばかりではなく，社会のいたるところに存在するようになり，空間性を軸とした国境の境界付け（bordering）が人間生活を様々な意味で「秩序付ける（ordering）」権力を獲得することになる[11]。現代的な文脈においては，境界付けられた空間としての領域性は，さまざまなスケールにおける社会関係の生産・再生産に連動した重要なプロセスと言えるであろう。

2．国境空間のリスケーリングと国境機能の変容

(1) 地図上の国境と「モバイルな」国境

すでにみてきたように，現代のグローバル化や，とりわけ9.11テロ以後の文脈においては，ラインとしての国境というよりも，空間的な統治作用を有した国境が機能しているという見方が妥当性を有しているように見えるが，言うまでもなく，地図上の見えざる権力として引かれた国境は，近代ヨーロッパの植民地主義の世界的拡大過程の中での歴史的な産物であり，現代においてもその不変性と時代超越性に疑いはないという見解も成り立つ。改めて，ディーナーとヘーガンの言を借りよう。

「世界の主権国家の数が1945年における約70から1980年代までに170以上にも増えたことを考えれば，植民地期の国境が，比較的ほとんど変更なく維持

されたことは，驚くべきことかもしれない。このことは改めて，いかに近代の国家システムが，民族自決の主張よりも国家の領土保全を優先したのかを強調している。……現代の国境の大半は，比較的最近になって生み出され，極めて恣意的なものであったが，ある程度の不変性と時代を超越する性質をもっていた。」[12]

　そして，地図の中に埋め込まれている不可視の権力を抉り出し，地図の読み方を根本的に変える必要性を説いたJ・ブラックによれば，地図上に線を引くことは，境界を示す標石（boundary）を地図上に表示する行為であり，それが国境という主権国家間の境目である場合に，「特殊な意味合いを帯びる」という。

　「境界は政治的地図の二つの側面が交わる位置をしめる。すなわち，国内の境界と外国との境目である。むろん外国との境界がはるかに重要なのは言うまでもない。地図にかかわる問題点の第一は国と国との境目にある。そこで国際レベルでの地図作成では境界線の示し方に多大な努力と慎重さが求められる。かかる前提は時代遅れかもしれないが，多くの人にとって国と国との境目は今でも国際政治の眼目であり続けている。」[13]

　しかしながら，ブラックは，多様な国内外の社会的事象を変化する知的文脈の中で分析するためには，こうした伝統的な境界の引き方では困難に直面するとして，「国家中心のもものの考え方」や「国際政治の実践者」などから決別することの重要性を論じた上で，「権力の添え物」として奉仕してきた地図学を批判し，「空間的意味」に焦点を合わせた「国際関係の地理学」の在り方を探るべきだとした[14]。
　これまでの「国際政治の眼目」であり続けてきた線形的な国境概念の限界を越え，国境概念に空間性をもたせるという現代的な議論は，国境の創出プロセスの中にネットワーク的な性質をパラレルに見出し，これを「モバイルな」国

境という新しい概念をも生み出す契機になった[15]。これは，ラインとしての国境の線形的な境界付けの限界を明らかにし，ヒトやモノのフローに埋め込まれた国境とも言える[16]。これはまた，「プロセスとしての境界付け（bordering-as-process）」にも連なる概念である[17]。こうした視点に立つならば，国境は空間的に拡大していくばかりではなく，これまでの領域ロジックでは理解することが困難な，ますます不可視的で触知できない現象になってきているのである。

　このようなモバイルな国境は，人間と場所が接触する方法や次元に変化を与え，空間性の作用を通じてそれらを結び付ける新しいタイプの領域性を生み出したとも言える。その重要な特徴のひとつは，ヒトやモノが国境に到達する前に，フィルタリングされるということである。国境機能がラインとしての国境から離れたところで作動することは，ヒトやモノのフローとともに国境が動くという「ポータビリティ」を示唆する[18]。これは，フローの中に国境が埋め込まれるようになるということである。このような見方からすれば，線形的な特徴しかもたない国境は，ネットワーク型の国境のグローバル化の中で，「結節点」としての位置づけしかもたないようになる。グローバル化の進展とセキュリティの強化を背景とした国境イメージは，形状的な空間変容を伴う国境の拡散や国境機能に関与するアクターの増加によって理解されるのであり，グローバル化の先に見通される世界像は，脱領域化に伴うボーダーレスな世界というよりも，国境がネットワーク的に張り巡らされたボーダーフルな世界なのかもしれない[19]。

　では，非線形的な領域性は，直接的に非領域性それ自体を意味しているのか。国境が偏在するという現象は，ややもすれば，国境を不可視化し，領域性から乖離した国境イメージにつながりやすい。社会的経済的な差異によって国境の越え方が変わるし，国境に対するパーセプション・ギャップも明らかになる。国境を越える人間の持つ属性によって構造的効果も異なってくる。地域間比較を通じた実証的な検討作業が必要になるとはいえ，社会経済的な境界と政治的な境界としての国境が相互に折り重なるとき，国境の選択的透過性が増す

傾向があるのかもしれない[20]。

　N・ブレナーは，社会の容器としての国家モデル，あるいは領域的に自己完結した国家モデルの問題性を指摘しているが，だからといって，これを批判する背後にある脱領域化アプローチの一元的な採用にも批判的である[21]。彼は，領域性のスケールを分析することの重要性を論じながら，ある次元で生じている脱領域化は他の次元で生じている再領域化を生じさせているとする[22]。再領域化は，伝統的な主権国家の範囲とスケールに基づく領域的枠組みの再編につながる概念であり，既存の国境機能の再強化という側面ばかりではなく，国境のタイプと機能の多様化を意味する新しい境界実践と言える。

　「今日，国家の領域性は，多様な空間的形態と結び付き，それらと重ね合わさっているのであり，隣り合わせで，相互に排他的で，自己完結した空間ブロックをとしては，うまく説明できない。それと同時に，国家の制度は，国家の領域組織の多形層（polymorphic layer）を創出するように，上方（upward），下方（downward），外部（outward）へとかなりリスケールされてきており，それらは均等に重なることも，ひとつの支配的な地理的スケールへと収斂することもない。こうした状況において，重なり合い，相互浸透する結節点，レベル，スケール，そして形態をもつ複雑なモザイクとしてのグローバルな社会空間イメージは，近代国家システムから連想させられる，同質的で相互作用する領域ブロックという伝統的なデカルト・モデルよりも的確である。」[23]

　R・サックによれば，領域性とは，「地理的な区域を区切る，ないしはそこへの管理を主張することによって，人々・現象・関係に影響を与え，それらを制御しようとする個人や集団の試み」である[24]。すなわち，行為主体による境界付けられた空間の戦略的利用であり，その空間内外の社会的相互作用のコントロールを通じてみずからの目標を達成することである。上述したグローバルな社会空間イメージを踏まえると，領域性は，旧来の国家構造を残存させたまま，国家中心的な領域性の枠組みを脱し，潜在的に境界に関する際限の無い

システムと表現することができるかもしれない[25]。領域性のリスケーリングとは，スケール間の関係性が，グローバル化や9.11テロ以後のセキュリティの強化の中で変化しているとみる。図式的にリスケーリングを理解すれば，垂直的および水平的なスケールの再編がある。例えば，前者の代表例としてはEUが挙げられ，通貨，貿易，外交などの一部の国家機能・権限を上位組織であるEUに移転させる一方で，少数民族や言語政策などに関しては，地方政府に権限が移譲されることによって，国家機能・権限の縮小が生じることを意味する。また水平的なスケールの再編で言えば，同レベルの行為主体が連携することによって，上位組織に対抗したり，国家レベルであれば，同じ問題領域に対して相互に主権の分割を生み出し，国家機能を効率的に作動させる意味において国家権力を増大させることにもつながっている[26]。以下では，G・ポプセクの議論を参照しながら，とりわけ9.11テロ以後の国境機能の重層的スケールへの移転現象について考察していくことにする。

(2) 国境機能の内部化

グローバル化の状況下で，新自由主義的な戦略を採る中央政府は，政策全般に関して，地方政府や民間企業などの組織にその権限を委ねる傾向があり，これらは「国境機能の内部化」とも言える現象を生じさせている[27]。米国の動向として，とりわけ着目すべき点としては，2005年の「100マイル国境ゾーン」の成立によって，カナダとメキシコと接する国境から米国内部へと100マイルにわたって国境ゾーンを拡大したことである[28]（図13-1参照）。このゾーンの範囲内では，米国の国境管理に関する統一的な政府組織である米国税関・国境警備局（CBP）は，合衆国憲法修正第4条に違反する恐れのある「正当な理由」なく車両を停止させ，通行人をチェックできる権限をもつことになる。本来は国境検問所における出入国管理官の任務であった。このゾーンの中には，10ある米国の大都市エリアのうち9つ（ニューヨークシティ，ロサンジェルス，シカゴ，ヒューストン，フィラデルフィア，フェニックス，サンアントニオ，サンディエゴ，サンノゼ）までもが含まれ，この中には2007年のセンサスによれば，約2

図13-1 米国における100マイル国境ゾーン

（出所）米国自由人権協会 HP<https://www.aclu.org/know-your-rights-governments-100-mile-border-zone-map>

億人が居住しており，これは米国の人口全体の約3分の2の割合を占めている。とりわけ，CBPは国境から25マイル以内であれば，令状なく私有地にも立ち入ることができるとされている。

　また，移民法改正によって，不法移民を雇用した雇用主に対する罰則規定の強化によって，雇用主みずから被雇用者の身分をチェックさせるという「ボーダーワーク」も可能になってきている[29]。家主に対しては，部屋を借りている外国人の情報を地方政府に提出したり，同様のことが，旅行会社やホテルにも要求されたりしている。大学も留学生情報を移民当局に提出することが求められた。

　市民レベルでの動きについても触れておかなければならない。米国やイギリスでの宣伝キャンペーンは，一般市民レベルで「疑わしき」人物を追跡し，治安当局に報告するような活動を推奨しているのである[30]。地下鉄，空港，ス

トリートなどの公共の場所において，市民による市民の監視活動が恒常化している現実は，テロとの戦争への市民動員の全面化による「自警団的な監視」を可能にした。J・バトラーは，9.11テロ以後の市民による市民の監視活動が，自由と安全の名の下に，「人種的な方法」で人間を観察するボーダーワークを生み出している現実を「無期限の勾留」と呼んだのである[31]。

(3) 国境機能の外部化

9.11テロ以後のセキュリティ強化の文脈において，多くの欧米諸国は，自国の主権の及ばない，隣り合わせの国境で接していない海外の領土に国境を拡張することによって，「新しい壁」を作ろうとしてきている。これを「国境機能の外部化」ということもできるだろう[32]。勾留される人間の法的地位が曖昧になる場所において，国境が作動するということは，「法の空白地帯」として捉えられるが，国家主権の及ばない場所に難民申請者を遠ざけるという空間戦略は，将来的な移民・難民の流入を抑えたいという国家の政策的意図もあるだろう。こうした空間的戦略の中には，仮収容所に勾留するなどの事後的対応もあるが，自らの領土ではない島に難民を送還したり，中継ビザの取得要件を厳格にしたり，空港や国境検問所における出入国管理要員を訓練したりするなどの先を見越した対応もある[33]。また，2005年には，EUの統合された域外国境管理機関であるFRONTEXがワルシャワに設置され，1) 移民・難民の帰還に関する加盟国間の情報共有，2) 監視とリスク分析に焦点を合わせた税関・国境の統合，3) 国境管理・警備に関する非加盟国との調整という3つの柱を軸にして活動しており，EUの域外国境の構築という役割を担っている。FRONTEXは，その領域内部に不法移民の流入を事前に阻止するために，「欧州パトロールネットワーク（European Patrols Network）」などを加盟国間で組織し，体系的な任務活動を行える体制を整えている。EUという経済的に反映した大規模市場を目指す人の移動の急速な増加が，FRONTEXの組織の制度的強化と活動範囲の拡大を促進させていることは言うまでもない[34]。

近年の傾向としてEU諸国は，ますます移民・難民に対して，「第三国」の

領域内部で対応しようとするオフショアーな空間戦略を採用しつつある（図13-2参照）。これらは多くの場合，難民申請をする以前に第三国へ強制送還されるということを意味しており，これは難民条約におけるノン・ルフールマン原則に違反する[35]。このノン・ルフールマン原則は，国際慣習法の規範へと発展し，難民条約や議定書の締約国とはなっていない国家も拘束する。しかしながら，ここで言う「第三国」には，人権状況の劣悪な国家や，難民に対する経済的な支援制度が整備されていない，あるいは財政的余裕のない国家へ送還される場合も含まれている。そして，EU諸国は法務大臣・内務大臣会合で，コー

図13-2　EUの難民申請者に対するオフショアーな対応

（出所）J. Hyndman and A. Mountz, Refuge or Refusal: The Geography of Exclusion, Derek Gregory and Allan Pred, eds., *Violent Geographies: Fear, Terror, and Political Violence*, Routledge, 2007, pp.78. 筆者が一部追加した。

トジボワールから，エジプトと東側で接するリビアに至る北アフリカの沿岸部諸国に「移民処理センター」の開設を議論した経緯もある[36]。こうした提案は，難民申請を目的国以外で，しかも自国付近で処理するという「地域的ソリューション」とも言えるが，リビアのような難民条約や議定書の署名にでさえ反対した国家にそのような施設を設置することの人道上の意味が厳しく問われることになった[37]。

2001年にオーストラリアのハワード自由党政権は，「太平洋ソリューション」と称される移民・難民対策を打ち出した[38]（図13-3参照）。それを例証する具体的事実として，ハワード政権は，アフガニスタンやイラクなどからの難民を乗せたノルウェー国籍の「タンパ号」を，オーストラリア本土への入港を拒否し，クリスマス島やナウルなどの南太平洋諸国へと放逐した。その見返りとして，ナウルはオーストラリアからの経済援助の提供を約束されたのであるが，難民保護が経済援助などの見返りとしての「取引き」されている実態が明らかになった。また2003年11月，インドネシア漁船に乗った14人のクルド人が，オーストラリア北部のメルビル島にたどり着いたが，ハワード政権は，難民排除のためにメルビル島を含む4,000もの島をオーストラリアから分離するという非常措置にでたことも国際世論を驚かせた。オーストラリアの南オーストラリア州ウーメラなどの収容所施設における難民申請者の劣悪な勾留状態も指摘されている。

また空港は，主権国家間の中間地点とでも言うべき国境とも言えるであろう。ヒースロー，ドゴール，ケネディなどの大規模な国際空港における「国家なき空間」は，M・オージの「場所の無い場所」を体現している[39]。航空機に搭乗する前や着陸後の空港における尋問などの行為も，空港の「国際的なウエイティング・ゾーン」としての位置づけを踏まえれば，領域主権の内部で生じる「地理的矛盾」は超領域的な戦略と一致するわけである。9.11テロ以後の米国を中心として，「セキュリティと監視」を実践する場としての空港が安全保障の最前線として取り上げられることが多くなった。「仮想の境界線として機能」する空港は，グローバル化によるフローを促進させる「導管」としての重

図13-3　オーストラリアの「太平洋ソリューション」

(出所) J. Hyndman and A. Mountz, Refuge or Refusal: The Geography of Exclusion, Derek Gregory and Allan Pred, eds., *Violent Geographies: Fear, Terror, and Political Violence*, Routledge, 2007, p.84. 筆者が一部修正した。

要な役割を負っていると同時に，テロリストなどのリスク要素を排除するような「フィルター」としても機能し，ヒトの移動を規制する側面も有しているという矛盾した現象が交錯する場でもある[40]。

　国家間協力による海洋での国境警備活動も活発化してきている。1980年代以降のカリブ海での米国沿岸警備隊による領海警備やオーストラリア海軍のインドネシアやパプア・ニューギニア付近での沿岸監視がその代表例である。北アフリカからの難民流入によって近年活発化するイタリア海軍やスペイン海軍による地中海や北アフリカ海域での取締りも行われている[41]。

　また先進国は，移民の送出国や経由国との外交関係において，国境管理をめぐる政策的争点を持ち込もうしている[42]。また開発援助政策やビザ政策などに「条件付け」を行うことによって，発展途上国に対して先進国にとって「好ましい」国境管理政策の採用を促す。EU諸国は，テロや組織犯罪の脅威に関

して，とくに東欧諸国に対して近隣諸国との国境管理の強化を条件として，EU諸国へのビザなしでの行き来を許可するようになった。これが意味するのは，EU加盟候補国は，加盟する以前に，移民・国境管理政策に関する政策的条件付けが突きつけられるということであった。例えば，欧州近隣政策（ENP）は，近隣諸国との民主化支援や経済協力を行うことによって良好な関係を維持・発展させることを目的としながらも，人の移動に関して言えば，EUの「緩衝地帯として措定される」東部境界線（ベラルーシ，ウクライナ，モルドヴァ），南部境界線（アルジェリア，モロッコ，チュニジア，リビア，エジプト，イスラエル，パレスチナ管轄区，ヨルダン，レバノン，シリア），および黒海周辺（アルメニア，アゼルバイジャン，ジョージア）との域外境界線の管理規制をめぐる包括的な政策と言うことができる[43]。それは，近隣諸国の内政事項に関与するといった圧力と制裁という政策的側面をも持ち合わせているといってよい。

　米国も，NAFTAや「三ヵ国首脳会議」という地域的枠組みを通じて，メキシコに対して，不法移民や麻薬の流入ルートであるグアテマラとの国境管理を強化することを要請している[44]。また米加・米墨の二国間関係においても，「スマートな国境」の構築を目指し，米国におけるすべての自治体を「世界規模の交通・運輸インフラストラクチャー」と結節させようとした。こうした結果，9.11テロ以後のカナダとメキシコは，米国の国境安全保障の外延的拡大の動きと連動させられることになり，北米地域全体の「地政学的な再領域化」が最重要課題になっていった[45]。

　国境の中間地点とも言える自国の領土以外の領域に移民・難民の収容施設を建設する動きも，9.11テロ以後に顕在化した。キューバのグアンタナモや，グアム島の南西端にあるココス島などに見られるように，国境の内部と外部の法的に曖昧な場所に位置することは，国境の操作であり，国境を創出する「アクロバティックな」権力の発露であろう[46]。また，インド洋に浮かぶオーストラリア連邦領のクリスマス島におけるオーストラリアの移民・難民収容施設は，「モバイルな」国境を具現化する地理的実体である。ナウル，パプア・

ニューギニア，インドネシアにもオーストラリアが運営する移民・難民収容施設がある。そこは，オーストラリアの領土とは言えないために，難民申請もできないのが現状であり，オーストラリア政府にとって好都合な「国境の伸縮性」を示す空白の領域であると言える。

EUの境界管理に話を戻せば，2015年夏以降，シリアや北アフリカから大量に押し寄せる難民問題の深刻化や，同年11月にフランスで発生した同時多発テロ事件によって，EU域内および域外の境界線の管理強化が声高に叫ばれるようになった。ハンガリーでは，ドイツなどを目指す難民が通過するクロアチアとの間にフェンスを設置することによって事実上国境を封鎖し，クロアチアは自国に大量の難民が滞留する危険性を回避するために，スロベニアを「回廊」としてドイツへ運ぶ措置を検討した。しかし，スロベニア政府は受け入れ可能なレベルでは難民を受け入れるが，「回廊」としての役割は拒否した。ハンガリーがセルビアとの国境を封鎖した際には，クロアチアは人道的配慮による難民の通過を認めていたが，予想以上の大量流入が国内における混乱を招いた経緯もあり，難民問題への対応は慎重になった。難民が国境においてたらい回しにされているこうした現状は，難民の人権に関する議論をEU諸国で引き起こし，人権の普遍性原理の背後には，常に排他性がつきまとう境界のアポリアを提起したのである。

EUは1985年のシェンゲン協定によって，国境を越えた自由な往来を認めてきた長い歴史を有しており，旅券の検査なしの国境通過は，通貨統合と並ぶ欧州統合のシンボルであった。今回の問題を受けて，難民16万人の分担受け入れを決めたEUであるが，難民を装った不法移民の遮断や域外境界線の管理強化に事実上動き出した。積極的な難民の受け入れを行ってきたドイツでさえも，政策変更を余儀なくされ，事実上の国境審査を再開することになった。また，移民排斥を掲げる極右勢力がEU諸国で台頭し，難民の大量流入によって顕在化する社会不安の受け皿になっている。いずれにせよ，域内移動の自由を標榜してきたEUそれ自体が要塞化の様相を呈している今日，国境の空間的重層化を伴った政治共同体やその構成員資格の在り方は，領域性によって基礎付

けられた民主主義を問い直す境界線の問題にも通じているとも言えるだろう。

おわりに

　本章でみてきたように，国境を築くということは，国家の安全保障を高める有効な手段として論じられてきたが，現在ではいかに高い壁を築き，長いフェンスを張り巡らそうとも，現代的な文脈では地理的な場所性の意味が変容し，空間的重層化を伴う国境の安全保障は，もはや本質的には，「領域的解決を回避する超領域的イシュー」[47]になってしまったと言えよう。EU，北米，オーストラリアにおいて見られる移民・難民に対する地域・自国外での「封じ込め戦略」は，移民・難民の流入に対する「抵抗の文化」を醸成させ，法的レジームから保護されない「国家なき空間」に移民・難民を追いやることへとつながっている。そうした長期にわたる「国家なき空間」への封じ込め戦略は，国境機能の内部化と外部化というロジックを通じて世界大に浸透し，国境管理がもはや地理的なラインとしての国境で行われていない現実を明らかにしている。

　国境安全保障の専門家であるD・ビゴは，「国境をこれほど徹底的に管理し，人の移動を独占的かつ実質的に規制できた体制は，民主主義が誕生して以来，世界中のどこにも存在しなかった」と言う[48]。これは，国境機能が多次元的に移転されることによって，国境を越えて人の移動がグローバルに監視されている体制を言い表している。しかしながら，現在のシリアや北アフリカ地域からの大規模な難民流入に苦慮しているEU諸国の対応を見ればわかるように，国境を完全に閉鎖することなど不可能であることは言うまでもない。同じ国境であっても，ある地点ではスムーズに通過することができるが，他の地点ではそうできずに，移民・難民が滞留する。領域秩序の地理的輪郭となってきた国境は，もはや人間のモビリティを追跡するかのように，それ自体もモバイルな存在へと変容しているのである。われわれは，常に移動する自由を有していると考えられがちであるが，世界中に張り巡らされた国境空間の多次元的ネットワークによって，移動と監視のグリッド状の網の目に覆われている現実を考え

なければならない。

1) 本章は，2015 年度日本国際政治学会年次研究大会の公募部会「国際秩序と領域性の変容―圏域・境界・統治」における報告ペーパーを土台にして執筆した，拙稿「領域性のリスケーリングと国境空間の再編―IR とボーダースタディーズからの接近」『中央学院大学法学論叢（学部創設 30 周年記念号）』第 29 巻第 2 号，2016 年 2 月）を大幅に加筆・修正したものである。
2) K. J. Holsti, *Taming the Sovereigns: Institutional Change in International Politics*, Cambridge University Press, 2004.
3) 近代国家体系の生成の起源と言われたウェストファリア体制が「1648 年の神話」と言われる，独自のマルクス主義史観に基づく歴史社会学の新しい知見も公表されてきたが，本稿では，主権国家の対外的独立性を画する国境によって分断された領域性は，時期的区分だけで決定されるものではなく，常に社会的に構成され変容を遂げてきたという立場に立つ。ベンノ・テシケ（君塚直隆訳）『近代国家体系の形成―ウェストファリアの神話』桜井書店，2008 年。なお，300 年に及ぶ主権国家体系の生成過程を，固定的な認識枠組から解き放ち，社会秩序の変動という多角的な視角から捉えた業績としては，以下がある。山影進編著『主権国家体系の生成―「国際社会」認識の再検証』ミネルヴァ書房，2012 年。
4) こうした点については，以下で論じた。拙稿「北米国境のテクノロジー化―『スマートな国境』の構築とその限界」日本国際政治学会編『国際政治』第 179 号，2015 年。
5) A. Passi, "Boundaries as Social Process: Territoriality in the World of Flows," *Geopolitics*, 3, 1998, pp. 69-88; M. Albert, "On Boundaries, Territory, and Postmodernity," *Geopolitics*, 3, 1998, pp. 53-68; G. O Tuathail, "Political Geography Ⅲ: Dealing with Deterritorialization," Progress in Human Geography, 22, 1998, pp. 81-93; J. Ackleson, "The Emerging Politics of Border Management: Policy and Research Considerations," in D. Wastl-Walter (ed.), *The Ashgate Research Companion to Border Studies*, Ashgate Publishing, Ltd., 2011, pp. 245-259.
6) D. Newman and Passi, A., "Fences and Neighbours in the Post-Modern World: Boundary Narratives in Political Geography," *Progress in Human Geography*, 22(2), 1998, pp. 186-207; D. Newman, "Borders and Bordering: Towards an Interdisciplinary Dialogue," *European Journal of Social Theory*, 9(2), 2006, pp. 171-186; A. Diener and Hagen, J., "Theorizing Borders in a 'Borderless World': Globalization, Territory and Identity," *Geography Compass*, 3(3), 2009, pp. 1196-1216.
7) K. Ohmae., *The Borderless World*, revised edition, HarperBusiness, 1999.
8) Anne-Laure Amilhat Azary and Frederic Giraut, Borderities: The Politics of Contemporary Mobile Borders, Anne-Laure Amilhat Azary and Frederic

Giraut, eds., *Borderities and the Politics of Contemporary Mobile Borders*, Palgrave Macmilan, 2015, pp. 4-7.

9）アレクサンダー・C・ディーナー／ジョシュア・ヘーガン（川久保文紀訳・岩下明裕解説）『境界から世界を見る―ボーダースタディーズ入門』岩波書店，2015年，87-88頁。これに関する訳者によるレビューとしては，以下がある。Fuminori Kawakubo, A Critical Development of Border Studies, *The Journal of Territorial and Maritime Studies*, Vol. 2, No.2, Summer/Fall 2015, pp. 137-139.

10）同上訳書，90頁。

11）C. Rumford, Theorizing Borders, *European Journal of Social Theory*, 9(2), 2006, pp. 155-170; W. Walters, Rethinking Borders beyond the State, *Comparative European Politics*, 4(2/3), pp. 141-159.

12）アレクサンダー・C・ディーナー／ジョシュア・ヘーガン，前掲訳書，72-73頁。

13）ジェレミー・ブラック（関口篤訳）『地図の政治学』青土社，2001年，166頁。

14）同上訳書，162-163頁。

15）代表的な議論に以下がある。G. Popescu, *Bordering and Ordering the Twenty-first Century: Understanding Borders*, Rowman & Littlefield, 2012, pp. 81-85; H. van Houtum and T. van Naerssen, *B/Ordering Space*, Ashgate, 2005.

16）ジョン・アーリ（吉原直樹・伊藤嘉高訳）『モビリティーズ―移動の社会学』作品社，2015年。この中で，アーリは，従来の領域化された社会科学の定立化を批判的に検討し，「移動によって動かされる」社会科学のパラダイム構築を提唱している。

17）C. Perkins, and C. Rumford, The politics of (un) fixity and the vernacularization of borders, *Global Society*, 27(3), 2013, p. 268.

18）Popescu, *op.cit.*, p. 82.

19）鈴木一人「『ボーダーフル』な世界で生まれる『ボーダレス』な現象―欧州統合における『実態としての国境』と『制度としての国境』」『国際政治』162号，2010年。この中で，鈴木は，21世紀の国際政治学の課題として，これまでの「実態としての国境」と「制度としての国境」は一致していると理解されてきた国境イメージはもはや通用しなくなっており，それぞれの意味や役割が変化してきているという文脈の中で国際関係を論じるべきであるとしている。

20）Popescu, *op.cit.*, pp. 83-84.

21）N. Brenner, "Beyond state-centrism? Space, territoriality, and geographical scale in globalization studies," *Theory and Society*, 28, 1999.

22）*Ibid.*, p. 40, p. 43.

23）*Ibid.*, p. 69.

24）R. Sack, *Human Territoriality: Its Theory and History*, Cambridge University Press, 1986, pp. 21-34.（この著作の第2章は，山﨑孝史による以下の

訳がある。ロバート・D・サック『人間の領域性―その理論と歴史』「第2章　領域性の理論」,『空間・社会・地理思想』11号, 2007年)
25) D. Delaney, *Territory: A short introduction*, Blackwell Publishing, 2005, p. 69.
26) 山﨑孝史「スケール／リスケーリングの地理学と日本における実証研究の可能性」『地域社会学会年報』第24集, 2012年, 55-58頁。
27) G. Popescu, *op.cit.*, pp. 99-100.
28) D. Davidson, and G. Kim, Additional Powers of Search and Seizure at and near the Border, *Border Policy Belief*, 4(3), pp. 1-4. および, 米国自由人権協会 (ACLU) の以下のサイトを参照されたい。〈https://www.aclu.org/constitution-100-mile-border-zone〉
29) G. Popescu, *op.cit.*, pp. 99-100.
30) N. Vaughan-Williams, Borderwork beyond Inside/Outside? Frontex, the Citizen-Detective and the War on Terror, *Space and Polity*, 12(1), 2008, pp. 63-79.
31) ジュディス・バトラー（本橋哲也訳）『生のあやうさ―哀悼と暴力の政治学』以文社, 2007年。
32) Popescu, *op.cit.*, pp. 100-104; J. Hyndman and A. Mountz, Refuge or Refusal: The Geography of Exclusion, Derek Gregory and Allan Pred, eds., V*iolent Geographies: Fear, Terror, and Political Violence*, Routledge, 2007, pp. 77-91.
33) J. Hyndman and A. Mountz, *ibid.*, p. 82.
34) 前田幸男は, 欧州近隣政策（ENP）とFRONTEXを事例としながら, 人の移動に対するEUの規制力とEU空間の変容について, 示唆に富む議論を行っている。前田幸男「人の移動に対するEUの規制力」遠藤乾・鈴木一人編『EUの規制力』日本経済評論社, 2012年。
35) この原則は,「難民保護の礎石」と言われ, 明示的に難民条約第33条（1）に規定されている。
36) J. Hyndman and A. Mountz, *op.cit.*, p. 83.
37) *Ibid.*, pp. 77-79. また, 2002年に締結された米加間の「安全な第三国協定」は, とくにカナダへの難民流入を抑えるために, 難民が米加のうちで最初に到着する国家での難民申請を要求した。これは, 庇護希望者が難民申請をすることさえ不可能にするという法的義務の回避を目指した措置であると言えよう。本岡大和「難民になれない庇護希望者―米加間の『安全な第三国』協定の影響」立命館大学大学院先端総合学術研究科紀要『Core Ethics』Vol. 6, 2010年。
38) J. Hyndman and A. Mountz, *op.cit.,* p. 84ff.
39) M. Auge, *Non-Places: An Introduction to Supermodernity*, Verso, 2009.
40) D. Lyon, "Filtering Flows, Friends, and Foes: Global Surveillance," in M. Salter, ed., *Politics at the airport*, 2008, pp. 33-34. こうした点については以下でも論じた。拙稿「空港における『移動性』の統治と『リスク管理』としての戦争」

『中央学院大学法学論叢』第 23 巻第 2 号，2010 年。
41) G. Popescu, *op.cit.*, p. 101.
42) *Ibid.*, pp. 101-102.
43) 前田幸男，前掲論文，205 頁，218 頁。
44) G. Popescu, *op.cit.*, p. 102.
45) 米加間で，2001 年 12 月に「米加間のスマートな国境宣言（US-Canada Smart Border Declaration）」を，米墨間では 2002 年 3 月に「米墨間のスマートな国境パートナーシップ協定（US-Mexico Smart Border Partnership Agreement）」を締結した。これらは，ヒトやモノの移動に伴う検問，インテリジェンスの共有，バイオメトリックスを用いた国境管理に関する国境管理協定であった。D. W. Meyers, "Does 'Smarter' Lead to Safer? An Assessment of the US Border Accords with Canada and Mexico," *International Migration*, 41(4), 2003.
46) J. Hyndman and A. Mountz, *op.cit.*, pp. 102-104.
47) *Ibid.*, p. 80.
48) D・ビゴ（村上一基訳）「国境概念の変化と監視体制の進化―移動・セキュリティ・自由をめぐる国家の攻防」森千香子／エレン・ルバイ編『国境政策のパラドクス』勁草書房，2015 年，157 頁。

第 14 章
普遍主義に内在する格差醸成とテロ誘発作用への対応の必要性

鈴木洋一

はじめに

　テロの多様化と深化が進んでいる。従来型の外国で訓練を受けた外国人が国内に潜入し工作・テロを起こすパターンに止まらず，自国民による国産テロ，国外でのテロ行為への参加等々といった具合である。テロ発生の原因も分離運動，宗教対立の他にも，移民2世・3世を含む自国若年層の（教育と雇用を中心とする）社会統合における挫折，と多様化，深化，構造化している。これに情報通信技術（ICT）の発達がもたらすコミュニケーション手段としてのソーシャルメディアが広く活用され，国内か国外かを問わず，いつでもどこでもテロへの勧誘・合流・結果の誇示・宣伝がなされる状況が展開し，治安および平和維持への重大な攪乱・挑戦になっている。

　一方，欧州には，ムスリムを含む異なる宗教的背景を持つ人々の移住を大量に引き受けてきた歴史があるが，近年は，少子化・高齢化が進行する諸国の都市部および郊外を中心に，移民1世，その2世・3世の世帯からなるコミュニティが増加し，社会保障の後退・失業・貧困と社会的疎外から若年層が過激派テロに走る傾向が強まり，重大な社会・政治問題化している。

　諸国にとってテロへの対応が焦眉の急であるが，国家の内部要因への対応（根治療法）よりも，監視，取り締まり，国際的連携を含めた鎮圧，空爆などの対症療法が主体になっている。

宗教別人数で見ると、ムスリム[1]はテロに関わる人口全体のわずか2％、国別でも（フランス、ドイツ、ベルギーなどの）4-6％程度と限定的である。(2012年現在）ただ、ムスリム人口の急増傾向を見込むと、今後15年程で都市部人口の3割以上に達するとも推定されている[2]。

テロの動機で見ると、2012-14年期に欧州で発生したテロの大半は分離運動に関わるもので、宗教的動機に関わるものはわずか1％と極めて限られている[3]。にもかかわらず、テロ攻撃準備・実行容疑での逮捕者数で見ると、「宗教的背景」をベースにしたものが30％以上に上り、宗教別人口構成比、動機比とのギャップが顕著である。

これには、欧州からシリアに渡った戦闘員2,000人（推計値：フランス、ベルギー、デンマークなどからが多い。）も含まれる[4]が、その他の紛争地への欧州市民の渡航、そこでの人質・殺害事件への関与者、帰還ジハーディスト、国産テロリスト（home-grown terrorists）などの増加を加味すると、欧州にとってイスラム過激派を中心とするテロの脅威とそれへの対応は、各国の内政と国際連携を含む外交の両面において、極めて重大で緊急な政策課題になっている。

本章は、フランスが掲げる普遍主義（とりわけ平等）が図らずも移民にとっての社会的格差を増幅し、格差の固定化に作用する長引く不況およびポスト工業化社会への若年層の対応面での不利さと相まって、彼らの円滑な社会統合の挫折につながり、テロが誘発される構図を考察しようとするものである。

1. 移民の受け入れと寛容な社会統合志向と移民層の近年における貧困の深化

欧州の戦後70年はアウシュビッツ解放を起点とし、ホロコーストの反省の上に展開し、人種やナショナリズムを乗り越え、多様な移民に対する寛容な社会制度の形成を通した統合が根幹的価値として据えられてきた。

フランスについて見ると19世紀後半から出生率が低下し始め、第一次世界大戦以降、人口の著しい減少から移民を受け入れてきたが、とりわけ第二次世

界大戦後の経済成長期（1945-75年）には，安価な未熟練労働力を必要としたことから（北アフリカ，トルコ，その他からの）大量の移民が流入した。

しかし，オイルショック後の1974年，就労を目的とする移民の受け入れを停止した。その背景には，オイルショックによる経済不況だけでなく，低賃金で過酷な労働条件をもつ職種が外国人労働者の職場として固定化し，劣悪な住環境・居住地域の形成が進み，さらには自らの権利に目覚めた外国人労働者たちによるストライキが頻発するなど，移民の流入が，経済領域の問題に限定されず，社会問題，ひいては政治問題化したことがあった。

近年では，高度経済成長後の不況，ユーロ相場下落などに起因する財政緊縮策から大量の移民に対して従来の水準での雇用や社会保障（失業手当・医療・年金など）を提供することが困難になり，移民層の貧困化が一層進んでいる。

ちなみに，フランスにはムスリム約500万人，全体で700万人（国民の1割超）にも上る移民（2世・3世，非合法の経済移民を含む）がいるとされる[5]が，フランスにおける移民の定義は「外国で生まれ，出生時にフランス国籍を所有していなかった人」となっている。移民の多くは時間とともにフランス国籍を取得することから，移民の2世・3世は移民ではなくフランス人としてカウントされる。

(1) 移民の社会的立場

移民系住民がおかれた社会的立場を象徴する出来事が2005年に発生している。

2005年10月27日夜，パリ北東郊外のクリシー・ス・ボワ市でラマダンを終え帰宅途中であった3人の北アフリカ系の若者が強盗事件を捜査していた警察に職務質問を受け，恐怖から変電所に逃げ込み2人（15歳と17歳）が感電死し，残り1人も重傷を負うという事件が起きた。この事件を受け，警察が追い込んだと主張する移民の若者たちが警察隊への抗議・暴動を起こし，暴動はフランスの主要都市に拡大した。事件拡大の背景には，当時の政府が打ち出した強硬な治安対策，移民取締への反発・抵抗があったといわれている。

暴動の発端となったクリシー・ス・ボワ市などの郊外部（バンリュー）は移民とその2世・3世が住む団地が多く、スラム化しており、失業、差別、貧困などの問題を抱えている。死傷した若者たちは、移民の定義に照らすと移民ではなく移民2世で、フランス人としての身分を持つ。しかしそのようなフランス生まれの移民系の人々でも恐怖感を抱かざるを得ないという、社会の現実を示す出来事であった。

(2) 学校教育[6]と格差

1970年代、フランスは、移民の児童・生徒たちの母語・母文化に関する教育を学校のなかで保障し、多言語・多文化主義を奨励していたわけではなかったものの、それぞれの文化の共存を容認していた。

しかし、1980年代に入ると、フランス社会への適応を重視する政策に転じた。

社会的、経済的に恵まれない家庭は、フランス人よりも移民系に多く、恵まれた家庭の児童・生徒たちが個別指導などで学習レベルをアップするのとは対照的に、移民系家庭の児童・生徒たちは身につける知識が不十分で学業に困難をきたし易く、学校からのドロップアウトへとつながって行った。学校が行う異文化配慮もその意図とは逆に、移民の子たちの特殊性を際立たせ遊離をもたらす結果となった。

公立小学校レベルから成績に大きな差が出る。能力的に、児童・生徒の宿題をみてやれない家庭がある。また、教育の意味や重要性を十分に理解していない家庭がある。

富裕な家庭の児童は、家庭教師を得たり、ケアの良い学校（私立校）に転校する。（おカネ・環境が必要）その一方、学習意欲はあっても、貧しい家庭の児童は落ちこぼれ易くなる。

中学校では、学習レベルが高くなるため、学力差が一層拡大し、次の高校進学に大きく影響する。優秀な高校には、裕福な家庭出身の成績優秀者が多く進学する一方、それ以外の学校には移民家庭を含む貧しい家庭の生徒が多く集ま

る。

　高校での学業成績格差は，バカロレア（大学入学資格となる後期中等教育終了試験）での格差につながる。同様に，職業教育課程修了時の資格試験での格差は，職業適性証保有の有無，職業教育終了免許保有の有無につながる。フランスは資格社会で，応募要件は職能資格の保持であるため，これらの資格面での格差が，若年層の失業や無資格労働者の増加をもたらし，学業成績差が人種・民族差的な様相を帯び，移民の blue color worker 化であるとの不満を移民系社会が抱くことにつながる。

(3) 就業率格差と貧困

　1974年のオイルショック以降，25歳未満の若者の失業率，とりわけ，無資格労働者の失業率が目立って上昇したが，フランスにおける移民およびその2世・3世の失業率はフランス全体の失業率よりも高く，とりわけ6か月以上の長期の失業率が高い[7]。一般に，無資格労働者は次の就職が不利になり，かつ不安定な雇用に就くと失業のリスクも高くなる。

　加えて，1990年代は，経済成長の鈍化，低賃金国への工場移転や機械化が進行し，雇用状況が悪化したことから，高校の普通教育修了者，職業教育高校の専門教育修了者も無資格労働者向きの仕事に参入し，無資格労働者の雇用が一層悪化するとともに，失業率も上昇した。近年は，技術進歩から企業が求める技術・資格および経験が更に高度化しており，高度熟練労働者不足が深刻である一方，技術と経験に不足しがちな若年層がこれを埋めることは困難である。

　1970年代におけるフランスの経済成長期，とりわけ社会党政権下では，移民に対する各種社会保障も拡充していたが，経済成長の失速に伴うユーロ価値の下落から厳しい緊縮財政に転化し，多くの移民系世帯が含まれる貧困層に対する社会保障水準を引き下げざるを得なくなっており，とりわけ無資格労働者が属する家庭・コミュニティの貧困は深刻の度を深めている。

　冒頭で述べたように，ISIL（＊を参照）や国際テロ組織アルカーイダなどの

外国人戦闘員の内の西欧出身国では，フランスが最も多く，約1,200人とする調査があり[8]，貧困とテロの相関をうかがわせるものがある。移民系若年層（児童・生徒・学生を含む）がおかれた教育・職業訓練環境の充実，それらをテコにして日々の生活の糧を得るという必要にして不可欠な社会経済の基本的システムの確立が要請される。

(4) 移民の社会統合における2つのベクトル

低成長時代における厳しい財政難の下，移民に対する公的支援は後退を余儀なくされており，一部，NGOが支援の手を差し伸べているが，移民は定住を求めて国内にとどまっていることを認識・是認することが，社会統合の前提となる。

社会統合には同化主義と多文化主義がある。同化主義はフランス型で，一般国民向け施策を一律に移民にも適用するもので，普遍主義（自由・平等・博愛，とりわけ平等）に根差している。フランスに居住する者は誰でも政府によって平等の待遇を与えられるべきであるとする一方，フランスの価値観への同化が求められる。公的教育制度が同化に向けて主要な役割を担うが，それが，移民系にとって重石となり，学業成績と雇用に格差を生み出すことは1.(2)で述べた。

こうした平等原則上，移民（その2世・3世を含む）と移民ではない人々の間の摩擦・対立はエスニシティ問題ではなく，都市問題の範疇に属する。

これに対して，多文化主義はイギリス型で，移民を異質な存在として認知し，その文化的多様性を容認した上で，移民向けに特別施策を実施する。学校教育制度はさほど中央集権化されておらず，移民が育った民族・文化コミュニティの差を認め，それらのコミュニティ言語での教育の推進を重視する。従って，社会統合政策の重点は，多文化主義の下でもなお発生する人種差別や民族差別の解消，民族間対話の促進に置かれる。

同化主義と多文化主義という相違はあるものの，両者とも，法的・政治的権利，社会的・経済的統合そして，文化的統合の3分野で政策が構成されてきた。

表14-1　移民の社会統合の3分野

内容・特徴	問題・課題
法的権利：1世も時間と共に永住許可は付与。 ・政治的権利	・1世は正式な市民ではない。ただし，2世・3世は市民。2重国籍は厳格に規制されるが，多くの移民は2つの国に愛着を感じている。 ・選挙権・被選挙権の付与は非常に限定的。
社会的・経済的統合	・差別は法的に禁止だが，差別の判断基準は不明確。 ・差別の証明は往々にして困難。効果的な統合プログラムで，国の生活保護・社会保障への依存が増大
文化的統合：時間とともに溶け込んでいく	・近年，各種事件などから移民が社会のまとまりを揺るがす要因との社会意識の高まりが見られる。

（筆者作成）

2．普遍主義の下での多文化という矛盾的関係

　フランス革命によって掲げられた「自由」「平等」「博愛」に象徴される普遍主義は，移民の受け入れ，処遇，社会統合の根本理念になっている。とりわけ「平等」はつねにその中心に据えられてきた。しかしその普遍主義が，多文化の共存に対し否定的に作用することも否めない。

　教育優先地域（ZEP）政策とは，国民平等原則の下，母語・母文化への配慮に否定的だったフランスで，1982年に開始され，社会・経済的環境に恵まれない地域における児童・生徒たちへの教育活動を強化することを目的とするものである。母語・母文化教育プログラムはもたず，移民にも基本的にフランス人児童・生徒と同じカリキュラムを組んでいる。しかし，一律で平等な教育は様々な文化的，宗教的背景を持った移民に対して，自ずと異なる効果をもたらすことになる。

　1989年9月，パリ郊外クレイユ市の公立中学校で，フランスで生まれたモ

ロッコ系ムスリムの女子生徒2人とチュニジア系の生徒1人が，教室でスカーフを外すことを拒否したことにより退学処分を受けた。この事件は，国家をはじめとする公共の空間から宗教色を排除し，私的空間においてのみ信仰の自由を保障するライシテ（laïcité）原則が適用された例で，公的空間と見なされる公立学校の中で，イスラームを表すスカーフの着用許可を求めた女子生徒の行為が，フランスの普遍主義の拒絶と捉えられたものである。

普遍主義の根幹に関わるこの原則は，非宗教性，世俗性，政教分離等を含むフランス独自の広い概念であって，政教分離と同義ではないのだが，政教分離を行うことがライシテにつながるため，しばしば同一のものとして通用している[9][10]。このようにフランスにおける普遍主義とりわけ平等は，多数派による移民を含む少数派にとっての圧迫要因に転化してしまうことがある。

このスカーフ事件は，国家のあり方自体に関わる問題としてその後10年にも及ぶ論争につながったことから，2003年にはスタージ報告が政府に答申され，公的教育の場で，宗教的帰属を示す標章や服装を生徒は身に着けてはならないとする法案が2004年に可決され，後年にはより治安的な面を配慮した，公的な場での顔面の覆いを禁止する法律も可決されるに至った。

また，スタージ報告では，ライシテ原則にジェンダーの要素が付け加わっている。ムスリム女性のスカーフが女性一般に対する抑圧・差別であるとの見方が生まれ，ライシテ原則が，弱者の防御の論理として受け取られるようになり，ドイツ，ベルギー，イタリアでも同様の法制化がなされた[11]。

ところが，9.11同時多発テロの発生で，ムスリムは危険，その行動は平等や人権を含むフランスの原理を脅かす存在であるとの捉え方が台頭するようになり，その慣習が批判・攻撃され，ムスリム排斥の動きとなって表れてきた。（ライシテ原則が弱者の防御の論理から強者による排斥の論理へと質的転換を遂げたことを普遍主義の歴史的背景・文脈で捉えた解釈は，386頁のライシテの変質⑥を参照。）

2001年9月11日の米国同時多発テロ以来，貧困はテロの温床となるという考え方が広く見られる。国際テロ組織が貧困層を中核にリクルートしていることに鑑みれば，貧困と格差の放置がテロを助長させるという見解は大筋で受け

入れられる。ムスリム移民系が宗教上の文化の違いや貧困などから社会的疎外感を感じていることおよびそれとテロとの関連性を伝えた報道番組がある。[12]

　このように，国際テロ組織の壊滅を目指しても，問題の根本にある国内の移民系および若年層の社会統合における行き詰まり・挫折に対して有効な打開策（根治療法）が見いだされない限りテロは発生し続ける。言い換えれば，社会統合と切り離された形での規制，取り締まり，空爆といった「テロとの戦い」（対症療法）では，テロは根絶し難い[13]。

3．低経済成長とポピュリズムの台頭による寛容な社会統合政策の行き詰り

　フランスの社会学者 Bourdieu が，社会的に高い価値があるとされる文化の保有が人材の育成に関わる資本として機能することに注目する文化資本[14] という概念を用いて説明したように，移民が社会，とりわけ国家の中枢に入ることは従来から容易ではなかった。ちなみに，国家を動かすエリートの多くは富裕層で，エリート養成を目的に設立された高等教育機関グランゼコール（grandes écoles）[15] 出身という共通した属性を持っている。

　一方，社会保障や雇用の面で，移民を一定程度フランス社会に統合できてきたのは，経済成長という要因があったからである。しかし，近年のように低成長が続き，失業率の上昇，社会保障の後退局面に入るにつれ，移民層の普遍主義，とりわけ平等の原則に対する不満が嵩じてきた。

　社会統合（とりわけ移民系）の挫折と直接関わる経済成長の鈍化，失業，財政赤字などの現象は，国家経済自体の自律的動き，世界経済のグローバル化，新興国の追い上げなどに起因する構造的な問題である。しかし，現実としては，他者に責任を帰属させる，あるいは転化して国民の不満をそらして支持を伸ばそうとするポピュリズムが台頭し，移民の増加に対して厳しい姿勢を見せる右派政党が支持率を伸ばし，移民に批判的な声が総じて強まっている。経済の政治化と移民問題に関する世論の結合である。格差是正を唱える極左と移民

排斥を標榜する極右が連立したギリシャ政局的想定は非現実的であるとしても，多様性を受け入れる穏健・中道・寛容な政策を敷きにくい政治環境が醸成され，移民・社会統合の問題を政治レベルで解決することが一層難しい状況が展開している。まさに，この移民の社会統合の挫折を象徴するテロ（風刺漫画誌『シャルリ・エブド（Charlie Hebdo）』本社襲撃事件と人質立てこもり事件）が2015年1月，パリで発生し，容疑者が射殺される形で事件は終結したものの，事件の根は深く，移民の社会統合の挫折という現実を理解することなくしてこの事件を解釈することはできない[16]。

既に述べたように，欧州連合（EU）各国は古くから移民や難民を受け入れてきた。トルコやアフリカなどからの移民という流れに加えて，欧州内での移民の移動も目立つ。外国にルーツを持つ移民系住民は貴重な労働力であり，人口減少の歯止めにもなってきた。このため，各国はむしろ，こうした多様性を社会の活力化として尊重し，社会統合のための施策をこれまで展開してきた。

しかし，移民の流入は異なる文化やイスラム教などの宗教が流入することでもあり，文明的な摩擦も生む。加えて，失業や貧困に陥り，さらに差別を受ける移民の存在など，社会からの脱落・遊離も増加する。本事件の容疑者たちには，イエメンのテロ組織「アラビア半島のアルカーイダ」や，イラクやシリアで台頭するイスラム過激派「イスラム国」（注27参照）の影がつきまとう。イスラム過激派組織は国内でのテロを奨励している。社会統合の挫折から疎外された移民系住民や若者の失望や怒りがテロ組織と結びつけば，矛先を求めて国内もテロ化する危険が出て来る。その場合に懸念されることは，テロ事件をきっかけに，穏健なイスラム系移民までも差別や偏見の対象になってしまうことである。最近の欧州の選挙では，反移民や移民規制を掲げた右派政党などが議席を伸ばしている。危機が表面化すると，世論の不満の矛先が移民に向かい，社会の亀裂を広げる。テロ監視・規制の強化は必要だが，おざなりの社会統合はテロの温床となる。過激派は血縁や地縁に乏しく，社会関係資本（ソーシャル・キャピタル）を築けずに浮遊する存在を勧誘対象とし，組織メンバーとしての承認と一定の役割を与えてその存在意義を見出させる。

欧州では，長らく戦争がない状態が続き，かつ，低成長の期間が長引いている。ピケティ理論[17]によると，前者は貧富の格差を広げ，後者はそれを固定化する。ピケティ理論は，社会統合の挫折，いわば，努力しても報われない社会の出現を経済学的に検証したものでもある。

加えて，現代はポスト工業化社会であり，教育・技能・経験面でのムスリムや若年層の対応能力不足が必然的に際立つ環境になっている。この結果，強い不満・フラストレーションを抱くようになり，社会への抗議や暴動，自己実現の可能性が高く見えるテロリズムに走るとの解釈が成立する一方，実際，テロに走る若者が増加している。

しかし，彼らの多くの就業率や所得，教育水準が平均以下にある原因を社会統合政策の機能不全にのみ帰すことは出来ない。何故ならば，フランスは戦前から，中東欧と南欧から多くの移民を経済面で単純労働者として受け入れながら進んできたからである。

近年顕著化しているムスリム系の社会統合の挫折に鑑みると，社会的要因と経済的要因（長引く不況）の2者の相互作用と考える方が実質的である。統合の挫折の原因の1つは，70年代に高度成長が終焉してポスト工業化社会に入って，社会参入・上昇には，一段高度なコミュニケーション能力や（教育を通して身につける）知的能力が必要になってきたことにある。これに個人が保有している文化資本の質と量の差が反映し，相対的に移民系に不利に作用している。

もう1つの原因は，低成長期に入って再分配機能が脆弱になり，不平等感が広がったことにある（ピケティ理論）。これに追い打ちをかけたのが2008年のリーマンショックとそれに起因する不況・ユーロ危機による雇用収縮であり，若年層の失業率は実に25％にも上ろうとしている[18]。

こうした視点に立つと，ムスリム系フランス人だから社会統合が停滞・後退しているというよりも，彼らがポスト工業化社会においてより直截的な打撃に直面しているという意味での社会統合の挫折であると解釈する方がより妥当する。

4．ムスリムと同化主義

　フランスはヨーロッパで最大のムスリム・コミュニティを抱えていると言われている。戦後高度経済成長期の 1950 年代，マグレブ諸国（リビア，チュニジア，アルジェリア，モロッコなど北西アフリカおよび中東諸国）から流入してきた移民 1 世と，フランス人としての身分を有する移民 2 世・3 世が，総体としてムスリム・コミュニティを形成している。

　ムスリムは「神に帰依する者」というアラビア語である。換言すれば，イスラム教自体によって規定されるのではなく，宗教を含むアイデンティティとしての，エスニシティ集団という概念である。従って，そのメンバーは一律ではなく，多様であることを特徴とする[19]。

　前述のように，社会統合には同化主義と多文化主義の 2 つのタイプあり，フランスは同化主義である。同化の対象は共和主義的理念に賛同する者とされている。フランスの教育典は『共和主義の理解』を第一の目標に掲げている。

　共和主義的理念[20]は，憲法が定めているように，人民主権と法による平等を基軸にしている。個人に固有の属性（信仰や人種，ジェンダー）は私的領域にのみ認められ，公的な空間，公的事項については自由・平等・博愛という普遍主義の理念に沿って思考し，行動しなければならないという社会契約関係を指すものである。従って，カナダやオーストラリア，オランダなどで一般に実施されているエスニシティ別の言語や風習に基づく教育や政策はフランスでは採用されない。例えば，公的教育課程では宗教的・異文化的な配慮は認められない。共同体の構成員が個別的なアイデンティティにもとづいてサブ集団を形成することは，普遍的理念に基づく共同体形成への障害と捉えられるからである。憲法は，フランスは不可分な共和国であり出生，人種，宗教を問わず法の下の平等を保障すると謳っている。

　しかるに，この同化主義，あるいは共和主義的統合といった理念・政策的な原理は，2005 年の大都市郊外での暴動事件や 2015 年 1 月に発生した立てこも

りテロを通して，その実効性に疑問がもたれるようになってきた。個人の属性が暴動の形で公的な空間で主張され，また個人がアイデンティティを再帰的に選択することで共和主義的統合が個人にとっての負担・抑圧となることがあらわになったからである。

5．ライシテ原則の重層的変質

　既述したように，政教分離（ライシテ）の原則はフランスの国是の1つである。この理念は，フランス革命で誕生し，19世紀末からの第三共和制時代に定着した。「国家と教会の分離に関する法」は1905年に制定されている[21]。フランスの絶対主義王政の特徴は，政治勢力と宗教勢力（カトリック教会）の一体性である（ガリカニスム[22]）。従って，フランス革命は徹底的な教会権力の排除を目指し，宗教勢力は革命政府によって世俗に対する忠誠を強要され，この共和主義を継承する今日までの政治勢力は，公的教育の場からの宗教色の排除を目標にしてきた。

　言い換えれば，フランスのライシテ原則は，弱者（世俗）が，強者（カトリック教会）による公的領域への介入を排除するために考案した，弱者の防御の論理である。

　しかし，1980年代以降，その理念が保持されたまま，以下のような変質を遂げ始めた。その大きな要因は，マイノリティ（ここでは移民）の可視化である。

ライシテの変質①　公的教育の場でのライシテの堅持（政教分離を巡る摩擦）　政府によるカトリック含む私立学校への補助を巡る論争（つまり政教分離に反するか否かの論争）が起き，その後，2．に記したような，パリ郊外の中学校でムスリムの女学生が被っていたスカーフを外して授業を受けることを拒否して退学処分になるという事件が発生した（1989年9月）。

　つまり，かつては，カトリックに向けられたライシテ原則（公的教育における宗教色の排除）がムスリムにも向けられるようになったことで，普遍主

義がエスニシティの領域を包摂するに至った。

ライシテの変質②　一方，同時期に極右勢力の国民戦線の台頭やムスリム系フランス人の殺傷事件などもあり，①と重なりつつ，エスニック・マイノリティ（ムスリム）が社会問題として顕在化してきた。

ライシテの変質③　①，②に長期経済不況による失業率の上昇が重なったことから，ムスリムを含むマイノリティの人権か世俗原理（平等）かという論争が勃興した。しかし，この時には，社会のマジョリティ（知識人，政治家，現場の教員など）の多くは，ライシテ原則の維持が移民の社会統合を進めることになり，マイノリティの問題も解決することになるという楽観的・調和的コンセンサスに収斂し，社会はライシテ問題の根深さ・構造性を看過した。

ライシテの変質④　しかし，90年代に入るとこの問題が再燃・拡大する。原因は，低成長からくる失業，結果としての格差の拡大を通して，ムスリムというエスニシティ問題と貧困問題がオーバーラップするようになり，パリ郊外バンリューのスラム化が，治安の悪化という形で政治問題化したためである。

ライシテの変質⑤　この結果，フランスは，平等の原理として機能するライシテの原則に起因するジレンマに陥った。マイノリティという存在の認知は平等の否定，フランスの自己否定にならざるを得ない。他方，ライシテ原則と距離を置けば，マイノリティであるがために，貧困・生活難に陥っている社会統合に対処する手段を失うからである。このジレンマの下，普遍主義と社会統合の構造的関係への根本的アプローチを放置したまま，ムスリムが抱える不満は膨張の一途をたどった。

ライシテの変質⑥　米国での9.11同時多発テロ（2001年）を契機として，世論にムスリム脅威論（人権を含むフランスの原理を脅かす存在である）が台頭してきた。ムスリム脅威論にマスコミによる異文化行動報道（ムスリムの一部が実践する女性の割礼や一夫多妻制，学校給食での豚肉拒否など）が相乗し，男女平等を含む普遍的人権に敏感な世論が一層ムスリムに対して批判的・懐疑的

になった。

　更には，極右の国民戦線によるムスリムに対する批判（祈りの際に公道を占拠するなど）も重なって世論が自己防衛に傾いた結果，ムスリムも含む弱者の防御の論理であったライシテの原理が，強者によるマイノリティ排斥の論理へと変質した。

ライシテの変質⑦　その後2005年に起きたバンリューでの暴動（1.(1)を参照）に関して，アラン・トゥレーヌ（Alain Touraine）などの社会学者は，フランス社会に敵意を抱く移民系フランス人が，自らのアイデンティティを認めない社会に対して怒りを持っているのではなく，ライシテを通じて提供されるはずの共和主義の平等原理が，経済格差の是正という目に見える形で，自分たちに及んでいないことに対する抗議の形態であると指摘している。換言すれば，ライシテの変質⑥に記した強者側の排斥論理への変質に対する抵抗・反抗の出現である。

　かくして，普遍主義の根幹，ライシテ原則の重層的変質と揺らぎを通して，移民・ムスリムというマイノリティ問題と，とりわけ若年層一般に関わる社会統合の挫折が，普遍主義の適用における落差という点で遭遇し，抗議・暴動とその直截的表出としてのテロとして顕在化していった。

6．相似形としてのテロとテロのハイブリッド化

　1980年のヒズボラやアルジェリア過激派による首都でのテロの反復，トゥールーズでのユダヤ教学徒と軍人射殺事件（2012年），アメリカのボストン・マラソンでのテロ（2014年），その後のカナダやオーストラリアでの「ローンウルフ（lone wolf）」がソーシャルメディアを通して合流して起こした「ホームグロウン・テロ（home-grown-terrorism）」，パリで起きた「シャルリ・エブド」誌本社襲撃事件とパリ郊外での人質を取ってのクアシ兄弟による立てこもりテロ（2015年1月：後日，イスラム国が関与を表明）は，いずれも武装したイスラム過激派による組織的テロである。

こうしたテロは，しばしば「文明の衝突」[23]という文脈で語られる。しかし，文明の違いがテロに帰結したというよりも，ムスリムを含む人々一般が抱いている社会統合に対する不満・不信・怒りの矛先として文明が駆り出されたというのがこれらのテロの本質である。2015年1月にパリで起きたシャルリ・エブド社襲撃テロとパリ郊外で起きた立てこもりテロにおいて，移民2世であるフランス人クアシ兄弟と共犯者クリバリがそれぞれ，実際は反目し合っているイスラム国とアルカーイダを名乗りつつ共謀・協働していたという関係に，この本質が見て取れる。

イスラム国によるシリアとイラクでのテロ，ボコ・ハラムによるナイジェリアでのテロも，相似形である。イスラム教の名を借りてテロを遂行し，先進国も含め，格差・貧困・疎外の境遇に身をおく若者に役割・存在性・使命感を見出させ，衣食住の提供を通して合流させ，組織・勢力を拡大する。

かくして，有志連合に合流してイスラム国を空爆することは，その意図とは裏腹にあるいは無関係に，自国民と結果的に敵対することにもなる。左派社会党政権は，人権は普遍的とみなし，テロ下の混乱に対して積極的に人道的介入を実施する。しかし，それが結果的に足下の人権問題の混迷を生み出すことになることも否定しがたい。低迷する経済による厳しい財政事情から一層深化する社会統合の挫折に有効な打開策が見出されない限り，テロに対する人道的介入というトンネルの出口は容易に見えて来ない。

更に，人道主義の下で大量に流入する難民に紛れて引き起こされるテロという新局面の出現で，テロはハイブリッド化・国内化しつつあり，普遍主義・人道主義・格差・テロが織りなす相関は益々混迷の度を深めている。

(1) テロにおけるソーシャルメディアの役割

2010年12月から2011年1月にかけて，チュニジアでは，民主化運動であるジャスミン革命が発生して長期政権が倒れ，これを端緒としてエジプト・リビアなどのアラブ世界でも同様に長期政権の崩壊や反政府デモ勢力からの要求の受諾が広がった（アラブの春）。その過程では，市民同士のリアルタイムの交

信や国内外への情報発信が，サイバー空間を利用するインターネットやSNSを含むソーシャルメディア（facebook, twitter, 電子掲示板，ブログなど）を通して大きな役割を果たした[24]。

新聞・テレビなどのマスメディアは多くの人に伝達可能だが，一方的で，かつ資本や規制といった制約から，誰もが情報発信できる媒体ではない。

これに対して，ソーシャルメディアは，人々に密なインタラクティブな環境を提供し，情報の交信と相互公開を可能にすることから，会話や考えが共有され，つながりが生まれ，サイバー空間で連帯するコミュニティが形成され，それがまたソーシャルメディアを通して可視化される。こうしたプロセスを通して人々は個人から集団・コミュニティのメンバーへと変貌する。

その後，エジプトなどで民主化が頓挫する中でもチュニジアは穏健派イスラム勢力と世俗派勢力が協力することで新憲法を制定し，2014年末には，民主化の総決算として，初の自由・直接選挙による大統領を選出した。

しかし，その一方，前政権崩壊の過程でイスラム過激派の伸長，治安の悪化を招いた。チュニジアにおける若者の失業や地域間格差といった構造的問題は緩和されず，前出の英ロンドン大キングス校過激思想研究センター（ICSR）の調査（注8参照）で指摘されているように，イスラム国や国際テロ組織アルカーイダ系のヌスラ戦線など，イラクやシリアの武装勢力に合流した20,000人を超える外国人戦闘員の内の3,000人程，つまり約7人に1人は，ソーシャルメディア経験を持つ人々を含むチュニジア人である。

アラブの春に関する調査（注24参照）は，ジャスミン革命におけるISILのソーシャルメディア活用とその効果を指摘しているが，現在も，プロパガンダ・勧誘を含め一層広範なソーシャルメディアの活用が進んでいる[25]。

加えて，難民もソーシャルメディアを活用しながら，より安全で有利な地域を目指して移動している。

(2) EUテロ対策の新動向

各国で様々な規制・対応が取られるようになっているが，ここでは，EU欧

州委員会によるテロ，組織犯罪およびサイバー犯罪に対する共通の取り組みの強化を目指した2015-20年期の最新の対策（「欧州安全保障アジェンダ」[26]）を見てみる。

同アジェンダは，最近のテロは国境を越える形で構成されたものであり，その脅威に立ち向かうには，国家主権を尊重しつつも，連携・協力する必要があるとしている。自国内の安全の確保・維持の責任は第一義的には各加盟国にあるが，国境を越える課題は，単独で行動する個別国の能力を超えたものであり，信頼醸成，協力強化，情報交換および共同行動のためには，EUの支援が必要との立場から，8つの主要な行動を提示している。

第1は，急進化（急進主義）への対応である。2011年に開始した汎欧州のアンブレラシステムである急進化啓発ネットワーク（Radicalisation Awareness Network：RAN）をコアとする研究拠点（Centre of Excellence：COE）の創設による反急進化に関する専門的知見の収集・普及である。これにより，各国で直接に急進化防止に従事している実務家の経験の交流を促進する。

第2は，テロリズムに対する諸国の現行の法的枠組をより整合性・一貫性のあるものに改定し，各国の第三国とのテロ防止協力を強化すること。

第3は，EUROPOLと連携するEU各国の金融情報当局との協力を通して，犯罪者の資金源の遮断を強化する。必要な新規の法制化によって，犯罪から得た財産の没収を促進する。

第4は，2015年に主要IT企業とのEUフォーラムを設立し，インターネットおよびソーシャルメディアに関するテロリスト対策プロパガンダを開始し，法執行および暗号化技術の適切な方途を探求する。

第5は，小火器に関する法的規制を強化し，武器の非合法取引および再生に対処し，第三国との協力を通して，共通基準の設定，情報共有を促進する。

第6は，サイバー犯罪対策のツールの強化。主眼はオンラインによる犯罪捜査への障害，とりわけ管轄権およびインターネットベースの証拠・情報収集に関する規定の障壁を克服する方途の発掘。

第7は，欧州テロリスト対策センター（European Counter Terrorist Centre：

ECTC）の設置による欧州警察（Europol）機能強化。これにより，EU が各加盟国の法執行機関による外国人テロリスト対策，テロリストの資金調達，過激派のオンライン書き込み情報，違法な武器取引の規制を強化する。

　第 8 は，加盟国の個別独対応の総合化。これにより，法律，内務，警察，金融，運輸，環境，訓練，調査研究に至るセキュリティ関連の全政策分野をカバーし，懸案事項となっている EU 旅行者名記録指図（EU Passenger Name Record Directive）およびデータ保護改革（Data protection reform）に関する提案の採択を促進する。

お わ り に

　移民を受け入れてきた普遍主義の根幹に揺らぎが見えている今日的状況にあって，テロの多様化と広範化への対処に不可欠なものは，何よりも，社会統合の停滞・苦渋をもたらしている内的原因・要因への根幹療法的視座である。普遍主義と多元性・多様性がバランスした教育および職業訓練の促進により，若年層が円滑に社会参入を果たしてポスト工業化社会のニーズに応え，基本的な日常生活を営める経済の創出とその成果の適切な再配分が必要である。これなくしては，普遍主義の一律性がもたらす個人への負荷の軽減は困難であり，個人が選択できない属性（宗教，民族，国籍，ジェンダーなど）を基準にして，あるいは結果としてのテロに対処するという対症療法を内外で継続せざるを得ない。ソーシャルメディアを駆使する若者層を吸収しながら膨張する今日的テロ，平和への攪乱は，社会・国家のレジームからも醸成されるという認識が必要である。

　　1）「イスラーム」は，「神に絶対的に従う教え」という意味である。このため，イスラム教という呼称を用いると，「教」の意味が重複してしまう。正式には，「イスラム教」ではなく，「イスラーム」である。ただ，本章では，日本で一般に使用されているイスラム教の名称を用い，イスラム教徒については，ムスリム，過激派についてはイスラム過激派の用語を用いている。

2）EU の世論調査である「ユーロバロメーター」(Eurobarometer Poll) 2012
キリスト教徒（カトリック，プロテスタント，東方正教会合計）が，移民全体の72％，約3／4を占めている。
3）Europol: 欧州警察機関のテロの実態と傾向報告（TE-SAT 2012～2014）
2011−2013 の 3 年間に EU 加盟国で発生したテロ（546 件）の大半は分離主義運動に関わるもので，宗教上の動機によるものは1％に過ぎない。しかし，逮捕者数（1,556 人）で見ると，宗教上の理由に関わる者が 30 以上に上り，特に，テロ・実行容疑による逮捕者が増えていることが分かる。
4）同上
5）http://www.jil.go.jp/foreign/labor_system/2004_11/france_01.htm（2015/10/25 アクセス）.
これらの移民労働者はオイルショック後も帰国せずに滞在し，やがて家族呼び寄せの権利を得た結果，移民人口が急激に膨張した。
6）フランスの教育制度は，2～5歳が義務教育に含まれない就学前教育としての幼児学校で，小学校4年，中学校4年，高等学校3年が義務教育となっており，6～16歳を対象としている。本章 379 頁および注 14 参照。
7）国立統計経済研究所（INSEE（L'Institut National de la Statistique et des Études Économiques）フランス経済・財政・産業省（MINEFI）に所属し，さまざまな領域の組織・機関のデータを扱う。2005 年実施の調査によると，マグレブ諸国（アルジェリア，モロッコ，チュニジア）をルーツに持つ人々は約 6％，うち 3％はフランスで生まれたとしている。フランスは出生地主義をとるため，論理的には最低でもその半分以上（多くはフランス国籍を取得すると推測されるから）がフランス人ということになる。
なおフランス社会に占める外国人移民の数は 10％程度。
無資格労働者の雇用は，1982 年の 500 万人強から 1990 年代初頭には，50 万人以下に後退している。かつ，無資格労働者の雇用の 30％はパートタイマーであり，17％は，派遣労働者あるいは期限付きの雇用契約労働者かインターンである（2001 年）。かつて移民の就労が多かった自動車工場では，ロボット化で労働者の削減が進んだ。近年，移民系の職種で増加しているのはサービス業（清掃や配達，ホテルでのベッドメーキング，レストランでの調理下働き，スーパーのレジなど）である。これらの職は概して不安定で，給与水準が低く，パート，期限付き，臨時雇用の比率が高い。移民の教育レベルや言語能力にハンディキャップがあることなどが原因とされる。
8）英ロンドン大キングス校過激思想研究センター（ICSR）の調査。
イスラム国や国際テロ組織アルカーイダ系のヌスラ戦線など，イラクやシリアの武装勢力に合流した外国人戦闘員が推計で 2 万 732 人に達した。最大 2 万人が参加したとされる 1980 年代のアフガニスタン戦争を上回る勢いで世界各地から外国人戦闘員が流れ込んでいる実態が浮き彫りになった。
（2015-02-08 09:07 産経ニュース）

(1) 外国人戦闘員のうち約4,000人が西欧出身で，2013年12月時点の2倍に増えた。内訳はフランスが1,200人と最も多く，次いでドイツ（500～600人）と英国（同），ベルギー（440人），オランダ（200～250人）の順になっている。
(2) 中東・北アフリカからは全体の半分以上を占める約11,000人が合流。その多くはヨルダン（1,500人），サウジアラビア（1,500～2,500人），チュニジア（1,500～3,000人），モロッコ（1,500人）の4カ国に集中している。
(3) 旧ソ連圏からは約3,000人が流入（ロシア1,500人，ウズベキスタン500人など）。
(4) 外国人戦闘員のうち5～10％は死亡し，10～30％が戦闘地域を離れたとしており，実際に戦闘地域で活動中の戦闘員は少ないとみられる。しかし，出身国に戻ってテロ活動を行う場合があることから，各国政府は戦闘地域からの帰国者への警戒を強めている。
（データは各国の政府統計，報道，武装勢力の主張などを基に集計されている。東南アジアのデータは十分ではないとして推計に含まれておらず，実数は推計より多い可能性がある。）

9) こうした考え方を的確かつ手早く理解するには，シュヴェヌマン著　樋口陽一・三浦信孝訳『〈共和国〉はグローバル化を超えられるか』平凡社新書，2009年 が参考になる。

10) ライシテの歴史や意味については，René Rémond, L'Invention de la laïcité française, De. 1789 à demain, Bayard, 2007（邦訳，ルネ・レモン／著　工藤庸子／訳・解説　『政教分離を問い直す：EUとムスリムのはざまで』青土社，2010年3月が参考になる。

11) 2004年2月号　イスラームのスカーフに対するヨーロッパ諸国の姿勢：ドミニク・ヴィダル（Dominique Vidal）ル・モンド・ディプロマティーク編集部（訳・阿部幸），2012年，藤井穂高「現代フランスにおける公教育と宗教」『フランス教育学会紀要』，第18号，pp. 59-68，2006年

12) NHKクローズアップ現代："分断"の危機は避けられるか～仏テロ　広がる波紋～（No.3611）2015年2月4日（水）放送。

13) 元ハーバード大学ヤンシュライバー教授（刑法学）も，テロは究極の兵器とした上で，対症療法ではテロを根絶することは出来ないとの見方を提示していた。Schreiber, Jan : The Ultimate Weapon. Terrorists and World Order, New York, 1978 を参照。

14) フランスの社会学者Pierre BourdieuとJean-Claude Passeronの概念で，貨幣や土地などの経済資本が投資，蓄積，転換されることになぞらえたもので，元来は，児童・生徒の出身階層によって学業成果になぜ違いが生まれるのかを説明するために提示された仮説である。上層階級や富裕家庭出身の児童・生徒は入学前に学校文化に適合的な文化的素養を家庭内で身につけられる一方，中産階級やそれ以下の庶民階級の児童・生徒はその機会が乏しい。こうした出身家庭間の文

化資本の格差が児童・生徒の学業成果に違いをもたらし，中立的と見なされている学校という公の教育現場で，実質的・結果的に，文化資本の格差を通して階級の再生産が行われると指摘した彼らの共著『再生産』は社会に大きな波紋を呼んだ．Bourdieu, P. (1986) The forms of capital. In J. Richardson (Ed.) Handbook of Theory and Research or the Sociology of Education (New York, Greenwood), pp. 241-258．邦訳（ピエール・ボルディユー，ジャン＝クロード・パスロン）（宮島喬 訳）『再生産——教育・社会・文化』（藤原書店，1991年）．

　所与の社会的場面（学校教育，職業生活，社交生活等）において行為者およびその集団が動員しうる文化の有利さ（有効性）の大小を指す．それは個人的な能力や性向ではなく，社会環境の下で伝達される能力や性向であるから，通常，特定社会集団や社会的カテゴリーについて文化資本の大小，様態が論じられる．たとえば上層階層の子弟は，その家庭内の会話や目に見えない教育を通して抽象言語に接し，芸術に慣れ親しみ，それらを文化資本に転じることで，しばしば学校生活を有利に送ることが指摘されている．また，Pierre Bourdieuは，「社会関係資本」（social capital）が活動に果たす役割・機能も強調している．

　イギリスではウィリス，P. E. が中等学校で実施したエスノグラフィーにもとづき，労働者階級の生徒は反学校的な文化をもち，肉体労働者の父親の「男らしさ」を肯定的に評価することで自ら進んで労働者階級の仕事に就くことを明らかにした．Willis P. E., Learning to Labour: How Working Class Boys Get Working Class Jobs, Saxon House, 1977（熊沢誠　他訳『ハマータウンの野郎ども—学校への反応・仕事への順応—』，筑摩書房，1966年）．

15）フランスで，一般の大学とは系統を異にし，各分野のエリート養成を目的に設立された高等教育機関の総称．エコール-ノルマル-シュペリュール（高等師範学校），エコール-ポリテクニーク（理工科大学）など．

16）風刺漫画誌「シャルリー・エブド（Charlie Hebdo）」本社を襲撃し，12人を殺害した主犯格の2人の容疑者がシャルル・ドゴール空港に近い地区で人質を取って会社の建物に逃げ込んで立てこもり，最後は射殺されたテロ事件に抗議して，フランス全土で約370万人が参加する空前のデモが行われた．

　この反テロデモは，一方において，言論の自由を守ろうという国民の伝統的価値観の発露であり，他方において，パリでのデモ行進に欧州や中東の多くの首脳が参加した姿には，国家内部の亀裂に対する政治的危機感の高まりをうかがわせるものがあった．

　容疑者が射殺される形で事件は表面的には終結したものの，事件発生の根は深い．犯行に走ったクアシ兄弟とクリバリは，イスラム過激派の思想に染まったアルジェリア系フランス人（移民2世）である．サイド・クアシは，過激派に関わり2005年にシリアに渡航しようとして逮捕され，2008年に有罪判決を受けている．当時の弁護士はメディアに対し「もともとは仲間内でも目立たない若者で他人に影響を受けやすいタイプだった」と語った．だが，イラク過激派に戦闘要員としてフランス人を送る国際テロ組織アルカイダ系団体を運営していた人物と知

り合ったことで，急速に過激思想に染まった。その後，2010年には，パリの地下鉄などで1990年代に爆弾テロ事件を起こし服役していたアルジェリア系組織「武装イスラーム集団（GIA）」メンバーの脱獄計画に加わっていた（Web特集：断面2015，東奥日報　2015年1月8日，共同通信配信）。フランスへの帰化が認められ，ユダヤ人スーパーで人質をかくまったバティリはマリ出身の不法就労者だった。

17) トマ・ピケティ著／(訳)山形浩主，守岡桜，森本正史，『21世紀の資本』(原著 Thomas Piketty, Le Capital au XXIe siècle, Les Livres du nouveau monde, Mai 2012, 32頁以下を参照。

18) 注7参照。

19) 『シャルリ・エブド』襲撃事件と人質立てこもり事件の実行犯サイド・クアシに関わる過去の事件において接見した弁護士の証言（注16参照）によれば，彼は，当初はムスリム・コミュニティには属しておらず，その後イラクに戦闘兵を送り込んだ容疑で収監され，刑務所でイスラム過激派と接触してから，宣教師を名乗る人物に洗脳されていったという。敬虔なムスリムではなかったからこそ，イスラム過激派に加わったことが見て取れる。

20) 前掲　シュヴェヌマン

21) 同上

22) エメ・ジョルジュ・マルティモール『ガリカニスム―フランスにおける国家と教会』(白水社，1987年　原著は1973年刊行) が参考になる。

23) Huntington, Samuel P., The Clash of Civilizations and the Remaking of World Order, Simon and Schuster, 2007.

24) ドバイの政府系シンクタンク（Dubai School of Government）のエジプト・チュニジア両国のFacebook利用者に対して行った市民運動期間中の利用調査 ("Civic Movements: The Impact of Facebook and Twitter", May 2011) によると，

(1) アラブ地域でのデモ・抗議の呼びかけの多くは，主としてFacebookによりなされ，民衆動員の大きな原動力となった。

(2) 他方，Facebookの浸透度が低い国でも，活動の中核にいる人々が他のプラットフォームや伝統的な現実世界の強固なネットワークを通じてより広いネットワークを動員する有益なツールとなった。

(3) Facebook利用の主な理由は，「運動の背景に関する認知度を高めること」が両国で最も高く，運動や関連情報に関する情報発信や，運動にかかわる計画や活動家間の管理を含めると，8割を超える利用者が市民運動関係の情報行動をFacebookで行っていた。

(4) 民衆運動期間中に，どこから事件に関する情報を得ていたかについては，SNSとの回答が両国とも最も高い。

(5) 政府系機関によるインターネット遮断の効果に関する質問では，両国で半数以上が，より人々の活動を活発化させるなど，社会運動にとってむしろ誘発

的効果があったと回答している。
- (6) 抗議活動自体がアラブ世界における Facebook 利用者の増加につながっていると見られる。
25) 米国家テロ対策センター（National Counterterrorism Center：NCTC）のラスムセン所長は 2015 年 2 月 11 日，米下院国土安全保障委員会の公聴会で，ISIL について「人々に幅広く浸透するため，アルカーイダ系のいかなるテロ組織よりも巧みにメディアを利用している」と証言している。

同氏は，シリアに渡航した外国人戦闘員は 90 カ国以上，2 万人を超える規模に達し，その内の少なくとも 3,400 人は米国を含む西側出身者であり，戦闘員の大半はイスラム国に参加しており，イスラム国は 2015 年 1 月 1 日以降，250 以上のプロパガンダをユーチューブやフェイスブック，ツイッターなどに公開。これらはネットで多様な言語に翻訳されて瞬く間に拡散し，外国人戦闘員を引き付けているとした。

一方，連邦捜査局（FBI）も，宣伝活動の影響を受けた国内の過激派が一段と急進的になる可能性を警戒している。（AFP=時事 2015/02/12-14:11）

・米国家テロ対策センター（NCTC）は，9/11 委員会（9/11 Commission）の勧告に従い 2004 年にジョージ・ブッシュ大統領が創設したアメリカのテロ対策機関である。同年 6 月，アメリカ，イギリス及びオーストラリアは，全世界的な対テロ・ネットワークの創設について発表している。ネットワークの任務は，全世界における「アルカーイダ」及びその同盟集団の行為の防止である。当初，ネットワークには，アメリカの TTIC（現 NCTC），イギリスの統合テロリズム分析センター（Joint Terrorism Analysis Centre：JTAC；2003 年 6 月創設）及びオーストラリアの国家脅威評価センター（National Threat Assessment Centre；略称 NTAC；2003 年 10 月創設）が入った。その後間もなく，ニュージーランドとカナダにも拡大された。2004 年 10 月，カナダで統合脅威評価センター（Integrated Threat Assessment Centre；略称 ITAC）が，2004 年 12 月，ニュージーランドで統合脅威評価グループ（Combined Threat Assessment Group: 略称 CTAG）が，創設された。以上 5 カ国はエシュロンの UKUSA 同盟と完全に一致している。

26) ストラスブルグでの EU 委員会プレス・リリース（IP/15/4865），2015 年 4 月 28 日を掲載した EU News 117/2015 を筆者が要約。

＊　イスラム国（ISIS）と ISIL の違い。

ISIS は，英語表記の「The Islamic State in Iraq and al-Sham」の頭文字をつなげたものである。アラビア語では「Al-Dawla Al-Islamiya fi al-Iraq wa al-Sham」で，アラビア語でのシャムは，レバント，シリア，大シリア，ダマスカスのいずれの意味にも取れるとされる。イスラム国は自らを，上記を短くして「イスラム国（Islamic State）」と表現することが多い。国境を越えたカリフ制国家を作るという彼らの意思を正確に表した言葉ともいえる。彼らがインターネッ

トで公開する動画では，単に「国家（ダウラ）」と表現している。

　ISILは，オバマ米大統領や国連などがこの組織を指す際に使用している。米政府がこの呼称を使う理由は，組織がイラクやシリア以外の国への拡大を視野に入れているとみられること，カリフ制イスラム国家を設立するという組織の計画を米国政府は認めない立場を取っているためである。ちなみに，自民党は，2015年1月26日の役員会でイスラム教スンニ派過激組織「イスラム国」の呼称について，原則として，ISIL（イラク・レバントのイスラム国）」か「いわゆるイスラム国」を使うことを申し合わせている。（アラビア語名を訳した「イラクとレバントのイスラム国（Islamic State in Iraq and the Levant）」の頭文字をつなげたものである。ただし，この訳については異論がある。レバント（地中海の東部沿岸地方）と訳されているのは「シャム」というアラビア語の言葉だが，シャムはトルコからシリア，エジプト，パレスチナやヨルダン，レバノンを含むもっと広い地域を指すとの指摘もある。

　自民党がISILに統一した大きな理由は，「国」であるという誤解を避けるためである。イスラム国は，日本を含め，国家として承認している国はどこにもないテロ集団である。谷垣幹事長は記者会見で「独立国家として承認している印象を与えかねない」と，申し合わせた理由を説明している。同時に，分かりにくい場合は「いわゆる『イスラム国』と言われているテロ集団」とする，と説明している。

　イスラム国は一つの過激派の名称だが，さながらイスラム諸国を代表している，あるいは，イスラムの全てかのような錯覚・誤認を生む可能性は高い。ちなみに，日本国内のイスラム教徒からも，イスラムは迫害や暴力を認めていないとの非難の声が広がっている。

あとがき

　本書は，中央大学社会科学研究所の研究プロジェクト「平和学の再構築」の研究成果である．本研究チームは2012年から2014年までの3年間に，外部講師を招いての研究会を重ねるとともに，各メンバーが"平和"の課題設定を行い，中間報告の機会などを通して議論を深めながら研究を進めた．考えるべき課題はあまりにも多く，我々の手に余るものがあったが，現状を憂え，何かをしなければならないという思いは共有していたように思う．プロジェクト合宿は，特攻の出撃基地であった鹿児島県の知覧や，再稼動が間近とされた川内原発を見学した．桜の季節に仰ぎ見る桜島は時おり噴煙をあげ，その雄大で美しい風景は，日本にあって平和の時を過せることのありがたみを実感させてくれ，本書執筆を鼓舞するものであった．代表者が途中で交替するという不測の事態もあったが，終始和やかな雰囲気の中で自由闊達な議論が行われ，今度はこの本を肴に，同じメンバーで平和を論じたいところである．

　最後に本プロジェクトの活動に際して，最初の2年間は研究所合同事務室の鈴木真子氏に，そして後半1年と出版に際しては青木哲行氏に大変お世話になった．プロジェクトの参加者と執筆者を代表してここに謝意を表したい．また出版にあたっては，中央大学出版部の髙橋和子氏に貴重な助言をいただくとともに，精緻な文章チェックをしていただいている．ともすれば，遅れがちな原稿や編集作業に寛大に接していただき感謝している．なお，本書の構成やタイトルについては，プロジェクトメンバーの内田孟男氏から貴重なアドバイスをいただいたことをここに付記し，御礼を申しあげる．

2015年11月9日

編著者　西海真樹
　　　　都留康子

執筆者紹介（執筆順）

臼井　久和　　社会科学研究所客員研究員，
　　　　　　　獨協大学・フェリス女学院大学名誉教授

内田　孟男　　社会科学研究所客員研究員，元中央大学経済学部教授

西海　真樹　　社会科学研究所研究員，中央大学法学部教授

望月　康恵　　社会科学研究所客員研究員，関西学院大学法学部教授

竹内　雅俊　　社会科学研究所客員研究員，高崎経済大学経済学部非常勤講師

都留　康子　　社会科学研究所客員研究員，上智大学総合グローバル学部教授

溜　　和敏　　社会科学研究所客員研究員，
　　　　　　　日本学術振興会特別研究員（PD）

滝田　賢治　　社会科学研究所研究員，中央大学法学部教授

今井　宏平　　社会科学研究所客員研究員，
　　　　　　　日本学術振興会特別研究員（PD）

西住　祐亮　　社会科学研究所準研究員，中央大学大学院法学研究科博士課程
　　　　　　　後期課程政治学専攻修了

上原　史子　　社会科学研究所客員研究員，中央大学経済学部兼任講師

星野　　智　　社会科学研究所客員研究員，中央大学法学部教授

毛利　聡子　　社会科学研究所客員研究員，明星大学人文学部教授

川久保文紀　　社会科学研究所客員研究員，中央学院大学法学部准教授

鈴木　洋一　　社会科学研究所客員研究員，中央大学法学部兼任講師

変容する地球社会と平和への課題
中央大学社会科学研究所研究叢書 32

2016 年 3 月 30 日　発行

編著者　西　海　真　樹
　　　　都　留　康　子
発行者　中央大学出版部
　　　　代表者　神﨑茂治

〒192-0393　東京都八王子市東中野 742-1
発行所　中央大学出版部
電話 042(674)2351　FAX 042(674)2354
http://www2.chuo-u.ac.jp/up/

Ⓒ 2016　　　　　　　　　　　　　電算印刷㈱
ISBN978-4-8057-1333-4

中央大学社会科学研究所研究叢書

1　中央大学社会科学研究所編
自主管理の構造分析
－ユーゴスラヴィアの事例研究－
Ａ５判328頁・品切

80年代のユーゴの事例を通して，これまで解析のメスが入らなかった農業・大学・地域社会にも踏み込んだ最新の国際的な学際的事例研究である。

2　中央大学社会科学研究所編
現代国家の理論と現実
Ａ５判464頁・4300円

激動のさなかにある現代国家について，理論的・思想史的フレームワークを拡大して，既存の狭い領域を超える意欲的で大胆な問題提起を含む共同研究の集大成。

3　中央大学社会科学研究所編
地域社会の構造と変容
－多摩地域の総合研究－
Ａ５判482頁・4900円

経済・社会・政治・行財政・文化等の各分野の専門研究者が協力し合い，多摩地域の複合的な諸相を総合的に捉え，その特性に根差した学問を展開。

4　中央大学社会科学研究所編
革命思想の系譜学
－宗教・政治・モラリティ－
Ａ５判380頁・3800円

18世紀のルソーから現代のサルトルまで，西欧とロシアの革命思想を宗教・政治・モラリティに焦点をあてて雄弁に語る。

5　高柳先男編著
ヨーロッパ統合と日欧関係
－国際共同研究Ⅰ－
Ａ５判504頁・5000円

EU統合にともなう欧州諸国の政治・経済・社会面での構造変動が日欧関係へもたらす影響を，各国研究者の共同研究により学際的な視点から総合的に解明。

6　高柳先男編著
ヨーロッパ新秩序と民族問題
－国際共同研究Ⅱ－
Ａ５判496頁・5000円

冷戦の終了とEU統合にともなう欧州諸国の新秩序形成の動きを，民族問題に焦点をあて各国研究者の共同研究により学際的な視点から総合的に解明。

中央大学社会科学研究所研究叢書

坂本正弘・滝田賢治編著

7 現代アメリカ外交の研究

A5判264頁・2900円

冷戦終結後のアメリカ外交に焦点を当て，21世紀，アメリカはパクス・アメリカーナⅡを享受できるのか，それとも「黄金の帝国」になっていくのかを多面的に検討。

鶴田満彦・渡辺俊彦編著

8 グローバル化のなかの現代国家

A5判316頁・3500円

情報や金融におけるグローバル化が現代国家の社会システムに矛盾や軋轢を生じさせている。諸分野の専門家が変容を遂げようとする現代国家像の核心に迫る。

林　茂樹編著

9 日本の地方CATV

A5判256頁・2900円

自主製作番組を核として地域住民の連帯やコミュニティ意識の醸成さらには地域の活性化に結び付けている地域情報化の実態を地方のCATVシステムを通して実証的に解明。

池庄司敬信編

10 体制擁護と変革の思想

A5判520頁・5800円

A.スミス，E.バーク，J.S.ミル，J.J.ルソー，P.J.プルードン，Φ.N.チュッチェフ，安藤昌益，中江兆民，梯明秀，P.ゴベッティなどの思想と体制との関わりを究明。

園田茂人編著

11 現代中国の階層変動

A5判216頁・2500円

改革・開放後の中国社会の変貌を，中間層，階層移動，階層意識などのキーワードから読み解く試み。大規模サンプル調査をもとにした，本格的な中国階層研究の誕生。

早川善治郎編著

12 現代社会理論とメディアの諸相

A5判448頁・5000円

21世紀の社会学の課題を明らかにし，文化とコミュニケーション関係を解明し，さらに日本の各種メディアの現状を分析する。

中央大学社会科学研究所研究叢書

石川晃弘編著

13 体制移行期チェコの雇用と労働

A5判162頁・1800円

体制転換後のチェコにおける雇用と労働生活の現実を実証的に解明した日本とチェコの社会学者の共同労作。日本チェコ比較も興味深い。

内田孟男・川原　彰編著

14 グローバル・ガバナンスの理論と政策

A5判320頁・3600円

グローバル・ガバナンスは世界的問題の解決を目指す国家，国際機構，市民社会の共同を可能にさせる。その理論と政策の考察。

園田茂人編著

15 東アジアの階層比較

A5判264頁・3000円

職業評価，社会移動，中産階級を切り口に，欧米発の階層研究を現地化しようとした労作。比較の視点から東アジアの階層実態に迫る。

矢島正見編著

16 戦後日本女装・同性愛研究

A5判628頁・7200円

新宿アマチュア女装世界を彩った女装者・女装者愛好男性のライフヒストリー研究と，戦後日本の女装・同性愛社会史研究の大著。

林　茂樹編著

17 地域メディアの新展開
　　－CATVを中心として－

A5判376頁・4300円

『日本の地方CATV』（叢書9号）に続くCATV研究の第2弾。地域情報，地域メディアの状況と実態をCATVを通して実証的に展開する。

川崎嘉元編著

18 エスニック・アイデンティティの研究
　　－流転するスロヴァキアの民－

A5判320頁・3500円

多民族が共生する本国および離散・移民・殖民・難民として他国に住むスロヴァキア人のエスニック・アイデンティティの実証研究。

中央大学社会科学研究所研究叢書

菅原彬州編

19 連続と非連続の日本政治

Ａ５判328頁・3700円

近現代の日本政治の展開を「連続」と「非連続」という分析視角を導入し，日本の政治的転換の歴史的意味を捉え直す問題提起の書。

斉藤　孝編著

20 社会科学情報のオントロジ
　　－社会科学の知識構造を探る－

Ａ５判416頁・4700円

オントロジは，知識の知識を研究するものであることから「メタ知識論」といえる。本書は，そのオントロジを社会科学の情報化に活用した。

一井　昭・渡辺俊彦編著

21 現代資本主義と国民国家の変容

Ａ５判320頁・3700円

共同研究チーム「グローバル化と国家」の研究成果の第3弾。世界経済危機のさなか，現代資本主義の構造を解明し，併せて日本・中国・ハンガリーの現状に経済学と政治学の領域から接近する。

宮野　勝編著

22 選挙の基礎的研究

Ａ５判152頁・1700円

外国人参政権への態度・自民党の候補者公認基準・選挙運動・住民投票・投票率など，選挙の基礎的な問題に関する主として実証的な論集。

礒崎初仁編著

23 変革の中の地方政府
　　－自治・分権の制度設計－

Ａ５判292頁・3400円

分権改革とNPM改革の中で，日本の自治体が自立した「地方政府」になるために何をしなければならないか，実務と理論の両面から解明。

石川晃弘・リュボミール・ファルチャン・川崎嘉元編著

24 体制転換と地域社会の変容
　　－スロヴァキア地方小都市定点追跡調査－

Ａ５判352頁・4000円

スロヴァキアの二つの地方小都市に定点を据えて，社会主義崩壊から今日までの社会変動と生活動態を3時点で実証的に追跡した研究成果。

中央大学社会科学研究所研究叢書

25 石川晃弘・佐々木正道・白石利政・ニコライ・ドリャフロフ編著
グローバル化のなかの企業文化
－国際比較調査から－
A5判400頁・4600円

グローバル経済下の企業文化の動態を「企業の社会的責任」や「労働生活の質」とのかかわりで追究した日中欧露の国際共同研究の成果。

26 佐々木正道編著
信頼感の国際比較研究
A5判324頁・3700円

グローバル化，情報化，そしてリスク社会が拡大する現代に，相互の信頼の構築のための国際比較意識調査の研究結果を中心に論述。

27 新原道信編著
"境界領域"のフィールドワーク
－"惑星社会の諸問題"に応答するために－
A5判482頁・5600円

3.11以降の地域社会や個々人が直面する惑星社会の諸問題に応答するため，"境界領域"のフィールドワークを世界各地で行う。

28 星野智編著
グローバル化と現代世界
A5判460頁・5300円

グローバル化の影響を社会科学の変容，気候変動，水資源，麻薬戦争，犯罪，裁判規範，公共的理性などさまざまな側面から考察する。

29 川崎嘉元・新原道信編
東京の社会変動
A5判232頁・2600円

盛り場や銭湯など，匿名の諸個人が交錯する文化空間の集積として大都市東京を社会学的に実証分析。東京とローマの都市生活比較もある。

30 安野智子編著
民意と社会
A5判144頁・1600円

民意をどのように測り，解釈すべきか。世論調査の選択肢や選挙制度，地域の文脈が民意に及ぼす影響を論じる。

中央大学社会科学研究所研究叢書

新原道信編著

31 うごきの場に居合わせる
公営団地におけるリフレクシヴな調査研究

A 5 判590頁・6700円

日本の公営団地を舞台に，異境の地で生きる在住外国人たちの「草の根のどよめき」についての長期のフィールドワークによる作品。

＊価格は本体価格です。別途消費税が必要です。